Liyuanhong Xinzhuan

黎元洪新传

萧致治　萧　莉／著

武汉出版社
WUHAN PUBLISHING HOUSE

(鄂)新登字08号
图书在版编目(CIP)数据
黎元洪新传/萧致治,萧莉著. —武汉:武汉出版社,2014.10
ISBN 978-7-5430-8589-3
Ⅰ.①黎… Ⅱ.①萧… ②萧…Ⅲ.①黎元洪(1864～1928)-传记
Ⅳ.①K827=6
中国版本图书馆CIP数据核字(2014)第223744号

著　　者:萧致治　萧　莉
责任编辑:方　雷
装帧设计:刘福珊
出　　版:武汉出版社
社　　址:武汉市江汉区新华路490号　　邮　　编:430015
电　　话:(027)85606403　85600625
http://www.whcbs.com　　E-mail:zbs@whcbs.com
印　　刷:武汉市首壹印务有限公司　　经　　销:新华书店
开　　本:787mm×1092mm　1/16
印　　张:19.25　　字　　数:385千字
版　　次:2014年10月第1版　2014年10月第1次印刷
定　　价:39.80元

目录

黎元洪新传

前言

辛亥革命武昌首义之后，黎元洪一跃成为名扬中外的著名人物。1911 年 10 月 11 日午后，他被革命党人和立宪派举为中华民国鄂军政府都督。同年 12 月 16 日，他又被各省代表联合会公举为大元帅。1912 年 1 月 3 日，在黄兴的建议下，临时参议院选举他任南京中央临时政府副总统。2 月 20 日，因为南北议和成功，临时参议院再次选举他为临时副总统。1913 年"二次革命"失败以后，10 月 7 日，新成立的国会又选举他为正式副总统。在袁世凯统治时期，他还兼任参谋总长、参政院院长。1916 年 6 月 7 日，袁世凯死后，他继任大总统。一年之后，因张勋复辟下台。1922 年 6 月，直系军阀曹锟、吴佩孚等继 1920 年战胜皖系军阀段祺瑞等之后，再次战胜了奉系军阀张作霖，控制了黄河流域和长江中下游的广大地区。他们想通过"合法"手段瓦解南方革命势力和西南地方实力派，为曹锟当大总统铺平道路，又把黎元洪拉出来再任大总统。在短短的十多年间，黎元洪的头顶戴上了如此众多的桂冠，可谓荣耀至极。

不过，荣誉只是黎元洪的一个方面；同时他还有受尽屈辱的另一方面。比如：大家推举他做都督，他因怕死不敢做，革命党人只得用枪逼着他做。这属于看不清形势，情有可原。而有个别革命党人拔剑斫柱，恶语中伤，不免有点使他难堪。最严重的是第一次当大总统期间，多次受到段祺瑞、徐树铮等人的捉弄，憋了一肚子闷气，最后被迫下台，还要躲藏到外国使馆、医院保命。第二次当总统，在一年的时间里，也受尽各种屈辱，连下台后都得不到人身自由，受尽了侮辱。

对于黎元洪这样一个历史人物如何评价？围绕他个人所发生的诸多历史事件如何解说？当时就有不同看法，后人也有各种评论。由于他在武昌首义中作过贡献，被人们誉为"首义元勋"，和孙中山、黄兴并称为"开国三杰"。1912 年 4 月，孙中山访问武汉时，曾口头称赞他是"中国第一伟人"（《民立报》1912 年 4 月 11 月第 3 页）；对他的表现不满的人，则说他是"泥菩萨"、"傀儡总统"、"黎屠夫"等。无论是肯定他，还是否定他，笔者认为均不宜采取简单、片面的办法，而且要尽量避免感情用事。对黎氏的评价，一要有历史发展的观点；二要全面地看，从各个角度、各个方面进行考察；三要具体事物，具体分析。要联系当时的具体情况进行客观深入的分析，力求作出符合当时实际的结论。该肯定的应敢于肯定，该否定的也要勇于否定。本着上述原则，黎元洪的一生，至少下列几点是值得肯定的：

第一，他为湖北军事的近代化作出过重要贡献。黎元洪从1896年春随张之洞回到湖北，到1911年10月武昌起义前，十六年间，主要是参与湖北新军的编练，兼任炮厂监工。湖北的新军，以张之洞自江苏带回的自强军五百人为基础，到1911年共练成一镇（相当于师）一混成协（旅），总兵力达一万七千多人，1906年赴河南彰德参加秋操，就被阅操大臣袁世凯和铁良肯定为在东南各省中首屈一指。清政府并谕令江南各省派员来湖北学习操练。这支新军能练得如此优秀，首先是张之洞主持得法，而黎元洪作为主要的协助编练人，其功不可没。正是这支新军，由于湖北革命党人在军队里做了长期艰苦、深入、细致的思想工作，用爱国和革命救亡的思想，武装了广大士兵的头脑，使这支本来是为维护清朝统治服务的军队，演变成为一支推翻清王朝的生力军，在武昌首义之夜，经过通宵搏斗，终于一举推翻了清朝在两湖地区的最高统治，成为辛亥革命胜利的起点。

第二，出任湖北军政府都督，为稳定和保卫武汉这个首义之区作出过重大贡献。武昌首义时，当时留守武汉三镇的新军只有五千人左右，而到10月14日，即武昌首义的第五天，清政府即做出决定，把北洋新军分编成三个军，以一个军的兵力保卫北京都城，而以两个军的兵力，共约三万多人分别由冯国璋、段祺瑞率领向武汉扑来，妄图将首义之火尽快扑灭。可想而知，武汉当时面临的压力是无比巨大的，稍有失误，武汉这个首义之地不能保存，各地响应起义也就无从谈起。因此，保卫武汉就成为关系整个革命成败最关键的一环。武汉后来之所以能守住，当然有多方面的因素，而与黎元洪的主持策划是分不开的。孙中山之所以称赞他为“中国第一伟人”；黄兴在孙中山回国前，坚持不就任大元帅，而一再建议推举黎元洪为大元帅，自己甘任副手；孙中山被举为大总统后，黄兴又提议举黎元洪为副总统；都是对黎元洪的贡献的充分肯定。也从另一方面表明黎元洪的贡献巨大。

第三，两次抵制帝制复辟，气节可嘉。袁世凯当了大总统，由于帝制思想未变，又处心积虑想当皇帝。同样，黎元洪也是从旧营垒中蜕化出来的人，而且地位已上升到仅次于袁世凯。袁氏决定做皇帝后，受封为“王”的人，黎元洪是唯一的一个。面对心狠手辣的袁世凯，如果拒受王封，可能随时有生命的危险。宋教仁被刺身死，赵秉钧不明不白地死去，都是前车之鉴。在这种关系个人安危的关键时刻，黎元洪为了维护新建的民主共和体制，准备当众撞死在厅柱上也不屈服。这种誓死也要维护民主共和的气节，对于一个刚刚从旧营垒中脱胎出来的人而言，不能不说是十分难能可贵的。袁世凯死后仅一年，顽固的张勋，贼心不死，再次图谋帝制复辟，身为大总统的黎元洪，再次顶住了复辟逆流，又一次表明，黎元洪已成为坚定的民主共和派。

第四，退出政坛后，潜心投资实业，为民族资本主义经济的发展作出了一定的贡献。黎元洪两次当大总统下台之后，都把精力放在投资实业上。据有关资料统计，他投资的实业有金融、矿产、纺织、食品加工等企业七十多个，资本达三百多万元。其中不少企业是为与外国资本争利而开办的。新中国成立后，也是按照民族资本主义经济对待。他由辛亥革命前把自己的余资用来购买土地房屋，转变为投资于有利于国计民生的实业，为社会造福，这也是值得赞扬的。

第五，热心文化、教育和社会福利事业。黎元洪因为出身贫寒，对平民百姓有感同身受的感情，所以平时关心文化教育事业以及社会救济。1908 年，长江大水成灾，汉口慈善会筹募赈款，他曾慷慨捐助三千元。1910 年，霪雨成灾，湖北谘议局筹设赈灾会，黎元洪和谘议局副议长夏寿康都是赈灾会的实际负责人。文化方面，由他批准拨地，开创性地在北京建立国家图书馆，还捐款助建松坡图书馆，对中国的社会文化事业具有先导意义；教育方面，委派蔡元培出任北京大学校长，捐款建北塘平民小学、黄陂前川中学办公楼，以及捐助南开大学、江汉大学的开办等，都表明了他对文化教育事业的支持，同样值得肯定。

当然他也做过一些错事，甚至于犯了重罪。他的最大错误是对袁世凯的帝制野心毫无戒备。1913 年 5 月，当有人向他提出袁氏有“非常之志”时，他不但不信，而且表示要“极端”拥袁。基于这种错误认识和估计，他在“二次革命”时期，助桀为虐，全力支持袁世凯镇压革命党人，使这次革命未及两月，即全部失败，致使革命党人在国内失去立足之地，孙中山、黄兴等大批革命要人被迫再次流亡海外。辛亥革命后，由于他未能正确处理和湖北革命党人的关系，致使矛盾日益激化，参与起义的湖北革命党人被他杀害的，有人估计要以万计，也许有些夸大。事实确是除了附从他的少数人以及留学、流亡出国者之外，几乎全死在他的手上。他曾告诉章太炎，杀害“贼猾”近两万人。不用说，其中一定包括大量的革命党人。“黎屠夫”的称号，就是由此而来。以致新中国成立后，当时的革命党人在座谈辛亥革命的经验教训时江炳灵还说：“革命中最大错误之一，就是以黎元洪为都督。”这当然属于过激之词，但确实话出有因。毫无疑问，大量杀害革命党人，是他一生中最大的罪过。假如单从功过上评价，他应该是一个功过参半的历史人物。

本人早在上世纪八十年代，就有志于撰写一本叙述全面、评价公允的黎元洪传记，以期对他作出实事求是的评论，供后人借鉴。原来准备和当时在湖北社科院工作的梁开平合作撰写，并已分别写出部分初稿。后来梁开平同志调赴深圳工作，我由于当时应人民出版社之约，要和姚薇元老教授合著《鸦片战争史》，只得中途停了下来，不料一停就是二十六年。到了去年，为了迎接辛亥革命一百周年，才决心抽出时间，请萧莉协助，立志把它写完。并向武昌辛亥革命研究中心申报，被批准为全省重点研究课题。现在成书共分二十四节，其中第一至二十一节由我执笔，第二十二至二十四节由萧莉执笔，由我统稿定稿。在写作过程中，汲取了近年学者的一些新成果。

全书的大部分是由萧莉帮助打印,最后的编排整理,统一规格,收集相关图片,也主要是由萧莉完成的。书中一部分图片还是请武汉市社科院张笃勤研究员协助搜集的。顺此一并致以衷心的谢意!

萧致治　2011 年 8 月 22 日于武汉大学
时年八十有二

此书于今年正式出版,出版前再作了一次仔细校补。谨以此纪念黎元洪诞辰一百五十周年。

萧致治　2014 年 2 月 18 日于武汉大学
时年八十有五

一
“家本黄陂，生于汉阳”

“十里帆樯依市立，万家灯火彻宵明。”宋朝（960—1279）人们形容武汉市场盛况的这两句诗，充分表明早在近千年前，武汉已是一个十分繁盛的商业城镇。

武汉，位于长江和汉水汇合处，系由武昌、汉阳、汉口（原名夏口）三镇合组而成，上接巴山蜀水，下连五湖四海，是水陆交通的要道，向有“九省通衢”之称；[1]到了近代，人们又把她称为“东方的芝加哥”，[2]乃是长江中游最大的通商口岸。这里帆樯林立，商贾云集，很早以来就是周围各省货物的集散中心，也是以手工业发达著称的全国四大名镇之一。[3]聚集在这里的有来自四面八方的商人、小商小贩、手工业劳动者、水陆运输工人等等。民国时代曾经两任大总统、三任副总统的黎元洪，就因其祖父黎国荣（按：黎元洪履历清单作黎国尧）长期在汉阳经商而诞生于此。

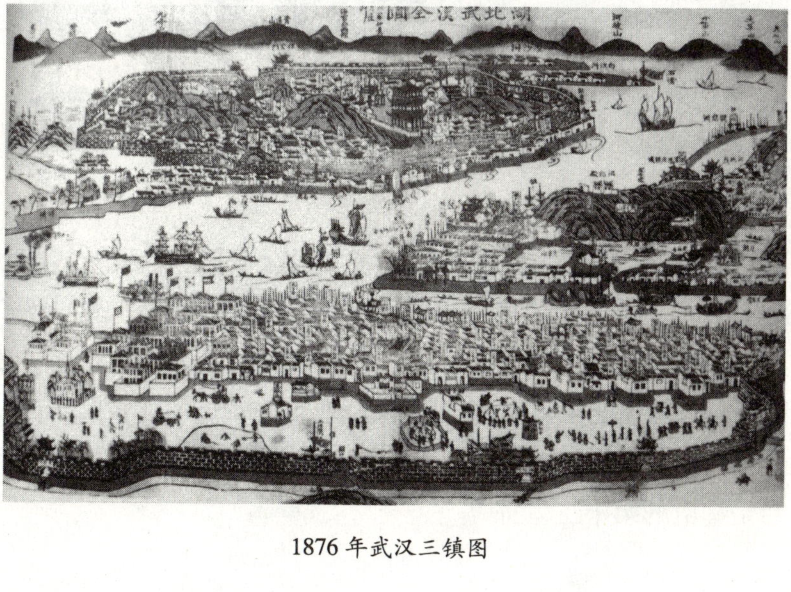

1876 年武汉三镇图

黎元洪，字宋卿，1864 年 10 月 19 日辰时生，祖籍江西豫章（今南昌），世居黄陂北乡黎家河（距黄陂城一百八十里），现属大悟县新城镇。

大悟县 1949 年以前名礼山县，以境内有礼山得名。礼山县成立于 1933 年。[4]当时国民党政府为了加强对这个地区的统治，借以消灭工农红军革命武装，特将湖北黄陂、孝感二县的北乡，黄安（今红安）县的西乡，以及河南罗山县的南乡等边远地区划拨出来，合并建立礼山县。那时从黄陂划拨出来的有河口十会，夏店五会，约占礼山县面积的五分之一。[5]黎家河当时属于夏店五会中的石滚会。由于黎元洪的祖辈长期在这里居住，现在尚有人把黎家河村戏呼为“黎元洪村”。这里南临西大河，北倚五老山余脉，背山面水，风景秀丽，是一个山清水秀的好地方。

黎氏族谱封面图

黎家从江西迁到黄陂，大约是在明朝前期。据《黎氏族谱》记载：明初洪武年间（1368—1398），有黎旭、黎旦两兄弟住在江西豫章碎瓦墩。黎旦生有五个儿子，长子舜臣、三子舜元随大伯父黎旭迁居湖北黄陂，其余留在江西。黎旭始居黄陂中和乡，复迁黄陂北乡黎家楼（现属大悟县）；黎舜臣原住黄陂小西门外大板桥，不几年迁往东乡，又由东乡迁到北乡黎家河定居。黎元洪就是舜臣这一支派的后裔，乃是舜臣的第十三世孙[6]。

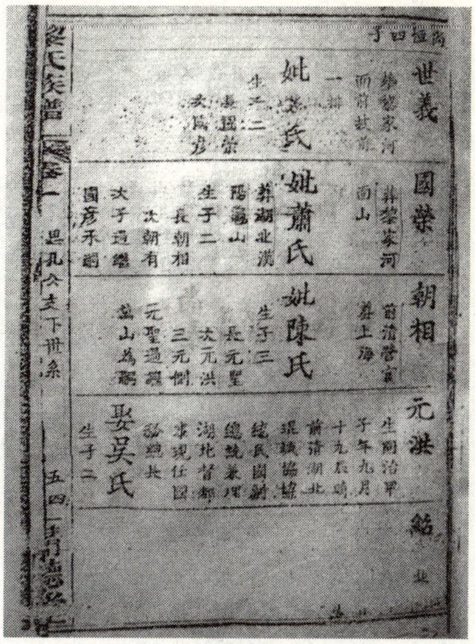

黎氏族谱图

关于黎元洪的祖籍，自从武昌起义他被推为湖北军政府都督以后，就有人说是安徽宿松。武昌起义后第七天，即1911年10月16日，《神州日报》发表署名“鄂中武士”的《革命军总统黎元洪小史》，即说“其先世为皖之宿松人，自其祖与父商于湖北，遂改入黄州府黄冈县籍，故今为湖北人”；同年11月21日出版的《民国报》第一号，亦载有不署名的《黎元洪》一文，除了字句略有出入外，基本内容与《神州日报》完全相同，也认为是安徽宿松人；1980年8月，中华书局出版，李新主编的《民国人物传》第二卷，载有张振鹤撰写的《黎元洪》，仍然因袭了这种说法，称“他的祖籍原系安徽宿松，从祖父起即经商湖北，遂入籍黄陂”。[7]实际上这是一种牵强附会的说法。笔者曾于1982年五六月间先后赴黄陂、大悟二县调查，经过辗转寻觅，终于找到了上述《黎氏族谱》。里面《始修谱序》、《原叙》均记载自江西迁来；《陂邑黎家河始祖总世系图》中舜臣栏下则明确写明：“舜臣公由江西豫章碎瓦墩迁居湖北，先迁黄陂小西门外大板桥，不数载又迁县东乡，由东乡复迁县北，距城一百八十里，地名黎家河，居焉。”可见，黎的祖籍为江西豫章是可信的。所谓祖籍在安徽宿松，乃是以讹传讹。[8]

黎元洪出生于一个小商人家庭。他出世的那天，正是太平天国首都天京（今南京）被曾国荃率领的湘军攻下整整三个月。当时，太平军余部仍在江西、福建等地坚持斗争；和陈得才、赖文光领导的太平军结合的新捻军则在华北一带纵横驰骋。武汉是太平军和清军争夺最激烈的战略要地。太平军曾经三克武昌，四下汉阳。[9]由于这里连年争战，社会经济受到极大破坏。黎国荣的小本经营，在战火的摧残下连年亏折，几至不能糊口。黎元洪的父亲黎朝相早年参加鲍超的霆军；1867年，鲍超因对李鸿章袒护淮军刘铭传部不满，愤而称病辞职。其部下三十营分别由宋国永、唐仁廉统带。黎朝相划入唐仁廉部仁字营，跟从李鸿章转战于河南、山东、直隶（今河北）、陕西等地。以后，李鸿章调任直隶总督，仁字营跟着调防畿辅。长期以来，黎朝相厕身行伍，东征西战，行踪不定，根本无力顾及妻子儿女。因此,黎元洪母子只有依靠祖父国荣在汉阳度日[10]。

黎元洪的童年,一直是在坎坷之中度过的。由于黎国荣生意不好,黎朝相又长年征战在外,所以,他的儿时生活十分困苦。据说,黎元洪生下只八个月,其母亲陈氏即患了一场大病,差一点丢掉了性命。在这种情况下,他不得不停止吸奶,靠喝米汤、喂粑粑过日子。特别是几年以后,他的祖父祖母相继去世,家庭生活几乎陷入绝境。年仅五六岁的黎元洪,迫不得已,只得和比他大六岁的姐姐元平一起在街头流浪求乞。那时,他们一家住在汉阳洲头咀报国庵。这一带的人都是靠种蔬菜和捕鱼谋生。黎元洪在肚子饿得无法忍受的时候,曾偷偷地在别人的菜地里拔取萝卜充饥,吃了萝卜以后又把萝卜叶子插在原地掩饰[11]。到了七岁那年春间,元洪得了天花,气息奄奄。痘病痊愈之后又不停地咳嗽,差不多过了一百天,咳嗽才渐渐停止下来。过后,因为家庭生活无着,他的姐姐元平被送到汉阳河泊所一户姓苏的打鱼人家作童养媳;他则在八岁那年回到黄陂老家,替住在田家河(与黎家河为上下邻村)的姑父田秀庭放牛。那时他年小不懂事,有时把牛绳捆在树上,自己则躺在草地上睡大觉;有时干脆任牛到处跑,破坏别人的庄稼。田秀庭拿他没有办法,年终只得把他送回汉阳。这是黎元洪一生中,在黄陂老家度过的唯一一年。1933年,国民党政府建立礼山县时,湖北第五区行政督察专员程汝怀建议把县城设在紧靠田家河的新城,理由之一就是:“故总统黎宋卿先生微时曾牧牛于此。”[12]

有一种说法认为,黎元洪是出生于黄陂县木兰乡东厂畈沙岑冈[13]。实际是道听途说,毫无实据。为了弄清黎元洪究竟生于何地,笔者1982年5月曾亲往木兰乡调查。当地老人都说,从没有听说过黎元洪在此地出生。提出这一说法的是薛民见,他又是1957年赴黄陂访问时从中医柳振轩那里听来的。为此,笔者曾专门致信柳振轩,请问可不可靠。柳回信说:“这是幼年听黎氏族人所谈,并无证据可稽。”[14]足见这种说法难以成立;而黎元洪生于汉阳,则有多种资料可做证明:据李根源的《雪生年录》记载,黎元洪曾亲口对他说过,“家本黄陂,生于汉阳”[15]。众所周知,李根源入民国后,与黎交谊很深。特别是1923年黎任第二次大总统被直系军阀逼迫下台以后,二人经常互相过从,可说是生死之交。李的记载既然来自黎元洪的亲口言传,应为可信。此外,1982年6月,黎的小儿子黎仲修来汉时也亲口告诉笔者:“先君跟我说过,他生于汉阳。我的姑妈比先君大六岁，嫁给姓苏的，家里开苏元泰煤店，一直住在汉阳。现在汉阳还有她的后人。"[16]苏元泰的邻居贾秀英太婆则说得更加具体。她指着屋前一片地段说，黎元洪就出生在前缘的报国庵[17]。又查《黎氏族谱》，黎国荣的妻子、黎元洪的祖母萧氏死后亦葬于汉阳龟山。黎元洪妻吴敬君童年与黎元洪订婚。敬君之父海臣，原籍黄冈，长期住在汉阳经商，二人童年订婚亦在汉阳。1911年，黎元洪当了湖北军政府都督，拟聘请昔年他的老师湖南人余肇康作军政府顾问。黎在民国元年七月十日《致长沙谭都督》的招聘信中也说："元洪籍隶汉阳，曾荷帡幪，莘莘学生，受教尤多。"[18]综合上述资料分析，黎元洪生于汉阳，应是比较可信的。

正当黎元洪的家庭迭遭变故，走投无路，日子越来越难熬之际，由于黎朝相有了比较固定的驻地，能经常接济家庭生活，日子总算有了转机。

自从1870年李鸿章继曾国藩出任直隶总督，黎朝相随唐仁廉驻防畿辅，最初驻扎在青县马厂。1874年，唐仁廉就任通永镇总兵，黎朝相也随仁字营调到了北塘驻扎。黎元洪从田家河返回汉阳后，因为有了父亲黎朝相的经常接济，不但生活有了保障，而且可以上学读书了。他从九岁到十三岁，一面在汉阳的私塾里上学，背诵四书五经；一面也帮助母亲料理家务，生活还算过得下去。

可是，到了1877年夏秋之交，黎元洪不幸得了疟疾，时而畏冷，时而又发高烧，接着而来的则是咳嗽不止。黎朝相得信，特从北塘赶回汉阳看望。不久，黎元洪病情好转，黎朝相乘机替他定下亲事，聘同住汉阳的吴敬君为妻。敬君原名汉杰，生于1870年7月25日，此时年仅八岁。在此之前，朝相已于1876年当了把总，薪俸较前有所增加；而汉阳方面，自从黎国荣夫妻相继去世，弱妻幼子，无依无靠，生活无人照料，黎朝相乃决计举家迁往北塘居住。鉴于敬君之父吴海臣已经去世，家境日趋艰难；吴家又担心时过境迁，黎家可能悔婚；而且汉阳与北塘两地遥隔数千里，将来接送也不方便。经两家商定，吴敬君也随黎家一起北迁，由朝相妻子陈氏童养于家。

从汉阳到北塘，全程三千多里。当时既没汽车可搭，也无火车可乘，全靠两腿步行。十四岁的黎元洪和八岁的吴敬君，随父母晓行夜宿，历经湖北、河南、直隶等省，接连走了将近两月，才到达了北塘。长途跋涉，虽然饱经风霜，却领略了沿途无限风光，使黎元洪增长了不少见识[19]。

注释

【1】九省一般是指由长江、汉水连接的云南、贵州、四川、陕西、湖北、湖南、江西、安徽、江苏。实际是一种泛称,形容交通极为方便,各省前来这里经商的人很多。由于长期在这里经商,形成的地方性帮口即有:湖北帮、湖南帮、宁波帮(包括南京、上海等地)、四川帮、广东帮、赣闽帮、山陕帮、山东帮、徽州帮、河南帮、云贵帮、天津帮等。

【2】芝加哥是当时美国的第二大城市。武汉的繁荣,在近代中国仅次于上海,故名。语见日本水野幸吉《汉口》一书,《夏口县志》卷十二作了转引。

【3】明清时期,汉口与广东佛山镇、江西景德镇、河南朱仙镇,合称为全国四大名镇。

【4】国民党政府内务部正式行文建立礼山县的日期为民国二十二年(1933年)五月二十七日。见湖北省档案馆案卷635号。

【5】据当时国民党湖北第五区行政督察专员、保安司令程汝怀巡视礼山县的报告书说,全县“约有六万户,二十六万名,壮丁约五万名,全县面积共约一万一千三百三十方里。孝感划拨部分占五分之二,约为四千五百三十二方里;罗山划拨部分约占五分之一点二五,约为二千七百一十九方里;黄陂划拨部分占五分之一,约为二千二百六十六方里;黄安划拨部分占五分之零点八,约为一千八百一十二方里”。

【6】《黎氏族谱》,1914年9月“创修”,零陵何嵩山刊刷。

【7】李新等:《民国人物传》第二卷,第161页。

【8】参考拙稿《黎元洪的祖籍和姓氏再议》,《江汉论坛》,1982年第10期。

【9】当时的汉阳包括今天的汉口。汉口直到1898年后才另设夏口厅。

【10】参考赵尔巽等:《清史稿》三九,第11981~11988页;《黎仲修访问记》(1982年6月9日于汉口饭店);《满清稗史》(当代名人事略);张国淦:《辛亥革命史料》,第87~88页。

【11】《苏元泰的老邻居贾秀英访问记》(周尚哲访问记录)。

【12】《湖北第五区行政督察专员、保安司令程汝怀巡视礼山县报告书》(民国二十三年元月),原件藏湖北省档案馆。

【13】薛民见:《黎元洪年谱资料》,第90页。

【14】柳振轩复萧致治信(1982年6月11日)。

【15】李根源:《雪生年录》卷三,第16页。

【16】《黎仲修访问记》(1982年6月9日)。

【17】《苏元泰的老邻居贾秀英访问记》(周尚哲访问记录)。

【18】易国干等:《黎副总统政书》卷一二,第2页。

【19】关于黎元洪家迁往北塘时间,薛民见编的《黎元洪年谱资料》定在1872年秋后;黎元洪的长女黎绍芬写的《黎元洪传略》则说是元洪十四岁,敬君八岁(习惯上均为虚岁)时迁往北塘。据黎仲修告诉笔者,他也听母亲说过,迁北塘时,她只八岁,元洪十四岁。而且1872年,唐仁廉部仁字营尚未派到北塘、芦台一带驻扎,故此处依据黎绍芬回忆,推定为1877年秋后迁往北塘。

二

肄业天津北洋水师学堂

北塘位于天津以东，塘沽之北，地属宁河县，距县城九十里。这里是蓟运河、潮白新河、金钟河的汇合处，也是三水合流后的入海口。海口辽阔，宽达三百多丈，向内依次渐窄，至设立炮台处仍有九十多丈，乃是地位十分重要的战略要地。第二次鸦片战争中，清廷专注在大沽口设防，对北塘防务未予重视。结果导致1860年8月，英法联军侦知北塘防务空虚，于是乘虚而入，趁着涨潮首先在北塘登陆，然后穿过盐滩荒地，攻占新河、军粮城等要隘，致使塘沽、大沽相继沦陷，侵略军得以长驱直入，进占天津，火烧圆明园，洗劫北京，最终迫使清政府彻底屈服，签订《北京条约》。[1]

李鸿章继任直隶总督以后，鉴于第二次鸦片战争防务上之失误，认识到北塘和大沽口一样，都是天津的重要门户，决定派遣重兵驻守；并且从1875年起，同时在大沽、北塘、新城等地加固旧炮台，“增筑洋式炮台营垒”。经过增修之后，北塘口南岸计有炮台两座，平台七座；北岸有炮台一座，平台三座；驻防军队除唐仁廉的嫡系仁字、义胜各一营外，还有练军三营，防务较以前有了明显加强。[2]

黎元洪随着父亲到达北塘以后，从塾师李雨霖继续攻读。黎朝相在公余之暇，也常常教他读书识字，并给他讲述历史上的战争故事。一次，黎朝相给他讲述了春秋时期的“晋楚邲之战”：公元前597年（晋景公三年，楚庄王十七年，鲁宣公十二年），晋楚两国军队大战于郑国的邲地（今河南郑州西北），晋军被楚军打得大败，溃不成军。后来，楚军再至邲地，有人向楚庄王建议刻石留念，以示子孙“无忘武功”。楚庄王却感慨地说：武有七德，“禁暴、戢兵、保大、定功、安民、和众、丰财”。人们尝说“止戈为武”，“今我使二国暴骨，暴矣。观兵以威诸侯，兵不戢矣。暴而不戢，安能保大？犹有晋在，焉得定功？所违民欲犹多，民何安焉？无德而强争诸侯，何以和众？利人之几而安人之乱，以为己荣，何以丰财？武有七德，我无一焉，何以示子孙？”又有什么功可纪呢！[3]黎元洪对这段两千多年前的故事，留下深刻的印象。曾说：“武德之义大矣哉！军事、文化、政治、外交、经济之大道，胥在是矣！武德昌明，国家安宁，武德大行，天下太平。”[4]少年时代的这些教养，为黎元洪后来一直主张“废督裁兵”奠下了思想基础。

1878年，对黎元洪一家来说，是一个难忘的年头。这年7月23日，黎元洪的弟弟元泽出世，其父朝相也在这年升任千总。一家在饱经忧患之后，既得团聚，又行添丁，而且官升一级，在那时称得上是“三喜临门”。可是，喜极而悲随至，全家欢乐生活没过几天，其母陈氏因产后失于调养，同时受了暑热，很快就病倒了，几个月卧床不起，医治无效，竟于同年12月18日告别人世，年仅三十八岁。在黎家，陈氏无疑是根主心骨，儿女全赖她抚养，丈夫也要靠她伺候，里里外外，煮茶做饭，缝补洗涤，哪一件也离不了她。现在撒手人寰，对于黎家来说，乃是一个无法弥补的损失。仅满十四岁的黎元洪，由于生母去世，痛不欲生，只得辍学留家，照顾刚出生不久的弟弟，承担起煮饭、扫地等家务。

黎朝相关怀儿子的前程，不忍儿子长期废学，第二年又把黎元洪送入私塾中读书。李雨霖夫妇见其母亲去世，伶仃孤苦，十分同情，对他备加爱护，既安慰他不宜过分悲伤，又勉励他努力向学。黎元洪因为童年受过不少苦难，也经历过失学痛苦，故在塾中读书十分用功，深得老师欢心。他在李雨霖塾中五易寒暑，除读完四书五经外，还读了《御批纲鉴辑览》，使他学到不少政治知识；对祖国的悠久历史，也了解了一个发展梗概。

黎朝相自从陈氏去世以后，幼子嗷嗷待哺，急需妇人照管，并料理一切家务，乃于1880年续娶崔氏为妻。当时崔氏年才三十七岁，比黎朝相年轻十岁。崔氏为人温柔贤惠，待黎元洪兄弟无异亲生，黎元洪对后母也很孝敬。此后，黎朝相继续得到升迁，1880年升任都司，1882年又升为游击。黎元洪在课余之暇，常到黎朝相的兵营中玩耍，对骑马和操练颇感兴趣。黎朝相见他喜爱军事，很支持他从军习武。

1883年春，天津水师学堂招生。在黎朝相的鼓励下，黎元洪前往应考，得以录取，随即入该堂第一期管轮班学习[5]，从此开始了他一生的戎马生涯。

天津水师学堂是直隶总督兼北洋大臣李鸿章为了适应建设海军需要，培养海军管轮与驾驶人才，于1880年8月19日（光绪六年七月十四日）奏请设立的，开始的督办是前任船政大臣、光禄寺卿、因病退休的吴赞诚，后来因为吴赞诚病情加重，请求开去差使，乃改由二品衔分发补用道吴仲翔接办。

天津水师学堂奏准设立之后，选择城东八里大直沽东北的机器局之旁作为校址，动工兴建。1881 年 8 月（光绪七年七月），学堂正式落成。堂室宽敞整齐，共有一百多间，“楼台掩映，花木参差，藏修游息之所，无一不备”。此外还有观星台一座，专供学习天文、观测天象之用。[6]

还在 1880 年冬，学堂督办吴赞诚因回南方就医，乘便即在上海等地贴出布告，招募学生。按照招生章程规定，学生无论天津本籍、外籍或者寄籍，凡属良家子弟，年龄自十三岁起，至十七岁止（1885 年后，改为十六岁以外，二十四岁以内），已读书数年，读了二三部经书，能作小讲全篇或半篇者皆可报考。计划先招收六十名。学生选定后，还要取具本人、家属甘结及绅士保结，才准入堂肄习。学习期限定为五年；未满五年，不得自行告退，亦不许参加童子考试。学生入学后，按照程度分班：文理全通，读书甚多者为第一班，除供给膳食外，每月发给赡养银一两；文理未尽通顺而读书已多者，为第二班，每季发给衣履费银二两；书读不多，文理未尽通顺而资性颖悟过人者为第三班，每季发给衣履费银一两。[7]堂内分设驾驶、管轮二科。驾驶专习管驾轮船，管轮专学轮机管理。学生完成规定课业，还要上船实习合格后，才能分配工作。

当时的风气未开，一般读书人仍然迷恋于科举考试；水师学堂又属新办学校，招生时报考的虽然很多，合格者却很少。1881 年 8 月 16 日（光绪七年七月二十二日）第一次进行考选，报名者达三百〇八人，临考不到者就有一百六十一人，交白卷者六十人，其余八十七人大多“饾饤堆砌，草率成文，凭文较量，实际不敷挑选”。[8]于是在 8 月 19 日第二次通告，改期于 8 月 27 日补考一次，结果依然没有招足，两次共只招到二十名。

总教习严复

由于第一次未招足额，1882 年又在天津第二次贴出《招考告示》。据李鸿章分析，第一次招考没有招到出色人才，一是由于“赡银稍薄，未足招徕”；二是学生对毕业后的前途认识不清。于是在招考告示中特意说明:赡家银由每月一两提高到四两,“俾一经入选,八口有资,庶寒酸之家,咸知感奋”;而且声明,学生在校如果学习成绩优异,“本大臣当从优奏奖,破格录用”[9]。黎元洪就是在这种优厚待遇的吸引下,于第二年正月经考试合格录取的。[10]这时他已年满十八岁,年龄超过了招生规定,大概因为成绩合格,还是被录取了。

萨镇冰

天津水师学堂开办以后,由后来成为著名维新派人士的严复担任总教习(教务长),1882 年至 1886 年间,萨镇冰也在该校担任教习,并任管轮班监督,乃黎元洪直接受业的业师。学堂为了适应海军需要,开设的课程较多。为了使学生能够直接阅读外国科技书籍,一律要学习英语;此外还有地理、算术、代数、几何、三角、重学、水学、格物、化学、绘图、测量等课,以及操演枪炮、鱼雷、机器等技;每个星期还要留出两天学习中文经籍,归汉文教习讲授。“中学西学”,“兼程并课”[11],适足体现半殖民地半封建教育的特点。

黎元洪考入天津水师学堂后,由北塘前往天津肄业。当时按照学堂规定,管轮班每月只月初第一个星期天放假一日,端午节、中秋节各放假三日,春节放假十五日。因为天津离北塘较远,往返不便,他平时回家不多。1884 年 2 月 26 日(光绪十年正月三十日)凌晨(丑时),正值新学期开学不久,其父黎朝相突然病故。因为病起仓猝,他闻讯赶回,黎朝相已经两眼紧闭,永离人间。死前留有遗言,嘱咐他努力求学,平时行为处世,要谨慎三思,学成后要为百姓服务。这些告诫,对黎元洪后来为人处世,曾产生极为深刻的影响。

自从黎朝相去世以后,家庭主要经济来源断绝,全家衣食唯有靠黎元洪的每月赡养银四两维持;如果不足,则只有靠他的继母和未婚妻做鞋垫等针线活来补贴。黎元洪素性忠厚,对他的继母和年幼的弟弟能遵父嘱,克尽孝友之道。虽然生活清贫,一家和衷共济,还能痛痛快快过日子。

生活困难虽然给人带来许多不幸,但也最能激励人们发愤图强。黎元洪由于在忧患中出世,少年时代又经历了不少折磨,在学堂中学习勤奋,军事操练也很认真,陆上战术擅长骑射,海上技艺精于轮机管理,对于引擎修造之学,尤其具有心得。在管轮班里，数他年纪较大，遇到实习的时候，对年少同学颇多照顾。有一天，同班一些同学犯了过错，牵涉到黎。黎挺身而出，为大家承担了责任，曾说："大丈夫当担当天下大事，是区区者安足避匿？！"[12]从此更得同学敬重，并且深得总办吴仲翔、总教习严复、正教习萨镇冰等人赏识；他对严复、萨镇冰等也很尊敬。1887年，黎元洪由于在校成绩优良，在教练舰上实习表现也很不错，得到学堂各教习的赞许和同学们的拥护，年终特予嘉奖。1888年春季的毕业考试，经天津水师学堂吕总办考取优等，禀报李鸿章赏给六品顶戴。随后，管轮班毕业生由司理轮机的西人获嘉带领，于五月份赴北洋各战船实习，黎元洪随船游历了沿海各个重要口岸，对沿海沙线进行了系统的考察，增长了不少航海知识。[13]实习期满，李鸿章为了表彰为学堂出力的教习和优等学生，特汇案奏保，咨送海军衙门注册。黎元洪由于成绩优良，表现突出，海军衙门同意以把总尽先拨补，不久即派往"来远舰快船差遣"[14]。

黎元洪毕业水师学堂的时候，正值吴敬君年满十八岁，到了法定的成婚年龄，他们乃在是年完婚。敬君自1877年随同黎家来到北塘后，一直在黎家生活。两人婚姻虽属父母包办，由于长期生活在一起，同命运，共患难，夫妻之间的感情颇为融洽。

注释

【1】黄彭年等：《畿辅通志·疆域》（三）卷九三，总第3803～3808页。

【2】李鸿章：《力筹战备折》（光绪十年闰五月十三日），张侠等：《清末海军史料》上，第227～228页；《清史稿》一四，总第4100页。

【3】《春秋左传·宣公十二年》夏六月条。国学整理社：《四书五经·春秋三传》，第274～277页。

【4】台北《湖北文献》编辑室：《黎元洪传》；朱传誉：《黎元洪传记资料》（一），第9页。

【5】张侠等：《清末海军史料》上，第441页。

【6】张涛：《津门杂记》卷中，第19页。

【7】《水师学堂章程》，《益闻录》第二集，第三册，第59页。

【8】《益闻录》第二集，第三册，第207页。

【9】李鸿章：《招考告示》，张涛：《津门杂记》卷中，第20页。

【10】陈树屏:《呈造三品顶戴尽先补用都司黎元洪履历清单》,以下简称《黎元洪履历清单》。

【11】沈桐生:《光绪政要》第五册,卷七,第15页。

【12】鄂中武士:《革命军总统黎元洪小史》,《神州日报》1911年10月16~18日。

【13】《益闻录》第十一集,第十册,第244页,418页。

【14】陈树屏:《黎元洪履历清单》。

三

海军生涯

由李鸿章题写匾额的海军公所——原北洋海军提督署

在中国近代海军的建军史上，1888 年是一个划时代的年头。这一年，北洋海军正式成军，标志着海军建设已经粗具规模。

北洋海军自 1879 年开始筹建，陆续向英、德等国购进军舰二十五只。其中包括：定远、镇远两艘铁甲舰；还有致远、济远、经远、来远、靖远五艘巡洋舰；超勇、扬威两艘快船；供守口用的镇东、镇西、镇南、镇北、镇中、镇边六艘蚊炮船；此外还有鱼雷艇六艘，以及供训练用的威远、康济、敏捷练船三艘，供运输饷械用的利运船一艘。[1]全军由北洋海军提督统领，设有总兵二员，分领左右两翼，下有副将五员，参将四员，游击九员，都司二十七员，守备六十员，千总六十五员，把总九十九员，经制外委四十三员，并相应建立起各种机构，形成一个完整的军事系统。各舰按照吨位大小，分别配备有管带（舰长）、帮带、大副、二副、三副、总管轮、二管轮、三管轮、巡查等职。清廷任命原北洋水师记名提督、直隶天津镇总兵丁汝昌任北洋海军提督；管带镇远铁甲舰、记名总兵林泰曾任左翼总兵；管带定远铁甲舰、总兵衔水师补用副

北洋水师提督丁汝昌

将刘步蟾任右翼总兵。[2]英籍洋员琅威理任总查，实际负责训练操演。这年，黎元洪毕业于天津水师学堂，奉派上“来远”舰见习，正好赶上了这个重要年头。

清朝旧式水师船

威海卫北洋水师舰队

“来远”是一艘刚从德国买回的新铁甲舰炮塔舰，排水量为二千九百吨，马力三千四百匹，航速为每小时十五点五节（一节＝1海里/小时），舰上装配大炮十四门，水雷射管四架，额定官弁兵丁共计二〇二名。因为黎元洪为人忠厚谦和，没有架子,见习期间与同事相处很融洽,与兵士也亲密无间。经过一年多的见习,提督丁汝昌见他表现不错,又值新建立的广东水师急需管驾人才,1890 年 3 月,将他调往“广甲”兵船充当三管轮。[3]

“广甲”是两广总督张之洞为了筹备建立粤洋水师,请福州马尾船政局协助建造的第一艘兵船。粤洋乃东南海路要冲,西方殖民者侵略中国,这里既是必经之地,同时又首当其冲。两次鸦片战争中的海战均曾在这里进行。但是,这里海防十分空虚,连一艘巡洋舰也没有配备。1884 年试造了广元、广亨、广利、广贞四只浅水兵轮,仅能行驶于内河或浅海。巡查缉私,尚可胜任;拒敌作战,显然无能为力。此外,尚有旧轮船二十五只,都只能用来转运或派差;一旦战事发生,没有一艘战船可以出海迎敌。张之洞于 1884 年出任两广总督后,鉴于粤洋海防空虚,而且战略地位十分重要,乃邀集广东的文武官吏、绅士和盐商等共同商议,筹募了一笔经费,请福州马尾船政局协造铁胁快轮四艘,河海并用的中号兵轮四艘。“广甲”是马尾船政局接受委托后于 1887 年 10 月最先建成的第一艘铁胁木壳兵轮,船长二十一丈七尺一寸,船宽三丈三尺七寸,舱深一丈七尺八寸,吃水十四尺,排水量二千三百吨,马力一千六百匹,时速十四海里,船上装备大炮十门,兵丁官弁一百八十名,造价二十二万两。它既可以巡行内河,又可在外洋行驶。[4]黎元洪在广甲舰上负责管理机器的开关、拆洗及保护等事务,附带管理储料、生火这类事情。由于广东缺少教练人才,广甲在香港船坞雇请洋匠将不合式之处修配齐全后,于 1890 年派往北洋,以便与北洋舰队船只一同操练,船上的管驾人员和兵丁,也都由北洋水师进行配备。[5]因此,黎元洪得以从北洋派往粤洋,在广甲兵轮上供职当差。

北洋大臣李鸿章

按照《北洋海军章程》规定,为了加强海防建设,清朝政府每隔三年要派遣大官要员对北洋海军进行一次大检阅。1891 年,是北洋海军成军后第一次校阅之期,清廷简派直隶总督兼北洋大臣李鸿章和山东巡抚张曜前往会同校阅。5 月 23 日,李鸿章率领一大批文武官员由大沽口乘轮船出海。北洋统领、水师提督丁汝昌带领定远、镇远、济远、致远、靖远、经远、来远、超勇、扬威、平远、康远、威远、广甲各舰，以及南洋统领、前寿春镇总兵郭宝昌所带之寰泰、南琛、开济、镜清、南瑞、保民等六艘军舰随同放洋，一路浩浩荡荡，鱼贯而行。黎元洪因为供职广甲舰，也参加了这次检阅。24日，大队舰船驶抵旅顺，27日开赴大连湾。北洋各舰沿途分行布阵，奇正相生，进止有节；到了夜间，又用鱼雷艇试演袭营阵法。30日，舰队驶往大连口外的三山岛，随即调集各舰，轮流打靶，演放鱼雷。6月1日，舰队开往威海进行登陆演习，并命威远、敏捷、广甲三舰操使风帆，快速便捷，操纵自如。最后，全队进行会操，一时万炮齐鸣，炮声震耳欲聋。整个校阅历时十八日，周行海道三千多里。从表面上观察，倒也威风凛凛。李鸿章、张曜在校阅后向清廷报告说："综核海军战备，尚能日新月异；目前限于饷力，未能扩充，但就渤海门户而论，已有深固不摇之势。"[6]同时专折上陈，奏请嘉奖建设海军出力人员，黎元洪亦在汇案奏保之列，得以千总尽先补用。1892年，复提升为广甲二管轮。[7]

我国地域辽阔，大陆海岸线长达一万八千公里，沿海有大小岛屿五千四百个以上，岛屿岸线总长一万四千公里，总长共计三万二千公里。北洋海军自从成军以来，为了履行海防职责，保卫漫长海疆，每年四季都要沿海往来操巡，春、夏、秋三季主要在渤海、黄海一带活动，周历奉天（今辽宁）、直隶（今河北）、山东、朝鲜各洋面，东北远达日本、俄国所属各海岛；[8]冬天北方封冻，驶往南洋，巡行江苏、浙江、福建、广东、广西沿海各个要隘，西南抵达槟榔屿、新加坡、菲律宾群岛，直到暮春三月才返回北洋。[9]茫茫大海，浪涛起伏，风云莫测，海军人员随时都要和惊涛骇浪、激流暗礁作斗争；他们终岁勤苦，练习阵法，碰到的困难和风险要比陆上操练大得多。黎元洪所在的广甲舰，几年之中，除了履行巡防粤洋任务之外，一直随北洋海军操演，祖国的万里海疆，到处都曾显现过他的踪影。这些艰苦经历，既大大开阔了他的眼界，也实地磨炼了他的坚忍意志。1893年3月，两广总督李翰章以黎元洪"频年操巡，久历风涛，著有劳绩"，为他赏换五品顶戴，并颁发了功牌。[10]

粤洋兵轮继广甲之后，广乙、广丙两舰相继在1890年、1891年建成交付使用。粤洋舰队总算有了一点基础。1893年9月，黎元洪所在之广甲舰远航南方，当巡行到达广州的时候，正值孙中山由澳门迁往广州，开设东西药局，一面行医，一面鼓吹革命。粤洋海军军官程奎光、程璧光（广甲舰帮带）和孙中山是香山县的小同乡，这时已和孙中山结识。他们经常在广州圣教楼书楼后座的礼拜堂及广雅书局内的南园抗风轩（今文德路中山图书馆南馆）等处聚谈时事政治。有一天，广甲舰上黎元洪的同事仇思病倒了，特邀请孙中山到舰上来为仇思治病。孙中山给仇思看病以后，应邀参观兵轮上的各个部门，并且与船员相互交谈。他在参观过程中顺便向船员陈述了民族的危亡、国势的积弱，已含有鼓动民族革命的意向。这是黎元洪第一次与孙中山见面，也是第一次听到关于民族革命的宣传。[11]

1894年，北洋海军又临第二次校阅之期。清廷委派北洋大臣李鸿章、帮办定安会同校阅。参加会校的，除丁汝昌率领的北洋舰队定远、镇远、济远、致远、靖远、经远、来远、超勇、扬威九舰外，还有记名总兵余雄飞所率广东之广甲、广乙、广丙三舰，记名提督袁九皋、总兵徐传隆分带之南洋南琛、南瑞、镜清、寰泰、保民、开济六船。这次校阅从5月7日到27日，历时二十一天。北洋、南洋、和粤洋各舰，沿途行驶，操演船阵，或鱼贯而行，或并列前进，整齐变化，操纵有度。在威海港，广甲与威远、敏捷三船再次操演风帆，也很便捷。[12]

李鸿章在这次校阅之后，听到英、法、俄、日等国前来观操的称赞“节制精严”，十分自得，满以为自己亲手建立的海军，经过六年来的操练，已足以保卫北洋海疆。在给清廷的奏报中，他很有自信地说：“此后京师东面临海，北至辽沈，南至青齐，二千余里间，一气联络，形势完固，已无可蹈之隙”。[13]岂料仅仅过了两个月，中日甲午战争就爆发了。日本侵略者为了掌握制海权，保证饷械运输安全，阻止中国增兵朝鲜，决心以“联合舰队先扫荡中国之海军”。他们从战争即将爆发起，就在千方百计寻衅滋事。

9月17日上午十时三十分，丁汝昌率领的定远、镇远等十二舰护送刘盛修的铭军十二营在鸭绿江口登陆完毕，正准备起航返回威海，突然在西南方向的海面上发现一簇黑烟，烟影越来越近。经过仔细观察，船上开始挂的为美国旗，以后改挂日本旗。丁汝昌发现形迹可疑，下令准备迎战。本来，黎元洪所在的广甲舰自从5月操阅完毕以后，曾一度返回广东，由于解送贡品荔枝，不久又北行驶抵天津，将荔枝交接完毕仍留威海。因此这次护航，广甲也参加了。日本联合舰队越驶越近，到了中午12时半，日舰在大东沟海面向北洋舰船发动猛烈轰击，海战正式开始。下午四时左右，济远管带方伯谦看到致远舰被击沉，首先带头逃走；广甲管带吴敬荣见济远逃跑，也跟着驶离战场，拼命向西航行。吴敬荣“只防后追，不顾前路”[14]，避开大洋，傍着海岸行驶，一气驶到大连口外的三山岛附近。

参加甲午海战的镇远号

这时夜幕早已降临，辽阔海疆，沉沉一片漆黑。船上士兵告诉吴敬荣，已经驶近浅滩；这个胆小鬼生怕日舰追上，仍然命令急急忙忙往前赶，结果触礁搁浅，前进无路，后退不能。23 日，吴敬荣遥见日舰“浪速”和“秋津洲”前来巡航，他害怕被俘，竟然炸毁船舰，丢下士兵，乘小舟逃跑。黎元洪和船上十一名官兵，见管带逃遁，愤而跳入水中，往海岸游去。当时广甲舰上的设备简陋，缺少救生设备，船员有救生衣者不多。黎元洪前在广州，曾自费买了一件救生衣，至此，他借助这件宝贝，经过和风浪搏斗十多个小时，终于“被大浪打到海滩上遇救”[15]。同行十二人中，能活着上岸的只有四人。[16]他在大连附近登岸以后，身上仅存银币一枚，银表一块。他把这两件东西向农民换了一件棉衣穿上，依靠山芋充饥[17]，经过长途跋涉，历尽艰苦，才步行回到天津。

黎元洪在甲午海战中投水一事，除了江夏县令陈树屏等呈报清廷的《黎元洪履历清单》避而不谈外，凡是有关黎元洪的传记，几乎都曾谈到此事，表明并非虚构。又据李根源的《雪生年录》记载，黎元洪投水得生后，“步归天津，被惩禁数月”，才得释放。[18]更说明此事对黎来说并不光彩。由于《黎元洪履历清单》乃是为了保举他升官晋级而撰，需要证明“身家清白，并无抗粮刑份”，对此事避而不提是可以理解的。不过,黎元洪是在何时何地投海,当时又是在哪艘军舰上担任什么职务,则是众说纷纭,各家记载出入很大。

甲午战争期间,黎元洪究竟在何舰担任何职?《神州日报》登载的《革命军总统黎元洪小史》说是镇远舰炮兵长[19];章太炎的《大总统黎公碑》则说是在广甲舰任管轮[20];李雍民的《从二管轮到大总统的黎元洪》一文说是定远舰管轮[21];黎绍芬和刘钟秀、杨玉如均说是定远舰驾驶[22]。如前所述,黎元洪在天津水师学堂学的是管轮,以后又长期在广甲舰上任三管轮和二管轮,此乃黎的本行;在甲午海战中突然改调驾驶或炮兵长,不近情理,也无实据,恐不可靠。而且定远、镇远是北洋舰队的主力舰,黎以前既长期在广甲舰服务,临时调往定远、镇远,可能性很小。揆诸当时事势,黎在当时仍任广甲舰管轮比较可靠。

至于何时在何地投海?《神州日报》的文章和章太炎、李根源、李雍民均说是在威海;刘钟秀说是大东沟;左舜生的《黎元洪传》则说在大连附近[23]。章太炎叙述说:"光绪二十年,清与日本战威海,公以广甲管轮自广州赴之,船脆不任战,遂陷。长官乘小艇逸,公愤甚,赴海,水及额者数矣,卒泅抵大连岸,同行十二人,存四耳。"[24]李根源的说法大体与章相同。查威海之役发生于1895年1月底至2月中,此时正值一年之中最寒冷季节,章、李均说黎是在威海投海,泅到大连上岸,即使是直线泅行也有七百多里,至少得在海中漂流七八天。在这样冰冻季节,连续泅水七八百里,显然不可能。刘钟秀为黎元洪的秘书多年,他的父亲和黎又是拜把兄弟。他说:"甲午之役……(黎)在大东沟愤而投海,得救。"[25]从时间上来说,这时正值9月,比较可信;但大东沟海战发生时,北洋海军正忙于迎击敌人,胜负未分,那时根本谈不上愤而投海。同时大东沟离大连仍然很远,也不可能泅到。而左舜生说:"甲午中日战争,他正在广甲兵舰上服务,广甲在大连附近沉没,他是四个泅水逃生而保全了生命者之一。"[26]则比较近乎事实。据姚锡光的《东方兵事纪略》说:在甲午大东沟海战中,广甲随济远逃跑后,"避大洋,傍岸行,夜午已驶至大连湾三山岛外,迫近丛石,管带吴敬荣仍仓皇奔驶,遂搁礁不得出,越日为倭炮所碎。"[27]蔡尔康等编的《中东战纪本末》也说:广甲"逃出阵外,未知受伤与否?而以只防后追,不顾前路,遂误撞于岛石,石距大连湾约英程二十里(按:约合六十四华里),传闻战之翌日,日船过此,发雷以轰碎之。"[28]日本旧参谋部编的日本战史丛书第九编《中日战争》则云:"'广甲'迷航在大连湾外触礁，二十三日看见日舰‘浪速’和‘秋津洲’巡航而自己炸毁。”这些记载确切表明，广甲是在大连口外三山岛附近触礁后，为日本击沉或自行炸毁。如果黎元洪此时是在广甲舰上，则投水时间很可能是在广甲舰被搁浅后和炸毁之前。黎绍芬说，黎“在海中漂流约十小时，后被大浪打到海滩上遇救”；三山岛离大连六十多里，如果在这附近弃舰逃命，然后泅到大连上岸，则完全有可能。因此，黎在大东沟海战后的9月18日至23日之间，在大连口外的三山岛附近投海是比较可靠的。

最后，黎元洪为什么要投海？各家说法也不一致。鄂中武士的文章说是威海失陷，“黎见事无可为，投海自毕”；章太炎说是“长官乘小艇逸，公愤甚，赴海”；李雍民则认为是“为国家及海军羞辱，愤而投海自杀”；李根源、左舜生和黎绍芬都说是因船被击沉或沉没，被迫泅水逃生。前面三种说法都是把黎的投水定在威海失陷之时，而且都含有褒彰黎元洪的因素。但黎元洪既然是在大东沟海战之后投海，那时北洋海军损失不大，而且广甲是在胜负未分时自行逃出阵外，他还不知胜负，根本谈不上“为国家及海军羞辱”；至于章太炎说是愤“长官乘小艇逸”，指的可能是广甲管带吴敬荣，这是事实。如此，则更可证明是在三山岛附近投海。结合当时情况分析，黎投海不排斥有愤恨长官乘小艇逸的因素，而主要原因则是广甲触礁，又看到可能受到日本船舰攻击，“官兵均弃舰逃命”，[29]他也跟着跳水逃生。事实本身并不值得肯定。可是，正因为此次死里逃生，后来才能被迫出任革命军都督和当上大总统，真可谓“大难不死，必有后福”。

注释

【1】《北洋海军章程》，中国史学会：《洋务运动》资料丛刊，三，第196页。

【2】中国史学会：《洋务运动》资料丛刊，三，第69～70页。

【3】陈树屏：《黎元洪履历清单》。

【4】张侠：《清末海军史料》上，第182页；下，第758页。

【5】李翰章：《筹办海防并陈管见折》(光绪十六年五月十二日)；中国史学会：《洋务运动》资料丛刊，二，第614页。

【6】李鸿章：《巡阅海军事竣折》；张侠：《清末海军史料》上，第272～276页。

【7】陈树屏：《黎元洪履历清单》。

【8】李鸿章：《办理海军请奖折》(光绪十七年九月六日)；栾兆鹏等：《李鸿章全集》第五册，第2690页。

【9】《益闻录》第十九集，第十六册，第 66 页。

【10】陈树屏：《黎元洪履历清单》。

【11】薛民见：《黎元洪年谱资料》，第 11 页。

【12】【13】李鸿章：《巡阅海军事竣折》（光绪二十年四月二十五日），张侠等：《清末海军史料》上，第 279～284 页。

【14】王芸生：《六十年来中国与日本》，第二卷，第 115 页。

【15】黎绍芬：《黎元洪事略》，《天津文史资料选辑》，第十一辑，第 130 页。

【16】章太炎：《大总统黎公碑》，汤志钧：《章太炎政论选集》下，第 844 页。

【17】薛民见：《黎元洪年谱资料》，第 12 页。

【18】李根源：《雪生年录》卷三，第 17 页。

【19】鄂中武士：《革命军总统黎元洪小史》。

【20】汤志钧：《章太炎政论选集》下，第 844 页。

【21】朱传誉：《黎元洪传记资料》（一），第 185 页。

【22】张国淦：《辛亥革命史料》，第 88 页；黎绍芬：《黎元洪传略》，《天津文史资料》，第十一辑。

【23】左舜生：《黎元洪传》，朱传誉：《黎元洪传记资料》（二），第 8 页。

【24】汤志钧：《章太炎政论选集》下，第 844 页。

【25】张国淦：《辛亥革命史料》，第 88 页。

【26】朱传誉：《黎元洪传记资料》（二），第 8 页。

【27】中国史学会：《中日战争》资料丛刊，一，第 68 页。

【28】中国史学会：《中日战争》资料丛刊，一，第 168 页。

【29】黎绍芬：《黎元洪事略》，《天津文史资料》，第十一辑，第 130 页。

四
三访日本

黎元洪回到天津以后,广甲管带吴敬荣因为临阵脱逃,已受到革职处分;他也受到牵连,被清朝当局监禁了几个月,然后释放。他从监管所出来,正苦于无事可干,恰值张之洞在南京设延才馆,招揽武备人才。黎元洪闻讯,乃于1895年2月前往投效。

张之洞(1837—1909)原任湖广总督,因为两江总督刘坤一奉调率湘军北上抗击日军入侵,清廷命他接替刘坤一署理两江总督。他于1894年11月13日到达南京接印视事,随即带同随员,顺江东下,视察长江沿岸和海口防务。当时江防既很空虚,设施也极不合理:炮台不是建于险要的山巅山脊,而是设于山坳之中或平地低处;台前既无护台壕沟,台旁又缺兵勇隐蔽暗房;营房则紧挨炮台,而且围墙多作白色,夜间很易被敌炮击中;弹药房则仅在台边做一小屋,不知深藏暗处,只要一炮击中,全部弹药就会毁灭无遗。台上安置的大炮都是落后陈旧的老炮,不但没有十年以内制造的新式大炮,即使旧式后膛大炮也没有一座;炮口则专向对面,不能左右转动,火力无法充分发挥;护台小炮上的零件多已锈蚀,根本无法使用;弹药随地抛掷,有些早已霉烂结块。张之洞看到江防如此窳败,感到再也不能容忍,决心大力整顿。他一方面向英德等国购买新式巨炮五十多尊,借以增强火力;同时立即组织人力,采取紧急措施,着手改建沿江各个要隘炮台。[1]

张之洞

山炮

黎元洪到达南京的时候，正值张之洞急需人才编练新军、改建炮台之际。他见黎出身新式学堂，“气宇深沉”，当即委派他监修南京城外的幕府山炮台，兼充自强军翻译，每月薪银八两。[2]幕府山位于南京东北，前接燕子矶，下临草鞋峡之夹江，远对大江的来路，形势最为扼要。黎元洪在监修炮台工程中，工作认真负责，工程进展迅速，1895 年 4 月兴工，年底全部完成。计建造西式炮台七座，弹药房八间，弹子房四间，总药库六间，暗路四道，此外还修了土垒壕沟、瞭望台、兵房、军装房，在炮台上安装了一百八十磅子长式后膛钢炮两尊，一百八十磅子短式后膛钢炮四尊，八十磅子后膛钢炮一尊，共用工料经费银三万九千二百五十四两零。[3]张之洞看到他办事踏实，又懂英文和新的科学知识，从此比较赏识。

在张之洞署理两江总督以前，这里不但大炮陈旧，炮台设置不合理，而且各炮台的炮手责既不专，技更不熟。各炮台炮手仅以各路营勇充当，还要兼充杂役，无力专心练习，以致生疏杂乱，诸事废弛，真是将惰兵疲，苟且偷安，徒然耗费无数饷银，却置江防于不顾不问。张之洞认为，培训炮台炮手，比之陆路营兵更为重要。因为炮台既可以守，又可以攻，“一台之功，可敌十营；一炮之功，可胜千人”。如果炮台兵勇不用专人，不进行专门训练，有炮而不得其用，仍然与无炮同。特别是新式大炮日新月异，如不熟悉炮机运用、炮弹装备、线路测量，并且朝夕演练，就很难纯熟命中，甚至动不动毁炮误事。为了加强防务，他决心从组织上加以调整和整顿。经奏准在各炮台设立专台官，专管兵勇，按炮台之重轻，配勇数之多寡，分别等差，优给口粮。[4]每台任命一名专台官，全台炮勇皆归专台官督率管理，由洋弁会同学堂出身之炮务委员教练；数台相近的，每三四台设一总台官。[5]黎元洪因为是新式学堂出身，又在监修炮台中成效卓著，先是派充狮子山、幕府山、钟山等处炮台总教习，不久又被任命为狮子山、幕府山、钟山等地的专台官。[6]每月支薪水银五十两，公费银五十两，收入较从前有了大幅度的增加。

可是，黎元洪担任专台官不到一个月，因为张之洞奉调回湖广总督本任，他又跟随张之洞回到了离别近二十年的故乡——湖北，开始了参与编练湖北新军的新历程。

中日甲午战争以后，凡是有点爱国思想的人，无不把这次惨败视为奇耻大辱。张之洞在马关条约签订以后也说：“此次合约，其割地驻兵之害，如猛虎在门，动思吞噬；赔款之害，如人受重伤，血气大损；通商之害，如鸩酒止渴，毒在脏腑。及今力图补救，夜以继日，犹恐失之，若因循游移，以后大局何堪设想！”[7]为了图强补救，他积极主张加强武备，编练新军。还在署理两江总督期间，他就聘请德国教习，编练了自强军十三营；1896年初调回湖广总督本任，他又奏请清廷批准，将在南京按照德法操练的护军前营五百人调赴湖北，以便转相教习，推广新法操练，以开风气。他欣赏黎元洪“刚毅强忍，有不挠之气概”，[8]把他调回湖北后，即命与张彪、钱洵等人筹练新军。为了学习日本练军经验，张之洞前后三次派遣黎元洪前往日本学习考察。

第一次是1898年的春天。[9]张之洞回到湖北后，把护军前营扩充为护军前后两营，前营步队、炮队各半；后营马队、步队各半，另增工程一营。[10]聘请德国驻华公使荐来之贝伦司多尔夫充当两营总教习，选募天津、广东武备学堂毕业学生担任分教习。黎元洪被任命为护军后营帮带，管理马队事务。

日本明信片上的黎元洪

张之洞当时认为，甲午之战，日本获胜，胜在日本学习德国操法，培训了一支勇敢善战的军队。他早就想具体了解日本的练兵情况。恰好1897年底和1898年初，日本派参谋部副将神尾光臣两次前来湖北游说，力言“今日武备最要”，劝张之洞派遣学生赴日本学习军事，日方当优予接待。日本主动要求中国派学生赴日，自属别有用心；而在张之洞看来，则是“正中下怀”。他一方面电告北京总理衙门，一方面立即派遣黎元洪等赴日考察军事教育。[11]

1898年2月，黎元洪抵达日本，被分派到禁卫骑兵联队练习，同行者有朱文发、吴绣文、王有胜三人，寄寓九段松叶馆，与骑兵操场距离很远。黎元洪“革靴蹄铁，风雨泥泞，日必一往”，[12]学习十分认真。当时东京、大阪等地的公园里，大量陈列着甲午之役中在朝鲜和中国夺得的战利品。黎元洪作为一个亲自参与甲午海战的军人，看到之后十分气愤，曾邀集旅日侨胞向我驻日商务监督请愿，要求向日本当局交涉，将这些陈列品撤去。[13]事虽未成，亦足见其爱国之诚。

黎元洪这次在日本考察了三个多月，对日本的军事训练，有了较多的实际感受。五月份回汉以后，他向张之洞报告了日本的练兵情况，并且畅谈了自己的体会，建议派遣青年学生赴日本士官学校学习。张之洞正苦编练新军缺乏人才，听了黎元洪的建议，很感兴趣。当时清政府推行维新运动，在康有为等人“派游学”的鼓动下，也谕令各省选派学生留日。张之洞开初认为赴日游学路途近，经费省，湖北、湖南拟各派一百人前往；后来听到一人每月需费三十元，财力有所不支，改为各派五十人，经费由裁撤的巡抚、粮道两署项下拨用。不久，戊戌政变发生，一切恢复旧制，费无所出，结果湖北只派了二十人赴日本学习，其中包括张之洞的长孙张厚琨。[14]吴禄贞、钮永建、傅慈祥、戢翼翚等皆于这次由官费资助，得入日本士官学校学习。他们在日本受到新思潮的熏陶，后来多变成著名的革命派。

二十世纪初年，在留学日本的各省学生中，以湖北为最多。1902年，湖北“游学日本者近百人”；[15]到1906年，“留日学生全国各省共计五千四百余名，湖北所派学生即有一千三百六十名，占了四分之一”。[16]这种留学热潮，自然与救亡图存的形势密不可分，而湖北独盛则不能不归功于张之洞的大力提倡。黎元洪在从旁赞助方面，也有不可忽视的贡献。武昌起义后有人甚至说：“至今军界学界人如此之盛，皆当日元洪一言之力也。”[17]

庚子自立军起义后，张之洞惧怕再起“革命之祸”，对留学生心存戒惧。凡是学习军事的，学成归国，不令在军界服役。黎元洪则“曲为维持，使其因材得职，以是深得鄂中军心”。[18]后来武昌起义，他被拥为都督，此乃根源之一。

汉阳枪炮厂图

枪炮是当时建立一支近代化新军的主要装备。张之洞在编练新军之前，即在汉阳城外大别山（即龟山）麓着手建立枪炮厂。黎元洪随张之洞回到湖北后，在参与编练新军的同时，还兼任炮厂监工。在建设炮厂中，他付出了不少心力。1898年10月，炮厂告成，张之洞为了表彰他的功绩，于出力案内请免补千总，以守备归标尽先补用。黎元洪得到了张之洞的超级保举，对张之洞益发忠顺。

当时湖北的军事人才，张之洞视为左右手的，第一是张彪，其次才是黎元洪。张彪（1860—1927）是山西榆次人。1882年张之洞出任山西巡抚，他因缘成为张之洞的亲兵，以后一直跟在张之洞的身边；张之洞曾以一婢女嫁给他，人称“丫姑爷”。张之洞任湖广总督，张彪署督标中营都司。张之洞署两江总督，张彪任护军营管带。不过，张彪虽然深得张之洞宠信，地位在黎元洪之上，其人却是一介武夫，毫无军事知识。因此，“一切军事擘划，皆元洪为之主谋”。[19]凡有关旧军裁撤，新军编练、军队将弁培训等实际事务，张之洞无不带同黎元洪办理。1897年冬，湖北武备学堂考试，黎元洪曾陪张之洞亲临监考。1898年，裁撤武胜营右营、沙防营，同时汰减汉口缉捕营，将经费移作扩充新军之用，一切有关裁撤工作，皆是黎元洪协助张之洞进行。1899年2月，张之洞参考国内外练兵章程，制订湖北练兵新章，命令武汉各标营、防营都要仿照操练，又要防营、绿营员弁皆赴六营公所听讲兵学，按照学习优劣，给予奖励或者加薪。黎元洪又被委任为各营教练官。同年4月，法国军官罗勃尔到达湖北参观军事，张彪代表军界设宴招待，席间，罗勃尔提出了许多军事学方面的问题，张彪“箝口结舌”，答不出来。黎元洪当时在座作陪，为免外人轻视，代张彪一一作了答复，博得罗勃尔的好感。第二天，罗勃尔前往总督署向张之洞辞行，在张面前盛赞黎元洪为“知兵”之将，颇得张之洞的欢心。[20]张之洞准备破格委黎元洪以重任，但为张彪所谮，没有实现。

1899年10月，张之洞又派黎元洪赴日本考察，这是黎元洪第二次访问日本，重点是考察马队、步队的教育、军纪以及各队兵法等等。这次赴日，原预计为一年。可是第二年春夏之交，由于帝国主义侵略加剧，民族危机加深，反帝爱国的义和团运动在山东、直隶等地蓬勃兴起，大有席卷全国之势。为了应付国内紧张局面，黎元洪奉张之洞电召，提前返国。1900年6月，黎元洪回到武昌，向张之洞报告了考察经过，张之洞和湖北巡抚于荫霖委任他担任护军马队第一营管带。这时反帝烽火已延烧全国。湖北的蕲州、监利、当阳、利川、天门等地，接连爆发了反教会侵略斗争。张之洞以“鄂安则湘安”为由，电调湖南黄忠浩统率的威字三旗驻防汉口，并委任黎元洪负责联络事宜。[21]

在国难当头，各地群众反帝斗争风起云涌之际，孙中山领导的革命党人乘机策划起义，康有为等改良派也想举兵“勤王”，两派势力建立起一定的联合，在长江中游领导和发动了自立军运动。这次起义以武汉为中心，原计划分为七军，在湖北、湖南、安徽同时举事。后来因康有为答应接济的饷款迟迟未到，起义一再推延，以致失去同时发难的时机。前军在大通首先发难，因为势孤无援，很快失败；接着，汉口自立军总机关为清军破获，唐才常、林圭等主要领导人被捕牺牲。起义未及全面发动就失败了。在平定自立军起义中，黎元洪立下了汗马功劳。由于他“剿捕长江自立会‘逆匪’、消弭巨患”有功，1901年6月，张之洞在奏保出力员弁案内，保举他免补千总守备，以都司尽先补用。9月2日，他又遵照顺直赈捐例，报捐三品顶戴。[22]从1890年2月，黎元洪被派到广甲舰当三管轮，到戴上三品顶戴，十年之间，虽然几经坎坷，凭借张之洞的青睐，总算步步青云，在扶摇之中不断超升。

义和团运动后，清政府完全沦为帝国主义的忠顺走狗。当权的那拉氏为了维护摇摇欲坠的统治，在刘坤一、张之洞等人的联合奏请下，决定推行以“筹饷练兵”为主要内容的“新政”。张之洞因为是“新政”的策动者，推行练兵更加积极。

由于黎元洪比张彪具有多得多的新知识，而且为人稳重，尽管名位一直在张彪之下，在推行练兵新政中，却一直是张之洞的主要助手。1901 年，他协助张之洞结束了绿营、防营的裁减工作，增招新兵；扩充了武备学堂，更订防营将弁学堂章程。同年 9 月，日本在仙台举行陆军大操，张之洞认为这是向日本学习的好机会，又派黎元洪和自己的长孙张厚琨前往日本观操。

仙台大操期间，黎元洪被派为陪览官，并获得双光旭日纪念章。大操以后，他们在日本作了短暂停留，对日本的军事政治作了一番考察。11 月，黎元洪与张厚琨一同回到武昌。登岸以后，他们骑着大马，并辔而行，进了武昌门，因为人声嘈杂，张厚琨的坐骑受惊，前蹄高高举起，把他从马上摔了下来，受了重伤，经抢救无效，第二天就断气了。[23]黎元洪因为同行，惶恐不安；可是张之洞并没有对他进行追究和惩处，仍命他回原营供差。

十九世纪和二十世纪之交，日本不但是亚洲最发达的国家，而且已跻身世界强国之林。它自从明治维新以后，三十年间，工业发展迅速，国力日益强盛，很快跟上了时代的步伐。1898 年至 1901 年四年之间，黎元洪三次访问日本，不仅学得了编练一支新军的许多军事知识，成为湖北地区最懂现代军事知识的新军将领，而且通过耳闻目睹，对当时世界形势、时代潮流认识比较清楚，深知要求国家强盛，不能光靠编练一支现代化新军，而且要发展工业，建立雄厚的经济基础。他曾说："日本邮传会社与我国招商局同年兴办，前者突飞猛进，而后者奄奄一息，原因在前者有工业支持，而后者则不然。"因此认为强国之道，在于实业发达。实业救国之思想由此产生。[24]

注释

【1】王树楠：《张文襄公全集》卷三六，第 6～9 页。

【2】李根源：《雪生年录》卷三，第 17 页。

【3】王树楠：《张文襄公全集》卷四〇，第 17～18 页。

【4】王树楠：《张文襄公全集》卷四〇，第 12～14 页。

【5】王树楠：《张文襄公全集》卷四一，第 17～19 页。

【6】陈树屏：《黎元洪履历清单》。

【7】王树楠：《张文襄公全集》卷三六，第 37 页。

【8】《武昌革命都督黎元洪历史》，政协湖北省委员会等：《武昌起义档案资料选

编》下卷，第 629 页。

【9】陈树屏：《黎元洪履历清单》。

【10】据督署老书吏闵尔昌所述，杨承禧等：《湖北通志》二，第 1683 页。

【11】参见许同莘：《张文襄公年谱》，第 110、112 页；王树楠：《张文襄公全集》卷七九，第 19 页。

【12】《武昌革命都督黎元洪历史》，政协湖北省委员会等：《武昌起义档案资料选编》下卷，第 629 页。

【13】薛民见：《黎元洪年谱资料》，第 13 页。

【14】许同莘：《张文襄公年谱》，第 122～123 页。

【15】王璟芳等：《湖北学生界》第一期，第 118 页。

【16】陈菁之：《中国教育史》，第 634 页。此数可能估计偏低。

【17】《武昌革命都督黎元洪历史》，政协湖北省委员会等：《武昌起义资料选编》下卷，第 630 页。

【18】前引鄂中武士：《革命军都督黎元洪小史》。

【19】《武昌革命都督黎元洪历史》，政协湖北省委员会等：《武昌起义资料选编》下卷，第 629 页。

【20】贡少芹：《黎黄陂轶事》，第 4～5 页；薛民见：《黎元洪年谱资料》，第 14 页。

【21】许同莘：《张文襄公年谱》第 131～132 页；薛民见：《黎元洪年谱资料》，第 13 页。

【22】陈树屏：《黎元洪履历清单》。

【23】【24】参见许同莘：《张文襄公年谱》，第 154 页；以及作者访问大悟老中医余汉屏记录。

五
第二十一混成协统领

黎元洪三次访问日本，考察军事训练，调查陆军编制，参观野外大操，合计在日本停留一年有余。经过三次军事考察，他掌握了编练一支新式陆军的许多军事知识，成为湖北地区当时最懂近代军事技术的新军将领。他亲眼看到日本一个蕞尔小国，自从明治维新以来，通过整军练武，无论军事训练，还是武器装备与军火制造，各方面都有长足进步，认为它的经验很值得中国效法，于是竭力建议张之洞在湖北实行军制改革，扩练新军；设立各级军事学堂，培训军事人才；发展军事工业，增加军火生产。湖北新军成为仅次于袁世凯北洋军的一支国内劲旅，黎元洪不无微劳。

德式装备的湖北新军

湖北新军以1896年张之洞从两江带回的护军前营为基础，经过一再扩充编练，到1902年已有护军左右两旗；步队八营，马队一营，炮队一营，工程队一营；武建军两旗，步队八营；武恺军步队四营；武防军步队四营；又护军铁路营步队四营，官兵共计九千五百多人。张之洞听了黎元洪关于日本军制情况的介绍，认为日本的经验就是中国效法的榜样，决定仿照日本陆军师团兵制，将现有新军除武建营奉令调往广西外，[1]编作常备军左右两翼；每翼步队两旗，每旗各分四营，每营官兵二百九十八人。每旗官兵共一千一百九十二人，加上督带官及文案、委员、军医、号护二十四人，共一千二百一十六名。一翼两旗，官兵共计二千四百三十二人。炮队一旗三营，共计官兵四百二十六名。马队一营，官兵一百四十九名。工程一营，官兵四百零七名。辎重队一营，官兵一百零二名。左翼统共官兵三千五百一十六名。右翼建制，一切与左翼同。左右两翼共计官兵七千零三十二名，月需饷银共计三万六百二十一两六钱。这两翼常备军就成了日后成立陆军第八镇和第二十一混成协的基础。[2]

清末湖北新式陆军将弁合影，前排右三为黎元洪

1902年前的湖北新军，严格说来，不过是“略仿陆军营制，从事新操而已”，[3]实际上旧营积习仍然相当严重。为了提高军队素质，加强新军训练，黎元洪协助张之洞订定《湖北练兵要义》十条：

一、入营之兵，必须有一半识字；

二、人人皆习体操；

三、各营人人操炮；

四、马队不设马伕；

五、营房力求整洁合法，宜于卫生；

六、器械资装，随身具备；

七、待兵以礼；

八、统带官、哨官皆亲身教操，不准用教习；

九、将领、营官、哨官不许穿长衣；

十、阅操之时，各官皆不许坐看。[4]

这十条要义，是中国练军史上一项重大改革，成了湖北募练新军的纲领，对于改变旧军积习，推进新军近代化，曾经起到了不可忽视的作用。

湖北新军在操练

当时的清朝军队，全无法制可言，水陆军将领凭着个人喜怒，可以任意打骂士兵，甚至可以随意加上一条罪名，将士兵擅自杀害。士兵的生命安全，毫无保障。在黎元洪的建议下，1902年3月，张之洞通令水陆各营将领，禁止违例擅杀。兵勇如果犯了重大过失，应交地方官审讯，依法判决。这项规定，对于促进军队文明化也起到了一定的作用。[5]

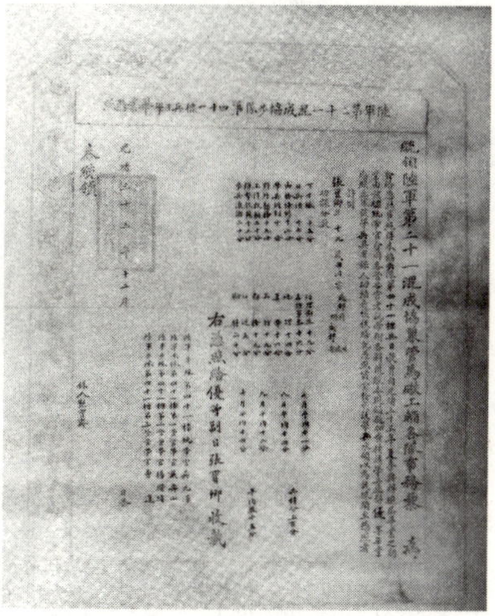

黎元洪颁发给第四十一标张宝卿的毕业凭照（光绪三十三年）

张之洞认为："国必有兵，而后能存；兵必有学，而后能精。"[6]为了培训军事人才，他在1896年8月，即设立了湖北武备学堂，"专选文武举贡生员及文监生、文武候补、候选员弁，以及官绅世家子弟之有志向学者”入学；[7]为了改造和提高武汉各标营防营将弁，1899年又令防营、绿营员弁均赴六营公所听讲兵学，不久即将六营公所改为防营将弁学堂。至1902年，张又接受黎元洪的建议，将武备学堂、防营将弁学堂改为武高等学堂，相当于日本的士官学校；另设武普通中学堂，任命黎元洪为监督，[8]借以培训新军各级将领，以适应扩建新军的迫切需要。

当时湖北新军不过几千人，由于黎元洪积极协助张之洞认真编练，据有些外国军事家分析，当时在质量上“是全中国最好的”。1902年春，法国军事观察家嘉杜佛莱实地参观了武昌的军队后评论说：“洋操队的编队操练和武器运用，可与最好的德国军队相比”，而“武昌军队的体格训练远较法国军队为优，……工程兵与美国陆军工程兵的训练相似，他们训练得能在战斗中像步兵一样的活动”。[9]同年，清朝当局也明确肯定了湖北编练新军的成效，为了推广湖北经验，谕令江苏、安徽、江西、湖南各省，迅速选派将弁头目赴湖北学习操练，练成以后仍回原省，管带新兵。[10]由于各省派来之将弁均因此受过黎元洪的教育，而且“湖北督练处所印陆军书籍，本本皆有黎元洪校阅之名”，[11]黎元洪的影响从此扩大到了长江中下游各省。

黎元洪对湖北编练新军作出了贡献，进一步受到张之洞等人的重用，自后连年得到提升：1902年12月4日（光绪二十八年十一月初五日），调入督标中营，以尽先补用都司差遣，同时兼充学务处武会计官。[12]1903年，湖北增募了护军前锋四营，交黎元洪统带，一律按照新法训练。[13]1904年，内忧外患纷至沓来：英德舰队侵入长江，东北日俄战火纷飞，西南英军入侵西藏，广西会党起义蔓延全省，全国各地反抗斗争蜂起。张之洞鉴于时局危迫，呼吁“添练新兵实为刻不容缓之举，而营队编制尤须力求妥善”。[14]结合湖北情况，他参酌北洋兵制，奏请将湖北常备军由两翼扩充为两镇，每镇统辖步兵两协，炮兵三营，骑兵两营，工兵一营，辎重一营。募兵先在本省招募，每一营一队，均选募一府或一县之人，年龄自十八岁至二十四岁为止，必须体质强壮，实能识字写字，并能略通文理之人。三年发照退伍。由于饷款不足，人才不济，同时考虑到步兵训练较易，每镇步兵皆只先练一协，即以总兵张彪统领第一镇，兼摄协统；以都司黎元洪为第二镇协统，兼护统领。[15]

兵部侍郎铁良

清政府为了掌握各省练兵实绩，于1904年秋天，派练兵处襄办大臣、兵部侍郎铁良南下，赴江苏、安徽、江西、湖南、湖北、河南各省视察。1905年1月（光绪三十年十二月）下旬，铁良到达湖北，考察湖北练兵情况。铁良在湖北除会见各级将官、视察兵工厂等外，重点检阅了陆军操练。1月30日上午，各军在武昌城内右旗营进行操练表演；下午又分甲乙两军，在武昌城外西南巡司河、梅家山一带进行野外军事演习。是日大雪纷飞，寒风凛冽。甲军为攻军，踏着冰雪转战三十多里；乙军为守军，冒着严寒在梅家山附近筑掩堡，造肩墙，固守阵地。操演完毕，铁良当场发表演说，对湖北新军给予高度评价。他说："余阅沿江、沿海各省军队，未有如湖北军之精锐娴熟，有礼耐劳者也。……当此冰雪满天，寒风砭骨之际，而兵卒一万余人，皆能恪守礼法，谨遵约束，无畏葸，无哗嚣，此诚鄙人出都以来见所未见。湖北军政，可谓天下第一。"[16]事后，铁良又在正式奏报中强调：湖北新编常备军两镇，虽然编练不及四月，"军容焜耀，已壮观瞻，洵可为沿江各营伍之冠"。[17]铁良的这些话，自不乏溢美之词，但至少表明在南方各省新军中，湖北的新军编练工作确是做得不错的。清廷根据铁良的奏报，指责各省"积习迄未力除，实属有负委任"，唯独赞扬湖北"所练陆军，独能出色，深堪嘉奖"。[18]张之洞以下皆受到奖励，黎元洪自在嘉奖之列，并从此在军队中的威望日益增高。

湖北新军编练得到了清廷的肯定，张之洞等人对编练工作更加积极。张之洞认为："湖北地处长江上游，铁路交通，实为南北冲要，至少须练足陆军两镇，方足以资控制。"[19]由于饷力不足，去年虽然按照两镇建制，因为各镇悬空一协，实际只相当于两个混成协的兵力。1905年，遵照练兵处奏定的陆军营制饷章，他决心将第一镇全数补足；第二镇则等待饷力稍为丰裕再行扩充。这年初，湖北新军实数为一万一千四百八十九名；到了年底，第一镇已扩充为一万二千零七十一名；第二镇五千一百八十八名。两镇共达一万七千二百五十九名。[20]是年12月7日，张之洞上奏清廷，黎元洪以游击用，并被委为湖北新军第二镇第三协统领兼护该镇统制。1906年4月29日，经练兵处核议，原编第一镇改名为暂编陆军第八镇,总兵张彪担任统制;第二镇改为暂编第二十一混成协,游击黎元洪任统领,兼管马、炮、工、辎各队事务,月俸银五百两。[21]后来,湖北设立陆军小学堂,黎元洪复兼该堂会办。

黎元洪由于出身水师学堂,这时除在湖北陆军中担任要职外,还兼统湖北水师。湖北兵轮,原只汉广一艘,早因触礁沉没。张之洞调鄂后,才从广东调来“楚材”,又从两江借来“测海”。1905年,张之洞鉴于湖北战舰太少,不足为南洋水师之分队,乃向日本神户川崎造船厂订造炮舰六艘,取名楚泰、楚同、楚有、楚谦、楚豫、楚观,各载重七百五十吨;又雷艇四艘,名叫湖鹏、湖鹗、湖隼、湖燕(一名湖鹰),各载重九十八吨,先后于1907年至1908年交付使用,均归黎元洪兼辖。[22]

1904年湖北枪炮厂更名为湖北兵工厂

随着新军不断扩展,军火需要越来越多。原来的湖北枪炮厂乃国内制造军械专厂,经过不断扩充,厂内“分厂林立。厂各有名,已非枪炮二字所能包括”,乃于1904年改为湖北兵工厂。[23]张之洞又仿照日本兵工厂皆用武员之例,委任张彪为兵工厂会办,黎元洪充武提调。“所有四厂精求制造,慎选匠首,考核工作精粗、物料美恶、价值虚实等等,均责成张镇率同黎协统悉心筹划。”[24]

新军的编练工作在各省逐步开展,清政府为了检阅军事实力,提高军事水平,继1905年北洋河间秋操之后,决定于1906年10月在河南彰德府举行第二次军事演习,派袁世凯、铁良前往校阅。参加这次演习的,一方是北洋军组成的北军,由驻扎南苑一镇,山东一镇各量加抽调,编作一混成镇,加上京旗一镇抽拨一混成协组成;一方是由湖北抽调一镇、河南一混成协组成的南军。北军由段祺瑞任总统官,张怀芝为统制,曹锟任统领;南军的总统官为张彪,统制是黎元洪,统领为王汝贤。[25]因为张彪“目不识丁”,[26]对现代化军事演习一窍不通,南军实际由黎元洪统筹一切。

袁世凯

黎元洪虽是武官，因为经过新式军事学校培养，而且“平时手不释卷”，[27]所以既懂军事技术，又有一定文字修养。按照陆军规制，凡是临操临战，司令官发布命令，必须于五分钟内草成。无知无识的张彪常以此等事托付参谋官暗中预拟；而黎“元洪则无论平原峻岭，随时随地能于五分钟内发四五百字之命令，且词简意赅，将校弁兵均能明晓”。[28]彰德秋操期间，10月22日，南北两军马队在汤阴县东南后小滩、士得村之间，演习冲锋战法。23日，两军马、步、炮队在汤阴县东北十里铺附近，演习遭遇战法。24日，两军全军在彰德府城（今安阳市）东南马官屯一带演习攻击防守各法。25日举行阅兵仪式。[29]演习期间，指挥作战命令，黎元洪均能在五分钟内下达。这次参加观操的人很多，各省各国观操人员，共有四百八十七人。由于演习得法，获得中外观众的好评。11月1日，袁世凯向清廷奏报说：“至就四省军队分析衡论，湖北一镇，经督臣张之洞苦心孤诣，经营多年，军容盛强，士气健锐，步伐技艺均已熟练精娴，在东南各省中，实堪首屈一指。”[30]此外，在射击技术中，湖北新军也获得了最优等奖励。这次秋操，湖北虽然获得好评，但本钱也花得不少。自春季即着手筹备，到最后操演完毕，共花费八十多万元。[31]

陆军大臣荫昌

河间秋操与彰德秋操都是在北方平原地区进行。平原战法运用于南方各省江湖地区，不一定合适。为了使军队能适应南方多变地形作战，1908年，清政府又决定在安徽太湖一带举行第三次秋操，指派陆军部右侍郎荫昌、两江总督端方为校阅秋操大臣。湖北陆军以第二十一混成协为主力，抽调第八镇部分官兵参加，编为混成第十一镇，命曰南军；另调驻扎两江各区之陆军，以第九镇各队为主力，将驻苏步队第四十五标，驻江北步队第二十五标一律并入，编为混成第九镇，命曰北军。南军由黎元洪指挥，北军由徐绍桢统率操演。11 月 18 日开始在太湖附近演习，两军对垒，北军三战三败，时人讥为“三战三北”。[32]这次秋操，正值光绪帝和那拉氏相继去世，安庆新军炮队队官熊成基又发动了反清起义，操练被迫草草收兵。

这两次大操是全国新军的大检阅，也为黎元洪显示军事才能提供了极好的机会。黎元洪作为南军的实际指挥者，发扬勤谨作风，事前做了充分准备，操演期间指挥若定。在国内外广大观操者面前，湖北新军受到赞扬，也是对黎元洪的肯定。从此，他不但在湖北新军中有较高威信，他的声名也传播国内外。

黎元洪与张彪，论能力，黎比张强；谈贡献，黎比张大。可是，长期以来，黎却位居张彪之下，名实大不相称。据说，当陆军部将湖北新军第一镇改为暂编陆军第八镇时，张之洞曾有意推举黎元洪代张彪担任统制；张彪得知后十分紧张，立即嗾使丫夫人前往督署，向张之洞求情。张之洞开初没有同意，后来丫夫人大撒娇痴，两膝跪地苦苦哀求，誓以死争。张之洞才不得不建议仍然委任张彪。[33]

1907 年，清廷任命张之洞为大学士，奉调入京，湖广总督由赵尔巽补授，赵素以能吏著称，对张彪谋位固宠早有所闻。他到任后，张彪前往谒见，相与谈论，知其为酒囊饭袋。后与黎相见，赵见黎深沉持重，又懂军事知识，乃与幕僚商量，欲以黎代张为第八镇统制。黎感到张之洞对自己有知遇之恩，如今张刚离鄂，即取代他宠信的张彪以自代，将对不起张之洞。闻讯后以去就相争，[34]赵见黎元洪的话语极为诚挚，只得放弃前议。1908 年春，赵尔巽以黎元洪为中军副将，仍兼第二十一混成协统领。是年 5 月，赵尔巽因调补四川总督离鄂，湖广总督由陈夔龙继任。陈的妻子乃庆亲王假女，张彪指使其妻前往献媚讨好，以图固宠。陈夔龙喜欢作诗，张彪投其所好，花了一百两银子，请托颇负盛名的汉口某报主任李涵秋代笔作了四首律诗，颂扬陈的功德，果然得到陈的宠信，陈亲书“儒将风流”四字回赠，[35]并改委张彪充中军副将。不久，陈夔龙的女儿死了，其妻逼陈要为短命的女儿大办丧事。张认为是向陈讨好的极好机会，乘机与部下筹集了十万两银子，购置了一件珠衣为之送葬。黎元洪对此不大热心，仅仅送了数元赙仪，略表微意。张彪骂他是个吝啬鬼。与此同时，因为湖北各地遭到严重水灾，汉口慈善会向各界筹募赈款，黎元洪因为少时饱受饥寒之苦，对灾民深表同情，独捐三千元。有人将此情告诉陈夔龙。陈老大不高兴，心怀愤恨，很想借故对黎揭参。因为黎元洪深得军心，惧怕因此引起士兵哗变，才不敢贸然行动。[36]

黎元洪身为混成协统领，由于出身贫苦，平时没有什么架子，对士兵艰苦比较同情；由于是学堂出身，对知识分子当兵也很欢迎，美其名曰“投笔从戎”，并在入伍时命题作文，优秀者入伍后可以免去挑土等劳役。[37]他办事一秉至公，所有将校升迁，全凭学术优劣，不听曲意逢迎，联络运动。[38]在治军上，他注意宽严适中，以身作则，“平居卧起，皆准军号，不妄先后；夜必宿军中，虽遇岁时不移”。[39]张彪贪婪成性，吞蚀军饷以百万计。遇有生日嫁娶，勒令各营送礼，将规格编为福、禄、寿三号，福字八两，禄字四两，寿字二两，至少要送一字，银两由军饷内扣除。[40]黎元洪的作风则大不相同，他将全协所领衣裤银两自办工厂，尽数置办军需，不但军人无缺乏之忧，而且留存数套作为储备。所领公款毫不侵蚀，“故八镇士兵有悔不投效混成协之谣”。[41]

黎元洪出任混成协统领期间，正是革命党人在湖北新军中积极从事革命活动时期。在这期间，他不曾对革命表示过同情和赞助，更没有与革命党人交往。但由于敬重知识分子，使不少革命党人得以入伍当兵，在新军中开展革命宣传，建立起有广大士兵加入的革命组织。著名的革命党人刘静庵、杨王鹏、蒋翊武、刘尧澂等都曾是他的部下。同盟会、群治学社、振武学社的机关部都设在他所统辖的第四十一标，社员也以第二十一混成协为多。作为一个清军协统，他与革命活动是水火不容的。但当事情败露时，他能采取比较开明态度。这方面虽然不是他的主观意愿，客观上则减少了革命的损失。

1903年，刘静庵抱定“革命宜从鼓动军队入手”的宗旨，投入黎元洪管带之护军马队当兵。黎见刘静庵身体文弱，初不同意；后来黎的书记范腾霄为之说情，才收下编入营伍。第二年刘即提升为护弁，协助书记工作，免去操课。后来，黄兴化名张守正写信给他，误入文案刘稚亭之手。刘稚亭见信中隐语颇多，不胜骇怪，即将信呈送黎元洪。黎与范腾霄商量，仅嘱刘静庵以生病为由，辞差出营，没有进一步追究。[42]

1906年末，湘赣边境发生了萍、浏、醴起义，日知会密谋响应。由于奸人郭尧阶告密，刘静庵、梁钟汉、朱子龙等相继被捕，其中包括第三十一标三营督队官季雨霖。季在候审所关押一年多，经李廉方挽请管带曹进疏通，由黎元洪以患病为由，保释出狱。[43]

1908年太湖秋操期间，安庆熊成基举义。第四十一标队官潘康时与杨王鹏等密谋响应，因准备不足，没有行动。事为管带戴寿山侦知，回省以后，戴即检查部队，将军队同盟会名册等件一并抄报协司令部。黎调潘康时至协司令部审问。潘坚持系士兵自动交流知识，求学上进。黎“未过事追究，轩然大波，得以平复”。[44]

1909年，两湖大水成灾，为了防止饥民暴动，第四十一标奉令分防各县。1910年5月，长沙发生抢米风潮，黄申芗、潘康时等跃跃欲试，再次被戴寿山发觉。军队撤防回省后，黎传潘康时至协司令部查问：“汝队有人组织会党，汝胡置不问？”潘答：“有程度稍优之士兵若干人，常集合研究学术，无所谓组织，更无所谓会党。”黎说：“现查革命党尽系如此，汝不严禁，反从而庇护之。”潘知掩饰不过，只得出走日本。当时黎元洪正受到瑞澂排斥，害怕事态扩大，危及自己前程，乃由戴寿山诬报潘康时吸食鸦片，呈请撤差了案，队官由施化龙接替。施化龙到任后，对杨王鹏等行动密切注意，偷偷收买心腹，进行密探。不到三个月，施即告发“杨王鹏秘密结社，图谋不轨”。黎得报告，即说：“此事万不可声张，恐大帅闻之，更难处理。”随即把杨王鹏撤差，将李六如、钟倬宾重责开除。四十一标营部司书郑士杰亦被撤差。[45]杨王鹏撤差后，振武学社社务由蒋翊武继续主持，革命力量得以继续保持，没有遭到重大损失。

辛亥革命之前，黎元洪正为由一个穷小子变成混成协统领而感到心满意足。这时他的主导思想是安保禄位，并望继续得到提升，对革命不存在什么好感，相反却生怕革命打断了他的酣梦。但是，他对革命党人没有采取残酷斗争、无情打击的态度，没有造成流血事件，只以撤差、开除了事。革命党人对此不无好感。

黎元洪作为一名清朝官员，和其他顽固派相比，在一些事件的处理上也比较开通。比如1910年夏天，三十一标队官罗某于正午时率部下操，因为酷暑逼人，命兵士暂列柳荫下休息，被标统曾广大发现，罗某横遭拳打脚踢，脑被打破，血流如注。号兵不忍，代罗拭血，亦遭毒打。陆军特别小学学兵路见不平，提出质问。曾广大竟率营兵一二百人，围住学兵宿舍，殴伤学兵十多人，将棚内器物捣毁一空。黎元洪事后闻知，召曾广大申斥，有“鄂省陆军必被尔一人闹坏等语”。[46]

同年，汉口《武汉新报》主编张汉杰，在报上发表时评，讥讽陈夔龙。陈对此大为恼怒，命令张彪派兵至汉，禁止发行，并将张汉杰拘捕到案，交陆军部执法处研讯。当时执法处长铁忠，与黎关系较好。黎对铁忠说，张不过“弄笔之书生耳，以口舌刻薄致触怒当道，若必仰承意旨而严惩之，则舆论将集矢公之一身，公何必取媚一人而犯众怒乎！”铁忠听信了他的话，欲将张汉杰释放，陈不同意，乃判张徒刑一年。不久陈夔龙调往直隶，鄂督由瑞澂继任，张汉杰随被释放。[47]

1910 年冬天，陆军四十一标二营学兵李佐清，“以发辫一物于操作上大有妨碍”，毅然将辫子剪去。这在当时称得上是一桩大事，特别是发生于新军之中，完全可以加上“大逆不道”的罪名，至少应处以开除。可是，黎元洪不但没有追究，反说：“我国朝野上下，近因受外界之刺激，于剪发一事，几乎风靡一世。余本欲先行薙去，以为军界同人倡，因明诏未颁，故尔中止。今尔毅然剪去，免豚尾之讪笑，导文明之先机，匪惟社会所欢迎，亦即予所崇拜也。”此话一经传播，位于武昌中和门外的陆军第三中学学生不约而同，相率二百余人同时剪去辫发。“合计该堂学生前后剪发几及四百人。”[48]

湖北新军军官合影，前排右三为黎元洪

黎元洪不但比较开明，而且在反帝爱国运动中，也表现出一定的爱国思想。二十世纪初，人们把路矿利权得失和国家兴亡、民族荣辱紧密联系在一起。清政府卖国求存，放手出卖利权，广大人民无不切齿痛恨，纷纷发起收回利权运动。粤汉铁路是贯穿湖北、湖南、广东的一条大动脉，几经周折，才于 1905 年收回自办。可是到 1909 年，清朝当局又与英德法三国银行团签订借款合同，修筑两湖境内粤汉、川汉铁路。湖北各界人民一闻借债，无不色变，眼看苦心争回的路权又将奉送外人，于是立即掀起反对借债筑路的保路运动，要求筹款自办。在这一声势浩大的爱国运动中，黎元洪以“军界代表”加入了铁路协会，并与曾广大、刘邦骥等拟定军界集股办法，着手在军界集股投资，[49]并曾被推为赴京请愿代表，后来，“大家以黎元洪虽为‘人望所归’，但现任统领，不宜任代表”，才改推了他人。[50]保路运动乃武昌起义之先声，“黎黄陂被举为大都督，此役亦为其先导，均非偶然事也”。[51]

注释

【1】当时广西发生会党起义，两广总督岑春煊奏请派湖北新军前往镇压。张之洞原拟派护军左旗步队四营前往，后改派武建营前赴广西。

【2】王树楠：《张文襄公全集》卷五七，第23～27页。

【3】杨承禧等：《湖北通志》二，第1685页。

【4】王树楠：《张文襄公全集》卷五七，第28～31页。

【5】许同莘：《张文襄公年谱》，第155页；薛民见：《黎元洪年谱资料》，第16页。

【6】王树楠：《张文襄公全集》卷五七，第23页。

【7】《湖北武备学堂招生章程》，中国近代史研究所中华民国史组：《清末新军编练沿革》，第301页。

【8】许同莘：《张文襄公年谱》，第157页；薛民见：《黎元洪年谱资料》，第16页。

【9】拉·尔·鲍威尔：《1895—1912年中国军事力量的兴起》，第90页。

【10】朱寿鹏：《光绪朝东华录》第五册，总4964页。

【11】《武昌革命都督黎元洪历史》，政协湖北省委员会等：《武昌起义档案资料选编》下卷，第630页。

【12】陈树屏《黎元洪履历清单》。

【13】刘锦藻：《清朝文献通考》卷二一九，兵考十八，第9661页；薛民见：《黎元洪年谱资料》，第16页；黎绍芬：《黎元洪事略》。

【14】王树楠：《张文襄公全集》卷六二，第23页。

【15】王树楠：《张文襄公全集》卷六二，第24～25页；许同莘：《张文襄公年谱》第185页；《军机处录副档》。

【16】梁嵩生：《湖北官报》，光绪三十一年，第1册，第58～61页。

【17】朱寿鹏：《光绪朝东华录》第五册，总5286页。

【18】朱寿鹏：《光绪朝东华录》第五册，总5300页。

【19】梁嵩生：《湖北官报》，光绪三十一年，第五册，第3页。

【20】王树楠:《张文襄公全集》卷六五,第 3～13 页。

【21】王树楠:《张文襄公全集》卷六三;《黎元洪传略》,《军机处录副档》。

【22】赵尔巽等:《清史稿》十四,总 4055～4056 页;《湖北通志》二,总 1680 页;章太炎:《大总统黎公碑》。

【23】梁嵩山:《湖北官报》,光绪三十一年,第 7 册;杨承禧等:《湖北通志》二,总 1687 页。

【24】梁嵩山:《湖北官报》,光绪三十一年,第 7 册。

【25】北京故宫档案馆:《军机处录副档》。

【26】《民立报》,1911 年 9 月 2 日。

【27】【28】《武昌革命都督黎元洪历史》,政协湖北省委员会等:《武昌起义档案资料选编》下卷,第 631 页。

【29】【30】廖一中等:《袁世凯奏议》下,第 1388 页,1393 页。

【31】许同莘:《张文襄公年谱》,第 200 页。

【32】薛民见:《黎元洪年谱资料》,第 21 页。

【33】贡少芹:《黎黄陂轶事》,第 5～6 页。

【34】贡少芹:《黎黄陂轶事》,第 8 页;薛民见:《黎元洪年谱资料》,第 20 页。

【35】贡少芹:《黎黄陂轶事》,第 9 页

【36】薛民见:《黎元洪年谱资料》,第 21 页。

【37】政协湖北省委员会:《辛亥首义回忆录》第 2 辑,第 173 页。

【38】黎主洪主持编撰:《武汉战纪初稿》,《辛亥革命史丛刊》第 3 辑,第 133 页。

【39】章太炎:《大总统黎公碑》;汤志钧:《章太炎政论选集》下,第 844 页。

【40】《民立报》,1911 年 9 月 2 日;武汉大学历史系中国近代史教研室:《辛亥革命在湖北史料选辑》,1981 年,第 349 页。

【41】《武汉战纪初稿》,《辛亥革命史丛刊》第 3 辑,第 133 页。

【42】胡祖舜:《武昌开国实录》上,第 4 页;李廉方:《辛亥武昌首义纪》上,第 5 页。

【43】张难先:《湖北革命知之录》,1946 年,第 98 页;李廉方:《辛亥武昌首义纪》上,第 80 页。

【44】政协湖北省委员会:《辛亥首义回忆录》第 3 辑,第 35 页。

【45】章裕昆:《文学社武昌首义纪实》,第 9～17 页;政协湖北省委员会:《辛亥首义回忆录》第三辑,第 33～36 页;张难先:《湖北革命知之录》,第 153～154 页。

【46】《京津时报》,庚戌(1910 年)六月初四日。

【47】贡少芹:《黎黄陂轶事》,第 10 页。

【48】《民立报》,1911 年 1 月 3 日,第 2 页;全国政协文史资料研究委员会:《辛亥革命回忆录》第七集,第 12 页。

【49】《湖北成立商办铁路协会并举定职员》,《东方杂志》第 6 卷(1909)第 12 期。

【50】李健侯:《武昌起义前后忆事八则》,全国政协文史资料研究委员会:《辛亥革命回忆录》第二集,第 81 页。

【51】谢石钦:《樗公随笔》,中国近代史研究所史料组编:《辛亥革命资料》,第 494 页。

六

武昌首义，被逼出任都督

辛亥年（1911 年）的中秋即将来临，武昌城里弥漫着大变将作的紧张气氛。自从 9 月 24 日南湖炮队士兵的自发性暴动发生之后，城内外风声日紧。汉口的报纸发出了“革命党联络营兵共图起事”的惊人消息；[1]大街小巷流传着“中秋起兵”的传闻；甚至在武昌的客栈中，“剪发短服之人甚多，时时交头接耳，夜半犹闻密语”。[2]人心惶惶，谣言蜂起。

辛亥革命前的武昌城

镇守武昌的清朝军政大员更显得焦灼不安。一件又一件“不祥”的情报通过不同的渠道源源而来。清廷外务部密电湖广总督瑞澂：“黄兴联络党人，约期十五十六两日聚鄂起事，并联合军队应援。”[3]由江汉关转呈的英美两国照会，内容亦大同小异。[4]革命党人与军队联合造反，武昌城内如厝火积薪，显然非一般暴乱可比。10 月 3 日，瑞澂召集紧急会议，商讨对策。会上，就如何平息这场一触即发的“暴乱”展开了激烈的争论，瑞澂和张彪都主张残酷镇压。黎元洪则担心暴力镇压会马上激起剧烈反抗，弄得无法收拾，主张采用安抚的办法，借此稳定局势，同时做好应变准备。会议最后采纳了黎元洪的意见，待机而动。军事行动首重要隘与军火仓库。会上决定加强对武汉三镇要害地区的防范，黎元洪奉命亲率本协步兵梭巡武胜门及塘角沿江一带。楚望台军械库储藏有大量的枪支弹药，由工程第八营看守，该营代理管带阮荣发在会上报告了该营革命党人最多，并当场出示一份革命党人名单。军事参议官铁忠建议撤换工程营，以第三十标第一营旗兵代替。黎元洪反对撤换。他说：湖北创练新军，工程营最早，经张之洞四度改编，成绩优异，且其兵中眷属随居省城占大多数，决不致有其他变故，可不必换防。[5]如果急急换防，反而会因疑激变。建议委派督练公所工兵课员、原工程营管带李克果为监守，便可保无虞。张彪同意黎元洪的意见，加派工兵课员陈(成)炳荣、马祖荃、刘绳武、张策平等，会同军械所纪某，共负监守之责。[6]

刘复基、彭楚藩、杨宏胜烈士像

由于革命党人临时改变了起义日期，中秋节这一天总算在紧张气氛中平安地度过了。10月9日(阴历八月十八日)，孙武等在汉口俄租界宝善里机关部配制炸弹失事，起义暴露，革命党人名册亦落入瑞澂之手。当晚，另外几处秘密机关相继被破坏，彭、刘、杨三烈士就义，瑞澂主张按照名册缉拿党人，“按名传送严办”，黎元洪见涉及人数过多，深恐酿成巨变，主张别图处理，以致瑞澂怀疑“元洪有贰，严词申斥”。[7]最后由张彪派宪兵到军营逮捕了张廷辅等少数几个人。黎元洪怀着满腹心事，从总督衙门回到家中，对家人说：“昨夜杀了三个革命党，搜获了革命党的秘密名册，其中有很多是新军士兵，恐怕要出乱子了。”[8]

或许纯是历史的偶然，黎元洪反对撤换驻守军械所的工程营和不大肆逮捕工程第八营中革命党人的主张，意外地帮了革命党人的忙。10月10日晚上七时左右，工程第八营的革命士兵终于打响了起义的第一枪，迅速占领了楚望台军械所，并使之成为进攻总督衙门的临时指挥部。当夜，瑞澂、张彪先后狼狈逃遁，武昌省城落入革命党人手中。黎元洪当时向瑞澂建议，当然不是由于他同情或支持革命，而是他对革命形势和革命士兵的起义决心都产生了错误的估计。

孙 武

熊秉坤

不过，我们也不能不加区别，把黎元洪归于丧心病狂镇压革命者之列。汉口宝善里机关被破获后，瑞澂向清廷报功请赏的电奏中，列出了统制张彪、军事参议官铁忠、巡警道王履康，却没有身居混成协统领高位的黎元洪之名。[9]10月10日工程营发难之时，黎元洪统辖的辎重队也在驻地塘角纵火发动，他很快接到了电话报告，一面通知铁忠，一面却将所辖的第四十一标全体官佐召集到他的司令部会议厅，既不命令他们带兵镇压，又不要他们去监视士兵行动。他对所辖官佐进行限制，意在不让他们参与士兵的起义行动。当革命党人派出联络员前来发动起义时，黎元洪竟将前来的士兵周荣棠亲手杀死。同时，却下达了“如人来攻我，则发枪击之”的命令，没有指挥他的部属主动出击。过不多久，通往总督署的电话被截断，又闻工程营已经占据楚望台，乃下令“革命军来不开枪，以好言相劝”。后来听到南湖炮队进城，猛攻督署的炮声震天动地，他眼见大势已去，于是又改变口气，如“革命军来，即避入营房”。[10]迨后四十一标营房也遭到起义军炮击，士兵亦有哄动之象，黎元洪才命令官佐各自回营，并说：“带兵出外避炮，如能维持，不负皇恩，是所至盼；更能维持到底，将来定予重赏；否则听其自便，余不能为汝等负责。”[11]此令一下，黎部立即作鸟兽散，营中革命同志阙龙、王世龙等早已越墙参加起义，其他的也纷纷投奔阵地。在进攻督署中，黎的属下阙龙、胡春阳裹伤再战，王世龙拼死冲锋，中弹阵亡，均为起义胜利立下了不朽的战功。[12]

打响起义第一枪的工程营旧址

武昌起义爆发之夜，黎元洪以他的行动表明，他的政治态度是处在摇摆不定之中：他不敢背叛清廷，却不愿替它拼死卖命；他平时待士兵“不薄”，关键时刻居然手刃革命士兵；他反对革命，但在革命迅猛发展之时，又不敢死心与革命为敌。他的这种态度，在对其参谋刘文吉托付后事时说的一段话中有所表露。他说：“我身居协统，部下兵变，如革命党失败，我必受处分；若革命党成功，我能否逃命，不得而知？！”[13]原来，对他来说，革命能否成功，尚是吉凶难卜。他为了保命，只好做出这种既不抵抗，又不投顺的选择，以利事后对两方面皆可以敷衍应付：倘若革命党人失败，他因没有“附逆”，可望求得在“处分”之下保全身家性命；如果革命党人胜利，他又因没有主动出兵镇压，也可以找到开脱由头。至于清朝的江山，或者民族的复兴，对他来说，并非最关心的事情。

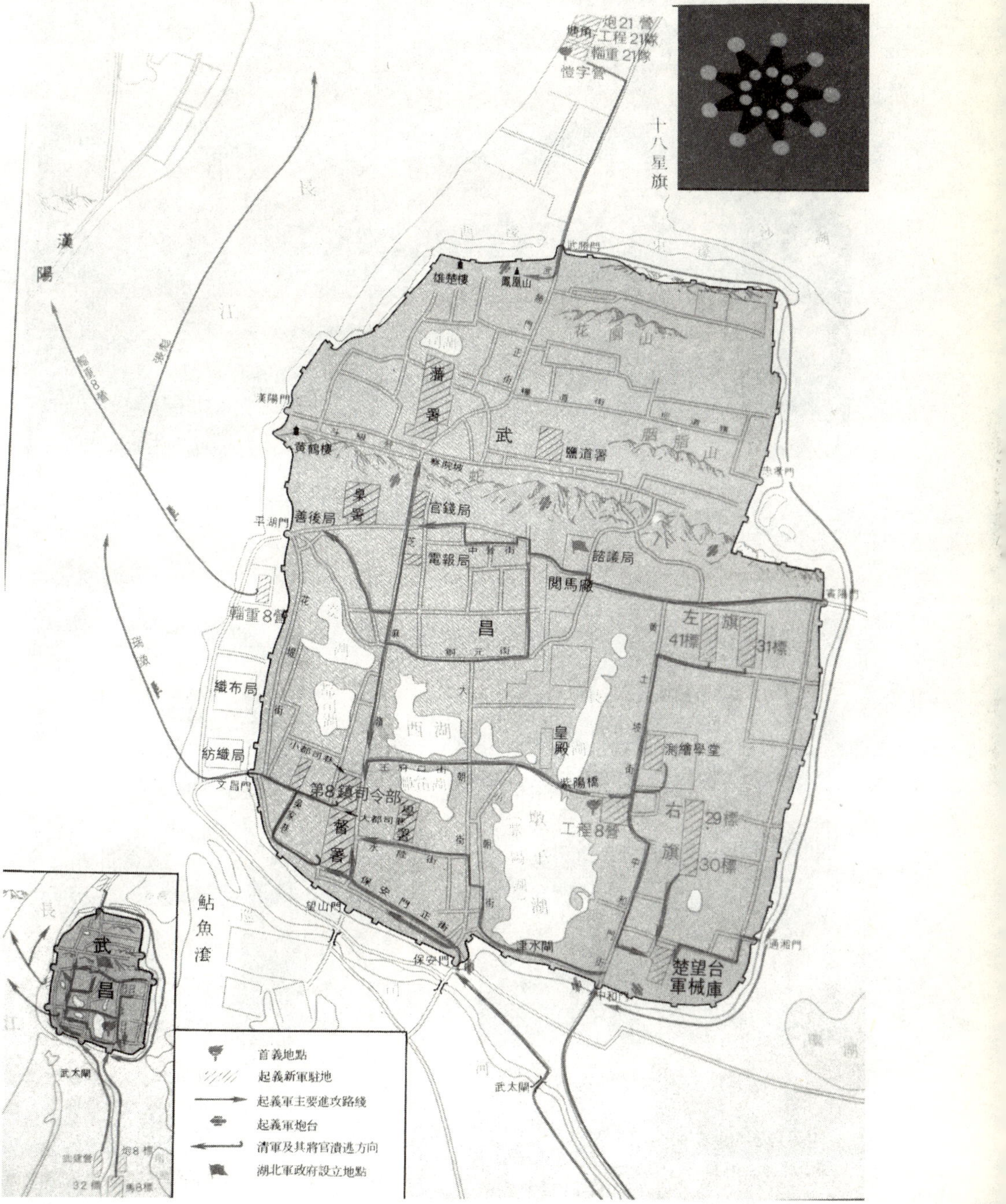
炮21營
工程21隊
輜重21隊
愷字營
十八星旗
漢陽
江
武
昌
雄楚樓
鳳凰山
花園山
漢陽門
黃鶴樓
藩署
鹽道署
臬署
官錢局
平湖門
善後局
電報局
諮議局
閱馬廠
輜重8營
左旗
41標
31標
織布局
紡織局
西湖
皇殿
測繪學堂
文昌門
第8鎮司令部
督署
紫陽橋
工程8營
右旗
29標
30標
鮎魚套
望山門
保安門
楚望台
軍械庫
中和門
武太關
首義地點
起義新軍駐地
起義軍主要進攻路綫
起義軍炮台
清軍及其將官潰逃方向
湖北軍政府設立地點

武昌起义地图

被起义军摧毁的湖广都督府

湖北军政府都督黎元洪

吴兆麟

可是，事态的发展，确乎出于黎元洪的意料。10月11日凌晨，革命党人经过一夜激烈的战斗，终于胜利地攻克了湖广总督衙门。堂堂武昌省城，仅仅一夜工夫，居然改旗易帜，成了革命党人的天下。在他看来，简直不可思议。他自从离开协司令部以后，在参谋刘文吉、执事官王安澜的陪伴下，先到黄土坡刘文吉

鄂军政府大都督印

家换上便衣，复转移到邻近四十一标第三营管带谢国超家暂避。[14]他想起家里有三口皮箱，里面装着比较贵重的东西，乃派一名伙夫前往搬运。大约早晨八时左右，他的伙夫挑着皮箱出了家门，正碰上马荣、程正瀛等巡逻。马荣等原以为是乘机抢劫的强盗，经过追问，始知是黎的伙夫，由是得知黎的行踪，即前往报告临时总指挥吴兆麟。吴兆麟当即命令马荣、程正瀛、汤启发、徐寿林带兵一排，在黎的伙夫引导下，先将谢国超家包围，然后进入室内，要求见黎。黎起初躲在卧室蚊帐后面不肯出来，逼不得已才出来相见。一见面就胆战心惊地连声说道："余带兵十余年，自问待汝等不薄，何与余为难也？！"大家同声道："吾等无恶意，请统领出主持大计。"[15]他一再推诿，在士兵的恳求与强迫下，才同意前往楚望台会见吴兆麟，接着又于中午被簇拥至谘议局。下午二时前后，革命党的重要人物、立宪派人士等数十人齐集谘议局，商讨建立新政府事宜，黎元洪正式被举为中华民国鄂军政府大都督。

昨夜还是手刃革命士兵的清军第二十一混成协统领，今天摇身一变，居然被迫当上了革命军大都督，难免使人疑惑莫解；可是，只要结合当时情况，进行仔细分析，也不难得出合理的答案。他之所以被推举为鄂军大都督，实际是由多方面因素促成的。

中华民国湖北军政府

本来，湖北革命党人根据同盟会所订《军政府与各处民军之关系》，起义前曾酝酿过起义胜利后的都督人选。共进会曾有过推举刘公为都督、刘英为副都督的拟议。随着形势发展变化，"此议早无形取消矣"。[16]文学社与共进会实行联合后，蒋翊武被推为军事总指挥，孙武任参谋长，刘公任总理。都督一席，仍旧空悬。为了解决这个难题，避免起义后两团体因人事安排

蒋翊武

产生矛盾，于是特派居正、杨玉如赴上海，邀请黄兴、宋教仁、谭人凤等人来鄂主持"大计"，目的显然是准备请黄兴出任都督。然而，武昌起义已经胜利，黄兴等人却迟迟未见到来，而蒋翊武又出走未归，孙武受伤住院，刘公匿居汉口，其他的人皆"以资望浅，谦让未遑"，[17]这就为黎元洪上台创造了极为有利的客观条件。

除了客观条件之外，黎有军事知识，"得军心"、"负人望"则是被推为都督的重要主观条件。如前所述，黎元洪毕业北洋水师学堂，出身海军，又曾赴日本考察陆军，有丰富的军事经验，并在指挥两次大操中大显身手，在新军中威望较高；而且他向以谨厚著称，爱护士兵，尊重知识分子。无论是第二十一混成协，还是第八镇，士兵普遍对他怀有好感。中下级军官对他更加敬重；特别是在当时贪污成风的社会中，他为官清廉，军饷按期照发，从不克扣；遇到水旱赈灾，还能慷慨解囊；在保路等爱国运动中，又能和各界人民一起，同心为卫国保乡效力，更得到社会各界的好评。

正是黎元洪有这样的群众基础，所以还在革命秘密时代，革命党在讨论都督人选时，就曾讨论过举黎元洪为都督。据万鸿喈说：1911 年 4 月，蒋翊武、孙武等曾邀请各标、营代表到洪山宝通寺宝塔开会，商讨举黎元洪为临时都督。会上有人对此不甚理解，刘九穗解释说："现在军队里的同志，都是一些兵士正副目，下级军官不多，中级军官更没有，不足以资号召。所以要把黎元洪拉出来，其利有三：一、黎乃当时名将，用他可以慑伏清廷，号召天下，增加革命军的声威；二、黎乃鄂军将领，素得人心，可以号召部属附和革命；三、黎素来爱护当兵文人，而这些人全是革命党人，容易和他合作。所以拉黎出来，革命必易成功。"[18]又据孙武写的《武昌革命真相》（手稿）称，5 月 28 日又议论过一次。孙说，辛亥五月初一在长清里九十一号的机关召开干部会，参加者有邓玉麟、潘善伯、丁立中、彭楚藩、李春轩（萱）、谢石钦、梅宝玑、牟鸿勋等人，会上讨论的事很多，"推举黎元洪为都督，此会决定也"。手稿中又说："八月十八日（阳历 10 月 9 日）上午十时，邓玉麟、李春轩、方兴、蔡鹏来、徐万年等各代表至德租界共和里十二号孙武病室会议"，决定"即日起义"，重申"依五月决议，请黎为都督"。[19]由此可见，在武昌起义前，至少有过三次议论，准备起义胜利后推举黎元洪为军政府都督。

到了武昌起义胜利后，马荣等人找到了黎元洪，立即同声表示："请统领出，主持大计。"[20]差不多与此同时，蔡济民、李春萱、张振武、苏成章、陈磊、李翊东、吴醒汉、邓玉麟、高尚志、邢伯谦、陈宏诰等在谘议局楼下大厅集议，酝酿都督人选。当场即因多数人赞同而决定推举黎元洪。[21]接着，谘议局议长汤化龙，副议长张国溶、夏寿康，秘书长石山俨，议员胡瑞霖、沈维周、阮毓松、刘赓藻相继应邀到会，他们也"迎合多数同志的心理，极力主张由黎元洪担任"。[22]和黎有密切联系的刘赓藻并说："黎元洪现在城中，我已得到消息，知道他的隐藏地方，如果大家一定要找他，我愿意前往。"[23]到了中午时分，黎元洪以两面十八星旗为前导，在吴兆麟、邓玉麟、李翊东等人的陪伴下，骑着酱色大马到谘议局时，"甫入门，即有人高呼曰：'都督到了。'黎竟默然"。[24]

午后一时四十五分，都督推举会在谘议局楼上正式开始，主席汤化龙首先致词："革命事业，鄙人素表赞同；但是此时武昌发难，各省均不晓得，须先通电各省，请一致响应，以助大功告成。……此时正是军事时代，兄弟非军人，不知用兵，关于军事，请诸位筹划，兄弟无不尽力帮忙。"言下之意，都督应该推举知兵的黎元洪。他的话是引而不发，请革命党人决议。吴兆麟接着发言："汤济武先生所说极是。武昌既已首义，瑞澂弃城而逃，必图报复，此必然之势，……此次革命，非从前之无根据地可比，我们既据武昌形胜，为天下中心，具有独立资格，不患不能达到目的。但起义后，军民两政实繁，兄弟拟请在座诸位同志先生，公举黎元洪统领为湖北都督，汤化龙先生为湖北民政总长。两公系湖北人望，如出来主持大计，号召天下，则各省必易响应。""众皆赞成，拍掌之声，洋溢满座。"[25]

上述种种事实表明，黎元洪出任都督，实是众望所归。诚如李廉方说的，由于黎的"资历名望，足以消反侧而号召各省响应"，"实为当日时势最适当之人选"。[26]1911 年 11 月 20 日曾经访问过黎元洪的英国人埃德温・丁・丁格里也认为："黎元洪的行动已证明，在这个没落天朝的国土上，从一切为使中国摆脱陈旧镣铐而作出较大贡献的人们当中，推选黎元洪担任革命领导，是很明智的。"[27]

武昌乃首义之区，不革命的黎元洪充任革命军政府都督，的确带来了许多消极后果，为革命党的失败种下了祸根。但在当时来说，对于稳定人心、扩大声势，也起了不可忽视的作用。

首先，武昌起义之初，群龙无首，参加起义的士兵不过三千人左右，其中大多数是尚未加入革命党的士兵群众。而敌人方面，瑞澂、张彪扼守刘家庙和江面，等待援兵，准备反扑。起义者坚守孤城，革命能否取得胜利，殊无把握。“同志集谘议局者，经半日之久，一筹莫展，各标营纷纷探问，消息沉闷。”其时“躁急者失望，胆怯者惶恐”。[28]有些附从的士兵担心举事不成，祸及身家，纷纷潜逃走避。残余旗兵还在伺机反扑。军心不稳，可想而知。至于城里广大市民，对革命绝少预闻，耳听隆隆炮声，茫茫不知所措。黎元洪出任都督，对这些人无异于服了一副镇定剂。据许多首义老人谈，都说当时“非黎协统出来不行”。[29]黎任都督的消息传到军中，“士兵有鼓掌欢呼的，并说，‘黎统领也出来了’！”[30]而广大市民听到城内外贴出都督黎元洪的布告，“往观者途为之塞，欢声雷动。至有艰于步履之白发翁倩人扶持，拥至布告前，必欲亲睹为快，人心为之大定”。[31]

其次，对于旧军官及绅、商、学界与各省响应也有一定影响。黎元洪在军中素得军心，资望较高，而且在南京、北洋、湖南、安徽、河南等地的军队里，无不有他的旧部或学生。在海军中也有不少昔年师友。他被推为都督，很自然在军、学、绅、商各界会引起连锁反应。如资本家李国镛听说黎元洪当了都督，就“急欲出助”。[32]起义时许多军官逃散避匿，“自黎出之风一播，城内隐匿之军官皆来”。[33]炮兵第二十一营管带张正基，早年随黎由南京来鄂，工程辎重营起义后率残部百人跑到青山，听说黎元洪当上了都督，第二天即至都督府报到。[34]“所有逃散之陆军官长，闻黎公出任都督，多归附焉！”[35]至于湖北各地和各省纷纷响应，当然主要是革命党人长期活动的结果，但也不可否认，由于黎出任都督，确实起到了一定的推进作用。云南李根源“得八月十九日武昌黎元洪起义讯，归省，密议于李仪亭、唐冥赓宅，谋响应”。[36]1912 年 4 月，胡汉民随孙中山到武汉时也说：“非由黎公出而号召，则各省响应不能如是之风起云涌；又非有黎公之谨厚者为之，则北军亦不易赞成共和。”[37]新中国成立后，一位首义老人在回忆中也说：“平心而论，各省闻风响应，黎之被迫参加革命也有一点推动作用。”[38]

第三，黎元洪出任都督，对清朝统治和顽固势力是个重大打击。黎元洪为清朝统治效力二十多年，对清朝政府一贯忠诚，“海陆战术皆能通晓”，[39]在清朝统治集团中有一定声誉。现在居然变成革命军都督，跟着又是一大批清军官员倒向革命，这在统治阶级内部不能不引起巨大的震动。清朝统治者中的顽固分子看到大势已去，人心无可挽回，惶惶不可终日。据说瑞澂当起义时，以为是“小寇蜂起”，不难平定，蹲在江心楚豫兵舰里准备卷土重来。及得知黎元洪出任都督，“乃去”。[40]而潜伏于武昌城内的“残敌更心惊胆裂，易装潜逃者，不可胜算”。[41]

武昌起义的炮火，猛烈地震撼了清王朝的反动统治；同样，黎元洪也被吓得心惊肉跳，惶恐不安。起义的枪声打响以后，他首先表现出来的是对革命的仇视和恐惧，竭力想阻止革命进一步发展，直至到了楚望台后还说：“汝等事情太闹大了，如何得了！”[42]力图要革命士兵各自回营，借以瓦解革命队伍，使革命半途而废。在谘议局里，革命党人与各界人士同声举他为都督，他却说：“此事体太大，务要慎重，我不能胜都督之任，请你们另举贤能。”[43]而在私下谈话中，更是念念不忘清朝恩典。黎曾对他的黄陂同乡刘赓藻说：“我受清深恩，官已至二品统兵大员，今兵变城亡，义当尽节，以报大清。”[44]从此“不发一言，不画一策”，[45]一度想一死了之。但他毕竟不像顽固派那样冥顽不灵，他那“泥菩萨”般的木然姿态中隐含着急剧变幻的利害权衡和决定他生死荣辱的政治选择。随后，汉阳、汉口相继光复，汉川、黄冈、京山先后起义，革命民军又在刘家庙屡败清军，藩库、银币局、铜元局的库存不下四千万，楚望台军械库和汉阳兵工厂所存枪械弹药不计其数，[46]各国驻汉领事同时承认民军为交战团，宣布“中立”。他见胜利有望，才逐渐转变态度。

辛亥革命后群众在街头剪辫图

10月13日，他表示愿替革命党人帮忙，决心与革命共生死。革命党人乘机劝他剪去辫发，他说：“你们说要去辫子，我久有此意，从前我在军中曾出过‘剪发听便’的通令，你们明日叫个理发匠来，将我的辫子剪去就是。”[47]第二天，终于剪去了标志效忠清王朝的辫子，断绝了他的后退之路。10月17日，黎元洪穿着大都督礼服，在革命党人的簇拥下，在阅马场中央登坛誓师，祭告天地，公开表示

“与尔军士庶民，戮力协心，殄此寇仇，建立共和政体”。[48]不管黎元洪的行动含有多少投机意味，毕竟表明他最终还是归入革命阵营了。当然，他的这种态度与革命党人那种矢志共和的献身精神是不可同日而语的，也不能据此认为他已具有共和思想，但起码可说，这是他从清朝统治集团中分化出来的开端，开始与革命党人的政治目标趋向一致，排除了与革命党人合作的最大障碍。

黎元洪的转变是历史的产物、时代的产物。时至二十世纪，资本主义在世界早已取得统治地位；而在中国，腐朽的君主专制制度走到了历史的尽头，民族资本主义却因帝国主义压迫无法正常发展。它和世界资本主义发达国家比较，远远落在时代的后头，而且受到了亡国灭种的严重威胁。在这种形势下，中国要富强，中华民族要生存，要自立于世界民族之林，唯一的出路就是坚决推翻半殖民地半封建统治，建设独立自主的民主共和国，为中国资本主义的发展开山辟路。因此，当时变封建主义为资本主义，变君主专制为民主共和，是大势所趋，人心所向，是历史发展的迫切需要，是不可抗拒的时代潮流。黎元洪的转变，不管多么微小，总算顺应了这个潮流，走历史必由之路，是值得肯定的。

黎元洪的转变，首先是由于他本身具备一定的转变条件。他在辛亥革命前虽然和清朝统治者同属于封建营垒，但与顽固派是有区别的。一是受的教育影响不同。他受过新式学堂的熏陶，有较多的自然科学和世界知识，明了世界大势。以后，他通过三访日本，对日本资本主义的发展有较清楚的认识。尽管他重点考察的是军事科学技术，可是这些技术和资本主义发展是紧密联系的。耳濡目染，不能不使他受到深刻影响；二是他曾亲自参与经营管理过许多湖北的军民用工业。他提调兵工、钢药两厂，协助建立两湖劝业场及益智场，兼理丝、麻、纱、布四局会办。在督办经理这些企业中，他一方面看到了先进生产技术的优越性，同时觉察到了封建的经营管理方式的腐朽；三是他和民族资产阶级上层有较多的交往，或多或少受到了资产阶级思想的感染。凡此种种，无疑是黎元洪有可能转变的内部条件。

革命党人的胁迫，对黎元洪的转变起了一定的作用。他投身革命洪流，开初完全是被迫的。10 月 11 日早上，当马荣、程正瀛找到他时，反复向他开导，请他去楚望台，他不肯就道。无可奈何，程正瀛只得厉声说：“从则生，不从则死，统领自择之。”黎不得已，才说：“我去！我去！”[49]到了楚望台后，有一个炮兵高呼：

“请统领下令作战。”他不惟不听，反而对革命士兵大肆恐吓，劝起义者回营，由他去说服瑞澂、张彪免予处分。这种谬论，当场受到革命党人的坚决抵制。何竹山义正词严驳斥说：“吾人革命，原不计生死利害，但尽心力而行之，虽肝胆涂地，亦甘之如饴也。统领意见，绝对不可行。”[50]黎知革命意志坚不可摧，窃叹不已。后被举为都督，他又顾虑重重，拒不承认。要他在安民告示上签字，他连声说：“莫害我！莫害我！”李翊东气愤不过，把枪口对准他说：“汝觍颜事仇，官至统领，岂大汉黄帝子孙耶？罪不容于死。今不汝罪，举为都督，反拒绝之，岂非生成奴性，仍欲效忠于敌耶？余杀汝，另举贤能。”[51]蔡济民等急忙劝止，黎才瑟缩不语。后来他企图自杀和逃跑，革命党人为了争取他，只得把他安置在谘议局楼上东端的小房间里，派人日夜监守。一星期后，他在致其师萨镇冰的信里叙述说：“洪当武昌变起之时，所部各军，均已出防，空营独守，束手无策。党军驱逐瑞督出城，即率队来洪营，合围搜索。洪换便衣避匿室后，当被索执，责以大义。其时枪炮环列，万一不从，立即身首异处。洪只得权为应允。”[52]这里讲的，自然属于实情。没有枪杆子的胁迫，他是不会“权为应允”的。

黎元洪的转变，还离不开革命党人的热情帮助。强迫的方法，解决不了思想问题。黎真正思想上有所转变，靠的不是强迫，而是革命党人的真诚争取。他在过去对革命概不与闻，不知宗旨是否正大？举动是否文明？要他出来主持起义后的军政大事，他不敢立刻答应，固然主要是由于胆小怕事，但也是慎重的表现。马荣等人把他找到后，徐寿林“即将民军情形详述颠末，并拥黎公至楚望台细察一切”。[53]还给他备马乘坐。黎见举动文明，态度开始转变。他不知革命底里，最担心的是革命力量太小，不足以抗强敌。所以到了楚望台后就询问：“革命党所恃奥援者何处？钱粮多少？”邓玉麟、熊秉坤相继作了说明。[54]接着到了谘议局并被举为都督，他的思想斗争更加激烈；革命党人又公推数人专为他“细述党人起义之宗旨并各省联络之势力”，反复进行解说。[55]他们不仅善言苦劝，而且用实际行动激之以情。当黎不承认出任都督时，测绘学堂学生朱树烈“举刀自杀，血溅满座以感之”。[56]蔡济民也拔出手枪，严肃说道：“事已至此，黎公再不允就，我等只有自杀以谢同志，而慰死难诸先烈。”[57]精诚所至，金石为开。经过连日劝慰，黎在革命党人的竭力争取下，终于慢慢回心转意。

黎元洪的转变，起决定作用的还是起义后革命局势的顺利发展和人民群众英勇斗争对他的巨大鼓舞。他在起义之初，由于不相信革命能取得胜利，所以在革命党人的劝导下，心虽有所动，却下不了决心。可是，随着革命胜利发展，终于促使他下了这个决心。继武昌起义，汉口、汉阳光复之后，京山、汉川、黄州、宜昌紧接着举义，胜利的凯歌频频传来，使黎元洪看到了革命的光明前途，增强了对革命胜利的信心，才公开表示赞成革命，并愿与革命党人共存亡。10月13日下午，都督府召开军事会议，他当众表示："我前天未决心，昨天也未决心，今天上半天还未决心，这时是已决心了。无论如何，我总算是军政府的人了，成败利钝，死生以之。"[58]大家看到黎表了决心，立刻报以雷鸣般的掌声。

人民群众的革命激情和英勇斗争，对黎元洪来说是一个莫大的鼓舞。清政府的残暴统治，在广大人民的心坎里早已种下了仇恨的种子；清政府的卖国求存，更加激起人们无比义愤。武昌起义的炮火，在人民中点燃起熊熊之焰，他们怀着对清朝的切齿痛恨，积极主动投入反清革命洪流。武昌的人力车工人，得知革命起义，自动奔赴楚望台，冒着枪林弹雨，为革命军输送弹药；汉阳兵工厂工人，不分昼夜赶制军火，支援前线；革命党竖旗招兵，工人农民纷纷投奔，四五天内就招募了三万多人，来投者仍然络绎不绝；武汉商民对革命民军也热情欢迎。他们不但服从军政府号令，重整商团，成立保安社，维持社会治安，而且公举议董四人，"专办军需，接济粮台"，[59]使军队饷需得到源源接济。人民群众的革命热情，使黎元洪明白了人心的向背，曾兴奋地说："商人如此慷慨，吾等决不忧军费之缺乏矣。"[60]他在亲笔致萨镇冰的信中把群众对他的鼓舞说得更透彻。他说：

吾师素知洪谨慎，何敢仓猝出此！虽视事数日，未敢轻动。盖不知究竟同志若何？团体若何？事机若何？……今已视师八日，万众一心，同仇敌忾。昔武王云：纣有臣亿万，惟亿万心；予有臣三千，惟一心。今则一心之人何止三万！……即就昨日陆战而论，兵丁各自为战，虽无指挥，亦各奋力突进；汉族同胞徒手助战，持刀协击，毁损铁轨者指不胜屈；甚有妇孺馈面包茶水入阵者。此情此景，言之令人奋武。谁无肝胆，谁无热诚，谁非黄帝子孙，岂肯甘为奴隶而残害同胞耶！洪有鉴于此，识事机之大有可为，乃誓师宣言，矢志恢复汉土，改革专制政体，建立中华共和民国，维持世界和平。[61]

由上可见，黎元洪在武昌起义的转变，不是偶然的，而是历史的产物，是当时大好的革命形势促成的。

注释

【1】中国近代史研究所近代史资料编辑组:《近代史资料》,1982年第1期,第63页。

【2】中国史学会主编:《辛亥革命》资料丛刊(五),第201~202页。

【3】李廉方:《辛亥武昌首义纪》上,1947年,第74页。

【4】谢石钦、苏成章等:《湖北革命实录长编》,政协湖北省委员会等:《武昌起义档案资料选编》下卷,第618页。

【5】政协湖北省委员会:《辛亥首义回忆录》第一辑,第29~30页。

【6】胡祖舜:《六十谈往》,武汉大学历史系中国近代史教研室:《辛亥革命在湖北史料选辑》,第73页。

【7】薛民见:《黎元洪年谱资料》,第23~24页。

【8】黎重光:《我父黎元洪在辛亥革命前后》,政协上海市文史资料工作委员会:《辛亥革命七十周年》,第84页。

【9】张国淦:《辛亥革命史料》,第66页。

【10】李廉方:《辛亥武昌首义纪》上,第91页;张难先:《湖北革命知之录》,第257页;章裕昆:《文学社武昌首义纪实》,第41~42页。

【11】全国政协文史资料研究委员会:《辛亥革命回忆录》第二集,第14页。

【12】李廉方:《辛亥武昌首义纪》上,第99~100页;贺觉非:《辛亥武昌首义人物传》下,第421,538,555页;政协湖北省委员会:《辛亥首义回忆录》第一辑,第44~45页。

【13】曹亚伯:《武昌革命真史》正编,第15页。

【14】张国淦:《辛亥革命史料》,第82,85页

【15】李廉方:《辛亥武昌首义纪》上,第104页;张难先:《湖北革命知之录》,第266页;啸岚:《"为善不能,为恶无力"的黎元洪》,《春秋》(武汉)1985年第3期。关于黎元洪是怎样被寻出来的,文公直的《中华革命史》、邹鲁的《中国国民党史稿》均说是从床底下搜索出来的,胡汉民且讥之为"床下都督"。这种说法流传很广,但非事实。笔者遍查了各种较原始记载,都找不到此说的根据。黎元洪致萨镇冰书,只说换便衣匿室后;胡祖舜的《六十谈往》,只说汤启发等跟踪到黄土坡时,正见黎与执事官王安澜等坐谈。1981年,笔者亲访健在的辛亥老人喻育之先生谈及此事,喻亦认为是躲在内室蚊帐背后。而文公直、邹鲁等均非当事人,显系道听途说,不可信。本文系据王安澜口述。

【16】李廉方:《辛亥武昌首义纪》上,第 103 页。

【17】张难先:《湖北革命知之录》,第 266 页。

【18】政协湖北省委员会:《辛亥首义回忆录》第一辑,第 126 页;张国淦:《辛亥革命史料》,第 86~87 页。

【19】孙武:《武昌革命真相》,转见皮明庥:《黎元洪与武昌起义》,《黄石师院学报》,1981 年第 3 期。

【20】张难先:《湖北革命知之录》,第 266 页。

【21】蔡寄鸥:《鄂州血史》,第 88~90 页;政协湖北省委员会:《辛亥首义回忆录》第二辑,第 171~172 页。

【22】【23】《辛亥首义回忆录》第二辑,第 172 页。

【24】杨玉如:《辛亥革命先著记》,第 74 页;李廉方:《辛亥武昌首义纪》上,第 104 页。

【25】曹亚伯:《武昌革命真史》正编,第 36~37 页;杨玉如:《辛亥革命先著记》,第 74~75 页;张国淦:《辛亥革命史料》,第 83 页。

【26】李廉方:《辛亥武昌首义纪》上,第 102 页。

【27】(英)埃德温·丁·丁格里:《1911—1912 年中国革命记》(China's Revolution:1911-1912)第二章。

【28】李廉方:《辛亥武昌首义纪》上,第 105 页。

【29】政协湖北省委员会:《辛亥首义回忆录》第一辑,1957 年版,注⑤,第 149 页。

【30】政协湖北省委员会:《辛亥首义回忆录》第一辑,第 138 页。

【31】杨玉如:《辛亥革命先著记》,第 75 页。

【32】《李国镛自述》,中国近代研究所史料编辑组:《辛亥革命资料》,第 499 页。

【33】熊秉坤:《辛亥武昌首义亲历记》,全国政协文史资料研究委员会:《辛亥革命回忆录》第二集,第 15 页。

【34】贺觉非:《辛亥武昌首义人物传》下,第 650 页。

【35】《武汉战纪初稿》,《辛亥革命史丛刊》编辑组:《辛亥革命史丛刊》第三辑,第 133 页。

【36】李根源:《雪生年录》卷一,第 21 页。

【37】居正:《梅川日记》;沈云龙:《黎元洪评传》,第 31 页。

【38】政协湖北省委员会:《辛亥首义回忆录》第一辑,第 62 页。

【39】《神州日报》,1911 年 10 月 16 日。

【40】汤志钧:《章太炎政论选集》下，第845页。

【41】【42】李廉方:《辛亥武昌首义纪》上，第104，103页。

【43】张国淦:《辛亥革命史料》，第83页。

【44】逸民编述:《辛壬闻见录》，湖北省图书馆:《辛亥革命首义史料辑录》，第4页。

【45】李廉方:《辛亥武昌首义纪》上，第105页。

【46】据点收者报告，兵工厂内所存枪支已完成者八千余支，零件齐而未上托者九万余支，造而未完成者二万余支，步枪子弹三十余万发，大炮将成者约二十余尊，炮弹约十万发。见李廉方:《辛亥武昌首义纪》上，第113页。

【47】政协湖北省委员会:《辛亥首义回忆录》第二辑，第177页。关于剪辫经过，各说不一。据贺觉非调查互证，系丁仁杰、刘熙卿所为。可参考贺编《辛亥武昌首义人物传》上，第141～142页。

【48】曹亚伯:《武昌革命真史》正编，第114页；李廉方:《辛亥武昌首义纪》上，第108页；政协湖北省委员会:《辛亥首义回忆录》第二辑，第178页。关于誓师日期，章裕昆《文学社武昌首义纪实》作八月二十四日(10月15日)；《知之录》和李翊东《辛亥首义纪事》作二十五日，兹从《真史》、《首义纪》和《辛亥革命先著记》及《辛亥首义纪事本末》作八月二十六日(10月17日)。

【49】全国政协文史资料研究委员会:《辛亥革命回忆录》第二集，第14页；《辛亥革命先著记》，第73页。

【50】全国政协文史资料研究委员会:《辛亥革命回忆录》第二集，第15页。

【51】政协湖北省委员会:《辛亥首义回忆录》第四辑，第34页；第一辑，第9页。

【52】易国干等:《黎副总统政书》卷一，第3页。

【53】政协湖北省委员会等:《武昌起义档案资料选编》中卷，第563页。

【54】全国政协文史资料研究委员会:《辛亥革命回忆录》第二集，第15页。

【55】金城撰:《湘汉百事》。

【56】张难先:《湖北革命知之录》，第266页；《辛亥首义回忆录》第二辑，第55页。

【57】政协湖北省委员会:《辛亥首义回忆录》第二辑，第79页。

【58】《甘绩熙自述》，张难先:《湖北革命知之录》，第280页。

【59】【60】剑农:《武汉革命始末记》，中国史学会:《辛亥革命》资料丛刊，五，第178页。

【61】易国干等:《黎副总统政书》卷一，第3页。

七

督师抗清，保卫武汉

黎元洪由一个忠心耿耿替清朝统治者卖命的高级军官，转变到愿意为革命效力的鄂军都督，对他来说，这是迈出了十分重要的一步。当时，摆在黎元洪面前的，是一个事关革命成败和个人生死的严峻局面：一方面，武汉三镇虽然顺利光复，而全国各地尚未响应，加入革命行列的士兵也不到五千人，力量是不大的；同时，湖北军政府虽然成立，各项工作尚未步入正轨；武汉三镇社会秩序尽管未曾大乱，人心却很不稳定。另一方面，敌人虽然遭到失败，但是他们很不甘心。瑞澂、张彪还在等待援军，伺机反扑；清廷得悉武汉三镇易帜，更是"以急复武汉为第一义"，[1]立刻连夜策划，决心全力争夺。他们把北洋军的精锐分成三军，以一个军的兵力保卫京城，用两个军的兵力由陆军大臣荫昌统率南下，直奔武汉；同时命令水师提督萨镇冰率领巡洋舰队及长江水师急驶武汉，配合作战。[2]形势十分清楚，一场革命和反革命的决战，不可避免地即将在武汉展开。

辛亥革命时期的武汉

在严峻的局势面前，欲求克敌制胜，首先需要稳定内部，团结一心，共同抗敌。湖北军政府成立之初，各种组织极不完备，行政工作毫无法纪。军政府里，人来人往，熙熙攘攘，漫无条理。将官入见都督，动不动拍桌捶椅，毫无礼貌。他们对于建立革命秩序，开初不甚重视；相反，立宪派人士倒比较注意。早在10月

14 日，汤化龙、胡瑞霖、舒礼鉴、黄中垲去见黎元洪，即以白纸写了三条建议：一、屯集车站的机车、客货车，急宜扣留，以免资敌；二、武胜关是湖北门户，应该尽快驻兵布防，借以阻止清军南下；三、起义后各军士兵漫无纪律，应尽快建制改编，以便管理约束。[3]这三条建议是很切合时宜的，黎元洪看后深表赞同，随即交给在旁侍卫的某书记。某书记竟把它丢入废纸堆，不予理睬。汤化龙等又认为：凌乱而无纪律的根源，在于没有法制可资遵循，乃私下计议，连夜起草了《武昌军政府组织条例》，送交黎元洪审核公布。黎元洪看了以后，连声称赞："妙！妙！"[4]又把它交给侍卫在旁的某书记。这位书记仍然无动于衷，将它丢入废纸篓。汤化龙等见送上的条例没有被采纳，于是转而找居正商议。这时，居正和谭人凤刚从上海抵达武汉，感到主帅徒拥虚名，无法整肃三军；人心浮动，不利一致抗敌，对汤化龙等的建议很感兴趣，乃于 16 日晚上，假教育会召集革命党人开会，到会者数百人，由居正将所拟《条例》一一宣读，交大家讨论，并谎称系孙中山在海外拟定，结果得到全体一致通过。《中华民国鄂军政府暂行条例》共计六章二十四条。按照条例规定，先期成立的军令、参谋、军务三部仍旧，民政部改为政事部，下辖外务、内务、财政、司法、交通、文书、编制七局。[5]

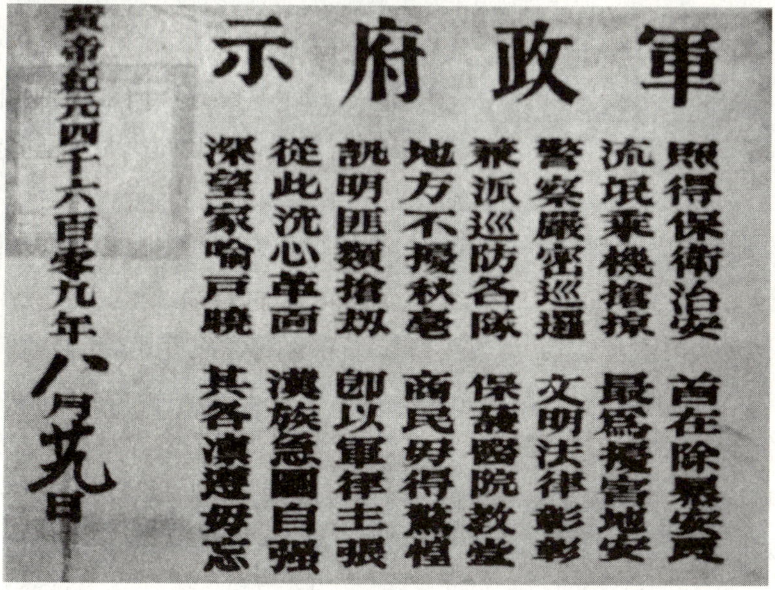

湖北军政府告示

10月17日，军政府召集会议，由黎元洪公布《军政府暂行条例》，并确定各部人选。军令部长由都督兼任（11月1日改委原三十标三营管带杜锡钧为军令部长），另外正式任命杨开甲（原清军三十标统带）为参谋部长，吴兆麟（原工程八营左队队官）、杨玺章（原在第二十一混成协司令部任职）为副部长；孙武（共进会领导人）为军务部长，张振武（共进会员）、蔡绍忠（湖北督练公所兵备处课员）为副部长。孙武到职之前，蔡绍忠因非首义人员，不大管事，实权操纵在张振武手里。政事部由汤化龙（原谘议局议长）任部长，各局人选由汤化龙伙同立宪派、旧官僚策划，报请黎元洪委任，舒礼鉴（旧官僚）、黄中垲（留学日本，接近立宪派）、胡瑞霖（立宪派）、马刚侯（资本家）、陈登山（立宪派）、阮毓崧（立宪派）、张国溶（立宪派）分任内务、外务、财政、交通、司法、文书、编制等七局局长。政事方面大权，几乎全归立宪派、旧官僚控制。军事大权，也主要由旧军官把持。名单一经公布，革命党人为之愕然。汤化龙以平素主张立宪，为舆论所迫，不敢就职。其下各局除财政局外，均未视事。[6]

10月25日，在刚到职的孙武主持下，军政府开会，改订了《军政府暂行条例》，计分四章十五条。新的《中华民国鄂军政府改订暂行条例》规定，军政府由原来的四部改为九部，原文书局改隶军政府秘书处，外交、内务、理财、交通、司法、编制一律正名为部，由胡瑛任外交部长，杨时杰为内务部长，李作栋任理财部长，熊继贞为交通部长，张知本任司法部长，汤化龙仅得一编制部长的闲职。经过这次调整，军政府的组织才正式确定下来，党人在军政府机关中由劣势转为优势，内部矛盾得到缓和，为团结抗清奠定了组织基础。

辛亥武昌首义胜利，群众的拥护与支持是重要因素。为了贯彻救国救民宗旨，安定民心，武昌起义以后的第二天，革命党人即以军政府都督黎元洪的名义，贴出安民告示，说明起义乃“为救民而起”，希望百姓“勿用猜疑”，号召各界人民“急于大义，宜速执鞭来归，共图光复事业”。[7]15日，黎元洪又发出布告，免除清廷征收的各种苛捐杂税。布告开宗明义说：“父老苦清苛政久矣。元洪倡议武昌，天下响应，亟应将湖北境内一切恶税，先行豁免，以安我父老而为天下倡。”布告明确规定：[8]

一、除盐、烟、酒、糖、土膏各税捐外，所有统捐局卡，一律永远裁撤。

二、除海关外，所有税关一律永远裁撤。

三、本年下忙丁、漕，概行蠲免。

四、本年以前积欠丁漕，概行豁免。

五、各属杂捐，除为地方所用者外，概行豁免。

此外，为了整顿和维护社会秩序，还颁布了刑赏令，[9]宣布：

藏匿满人者，斩。藏匿侦探者，斩。

买卖不公者，斩。伤害外人者，斩。

扰乱商务者，斩。奸掳烧杀者，斩。

邀约罢市者，斩。违抗义师者，斩；

乐输粮饷者，赏。接济军火者，赏。

保护租界者，赏。守卫教堂者，赏。

率众投降者，赏。劝导乡民者，赏。

报告敌情者，赏。维持商场者，赏。

黄帝四千六百有九年八月十九日

（按：《实见记》和《武昌革命真史》作八月二十四日）

这些告示一经发出，立刻产生良好影响，对浮动的人心起了很大的镇定作用，受到各界人民的积极支持。汉口商会会长蔡辅卿等主动谒见黎元洪，表示愿意筹资二十万元以助军需；[10]武昌商会亦借给军政府五万元，以示对革命党的支持。民军在汉作战，各界人民送茶送饭，刺探敌情，呐喊助战，从各方面给予了全力的支援，为抗击清军奠定了良好的群众基础。

动摇敌方军心，争取敌军倒戈，对克敌制胜具有不可估量的作用。为了抗击清军，保卫武汉，黎元洪运用他的地位与影响，对敌人还做过不少的争取和分化工作。起义之初，革命党人用黎的名义发布各种文告，历数清政府种种罪状，宣布革命宗旨，敦劝清朝官兵弃暗投明，归附革命。虽然不是黎的主动，但既用了他的名义，其所起到的客观作用是不可忽视的。此外，他还直接对清军官兵做了能够做到的各种工作，起到了别人所不能起到的作用。众所周知的致萨镇冰信，情理交融，大义凛然，不但对争取萨镇冰起了重大作用，而且在整个海军中也发生重大影响，对后来海军反正无异一副催化剂。其外如致函他的部属，四十二标统带张永汉及三营管带樊毓英，劝他们速来归顺；[11]又派遣张彪的亲信、辎重营管带齐宝堂带着他的亲笔函去见张彪，表明自己归附起义军的心迹，并责以种族大义，劝他早日回心转意，“助我同胞，救之于水火。大业告成，虚位以待”。[12]同时电告汉族同胞之为满洲将士者，指出：“论情谊则为兄弟，论地位则为仇雠，论心事则同是受满洲政府之压制”，号召他们“离仇雠之地位而复为兄弟”，“涤旧污以建新猷”。[13]他听说南下的河南巡防营军心动摇，愿意归顺，随即派人前往慰劳，并由汉口商会致送酒肉犒赏，[14]欢迎他们慕义来归。事虽未成，对瓦解清军的军心不无作用。以后在汉口、汉阳作战过程中，不少清军弃械逃散，或者投降民军，即是很有力的证明。

武昌在一夜之间为民军占领，在全世界引起巨大的震动。各国对中国事态的发展无不十分关注，同时不免有几分担心：义和团事件会不会又一次在中国重演？！英国驻华公使朱尔典在震惊之余，明确电告驻汉口代总领事葛福：“除了因英国人生命财产的安全而绝对不可避免的事件之外，您不应与起义军统领保持任何联系。”[15]俄国总理大臣则积极策划和日本联合干涉。他对日本驻俄大使本野一郎说：“清国此次发生动乱及其政府之现状，对于世界和平，尤其是对于日俄两国的特殊利益，实是一场很大的危险。迄今为止，日俄两国所获得的特殊利益，全系取自现存的满清朝廷。与其坐视事变自然消长，何如援助现存的满清朝廷，或将有利于维护日俄两国的利益。”[16]至于日本政府的态度，据美国驻东京代办司秋洛电告美国国务卿诺克司说：“日本政府希望中国政府请其以武力扑灭革命。……若革命及于满洲，日俄两国将不与列强相商，立即出兵。”[17]四国银行团中法国代表卡西涅夫直截了当地表示：“这场革命对我们毫无益处”，“满清王朝的继续存在，才是对我们最为有利的”。[18]显然，如何使各国了解革命，争得外交上的支持，保持中立以至孤立清政府，乃是外交方面关系革命成败的第一要务。

革命党人有鉴于此，对外交事务非常重视。早在同盟会成立不久，就预拟了革命政府的外交照会。武昌起义的第三天（12 日），革命党人即以这份照会作为蓝本，略加改动，以鄂军都督黎元洪的名义照会各国驻汉口领事，表明此次起义，专为“推翻专制政府，建立民国”，“并无丝毫排外之性质”，声明所有以前清廷与各国缔结之条约皆继续有效，赔款外债照旧承担，各国人民生命财产一律保护，尊重各国的“既得权利”。不过，起义以后清廷与各国所立条约之所许权利、所借国债，“军政府概不承认”；各国如再帮助清政府，“概以敌人视之”。[19]自照会发出后，军政府派员分途往访各国领事，请他们承认民军为交战团，要求清军离租界三十里外作为战地。

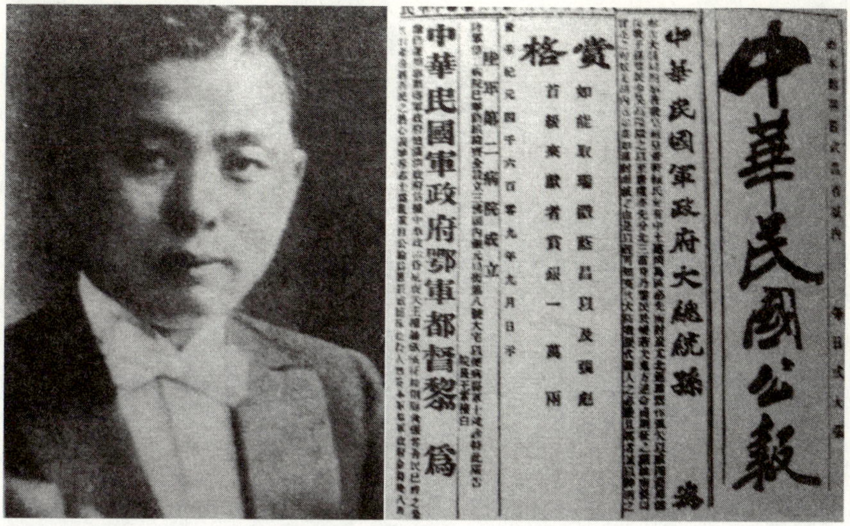

李翊东与代签黎字布告图

同一天，汤化龙、胡瑞霖、李国镛等曾一道去见黎元洪，表示愿协助都督筹划进行方略。黎元洪很高兴，便问应该从哪里着手。李国镛建议应以外交为前提。黎问，可以由谁负责？李毛遂自荐，愿在外交方面效力，但须约同外甥夏维松协助进行。夏维松曾毕业于自强学堂俄文班，又于1903年派赴俄国学习法律，回国后担任方言学堂俄文教员，与俄领事素有往来。10月14日，李国镛去见各国驻汉口领事团领袖、俄国驻汉领事敖康夫（奥斯特罗维尔霍夫）。敖康夫见面即说："贵军政府来文，要求满政府军队离租界三十里外作战地。但各国革命军起，未经战胜，各国不能承认为交战团体，并不能回答来文。"李国镛进言："汉口领事团系阁下领袖，故都督派我等同来接洽，联络感情。况此次民军举义，原为推倒不良政府起见，想贵领事必力为赞成也。"敖康夫又说："现满政府有战舰五艘，泊刘家庙。瑞澂在楚豫兵舰，张彪在该处扎营。又闻荫昌不日领兵南来，贵军政府尚不先发制人，还待何时！若必拘泥于战地之远近，是自失机宜也。"[20]李国镛说："恐攻击时有碍贵租界。"敖康夫说："世界只有强权无公理。如各国为难，我必从中调停。两君转达贵军政府，总以速攻瑞澂、张彪为上策。如战胜，我必首倡承认贵军政府为交战团体。"李国镛等告别了俄领事，连夜渡江，向军政府报告了交涉经过。黎元洪立刻召集了参谋部会议，当即作了进击清军的秘密安排。[21]

清末汉口租界外景

1912 年元月，法国杂志刊登的起义军照片
图为起义士兵在红楼西侧接受检阅

在这前后，首先是法国领事前赴武昌，要求谒见黎元洪。黎元洪想以地方狭隘辞谢。法国领事却说：法国大革命时，旗帜没有准备，竟然以女人的衣裙代替，

现在传为美谈，此次前来，不过是瞻仰都督风采，没有别的要求。黎不得已，才在汤化龙的陪同下接见了他。接着，美国领事也前来致意，并询问对清政府所负外债抱什么态度。汤化龙根据照会精神作了回答。美国领事又问："贵国此次革命，关系种族问题，自不待言，惟不知将来采取何种政体？"黎答："共和政体。"[22]日本橘某拜见黎元洪时，黎对未来充满信心，声称有两个多师团的兵力，投诚者也很多，北军南下，也没有什么可怕，他们同样会投向革命。[23]又有一名美国记者访问黎元洪，恰好汤化龙在座。记者首先提出："贵政府行何政体？"汤化龙应声代答："共和政体。"记者听了大喜，当即电告海内外，各西文报多以大字标题报道，[24]影响扩及全世界。

由于革命军占领武汉三镇，举动文明，注意维护社会治安，对群众秋毫无犯，特别是对于租界及各国人民生命财产之安全，保护周到，获得外人的普遍好感。各国领事感到满意。10月16日晚，领袖领事敖康夫召集各国驻汉领事开会，议决承认民军为交战团。第二天，派英人盘恩持公函到武昌军政府谒见黎元洪，声言领事团对中国民军勇敢文明，对外侨又承担保护的行为表示欢迎，故特承认民军为交战团，各国严守中立。18日驻汉英、俄、法、德、日领事联合贴出布告：宣布"严守中立，并照租界规则，不准携带军械之武装人员在租界内出现，及在租界内储匿各式军械及炸药等事"。军政府一方面照录领事布告原文在各处张榜公布，一方面通电上海及各省响应。黎元洪为感谢各国领事承认为交战团并宣布中立，特备文五份，照会汉口各国领事，派汤化龙、胡瑛、夏维松等送至各国领事署，表示"各领事既经严守中立，本军政府必力尽义务，以表敬爱友邦之微忱"。[25]交战团一经各国领事承认，革命党人深受鼓舞，革命民军声势更震。各省闻风纷起响应，为武汉保卫战创造了有利的外部条件。

武昌起义胜利之后，军政府会议攻守方略，都认为武汉不是战守之地，必须迅速派遣将士守卫武胜关，并把关外铁道毁掉，才能阻止清军南下，再图北伐。

武胜关是湖北与河南的天然界关。关西有黄土关，关东有九里关，乃古代著名的"义阳三关"。其中尤以武胜关最为扼要。查武胜关一带，西起河南桐柏山，东接安徽之霍山，崇山峻岭，绵亘数百里，中通一线，京汉铁道穴岭而过，南北隘道近百里。如果能以千余壮士固守关隘，足以抵挡十万雄兵。

可是，武昌起义后，革命士兵仅数千人，连守卫武汉尚不敷分配，哪能立刻派出重兵去驻守武胜关？只好派员前往联络驻守京汉路沿线的四十二标第三营即速反正；同时立即招募新军，把军队扩编为步兵四协，马队一标，炮队二标，工程辎重各一营，军乐队宪兵队各一队。并推举吴兆麟（后改宋锡全）、何锡藩、成炳荣、张廷辅分任协统，驻扎汉阳、汉口、青山、武昌等地，进行防守。10 月 14 日，黎元洪发出《募军告示》，[26]附近人民踊跃应募，仅仅五天工夫，就募足了四协。以后，为了适应军事需要，又扩招了第五、六、七、八等四协，任命熊秉坤、杨载雄、邓玉麟、罗洪昇为协统。原来的老兵多半提升为中下级军官，或加入督战的敢死队。

军队陡然扩充，士兵未经训练，军队素质大受影响。为了严肃军纪，增强战备，黎元洪于 10 月 16 日发布紧要谕令：[27]

一、宪兵务分别派人分途巡查。

二、巡查专以军纪风纪为主旨。

三、巡查如遇有冒充军人，到处抢劫，以及扰害商民情事，当即扭至执法处审办。

四、各协、标、营官兵，一律不准私自出营，到处散游，新兵尤宜注意。

五、暗号务各记明，如经查问不对，定即扭送执法处惩办。

六、本都督不时亲诣各协、标、营审查，倘有不遵军纪情事，定以军法究治。

七、夜晚无命令，不准携枪擅入民家搜索。

八、各协、标、营务各设置风纪卫兵，以维持军律。

九、凡在街逡巡兵士，非有官长领带者，务各回原营，不准三五成群，在街闲游。如违，定以军法从事。

十、各协、标、营业已编练成立，仰各级官长，督率老兵，将现招新兵，迅速切实训练，并演说此次革命宗旨及大概情形，俾资鼓舞。

十一、各协、标、营迅将伙夫招齐，并将炊具赶紧整理完善，如无铜锅，可赴善后局领取。

十二、各官兵武器装具，亟应整顿齐全，而饭锅水瓶，尤为紧要。

以上各条，各协、标、营官兵，应即懔遵。倘有违犯，定即分别重惩，决不姑宽，毋谓本都督言之不预也，切切此谕。

黄帝纪元四千六百零九年八月二十五日

都督　黎元洪

紧接谕令之后，又颁布了严厉之军令八条：[28]

一、军队中上自都督，下至兵夫，均一律守纪律，违者，斩。

二、无论原有及新募兵士人等，有三五成群不归编制者，以及在编制内擅离所在，易装私逃者，斩。

三、擅入民家，苛索钱财及私行纵火者，斩。

四、军队中各干部，如有不遵约束者，斩。

五、官兵不受调遣及违背命令者，斩。

六、擅自放枪，恐骇行人往来者，斩。

七、兵士中，如有挟私仇杀同胞者，斩。

八、如在当铺强当军装物件者，斩。

军队的扩编，军令的整肃，一定程度上加强了军队的战斗力，密切了军队和群众的关系，有利于军民一心，共同抗敌。

还在10月14日，谭人凤自上海赶到武昌，即向黎元洪建议，立即派军驱逐张彪残部和豫军。15日，军政府综合各方面情报，确信荫昌已经率军沿京汉路南下，其先头部队约一标，已抵武胜关附近，张彪残部仍在刘家庙，河南豫军占领大智门一带，首鼠两端，似欲掩护清军南下。军政府集会商议，决定先发制人，即由黎元洪于当晚八时下达命令，先攻汉口之敌，然后逐次向北进攻，借以阻止清军南下。[29]18日拂晓，民军向清军发动进攻，"刘家庙之役"的战幕正式拉开。在军民的紧密配合下，民军初战告捷，第一天击毁军车一辆，敌军死伤大半；第二天完全占领刘家庙车站，缴获站上辎重车十多辆，粮食六百多担，帐篷一百四十多顶以及大批弹药。武汉商民张灯结彩，欢庆胜利，并且组织慰劳队，犒赏民军酒食。革命军唱着凯歌回到武汉三镇，并将三镇商店红布购买一空，每人结一个英雄结挂在胸前，沿街四处游行。黎元洪得知，认为骄兵必败，感到不妥，一方面发布文告，慰问汉口民军；同时指出："打了胜仗，应将敌人消灭之，或固守阵地，否则敌人反攻，当何以对付？"[30]故又将打仗队伍集中起来，并增派队伍，上前线抗击北洋军。

可是，从第三天起，情况开始发生转折：这时清军大举南下，兵力显著增加；而民军方面，何锡藩因没有乘胜指挥追击，驱敌于汉口郊区之外，受到非议；他本人也因战事紧张，害怕战败受惩，要求辞去临时指挥职务；相反，原先反对抗击清军的张景良，却一反常态，“愿到汉口杀敌，为民国立功”。[31]经过军政府会议讨论，在蔡济民、吴醒汉、高尚志等人的担保下，不顾李翊东的反对，黎元洪改任张景良为汉口临时指挥。张景良原为二十九标统带，武昌起义后曾任参谋部长，因15日都督府开会时，大吵大闹，反对革命，黎元洪斥其无礼，暂时加以禁闭。他重新受命并于20日到达汉口后，设司令部于刘家庙，既不召开军事会议，磋商作战计划，又不下达作战命令，而且擅自离开司令部，宿于歆生路（今江汉路）。由于张景良玩忽职守，指挥失灵，甚至和清军勾结，蓄意破坏抗清斗争，因此从20日起，战事呈拉锯状态。尽管民军奋勇作战，尽管黎元洪调兵遣将，不断增援，因为任用非人，终于无法取胜。经过八天苦战，到27日，张景良竟扣发子弹，每兵仅两排；同时又下令烧毁刘家庙的子弹库及辎重，造成军心动摇，导致刘家庙之战最后归于失败，民军退守大智门一带。张景良被汉口军政分府派人在后城马路（今中山大道）某旅馆寻获，与张同住的尚有第八镇参谋官刘家祺。后经詹大悲审讯，张始终含糊其辞。詹大悲乃一面录供报告武昌军政府，一面将其斩决，悬首于四官殿的木柱上示众。

正当刘家庙失守，汉口战事紧张，前线指挥无人之际，黄兴偕同宋教仁等于28日抵达武汉。黎元洪闻黄兴来临，“即下令做了两面大旗，上写‘黄兴到’三个大字，派人举着大旗，骑马在武昌城内和汉口没有被清军攻陷的地方跑一圈。前线将士听到黄兴来了，士气高涨，军心大振，居民铺户也纷纷鸣放鞭炮，表示欢迎”。[32]

黄兴

宋教仁

黄兴到都督府会见黎元洪，黎极欢迎，谈及汉口战事，黎请黄兴主持，黄亦不辞。黄兴欲往汉口视察，黎即派吴兆麟、杨玺章、蔡济民、徐达民陪同前往。视察完毕，又于午后三时返回武昌与黎等商议汉口战守事宜。大伙均向黎元洪建议，请委黄兴为全军总司令，黎极赞成。当晚，黄兴复偕杨玺章、查光佛、蔡济民、徐达民等渡江，在汉口满春茶园设立总司令部办公处，开始了指挥保卫汉口的艰巨斗争。

黄兴接任之时，汉口保卫战已进入十分艰苦的阶段。上自硚口，下至张美之巷（民生路）一带，均被清军占领，双方在刘家花园、张美之巷一带展开激战。10月30日，黎元洪命令各部，“愿效死战者，助黄兴上阵杀敌。官兵闻之，喜而且勇”。[33]黄兴命第二协进攻歆生路、张美之巷，夺回山炮四尊，子弹数十箱，获得小胜。但是，当命令熊秉坤率第五协向硚口进攻时，却在铁路外受到清军倚靠松林的猛烈射击，黄兴与熊秉坤身先士卒，持械突进，怎奈兵不用命，未能得手。是时，抵达汉口的清军已有二、四两镇，共一万五千人；而民军在汉口的二、四、五协，总计仅五千余人。清军以优势武器发起猛攻，民军以街市房屋为掩护，节节狙击，拼死抵抗，清军每前进一步，均要付出巨大牺牲。冯国璋见前进受阻，居然纵兵放火。汉口很快变成火海，无数财产房屋在大火中化为灰烬，成千上万的居民流离失所，汉口终于11月1日失陷。冯国璋也受到国内外舆论谴责，从此人心丧尽。

10月31日，黎元洪见汉口大势已去，无可挽回，特邀黄兴返回武昌，商议退保汉阳计划。11月2日，黄兴在左右人员的一再劝告下回到武昌，向军政府紧急会议报告了军情，分析了汉口失利原因。会议决定推举黄兴为中华民国军政府战时总司令。11月3日，黎元洪在阅马场筑一拜将坛，隆重举行了登坛拜将仪式。坛之四角，军旗迎风飘扬，中间竖立着“战时总司令黄”六字大旗。庄严威武的军乐声奏毕，黎元洪率领机关人员登上拜将坛，首先发表讲话，盛赞黄兴献身革命，功勋卓著，特代表中华民国四万万同胞及全国军界同袍，“特拜黄君兴为战时总司令，于本日此时就职，率我军队，推倒满清恶劣专制政府，光复汉族，建立良善真正共和，共谋人民福利，我将士皆须诚心悦服，听其指挥，群策群力，驱除鞑虏，以卫国家。中华民国幸甚！同胞幸甚！”[34]言毕，请黄兴登坛，亲将关防印信、委任状、令箭等交给黄兴，全场高呼口号，欢声雷动。黄兴即席演说，声言：“此次革命，是光复汉族，建立共和政府，斯时清廷仍未觉悟，派兵来鄂与民军为敌。我辈宜先驱逐在汉口之清军，然后进攻，收复北京，以完成革命之志。今日既承黎都督与诸同志举兄弟为战时总司令，为国尽瘁，亦属义不容辞，但是军人打仗，第一要服从命令，第二要同心协力。自今以后，对于作战，倘有不服从命令及临阵怯敌者，即以军法从事，尚望大众努力前途为要。”[35]大众鼓掌欢呼：“中华民国四万万同胞万岁！黎都督万岁！黄总司令万岁。”当天，黄兴即组成总司令部，由李书城任参谋长，吴兆麟、杨玺章任副参谋长，田桐任秘书长，王孝缜为副官长，王安澜为兵站司令，蔡济民为经理部长，并于当晚设总司令部于汉阳昭忠祠，从此，开始了汉阳保卫战的英勇斗争。

黄兴到汉阳接防以后，立即加紧布防，首先以命令形式指定各驻汉阳部队防区。第二天（11 月 4 日），黄兴即登上龟山，观测汉口敌人阵地，决定防守战略；第三天又巡视了正在赶修的从南岸嘴经十里铺至左翼三眼桥的防御工事。黄兴加紧布防，黎元洪也从各方面积极进行支持。新军缺乏训练，是汉口失败原因之一。黎元洪有鉴于此，及时向各部队下达命令，各标营均设立教练官，专管一切训练；在当时，剪发与不剪发，是革命与不革命的标志。为了坚定士兵革命信心，断去他们反复之念，黎命令一律剪去辫发，“各部及各标营剪发一事，于发饷之日实行，剪去者发饷，否则即行开除”。[36]援鄂湘军到达武昌后，他又和黄兴同往湘军驻扎地两湖书院检阅，并发表演说：“自从满鞑子窃据中原，我们汉族做了两百多年的奴隶。现在是我们复兴的时候了，我们一定要推翻清室，还我河山。你们四十九标是训练有素的军队，在湖南起义立了大功，现在又来这里打清军是很好的。我看了你们大家身体健壮，精神饱满，一定打胜仗。”[37]为了分化敌人，黎元洪还在 11 月 6 日贴出布告：“凡清军向革命军投诚的，一律予以保护；如果愿意参加革命继续作战，每人赏五十元；如果不愿再参加作战，仅供食宿，直到武昌战事结束为止。”[38]

自黄兴到汉阳积极布防后，湘军第一、二协先后到达汉阳，防守汉阳的兵力达两万人，民军士气为之一振。经过十多天的布防，汉阳防务工作大体就绪。这时黄兴的旧识、日本人大元带了浪人多名来到汉阳。大元对黄兴说：“汉口清军，兵力较民军薄弱，中外人民又不帮助，不难击灭。”[39]来援的湘军王隆中也不断向黄兴请战，甚至说：“若再不转取攻势，我即不愿尽防御之责，我即报告黎都督回湘。”[40]中外各界人士向黄兴报告军情，不是说清军的军心不稳，就言清政府内部矛盾重重，纷争不已；而且已经得到情报，清军一部正向汉水上游新沟、蔡甸转移，汉口兵力较单；尤其是吴禄贞于11月6日在石家庄被刺杀的消息传来，党人更是义愤填膺，纷纷主张决一死战。黄兴与李书城商量，决计乘虚袭击，借以切断清军后方联络。当即派遣李书城赴武昌面告黎元洪。黎元洪和军政府的人也认为："此时不乘机渡河突贯敌阵之薄弱点，以图恢复汉口，而断绝敌军之退路，以后更难于进步，遂决心使军队渡河反攻。"[41]而且命令武昌黄鹤楼、凤凰山及塘角各炮队届时向汉口敌兵处进行猛烈射击，援助军队渡河攻击。令协统杨载雄率其本协渡河，向龙王庙助攻，并派敢死队队长方兴带一队人到刘家庙扰乱敌人本队。可是，反攻汉口的计划虽然十分周密，将士却不肯听从命令。驻守南岸嘴的第十一标统带杨选青奉命后不亲临前线指挥，却在当晚结婚，致使从南岸嘴渡河、在龙王庙强行登陆的计划失败；黄兴率军渡浮桥过汉口，亲自指挥的右翼湘军第一协虽然进展迅速；左翼统领甘兴典却不知何往，队伍零落，遇战即溃，退却时复争先抢渡，致将五里墩两道浮桥压沉一道，兵丁因此淹毙不少。对此，黄兴十分气愤，建议黎元洪将杨选青查办。黎元洪即把杨选青正法。

吴禄贞

黄兴率军踏浮桥过汉口

黄兴反攻汉口失利，清军却在积极准备进攻汉阳。11 月 21 日，清军分水陆两路从汉水上游向汉阳发动进攻。革命民军奋力防守，黄兴亲临前线督阵，拼死坚持。黎元洪连电上海、镇江、九江都督，请派援军助战；又令第三协在海军掩护下，由青山渡江向谌家矶进攻，企图断敌后援，减轻汉阳前线压力。可是，身为协统的成炳荣，出发前竟然喝得醉醺醺的，胡乱发令，不指挥部队往汉口前进，反令部队朝相反方向运动，结果延误战机，徒劳无功。在保卫汉阳的七天七夜血战中，黎元洪曾不断派兵增援，接济军饷器械。各方面赶来应援的敢死队、奋勇军、决死团，全部督令上阵作战，甚至号召凡能持枪的职员都前往助战，形成了汉阳保卫战的高潮。当汉阳危急时，黄兴派李书城渡江报告军情，谓"我军虽多，奈人不用命，战事至此，为之奈何，拟拼一死以谢同胞"。黎元洪得报，温语安慰，指出："徒死无以塞责，毋宁收集残溃，再图恢复。"[42]随即派轮船两艘并所有小火轮拖带民船、炮艇迅即开赴汉阳江岸，接济各战士渡江。

武汉保卫战是辛亥革命中规模最大、战斗最激烈的一次战役。从 10 月 18 日民军向刘家庙发动进攻开始，到 11 月 27 日汉阳失陷，战争持续达四十天，民军伤亡近万人。武汉保卫战从战役观点来看，是一次由初胜转向节节败退的战斗；但从战略观点来看，则是以局部战斗的失败，换来了全局获胜的大胜利。武汉保卫战开始时，全国尚无一省宣布起义独立；武汉保卫战期间，先后独立的计有：湖南、陕西、江西、山西、云南、上海、贵州、浙江、江苏、广西、安徽、广东、福建、四川、奉天等省区，三分天下，革命军已拥有其二；此外，还有海军起义反正。清朝的统治在政治上、军事上都处于无可挽回的分崩离析之中。武汉保卫战在战略上的胜利，当然是无数革命先烈用鲜血换来的，而身为都督、主持此次战役、督师抗清的黎元洪功不可没。

首先，黎元洪为保卫武汉，签发了大量文告、通电、檄文，表达了革命军推翻清政府、建立共和民国的政治主张，揭发了清政府对外卖国投降，对内倒行逆施、专制独裁的种种罪行，从政治上孤立了清政府，对唤起全国响应，把首义的革命烽火迅速烧向全国，起了积极作用，促使全国各地很快掀起了"独立"、起义的高潮。

其次，武汉保卫战期间，黎元洪身为都督，与革命党人基本上保持一致。革命党人尊重他的领导，他也执行了革命党人的方略和意志，稳定了军心和民心，为保卫武汉，基本上履行了军政府都督应尽的职责。

第三，武汉保卫战紧急之际，黎元洪及时吁请各省派兵援助，使得上海、江苏等地的敢死队，湖南、江西、广西的援军都能及时赶到武汉参加战斗，一方面给予英勇抗战的武汉军民以极大鼓舞，同时对保卫武汉也作出了巨大的贡献。

第四，黎元洪执行革命党人的策略，向西方列强阐明革命宗旨，并明确宣布保护外侨，承认各国在华既得权益。在后人看来似乎缺乏反帝意识，其实，在当时形势下，正是由于采取这种“妥协”政策，才争得了欧美各国和日本执行“中立”政策，承认民军为交战团。这一外交胜利，对革命民军是一个鼓舞，对清朝是一个沉重打击。在当时，至少起到了减轻政治压力的作用。尽管西方列强的数十艘军舰陈列武汉江面，但他们终究没有动武，这也是应当承认的。

自然，黎元洪在武汉保卫战中也是有缺点错误的。比如在用人方面，不分良莠，一概录用。有些反动分子，叛迹已露，仍然委以重任，终致造成严重后果。如任张景良为汉口临时总指挥，尽管提出让张将功补过的是蔡济民，当李翊东提出反对意见时，出面担保的是蔡济民、吴醒汉、高尚志等人，而黎身为都督，有最后裁夺权，命令是由他签署下达的，他当然不能完全推卸责任。在成炳荣的任用上，同样有失察之过。又如在战略上也造成一些失误。如派人扼守武胜关，对保卫武汉有重要战略意义。尽管当时派兵有困难，但也应设法解决，结果却因派不出兵，只派人前往策动四十二标的当地驻兵起义响应。而所派之人又因在路上延搁过久，待抵达信阳时，信阳已被清军控制，武胜关很快被清兵夺取，这应是一个重要失策。又如反攻汉口。从战略上考虑，黄兴的决策不一定错；但从部队基础素质上衡量，当时驻汉阳部队实难当此重任。吴兆麟以及驻汉阳各协领导人除王隆中外均不赞成。在这种情况下，黎元洪作为知兵之将，应深入研究，或者调和两派意见，求得思想上的统一而不是形式上的服从，促使上下团结一心，三路紧密配合进攻，就不一定失败，至少也不致失败得那么惨。不然，即说服黄兴，从军队的实际出发，照吴兆麟的意见行事，即不实行大规模全面反攻，只派小部队潜渡汉口，进行袭击，打乱敌人部署，动摇敌人军心，胜则扩大战果，败则固守汉阳，可进可退。这样，对于当时总的形势虽难改变，局面也许会有改观。而黎却采取含糊态度，终于铸成反攻汉口之败。尽管主要责任在黄，黎也是要负一定责任的。

有一种说法认为:汉口反攻失败,是由于黎元洪与黄兴“貌合神离”,黄兴“处处受到黎元洪的牵制,号令难以下行,指挥不能如意”。[43]这里说的号令不行,指挥不能如意,当是实情,但说“处处受到黎元洪的牵制”,则与事实不符。人们曾把黎元洪任命黄兴为战时总司令作为“牵制”的一例。此事在湖北军政府内部可能有过争论,一部分支持黄兴的革命党人如蒋翊武、杨王鹏等,以黄兴为民党领袖,欲公推为两湖大都督或南方民军总司令,以便统辖各省赴援的民军;而军政府的吴兆麟、孙武、刘公、杨玉如等则主张只用战时总司令,不冠“南方”二字,仍属鄂军都督名下。居正、汤化龙、胡瑞霖等则主张先公举,后委任,以免权位之争。会上虽有些争辩,但很快达成谅解,宋教仁表示:“此事不过征求大众同意,我们原无成见,因黄廑午实行革命多年,声望甚好,诸同志欲推其为首领,藉以号召,俾达迅速成功之目的,并无他意。我们初来湖北,对于湖北军队情形不熟,既有利害冲突,即作罢论可也。”[44]从黎元洪设坛拜将时隆重而热烈的气氛看,黎黄之间并没有因此产生隔阂,“拜将”实际上对鼓舞士气、稳定军心起了一定作用,并非像有些人所述的“夺权”与“反夺权”那样严重。平心而论,黄兴由黎元洪委任为战时总司令,对于激烈战争之际,维护革命内部的团结和统一,避免不必要的内部争吵,是适当的。

更为重要的是,不在名义上谁委任谁,而是实际中黎元洪是否“处处牵制黄兴”。黄兴的司令部,完全由黄兴所信赖的人组成,黎元洪从未干涉黄兴的防务部署和作战安排。黄兴有什么要求,黎元洪无不照办。在汉阳布防上,李国镛主张加强汉阳上游蔡甸一带防守,黎元洪虽然称善,并向黄兴的参谋官作了转告,后来没有采纳,立即作罢。[45]决定反攻汉口计划时,黎元洪的亲信吴兆麟提出不同意见,黄兴没有接受,又向黎元洪反映,黎元洪同样没有给予支持。反攻汉口之际,黎元洪也是“黄兴怎么说他就怎么说”,[46]还命令将士悉听黄兴调遣。汉口反攻失败后,黎元洪对黄兴毫无怨言。就在失败的当天(17日)下午,英文《汉口日报》记者访问黎元洪,他充满信心地告诉记者,“认为汉阳革命军可以抗击清军到底,并说,他对负责指挥汉阳革命军的黄兴寄予极大的信任”。[47]汉阳危急之际,黎元洪源源不断地增派援兵,汉阳战事日渐不利,黄兴建议由武昌袭击汉口,以分敌势,黎元洪听了黄兴的意见,派海军与步兵配合进攻谌家矶;黄兴又建议组织别动队,掩护长江上下游,扰乱敌人后侧,黎元洪也采纳执行。王隆中部因连日奋战极度疲劳，自动撤回武昌休整。黎元洪先是派人劝说，不听；又亲自前往恳劝，并许以重赏。事虽未成，亦足见他是全力应援的。此后，黄兴总结了汉阳失守的种种原因，也只字未提黎元洪的“牵制”问题。直到黄兴守卫汉阳失败，回到武昌，受到一些人的责难，黎元洪还为之耐心辩解。所以，说黎“处处牵制黄兴”或“貌合神离”，都是没有多少根据的。

黎元洪与汉口军政分府的关系，也值得我们注意。汉口军政分府是因部分革命党人对黎元洪不放心而成立的，它既服从湖北军政府的领导，又有独立、完整的机构，独立行使行政权、司法权和外交权，但汉口战役的军事指挥权则完全属于湖北军政府及其派往汉口的司令官，汉口军政分府则主要负责办理粮台和派员督战。是否存在“黎元洪也把汉口军政分府视为眼中钉，拟以张景良取而代之，夺取汉口军权”的事实？[48]从汉口战役开始，派往汉口的司令官先后有何锡藩、张景良、姜明经、胡瑛等人，何以独认为黎元洪“拟以张景良取而代之”？何况主张派张景良任司令官的还是革命党人蔡济民等。汉口军政分府与湖北军政府确实存在着矛盾，当时掌管汉口军政分府政务的温楚珩回忆说，时“孙武也伤愈出院，到武昌任事。其时即有立宪派和与立宪派一鼻孔出气的投机分子，献计要取消汉口军政分府，以免所谓‘尾大不掉’”。[49]汉口失陷，军政分府的人员有几条退路可供选择：第一，回武昌；第二，赴汉阳与黄兴共事；第三，离开湖北，投奔他省革命。詹大悲等人考虑到，如果回武昌，则“恐孙武和立宪派不能相容”，因为他们与孙武积怨很深，何海鸣在《大江报》时曾登报拒绝孙武到该报去，认为他是一个流氓，革命动机不纯，不屑与他共事；[50]如果赴汉阳，又担心黄兴已成为“他人所利用的一块招牌”；于是，他们选择了投奔江西、安徽民军的决定。[51]根据温楚珩所述，汉口军政分府主要是与孙武和立宪派发生冲突。黎元洪与汉口军政分府有多大的矛盾？民国初年黎元洪主持编撰的《武汉战纪初稿》中说：“驻汉支部长詹大悲弃职潜逃。詹大悲原系任汉口军政分府都督，因不知兵学，滥支军费，乃取消军政分府，改为支部长，专管民政及粮饷事宜。至此，汉口未失，而首先奔逃，诚可痛憾。”[52]所述取消军政分府一事，应是孙武和立宪派意见的实现。文中表示“痛憾”，主要是因汉口未失，事先逃走，并非对詹、何早有成见。实际上，黎元洪当时羽翼未成，也不可能专横独行，因为当时在军政府中起决定作用的主要是湖北革命党人。

詹、何乘轮东下以后，黎元洪对何海鸣发出了通缉令。[53]詹大悲是否亦在通缉之列，未见记载。何海鸣的“罪名”是“卷逃巨款”，因何的出走有“潜逃”之嫌。按照当时的军法，违令、潜逃是要处以死刑的，前者有杨选青之死，后者有宋锡全、甘兴典之例可证。对于这类案件，有些革命党人虽对不经过详察案情即予处死感到不平，但谁也没有说这是借故打击革命力量，而认为是严肃军纪、以儆效尤，保证军队的战斗力。当时这样做是必要的，黄兴就予以支持。

黎元洪与汤化龙等立宪派人物之间，是一种微妙的关系。立宪派人最初想通过设立政事部窃取权力被挫败之后，再也不曾有过大的举动。汤化龙、胡瑞霖反对黄兴驾乎黎元洪之上或平起平坐，很难说是与黎勾结好了的居心叵测的阴谋。立宪派大概很想以黎元洪为靠山，但黎并不为他们做主。黄兴离汉，立宪派代表人物也只好“离此危城”，先后赴沪。[54]汤化龙因离开武昌时未向黎元洪请假，要发一个电报表示歉意，而胡瑞霖则说：“电文措词不要表示歉意，应该指责武昌诸人对我们有种种歧视，所以我们才离鄂来沪。”[55]既然抱怨首义诸人，也不无抱怨黎元洪未尽庇护之责。立宪派多次对黎元洪甘心处于傀儡地位表示不满。此后，汤化龙与黄兴的关系一直不坏，南京临时政府成立，担任陆军总长的黄兴任命汤化龙为秘书长，孙武则企求一次长而不可得。从此，黎元洪、孙武再也不允许立宪派在湖北有立足之地。可见，汤化龙等离鄂，对黎元洪来说并非“顿失股肱”。[56]

武汉保卫战期间，黎元洪与旧官僚、旧军阀的关系，应该具体分析，区别对待，不宜一概而论。过去曾经流行一种说法，武昌起义以后，黎元洪与八省膏捐大臣柯逢时“暗通消息，阴谋反动，如果事情成功，由柯代黎向清政府讲情；如果事情失败，由黎庇护柯逢时”。[57]这种传闻在武昌起义后不久即开始流传，但见诸文字，则在抗日战争时期。据杨天石等考证，这种说法纯系穿凿附会，辗转讹传，以致不少辛亥革命史家均深信不疑，其实不足为信。[58]当时一部分有经验的旧军官，从旧营垒中分化出来，转向革命，被派到前线指挥作战，有的负伤，有的战死，有的发挥了指挥作用，为抗击清军作出了巨大的贡献，这是不能抹杀的事实。不难设想，如果没有这批分化过来的旧军官在枪林弹雨中冲锋陷阵，指挥督战，武汉保卫战要坚持四十天是不可能的。黄兴到汉之前，刘家庙初战告捷，前线指挥官就是何锡藩。谢元恺、蔡德懋、杨玺章为保卫武汉英勇献身的事迹，至今仍令人肃然起敬。而黎元洪所发布的命令，基本上是军政府会议决定，其中起决策作用的主要是革命党人。张景良、杨选青最后被处决，也说明黎元洪并没有充当一小撮混入革命队伍坏人的保护伞。黎元洪的亲信吴兆麟，在起义之夜是起过重大积极作用的，以后也做过不少事情。他拥护黎元洪，黎元洪也信任他，至少在这段时期内，他们的关系，并未结党营私，破坏革命。

武昌首义后第二天建立的集贤馆，直到停战议和之后才撤销。历任馆长均由革命党人张振武等推荐，并设有全馆特别总稽查员，严稽汉奸藏匿。其间，共接纳过一万多人，有的派往各县任知事，有的输送各机关充办事员，还有的充战地调查员、侦探员、督战员、演说员，或充实治安司法部门。汉口战役时，馆内备用人员曾组织决死团赴前线作战。汉阳危急，战士奇缺之时，张振武又调用“有军事学识者”渡江助战。[59]这对于稳定后方局势、鼓舞前线士气都有积极作用。当然，集贤馆中也是鱼龙混杂，出了一些败类，但毕竟不能以偏概全，认为黎元洪“利用职权，通过军政府‘集贤馆’吸收大批封建遗孽、官僚、政客”，[60]从而完全否定集贤馆的积极作用。

综观黎元洪在武汉保卫战中的表现，虽无特殊贡献，也无重大劣迹。在革命与反革命的决战中，实践表明，他是站在革命一边的。他之所以既无大功，也无大过，就在于他谨小慎微，无大作为。身为军政府都督，他并不称职尽责。辛亥革命后，他被人吹为“首义元勋”，跻身于“开国三杰”之列，对他来说，是受之有愧的。他和坚定的革命党人相比，具有本质之别。革命党人置生死于度外，以推翻清朝统治为职志；而他只是顺应潮流，跟从革命党人置身反清行列。不过，由于他的地位与影响，他确起到别人无法代替的作用，为武汉保卫战作出了特有的贡献，这也是必须承认的。

注释

【1】【2】中国史学会：《辛亥革命》资料丛刊，（五），第406，291～293页。

【3】【4】逸民（黄仲垲）：《辛壬闻见录》，湖北省图书馆：《辛亥革命武昌首义史料辑录》，第8～10页。

【5】李廉方：《辛亥武昌首义纪》下，第123～125页。

【6】李廉方：《辛亥武昌首义纪》下，第118页；武汉大学历史系中国近代史教研

室:《辛亥革命在湖北史料选辑》,第 11 页。

【7】辛亥革命武昌起义纪念馆等:《湖北军政府文献资料汇编》,第 3 页。

【8】【9】李廉方:《辛亥武昌首义纪》上,第 106 页.

【10】中国近代经济史资料编委会:《中国海关与辛亥革命》,第 361 页。

【11】李廉方:《辛亥武昌首义纪》下,第 137 页。

【12】辛亥革命武昌起义纪念馆等:《湖北军政府文献资料汇编》,第 29 页。

【13】辛亥革命武昌起义纪念馆等:《湖北军政府文献资料汇编》,第 12 页。

【14】《武汉战纪初稿》,《辛亥革命史丛刊》编辑组:《辛亥革命史丛刊》第三辑,第 134 页。

【15】胡滨:《英国蓝皮书有关辛亥革命资料选译》上册,第 3 页。

【16】邹念之:《日本外交文书选译》,第 105 页。

【17】王芸生:《六十年来中国与日本》第六册,第 1~2 页。

【18】H · 克罗莱:《司戴德传》,第 418 页。

【19】李廉方:《辛亥武昌首义纪》下,第 128 页;辛亥革命武昌起义纪念馆等:《湖北军政府文献资料汇编》,第 593 页。

【20】【21】《李国镛自述》,中国近代史研究所史料编辑组:《辛亥革命资料》,第 500~501 页。

【22】《汤化龙行状》,汤化龙治丧处:《蕲水汤先生遗念录》,第 4 页。

【23】内田顾一:《湖北革命战见闻日记》,《辛亥革命史丛刊》第三辑,第 166 页。

【24】【25】李廉方:《辛亥武昌首义纪》下,第 128~129 页;辛亥革命武昌起义纪念馆等:《湖北军政府文献资料汇编》,第 594 页;胡祖舜:《武昌开国实录》上,第 57~58 页。

【26】辛亥革命武昌起义纪念馆等:《湖北军政府文献资料汇编》,第 312 页。

【27】胡祖舜:《武昌开国实录》上,第 54~55 页。

【28】胡祖舜:《武昌开国实录》上,第 54 页。

【29】辛亥革命武昌起义纪念馆等:《湖北军政府文献资料汇编》,第 315,322 页

【30】邓汉祥:《武昌首义亲历记》,全国政协文史资料研究委员会:《辛亥革命回忆录》第七集,第 2 页。

【31】张国淦:《辛亥革命史料》,第 131 页。

【32】毛注青:《黄兴年谱》,第 132 页。

【33】政协湖北省委员会等:《武昌起义档案资料选编》上卷，第 42 页。

【34】【35】曹亚伯:《武昌革命真史》正编，第 223～224 页。

【36】辛亥革命武昌起义纪念馆等:《湖北军政府文献资料汇编》，第 351 页。

【37】政协全国文史研究委员会:《辛亥革命回忆录》第二集，第 170 页。

【38】中国近代经济史资料编委会:《中国海关与辛亥革命》，第 389 页。

【39】【40】张国淦著:《辛亥革命史料》，第 159 页。

【41】黎元洪主持编辑:《武汉战纪初稿》，《辛亥革命史丛刊》编辑组:《辛亥革命史丛刊》第三辑，第 144 页。

【42】黎元洪主持编辑:《武汉战纪初稿》，《辛亥革命史丛刊》编辑组:《辛亥革命史丛刊》第三辑，第 151 页。

【43】冯天瑜等:《阳夏之战述评》，《江汉论坛》1981 年第 6 期；章开沅等主编:《辛亥革命史》下册，第 83 页。

【44】据当时亲自参与讨论、军政府首席秘书李廉方说:"当时战事甚紧，各同志亦未坚持，并无龃龉，黎黄二人皆未与闻也。事后竟有黎黄不和传说，至谓影响及于湘鄂二军，纯系极少数分子有意造谣。"见李廉方:《辛亥武昌首义纪》下，第 148 页。

【45】《李国镛自述》，中国近代研究所史料组:《辛亥革命资料》，第 507 页。

【46】全国政协文史资料研究委员会:《辛亥革命回忆录》第七集，第 3 页。

【47】《革命日志》，中国近代经济史资料编委会:《中国海关与辛亥革命》，第 397 页。

【48】王来棣:《辛亥革命时期湖北军政府剖析》，《近代史研究》，1980 年第 1 期，第 150 页。

【49】【50】全国政协文史资料研究委员会:《辛亥革命回忆录》第二集，第 52～53 页。

【51】政协湖北省委员会等:《武昌起义档案史料选编》中卷，第 447 页。

【52】《辛亥革命史丛刊》编辑组:《辛亥革命史丛刊》第三辑，第 138 页。

【53】易国干等:《黎副总统政书》卷一三，第 7 页。

【54】湖北省图书馆:《辛亥革命武昌首义史料辑录》，第 28 页。

【55】全国政协文史资料研究委员会:《辛亥革命回忆录》第一集，第 196 页。

【56】刘铁君文，见湖北历史学会编:《辛亥革命论文集》，第 126 页。

【57】政协湖北省委员会:《辛亥首义回忆录》第一辑，第 10 页。

【58】杨天石、王学庄:《汤化龙密电辨讹》,中南地区辛亥革命史研究会等:《纪念辛亥革命七十周年学术讨论会论文集》中,第 1253~1269 页。

【59】政协湖北省委员会:《武昌起义档案资料选编》中卷,第 640~644 页。

【60】王来棣:《辛亥革命时期湖北军政府剖析》,《近代史研究》,1980 年第 1 期,第 148 页。

八

站在十字路口徘徊

武汉保卫战期间,黎元洪不仅为保卫武汉作出了自己的贡献,同时在筹划建立统一的中央革命政权上也尽了一份力量。

随着各省纷纷独立起义,联合各地力量,和清朝反革命势力作斗争,已成大势所趋,人心所向。黎元洪顺应了这种需要,早在11月7日,就以"义军四应,大局略定,惟未建设政府,各国不能承认交战团体"为理由,向各地军政府发出征询组织临时政府意见的通电;[1]过了两天(11月10日),又通电独立各省,请派出代表前赴武昌,商组全国统一的临时中央政府。再过两天(11月13日),江苏都督程德全和浙江都督汤寿潜亦联电各省公举代表集议于上海,组织临时政府。11月15日,各省代表在上海开第一次会议,决议定名为各省都督府代表联合会,声言上海交通便利,会所设在上海比较合适,电告黎元洪即派代表赴沪与会。后来又议决,承认武昌为民国中央军政府,黎元洪为中央军政府大都督。"凡与各国交涉,有关民国全体大局者,均由黎都督代表一切。"[2]黎元洪认为,既然承认湖北为中央军政府,则代表会也应该在政府所在地。"府、会地隔数千里,办事实多迟滞,非常时期,恐失机宜。"[3]于是派居正、陶凤集赴上海,与代表会磋商,遂于11月24日开会讨论,决议各省代表赴武昌,商议组织临时政府;各省留一人以上于上海联络声气,作为通信机关。当各省代表到达武汉时,恰逢汉阳失守,只得借汉口英租界

居 正

顺昌洋行为各省代表会会所。11 月 30 日，各省代表举行第一次会议，推举谭人凤为议长。12 月 3 日，又议决《临时政府组织大纲》，为后来组织临时政府奠下了基础。

武汉保卫战期间，黎元洪受到全国高昂革命情绪的影响，精神状态不错，对革命和民主共和充满信心。11 月上旬，萨镇冰曾致函黎元洪，认为“民主政治不宜行之于中国”。黎元洪素来尊重乃师萨镇冰，可是对这原则问题他却没有表示赞同。在稍后的复书中，黎指出当时人心“虽三尺童子，皆切齿于清政府，欢迎民军”，“鄂军起义，实愤专制之流毒，故以民主相号召，……熟察现势，必知专制政体之必亡”。[4]11 月 20 日，英人埃德温·丁·丁格里访问了他。黎和丁格里作了一次长谈。这次谈话是黎用英语和丁格里交谈的，最足反映黎在当时的状态。他告诉丁格里，他对革命胜利和建设共和政府有充分的信心。他一再强调：“现在全国十八个省中，我们已经占有了十三个省，我们革命党人是不可战胜的。”“我本人只愿各省独立，建立各自的议会，但要统属于一个大国民政府体制，我们将效仿美利坚合众国，设一总统来管理各省议会事宜。”当丁格里问到是否会请袁世凯来当总统时，黎很快作出回答：“啊！不是。”并说：“我们必须推翻满洲统治，我认为袁世凯不会成为我们的总统。”[5]从这些字里行间，我们可以明显地体察到，此时的黎元洪，不但坚信专制必亡，民主必胜，而且对袁世凯“反正”也不抱多大希望。尽管他曾复函袁世凯，期望袁翻然速来，共扶大义，将来可当“第一任之中华共和大总统”，但因袁坚持君主立宪，他认为袁成为总统是不可能的事。

可是，汉阳失守，武汉形势发生了逆转，原来相信革命必胜的黎元洪，思想立刻出现了反复。

在此之前，黎元洪无论是公开表态，还是私下交谈，都是主张民主共和，反对君主立宪的；但汉阳失守当天，他的态度就变软了。据 11 月 27 日英国驻汉总领事葛福电告朱尔典：“黎元洪都督准备接受立宪政府，并照该意发出信息。”[6]接着，黎又派译员余日章过汉口去见丁格里，希望通过他向全世界发出呼吁，立即停止大屠杀，宣布和平。[7]为了阻止清军进攻武昌，避免大量流血牺牲，他还通过英国驻汉口领事提议停战十五天，起义各省“将选出全权代表与袁世凯所指派的代表进行谈判”，[8]“其条件中最要之款，为仍用君主立宪”。[9]这里又明显地表露出准备放弃民主共和原则，谋求妥协的姿态。

黎元洪态度的转变，为袁世凯实现和谈阴谋创造了条件。老奸巨猾的袁世凯，洞观全国局势，深知革命风潮弥漫全国，决非武力所能制服，早就企图通过和谈瓦解革命队伍，消弭革命烽火。他还没有出山，就派遣黎元洪的旧识刘承恩[10]赶赴武汉进行和平试探，对黎进行诱降；汉阳保卫战期间，他又多方面进行活动，劝诱黎元洪上钩。由于当时黎元洪坚持民主共和，没有坠入袁氏设置的圈套。袁世凯看到诱和不成，改为以战迫和，命令冯国璋集中兵力，猛攻汉阳。经过七昼夜的激战，汉阳终被攻陷。

汉阳之战对于袁世凯来说，既是一场军事较量，更是一场政治战争。通过这场战争，袁世凯更显示自己是中国的强人，不但清政府要乖乖地听他摆布，帝国主义者也进一步感到只有袁世凯上台，才能控制中国局面；即使革命党人也对他产生畏惧心理，益发感到只有争取他“反正”，才能早日结束帝制，建立民主政体。所以，12 月 2 日各省代表会在制定《临时政府组织大纲》后，立即通过决议：“如袁世凯反正，当公举为临时大总统。”[11]可见，汉阳之战实际成了袁世凯实现南北和谈，进而通过和谈窃取全国政权的铺路石。

就在黎元洪积极谋求和平妥协的同时，袁世凯也在加紧进行停战议和活动。袁见刘承恩、蔡廷干[12]到鄂活动，长期不得要领；指使汪精卫居间说合，同样没有得到明确表示；又和驻京英使朱尔典进行密议。11 月 26 日，汉阳之战正在激烈进行，汉阳炮弹落入英俄两国租界，引起外国抗议。朱尔典得讯后立即会见袁世凯，指出战事如果继续进行，“将使汉口的英国商人遭受危险并感到惶恐不安”。袁世凯当即回答：“如果能够根据双方都很满意的条款达成一项休战协定，他将乐于下令停战。”[13]并且授权朱尔典，可以采取非正式的和口头的方法向黎元洪转达他的意思。这里袁世凯所说满意的条款，即袁与朱达成的三点默契：一、双方即日停战；二、清廷宣布退位；三、选举袁世凯为大总统。朱尔典于当天即电告驻汉英代总领事葛福，嘱他进行斡旋停战活动。葛福遵照朱尔典的意旨，一方面与驻汉各国领事协商，取得了各国的支持；另一方面又与到汉的各省都督府代表协议。各省代表讨论的结果，并征求黎元洪、黄兴、程德全的意见，均以为可行。[14]

清军攻下汉阳，冯国璋趾高气扬，力主进攻武昌。袁世凯从全局考虑，认为进攻武昌，即使“兵力能得，而东南人心恐失”，需要“暂留以为政治发达之具”，[15]不主张乘胜进攻。汉阳攻下以后，清军连日从汉阳龟山发炮轰击武昌，袁世凯屡电制止。11 月 30 日，竟在三小时内七次致电冯国璋，要他不要轻举妄动，而且代拟了停战条款，嘱他接受英国领事的调停，并令新任汉口兵备道黄开文和英国领事商办。[16]英驻汉代总领事葛福出面与双方接洽，先商双方停战条款。冯国璋在开列停战条件时，居然称呼民军为“匪党”，并要求民军退出武昌城十五里，民军军舰上的炮栓须卸下来交与介绍人英国领事收存。这样的侮辱条件，理所当然地被民军拒绝了。恰好这天各省代表在汉口顺昌洋行举行开幕式，黎元洪派员将这一情况报告给各位代表，经代表会决议，提出如下的反要求：“满军须退出汉口十五里以外，及满军所据之军火应由介绍人英领事签字封闭。”[17]

12 月 1 日，冯国璋眼见停战未达成协议，命令发炮猛轰武昌。午后一时，清军大炮击中湖北军政府楼下西侧，炸死卫兵一人。黎元洪心惊胆颤，坐立不安。还在 11 月 29 日，都督府军务部中弹，杜锡钧即劝黎弃武昌、走葛店，张振武、甘绩熙等坚决反对，建议避到昙华林，黎又不赞成。甘绩熙再三劝黎不宜出城，并且日夜在旁守候，防止黎元洪私自逃跑。至是，甘见炮火太猛，内心忐忑不安，乃对张振武说：“炮火太厉害，都督欲出城，我辈宜许之，万一都督有故，我辈之罪大矣！”于是张振武请黎元洪坐上小轿，由邝汉卿率卫队护送出大东门。临行，黎元洪嘱咐张振武和甘绩熙说：“此城即交君二人保守，得发号司令，凡事小心谨慎为要。”甘绩熙表示，“当率军民尽力保卫，誓与此城共存亡”，受到黎元洪的赞许。[18]黎元洪出城后，先到离城八里的洪山总司令部，要他住下，他不从；再到离城十五里的刘家祠堂，又有人劝在此驻节，他仍不同意；一直走到王家店，天已昏黑，才住了下来，还准备继续逃往葛店，万一武昌失守，即在葛店乘船东下南京，与下游革命军汇合。[19]

正当黎元洪出走，城内军民纷纷逃散之际，英国驻汉代总领事葛福策划停战已经就绪，提议先停战三日，双方一律按兵不动，只要双方签字就可生效。约在黎元洪出武昌城两小时，英国领事葛福派遣汉口万国商会会长、英人盘恩在孙发绪的陪同下，渡江到达武昌商谈停战协定。先到都督府，后到洪山总司令部。因为黎已出走，由蒋翊武、吴兆麟出面接洽。他们看了协议内容，认为可以同意。可是，都督印已为黎带走，只得电告军务部职员张汉仆赶紧仿刻一颗代用。盘恩等在洪山司令部用餐后，即进城往军务部盖印，待到签字手续办完，已是深夜十二时，原定从 2 日早晨八时停战已来不及，乃改为从 3 日午前八时起至6日午前八时止，停战三天。盘恩等带着签字文件，仍由孙发绪陪同，由两望渡江过汉口，再送清方签字，以后又续停战三日、十五日，从此双方结束战争，进入停战议和时期。

黎元洪出走王家店，他的政治命运面临着一场严峻挑战。停战协定的签订，却意外地拯救了黎元洪。当吴兆麟奉命把停战协定送到王家店呈报黎元洪时，他喜形于色，顿改前此不听忠告、拒不回返的态度，第二天就启程返回武昌。在此之前，汪精卫、朱芾煌受袁世凯派遣，“入武昌，说黎以议和，黎以饱受战事之恐慌，自然乐闻其说”。[20]尔后对他们为议和奔走，更是大加夸耀，盛称“其德无涯，其功无量”。[21]适足表现出黎企图靠拢袁世凯的姿态。黎元洪态度的转变，客观上正适应了袁世凯和帝国主义的需要。

不过，这时黎元洪虽然迈出了投向袁世凯的步伐，但也仅仅是开始。他对袁还有点怕，一怕袁手中掌握的北洋军，二怕袁对他不信任，因此还有戒备的一手。如果说这时他已经完全投靠袁世凯，则未免为时过早。当时停战时日有限，以后虽曾一再延长停战，为时也不甚长，而在上海举行的全国性和谈，毕竟前途未卜，一旦和谈破裂，双方势必继续开战，而武汉又首当其冲。黎对此是有准备的。所以，他把希望寄托于停战议和的同时，也作了各种应战准备。从汉阳失守开始，他不断致电起义各省，指出“敌人以全力力争武汉，同胞必以全力援助方能取胜，恳诸大都督迅速调拨老练之兵，携带枪弹并机关枪、新式快炮，星夜来鄂援助；或另分兵他出，以牵敌势”。[22]当上海议和风波迭起之时，他又提醒各省，要立足于战，不要把希望完全寄托于和谈，“能战始能守，能守始能和。我军计划，但当从战字着想，和则视为意外结果”。[23]他还强调：“此次议和之优劣，端视进兵之迟速及兵力之强弱为转移。”[24]这些见解，从军事观点考察，应是精当不磨之论，十分可贵。此外，他还在湖北整顿军旅，准备一旦和议不成，即举兵北伐。而且，还一再声明拥护共和，服从即将成立的南京临时政府。若说黎此时已完全投靠袁世凯，那是决不会作如上表示与安排的。

与此同时，为了维护他自己的权位，他已开始采取一些扩展私人势力的措施。不过，他当时拥有的实力还很有限，只能利用革命党人内部的纷争，坐收渔人之利。黄兴离汉以后，蒋翊武任代理战时总司令；孙武对这职务觊觎已久，但又不便明目张胆争夺，便抬出谭人凤来取代蒋翊武。蒋翊武事先毫无所知，虽甚愤懑，因谭人凤是革命元老，又是湖南同乡，却也无可奈何。不久，孙武又因权限问题与谭人凤发生争执，黎元洪于是乘机改派谭人凤为赴沪议和代表，战时总司令一职，最终落到了旧军官吴兆麟的头上。黎元洪大喜过望说："现在统一军事，微兆麟亦无人担任。"[25]从此，军事大权开始落入黎元洪及其亲信手中，在外部矛盾稍稍缓和的情况下，即已着手实施对付革命党人的手段。但如果说黎元洪此时已完全站在革命党对立面，则又未免言过其实。因为当时全国政局的焦点是共和与专制之争，他是站在共和一边的；在对待袁世凯的态度上，虽然已开始向袁世凯靠拢，但还没有公开倒在袁世凯一边，还是作为南方革命力量的代表而存在。以袁世凯为代表的反动势力是这样看，革命党人也是这样看的。1912 年元月 3 日选举副总统时，黎以全票当选就是证明。再从湖北省内情况看，湖北军政府的权力还有相当部分掌握在革命党人手中，杨时杰任内务部长，李作栋任财政部长，李四光任实业部长，熊继贞任交通部长，张知本任司法部长，杨玉如任都督府秘书长，"自此党人正式参加政治"。[26]

1912 年铸造、有黎元洪头像的壹元开国纪念币

黎元洪当时的政治态度，除了他本人性格的影响之外，主要是当时特定的历史条件决定的。当时关系革命成败的南北斗争正在紧张进行。南北和谈，只是改变了斗争的形式，并未改变斗争的性质。南方革命党人通过和谈，主要目的是迫使清帝退位，推翻君主专制统治，建设共和民国。至于袁世凯，只要他赞成共和，就可选他当总统。对于袁世凯的反动本性，有些人虽有觉察，却没有引起重视。而以袁世凯为首的北洋实力派，唯权是争，最关心的是掌握实际政治权力。只要能够大权独揽，就可翻手为云，覆手为雨，今天拥护专制，明天赞成共和。在

当时，这种南北斗争谁胜谁负，一时还看不出眉目。再从湖北来说，黎元洪虽然通过培植亲信，已经掌握部分权力，但革命势力还相当强大。因此，他从维护自己的地位出发，在当时的政治风云中表现出一种特有的矛盾态度：对于南方革命党人和南京临时政府，他实行有保留的支持，既不完全赞同，也不明目张胆反对，有时还积极为之出谋划策，以利巩固自己在革命阵营中的权位；对袁世凯则是甘拜下风，既想献媚讨好，又怀有一定戒心，有时还得故作姿态，显示自己对袁世凯是和革命党人同调。对于湖北革命党人，他虽有不满情绪，还不敢公开打击；即或想以自己的亲信取代，也只能见机行事，量情而为。这时的黎元洪，实际是在政治斗争的十字路口徘徊。

1912 年元月中旬，袁世凯在得到革命党人的确切保证以后，立即公开以武力威逼清王朝让位。1 月 16 日，袁世凯与内阁国务大臣密奏，粮饷无可筹措，兵丁不敷调遣，“大局岌岌，危迫已极”，民军“万众一心，坚持共和，别无可议”，倘若持久不决，则将如法国大革命那样，王室“路易之子孙，靡有孑遗”，全部要被斩尽杀绝，请求召开皇族会议，“速定方策”，宣布共和。[27]过了十天，在袁的示意下，由段祺瑞领衔，四十多名北洋将领联合通电，要挟清廷“明降谕旨，宣示中外，立定共和政体”。[28]而南方革命党人早已一再许诺，只要袁世凯反正，孙中山即辞职让位，选举他为临时大总统。黎元洪默察全国大势，料定袁世凯执掌全国政权只是时间问题，他的态度进一步发生变化。

早在孙中山就任临时大总统之际，袁世凯因未当选，立即中断谈判，指使汉口、汉阳军队违反停战协定，不断炮击武昌，并且散布流言，“民军既举有总统，同人生计将绝，并谓此后之战皆为项城，非为满洲”。[29]黎元洪深恐和谈由此破裂，下令武昌守军不许还击，而且通电全国，表明拥袁心迹：“鄙意项城（袁世凯）胸怀磊落，名满天下，此次以仕清廷未克与选，识者惜之。方期和议早成，彼此共享共和之福，人望如项城，何至不能与选！”[30]明显地表明了拥袁倒孙的立场。袁世凯早就想拉拢黎以为己用，现见黎态度如此明朗，随即派人南下，密告黎元洪：“北方之事，袁公一身任之；公等能保孙氏践言下野，且第一任总统不属之他人者，则清帝逊位，袁公可一言而决耳。”黎元洪满口承诺，“力保无他”。[31]2 月 12 日，清帝宣布逊位，袁世凯出任大总统已成定局。黎元洪立刻电告驻兵襄阳、待令北伐的季雨霖停止进攻，嘱他“静镇以待，不必轻启衅端，贻误大局”。而且指示季雨霖，假如北京两镇旗兵起来反抗袁世凯，我各路军队当为袁的“后劲”；清廷中的顽固派头子升允和陕甘总督长庚向抱排汉主义，如果起兵反抗，则要将军队速开西安，协助陕西民军“全力抵御”。[32]据此可知，这时的黎元洪，已是采取全力支持袁世凯的态度。

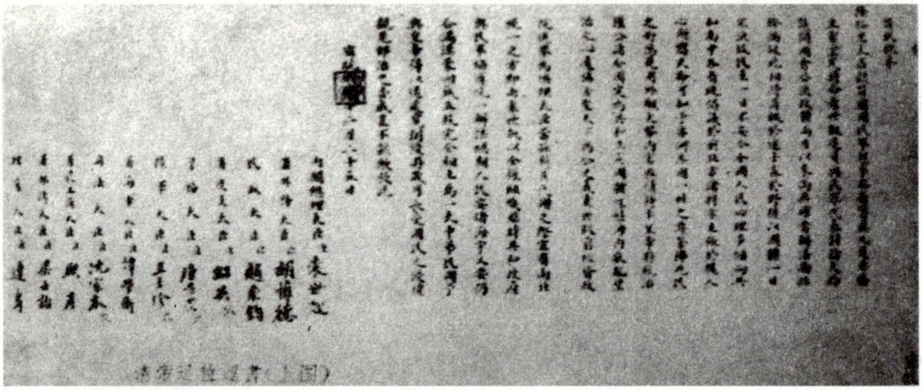

清帝退位诏书

注释

【1】《民立报》，1911 年 11 月 15 日。

【2】平佚：《临时政府成立记》，中国史学会：《辛亥革命》丛刊（八），第 4 页。

【3】张难先：《湖北革命知之录》，第 390～391 页。

【4】张国淦：《辛亥革命史料》，第 189 页。

【5】埃德温·丁·丁格里：《1911—1912 年中国革命记》（China’s Revolution: 1911-1912）第一章。

【6】胡滨：《英国蓝皮书有关辛亥革命资料选译》上，第 94 页。

【7】埃德温·丁·丁格里：《1911—1912 年中国革命记》，第九章。

【8】胡滨：《英国蓝皮书有关辛亥革命资料选译》上，第 96 页。

【9】《关于停战的清方档案》，中国史学会：《辛亥革命》丛刊（八），第 195～196 页。

【10】刘承恩，湖北谷城人，毕业于北洋武备学堂，曾在小站任新建陆军右翼步队第二营管带。1900 年由张之洞商调回湖北，担任练军武建左旗第一营管带，后又调回北洋，由袁世凯力保至道员，既是黎元洪的同乡旧识，又是袁世凯的心腹。

【11】张难先：《湖北革命知之录》，第 391 页。

【12】蔡廷干，广东人，美国大学毕业，英语讲得很好，是继刘承恩之后袁世凯派往汉口与刘承恩一道进行议和的代表。他是袁世凯的忠实追随者，也是黎元洪的旧识。黎元洪在海军服役时，蔡廷干是海军正参领。

【13】胡滨：《英国蓝皮书有关辛亥革命资料选译》上，第73～74页。

【14】张国淦：《辛亥革命史料》，第282～283页。

【15】陈旭麓：《辛亥家电》，《学术月刊》，1961年第10期。

【16】中国史学会：《辛亥革命》丛刊（八），第196～197页。

【17】张难先：《湖北革命知之录》，第386页；李廉方：《辛亥武昌首义纪》下，第209页。

【18】关于黎元洪出走一事，各家记载不一。《湖北革命知之录》第386页说：11月29日，因都督府遭到炮轰，都督左右即劝黎走葛店，被张振武、甘绩熙等劝止；12月1日晨，"汉阳炮轰都督府，穿数洞，毙二役，旋火光起，职员俱星散。刘公、孙武、甘绩熙、张振武等商曰，时事至此，都督欲出城，吾辈应许之。万一都督不幸，吾辈之罪大矣，众谓然。刘、孙请都督乘小轿，派队，饬邝汉卿随侍，出宾阳门，而止于王家店焉"。《辛亥武昌首义纪》第209页则说："龟山炮轰我都督府，穿数洞，毙工役两人，旋火起，孙武、张振武、甘绩熙等乃随都督出宾阳门而驻王家店。"《武昌开国实录》上册第113页载：12月1日午后一时，"军政府以军装室忽中一弹，致兆焚如，顿时人心益形不安，都督黎元洪因率杜锡钧、萧慕何、杨开甲、邝杰等少数职员卫队拟退驻葛店，即夜驰抵王家店宿焉！"《武昌革命真史》正编第368页则称：12月1日，吴兆麟、蒋翊武赴青山至两望巡视防线，"至正午行抵大堤口时，遥见城内火起……吴、蒋二人即乘马赶至城内，见都督府正在焚烧，不知黎都督如何，旋往军务部探听，孙武云，黎都督出宾阳门往洪山矣"。吴、蒋二人复由军务部赶至洪山，顾问吴兆祺等告诉他们，黎不听劝阻，"已往葛店去矣"，吴、蒋乃派参谋甘绩熙等乘马携带蒋翊武手书前往追赶，追到王家店，请黎回洪山，黎不从。考虑到甘绩熙的《自述》出版于1913年春，比上述诸书成书早，又是亲身经历，比较可靠，本书叙述，主要依据《甘绩熙自述》所记。

【19】政协湖北省委员会：《辛亥首义回忆录》第二辑，第221页。

【20】居正：《辛亥札记》，武汉大学历史系中国近代史教研室：《辛亥革命在湖北史料选辑》，第167页。

【21】黎元洪：《复上海伍代表、温宗尧、汪兆铭参赞》，《黎副总统书政书》卷七，

第6~7页。

【22】《致各省都督》(1911年11月28日),易国干等:《黎副总统政书》卷一,第14页。

【23】【24】《致各省都督》(1911年12月13日至14日),易国干等:《黎副总统政书》卷二,第7~8页。

【25】曹亚伯:《武昌革命真史》正编,第419页。

【26】张难先:《湖北革命知之录》,第388页。

【27】张国淦:《辛亥革命史料》,第299~300页。

【28】张国淦:《辛亥革命史料》,第305页。

【29】【30】易国干等:《黎副总统政书》卷四,第1页。

【31】黄仲垲:《辛壬闻见录》,湖北省图书馆:《辛亥革命武昌首义史料辑录》,第36页。

【32】易国干等:《黎副总统政书》卷六,第22~23页。

九
倒向袁世凯一边

自从南北和谈开始，国内斗争形势发生了急剧的变化。在前段时期，革命党人为了实现推翻清朝统治的共同目标，内部矛盾尚不突出，也注意团结和争取中间力量。随着南北和谈达成协议，清帝溥仪退位，全国实现和平统一，民主共和取代了君主专制，许多革命党人认为清朝既已推翻，民国正式成立，革命目的即算达到。革命阵营内部立即出现了令人痛心的分化，阶级斗争虽然表面呈现缓和，实际上更复杂化了。

以袁世凯为首的北洋军阀势力，过去是革命的仇敌；而今共和统一，袁世凯摇身变成民国大总统，从而阶级斗争由外部转移到了内部，斗争的重点也由军事移向政治。袁世凯窃得全国政权以后，为了推行独裁统治，一方面对革命党人采取分化瓦解政策，企图逐步消灭革命势力，为专制独裁扫清道路；另一方面积极寻求支持者，扩充自己势力。黎元洪"有首义元勋与副总统之资格，乃袁求之不得之工具"，[1]对其收买拉拢，更是不遗余力。据传袁曾派遣专使携带一百万元巨款到湖北，打通饶汉祥的关节，[2]终于使黎步步陷进了袁所设计的圈套。

革命党人从同盟会的领导层来说，对黎元洪也是尽力争取的。开初他不愿任副元帅，又改举为大元帅；南京临时政府成立，复由黄兴提议，选举他为副总统，仍兼湖北都督；不久，同盟会在南京召开大会，选举孙中山为总理，又选他和黄兴同时担任协理。黎元洪在起义前与革命素无关系，现在一跃成为革命党的"协理"，待遇之隆，可谓至矣。然而湖北部分革命党人却有点居功骄傲，"互相暗斗，视黎都督如傀儡，跋扈自恣，各自为政"。[3]他们对黎既缺乏应有的尊重，也没有做细致的思想工作，使他真正从思想上转变过来，沿着革命的道路继续前进；甚至当黎不顺自己的眼时，有些人就产生"推倒"重来的思想。这样，黎元洪和湖北部分革命党人之间矛盾日益发展，不啻步步将黎推向袁世凯的怀抱。

黎元洪经过辛亥革命的洗礼，认识到帝制统治的罪恶，从而摒弃君主专制，赞成民主共和，对黎来说，这是思想上一大进步。特别是在中国这块土地上，君主专制推行两千多年，对人们的思想束缚很紧，黎能毅然转变更不容易。事实上，辛亥革命是一次失败了的革命。革命的主要成果，就是结束君主专制统治，开创民主共和政体。以黎的身份地位，能达到这个水平，总算难能可贵。回顾起义之初，革命党人拼命争取他，目的是争取他投身革命，并希望他沿着革命航道继续前进。可是，黎元洪终究受旧的思想影响太深，在革命形势高涨的时候，他可以站在革命一边，发挥一定的积极作用；一旦形势逆转，加上其他因素的影响，他又会退缩回去，和旧官僚反动势力联合，反过来杀害那些曾经争取和拥护过他的革命党人，借以巩固自己的地位与权势。南北统一以后，在新的阶级斗争形势下，他倒向袁世凯一边，杀害革命党人，配合袁世凯剿杀革命，根子就在这里。此外，革命党人在某些问题上面措置失当；袁世凯上台后宣誓“矢志”共和，帝制阴谋尚未暴露，对黎也有很大的欺骗作用；加上黎元洪身边聚集了一批坏人，如孙发绪、饶汉祥之流，受了袁世凯的收买，专门在黎元洪面前挑拨革命党人与黎的关系；孙武、刘成禺等人自恃功高，权迷心窍，一旦官瘾未得到满足，就转而投靠黎元洪，并且组织民社，推黎为领袖，与同盟会分庭抗礼等等，无不从中起了很坏的作用。而且黎认为袁是最有实力的人，在自身无力控驭革命党的情况下，又希望借袁的实力排除异己。就这样，黎终于在袁世凯和革命党人的斗争中，充当了袁世凯剿灭革命势力、推行独裁统治的可耻帮凶，成了袁世凯的应声虫，在袁世凯排斥、迫害革命党人的反革命活动中，起了别人无法起到的极坏作用。[4]

袁世凯（前排左二）就任临时大总统当日宴请各国公使

黎元洪公开倒向袁世凯一边，最初是在南北争都之际。1912年2月中旬，清帝宣布退位，孙中山履约辞职，袁世凯当选为临时大总统，黎元洪再次当选为副总统。为了制约袁世凯，孙中山在辞职咨文中提出三项条件，其一就是“临时政府地点设于南京，为各省代表所议定，不能更改”。[5]目的是使袁离开“北京的帝王巢窟，与腐败的旧势力相隔绝”。[6]但是，袁世凯怕到了南京以后会受到革命势力的限制，无法独断专行，不愿离开他的老巢，迁延不肯南下。南京参议院则认为民国初建，自应“改弦更张，从新缔造”，“力持建邦金陵之议”，[7]函电往还，双方争持不下。蔡元培等迎袁专使抵达北京，袁世凯居然嗾使北京兵变，夜袭专使行馆，迫使蔡元培等放弃迎袁南下主张，电请临时政府暂设北京。

在南北争都斗争中，黎元洪开始一再倡议建都武昌。直到2月27日《上大总统并致各机关》的电文中仍称：“欲为民国谋统一、规久远，则临时政府自应以地形险要，交通便利，能管全国枢纽者为适当之地点，居中驭远，莫若武昌。”[8]可是电报刚刚发出，武昌城里就爆发了群英会“倒孙”事件。当天深夜，第十四标标统黄申芗率部队抄抢了军务部，打毁了交通部，并且抄了孙武的家；亲孙武的近卫军统制高尚志、第四镇统制邓玉麟同被赶走。第二镇统制张廷辅在混乱中被人暗杀，[9]孙武避匿汉口租界。[10]事后，黎元洪乘机免去孙武的军务部长，改部为司，任命曾广大为军务司司长。蔡汉卿事变前佯称反孙，得悉群英会行动计划，借故把孙武支往汉口，使孙武得免一死；事变后指挥军探捕获几十名参与“倒孙”的下层革命党人，在阅马场执行枪决，事件算是暂时平息下去。

群英会事件是武昌起义后，革命党人由于内部分化而爆发的第一次大斗争。据当时记载和事后辛亥革命老人回忆，参加者有毕血会、教导团、将校补充团以及各部军队中的军人。他们目睹孙武等人身居高位，骄横跋扈，植党营私，与立宪派、旧官僚结合在一起，把持各个要职，对旧日患难朋友反见疏远，因此愤愤不平，乃组织改良政治群英会，以“倒孙”为目的。虽然没有明显的政治目标，却表明革命党人内部矛盾在起义后仅几个月就发展得很尖锐。孙中山当时曾致电劝解，“务望各同志和平为主，毋伤同胞同志之意，毋启外人干涉之端”，[11]后来实践证明，并没有收到什么效果。

群英会事件发生时，“声明保护都督府及商民”，[12]对黎元洪虽没有加害，却引起了他很大的戒心。他对一些起义军人倨傲不驯，动辄“拔剑斫柱”，早就心怀不满。群英会事件发生，使他更感到革命党人难以控制，需要借袁世凯的力量自重，从而开始公开倒向袁世凯一边。3月3日，黎元洪向各省各机关发出了耸人听闻的"四亡"通电，大声疾呼：

清帝逊位，已近二旬，政府尚未组成，邻邦尚未承认，群龙无首，岌岌可危。……顷闻京畿煽乱，宗党操戈，首难虽平，余孽未靖，祸变之来，尚未有艾。外人对此极为激昂，某国并潜谋运兵，窃窥京辅。设再稽〈延〉时日，险状环生，列强眈眈，难保不自由行动，瓜分之祸，即在目前，敢伸前请，为诸公告：

国家构立，首由政府。现虽南北和解，战祸初宁；但新旧机关，双方对峙，国钧不颛，命令无效，尔虞我诈，莫知适从；桀黠之徒，乘机思逞；呼俦啸党，角立为雄；一隅糜乱，全国随之。是谓兵亡。

天灾侵寻，连年饥馑；江淮以南，饿莩载道。满汉构兵，群省响应；鄂宁鼙鼓，陕晋烽烟。哀我蒸【烝】民，流离失所；村落为墟，田园不淦；夫僵海角，妇乞天涯。劫火余灰，罔知所措；不图安抚，何以善后？是谓民亡。

满清虽暴，犹可为国。自举义旗，倏逾半载，乃大局已定，犹事争持。高功怀谗，雄才畏祸；迁延不决，人人自危。满蒙回藏，宁就羁縻；死灰尚燃，卧榻久睡；稍一反侧，岂复我有？分裂【配】不当，必求平均；莽莽神州，掷此孤注。是谓国亡。

四海困穷，民生凋敝；帑枯于上，产匮于下；急图统一，尚惧失时。设外患一生，兵祸连结；斩木无援，析骸不饱；黑隶红氓，犹求弗获；轩黄遗裔，长绝人群。是谓种亡。

他认为上述危局之形成，都是由于南北争都，国基未定。在这份"万分火速"的通电中，他对五日前还鼓吹建都武昌的倡议只字未提，却强调"丁此时机万分危迫，舍南京不至乱，舍北京必至亡"，[13]拼命替袁世凯定都北京帮腔。

这份电稿据说出自饶汉祥的手笔，不免矫词造作，故弄玄虚，但确实道出当时不少实情，并非全是无病呻吟。所以通电一出，很快博得了许多社会人士的同情。湖南都督谭延闿赞扬"所言兵亡、民亡、国亡、种亡各节，沉痛迫切，深中现时危象"，极力主张建都北京，认为"都城为政治枢纽，非建立燕京，不足以谋五族之统一，巩固共和"。[14]浙江都督蒋尊簋对黎提出的"早定国都，组织政府"，誉为"卓识伟论，钦佩无既"。[15]即连《民立报》也于3月8日发表署名血儿的《泣告篇》社论，慷慨陈词："黎副总统昨日之电告，有民亡、兵亡、国亡、种亡之说，锥心泣血而书，诵读之下，毛发为之悚然，虽木石之人亦将闻而陨涕，我南方诸公，固夙称爱国之杰者，胡于此点未能恍然解悟乎？”[16]值得注意的是，这份电文是紧接2月27日群英会事件和29日北京兵变之后发出的，其核心是要用危言压迫革命党人放弃建都南京，迁就袁世凯定都北京的主张，实际是一次公开站到袁世凯一边，支持袁世凯的政治表态。

唐绍仪

一波刚平，一波又起。争都问题刚解决，又发生了组阁纠纷。3月6日，南京参议院议决，同意袁世凯在北京就职，袁世凯接电后于10日在北京举行就职宣誓，并将誓词电告参议院，提名唐绍仪为内阁总理，获得参议院通过。孙中山等人在建都问题上作了让步，还想通过组织责任内阁，与袁世凯分掌政权。在内阁人选上，袁世凯坚持陆军、海军、外交、财政、内务各部，都要任用他的亲信，只把教育、农林、工商等一些闲职让给革命党人。唐绍仪遵照袁世凯的意旨，南下商洽各部总长人选，参议院眼看大权全归袁的亲信或旧官僚掌握，不予通过。彼此相持不决。黎元洪为了讨好袁世凯，迫使革命党人早就袁氏范围，先是于3月14日致电南京参议院，借口“顾全大局”，建议参议院“无论新旧，皆当竭力赞成”。[17]即是说，一切听从袁氏安排。接着又于3月22日发出“五哭”通电，声言：

总统莅位，已越浃旬，国务各员，犹未举定。夫有政府然后有国家，有部员然后有政府。若总统拥虚号，而各部无专司，是犹五月胚胎，半龄龆龀，形骸不具，其状与无政府同。方今一发千钧，存亡呼吸；直追急起，尚惧失时，十日之间，已非昔比，一之为甚，岂堪再误。

乃者京畿搆变，波及津保，长衢夹巷，鞠为邱墟。甲国增兵，乙国接踵，选地屯营，分日巡市，自由行动，莫敢谁何。阳为卫商，阴为灭国。联军之象，复见目前。北望燕云，已成戎索。此对于外交可为痛哭者一也。

南北交战，自秋徂冬，仓卒募军，率无纪律。……赏罚不明，号令不饬；省自为域，军自为家，凶飚所传，如响斯应，始于导线，终于燎原，豆剖瓜分，憯不顾恤。且长江伏莽，尚梗新朝；胜国羽林，犹沿旧帜。稍失迁就，变起萧墙。此对于军政可为痛哭者二也。

迩者东南军队，名目繁赜，江汉一隅，几盈十万，调查各省，亦逾曩额，饷械俱穷，公私交困。欲裁则有哗溃之虑，欲留则无应付之方，大局之危，已如累卵。且各司建设，经纬纷繁，匪有巨赀，尤难擘画。……此对于财政可为痛哭者三也。

江淮流域，久困水灾，家无餥飧，道有饥馑。中更兵燹，荡析离居。乃节届仲春，犹未安宅。滔滔江水，已涨丈余，芜田不除，溃堤未复，及今不救，浩劫已深。弱者化为游魂，强者趋为流寇，僵尸累积，疠疫流行。骨肉相残，将无噍类。此对于民政可为痛哭者四也。

军事初兴，学堂中辍，师徒数万，麇集城垣，餬口无资，鸣俦横议，各区党派，互相觝排，裂冕毁冠，溃坊圮表，洪潮澎湃，山谷为倾。虽有贤良，亦甘蹈引。夫国无教育则纲纪颓，士无防闲则礼义废，……谁驱秀民，流为游士，其行可怵，其境可怜。龟毁椟中，咎归主藏，此对于教育可为痛哭者五也。

他认为上述五个方面，关系国家民族生死存亡，而所以形成这种局面，“首由于都会之纷争，继由于部员之各执”。他不去揭露袁世凯排斥革命党人，实行专制独裁的图谋，却仰承袁氏鼻息，要求革命党人“但为同胞谋幸福，非为各人营权位”，实质就是要革命党人把流血牺牲争来的军政大权，拱手奉送给袁世凯及其爪牙。他声称“一部不职，不过失司，各部未成，立召亡国”，[18]要挟革命党人不要再在各部人员安排上继续争持，以利早日组成内阁，巩固国基。表面上都是为国为民，实际上是以颠倒黑白的手法混淆视听，将一切险象的根源都归罪于革命党人，为袁世凯张目。

蔡元培

为了早日解决争都、组阁问题，黎曾于3月7日派覃振作为自己的代表，“由宁赴燕，陈商组织中央政府事宜”。[19]覃振到达南京时，得悉袁世凯提出的十二个阁员名单中，除了蔡元培和王宠惠外，其余全是旧官僚，各界人士皆义愤填膺。覃振于是以黎元洪的代表名义电告上海各报："袁公所提议阁员，概属亡清旧吏，无一纯粹新人物差强人意者。此间军政学商各界咸怀不平，暗潮流涌，寻见南北组织之统一政府，势将破裂，不可收拾。贵报主持舆论，最有价值，多希鼎力维持，大张公道，使袁公翻然醒悟，以融和南北感情，为今日救急之要，又万不可徇私行诈，功亏一篑，致五大民族之新共和陷于分裂之惨。"衡情责实，这份电报是光明正大的，基本精神是劝告袁氏在任用阁员上，要新旧兼顾，以求南北同心协力，建设五大民族之新共和国，防止因用人不当导致分裂。其态度是积极的，无可非议。可是黎元洪却认为这会触怒袁世凯，引起袁对他的不满，立即致电袁、孙两大总统，指责覃振以他的代表名义，"发表个人私见，殊违背元洪宗旨"，立刻将覃振撤职，并声明覃电作废。[20]

经过几番周折，唐绍仪内阁终算成立。为了保证责任内阁制的贯彻实行，同时为了参议员能行使民主权力，南京临时政府北迁时，孙中山提议由亲革命党的王芝祥率领革命军一万人护送国务员、参议员北上，然后随王芝祥督直（当时袁已对唐绍仪面允，同意王芝祥出任直隶总督）并留驻北京。袁世凯一心大权独揽，岂容他人掣肘。他听说革命党人要派兵护送国务员、参议员北上，当即竭力反对，一面电告唐绍仪，表示万难接受；同时唆使冯国璋、段祺瑞等通电全国，声言："国务员北来，北方军界力任保护之责。若必携带重兵，则是有心猜忌，北方军人万难接受。"[21]黎元洪也秉承袁的意图，连续发表通电，攻击派兵护送阁员是"猜心藏忌"，"足以亡国"，敦促唐绍仪与南方阁员尽速北上，不要"一误再误"。[22]由于北洋军人反对，又得到黎元洪的支持，4 月 11 日，即黎元洪发电的第三天，革命党人被迫再次让步，决定取消派兵护送，并由唐绍仪电告袁世凯。

唐绍仪和袁世凯前后共事近三十年，彼此一直相处不错。袁得猎取大总统，唐也出了大力。袁世凯任命唐绍仪为内阁总理，一是为了酬答唐的劳绩；二是以为可以用来抵制革命党人出任总理；三是认为唐便于听任自己摆布。可是，唐绍仪曾在美国这个民主高度发达国家受过多年教育，在革命党人的影响下，已有一定的民主思想，并正式加入了中国同盟会。唐于 4 月 21 日正式就任内阁总理后，根据《临时约法》的规定，和蔡元培、宋教仁等力主遵循约法、实行责任内阁制的主张，试图切实履行内阁总理的职责，对袁并不像以往那样恭顺。袁世凯在第一次参议院发布的宣言，“中间多经唐氏改窜，乃行发表”。[23]有时总统府发下的公事，唐认为不妥的，即行驳回；有时还当面与袁争持不下。因为财政支绌，积欠皇室一些经费，清内务府大臣世续与袁交涉，唐认为属于不急之款，可以缓给；袁竟令交通部在铁路余利项下提取十五万两拨付。在用人方面，袁主张多用旧日僚属，唐则主张南北兼顾；在裁军方面，袁专意裁减南方革命军，借以削弱革命力量，唐则主张南北一律。唐绍仪的目的是调和南北感情，以求双方协调，共同肩负起建设共和民国的责任。这本是秉公办事，符合人民愿望和国家民族利益的。

然而，作为野心家、惯耍两面派的袁世凯，这些举措却引起他的不满。袁世凯满脑子渗透着专制独裁的毒素，尽管口称忠于共和，实际上毫无民主意识。在袁氏的心目中，内阁只不过是紧跟他的指挥棒转动的御用工具，岂容唐处处与他作对！因此从唐内阁成立之日起，袁世凯就不时发泄对唐的不满，乘机进行打击。首先是唐借比利时款，袁利用六国银行团的不满，对唐进行排挤，改派熊希龄直接与六国银行团交涉，不让唐插手。接着又在王芝祥任直隶都督一事上，玩弄手段，使唐无法下台。王芝祥任直隶都督，本是唐南下组阁时与同盟会达成的协议，也得到了袁的同意，而且直省议会又经公举，欢迎王任直隶总督，反对袁所任命的张锡銮督直。唐于是电王北上。然而，王于 4 月 26 日刚到北京，27 日，冯国璋、王占元等所谓直隶五路军界即发出反对王芝祥督直通电，声言“绝不承认”。袁乘机以军界反对为借口，收回同意王芝祥督直的诺言，改派王为南方军队宣慰使，要他赴南京遣散军队。唐绍仪认为，王是直隶人，既已由议会公举，任命他为直隶都督，正可“融洽南北之感情，消除统一之障碍”，[24]政府不应该以军队反对的缘故，就失信于人民，因而拒绝在袁对王的委任状上副署。袁世凯居然无视《临时约法》规定，公布法律命令，必须国务员副署的原则，将未经副署的委任状直接送交王芝祥。至此，唐绍仪再也无法忍受，乃愤而于 6 月 15 日出走天津。接着同盟会四阁员也提出辞职。唐内阁存在不到两个月，就被袁用狡猾手段推倒了。

唐内阁垮台后，同盟会的蔡元培、宋教仁等感到混合内阁因有各派党人参加，意见很难求得一致，为了补偏救弊，力主实行“以政党为基础的责任内阁”；同时，他们已察觉到袁世凯逼唐绍仪下台，不止是打击唐绍仪，而是“慢慢地、小心地把国家机器转向，使我们走回头路，打着共和国的旗号恢复旧制度，照旧专横地、不受监督地任用某些人,照样卖国"。[25]他们企图用政党内阁来限制袁世凯专权,阻止他走回头路。6月20日,同盟会派代表张耀曾、李肇甫等四人去见袁世凯,正式提出今后应组织政党内阁或无党派的超然内阁,如再组织混成内阁,"同盟会会员惟愿不再加入"。[26]袁世凯既不赞成政党内阁,也不同意超然内阁。表示"不注意党派而专注重人材……余之主义在于得人,但问其才与不才,无论其党与不党"。[27]他这番话说得冠冕堂皇,俨然一副正人君子的面孔,实际上他已早蓄异谋。为了阻止同盟会人士组织政党内阁,和他分庭抗礼,他打算二次内阁"一切任用旧人,惟总理及一二国务员必不肯留者,略为更动可耳"。[28]至于总理人选,起初他想要徐世昌出任,因为遭到同盟会、统一共和党的反对,才提出先由无党派的陆徵祥代理。同盟会人认为陆任总理,不符合政党内阁主张,而且陆徵祥将唯袁世凯之命是听,对陆任总理表示"极端反对"。就在这个关键时刻,黎元洪又发表《上大总统并致各省都督》电,表示赞同袁世凯的主张。他吹捧陆徵祥"才猷稳练,识解闳通,各国既信用于前,国务员复赞同于后,旧史不书其恶,新党不隶其名,以为超然总理,必无窒碍"。[29]不仅赞同由陆代任总理,而且恳请袁世凯正式任命。在陆徵祥出任总理上,黎又一次充当了袁世凯的应声虫。

黎元洪把陆徵祥说成是出任总理最理想人物,完全是迎合袁世凯的需要,欺人耳目。陆徵祥于清末长期在国外使馆任职,对国内政情毫无所知,才识也很平庸。7月18日,陆徵祥秉承袁世凯的意旨向参议院提出补充六位国务员名单。征求参议院同意并第一次发表政见。在发言中,他尽说一些不关痛痒的话,什么"开菜单作生日"之类,没有一句谈及他的政治主张,[30]引起参议员的广泛不满,投票结果,周自齐等六国务员一个也没通过。黎元洪得悉新提的国务员全被否决,"五内如焚",焦灼不安。[31]为了第二任内阁早日成立,袁世凯很快提出第二任阁员名单。他怕参议员再次阻挠,一方面唆使军警威胁,又指使人散发恐吓信件;另一方面宴请全体参议员,希望他们不要再行反对。黎元洪为了促使内阁早日成立,再次发表《上大总统并致京外各机关电》,认为按照文明国法制,命令虽然不能变更法律,但在非常紧急之时,大总统"得发大权命令,紧急命令",要求袁"当机立断,无徇党见,无拘常法",断然行之。意思就是国务员名单如果参议院再不通过,大总统就可以命令形式强制任命。[32]为了贯彻袁世凯推行专制独裁的图谋,解决内阁难产,迅速组成袁派内阁,黎元洪可算是使尽了浑身解数。

袁世凯在窃取大总统后的一系列事实表明，在民国元年的政坛上，只要革命党人和袁世凯发生不同政见，无论是定都之争，还是唐内阁的组成，以及陆内阁的风潮，在最关键时刻，黎元洪总是运用他的地位与影响，打着福国利民的招牌，装出一副悲天悯人的面孔，支持袁世凯，压制革命党人屈从于袁世凯。由于他的袒护，逼使革命党人只得步步退让。这时的黎元洪，不啻成了袁氏可以随意驱使的政治奴仆。

注释

【1】《胡汉民自传》，丘权政等：《辛亥革命史料选辑》上，第 231 页。

【2】陈明口述，余义明笔录：《黎元洪投靠袁世凯的内幕》（原件藏武汉市文史馆）。

【3】曹亚伯：《武昌革命真史》正编，第 288 页。

【4】关于黎为什么倒向袁世凯，胡汉民自传中有段分析可供参考："南京临时政府改组，余随先生（指孙中山）溯江而上，至武汉……武昌同志私语余曰：'黎初本以党人强迫而出，终日惴惴，从前以一协统望袁世凯如帝天，袁出，情甘为屈。第一次袁之使者来，黎竟谓一切当如官保意旨。袁既稍假以词色而贿收其左右，黎安得不奉令惟谨。天下唯谄人者能骄人，自北京停止进攻以来，黎氏已不如从前之易与矣。'余察知黎浑浑而有机心，其纵部下捣乱，正非无意。内既以孙发绪、饶汉祥辈为心腹，而孙武、刘成禺等复以同盟会员显树异帜，为之张目。武汉同志虽知强敌当前，而组织散漫，步骤全无。黎既愿借袁之势力以排除异己，而有首义元勋与副总统之资格，乃袁求之不得之工具。袁所不敢讼言于当时者，辄使黎为尝试。袁黎狼狈为奸，其共同之目的，乃在反对革命。然章炳麟、孙武、刘成禹之戴黎为魁首，方施施然以为得。予知巨忧所伏，不仅关系于武汉矣！"见《辛亥革命史料选辑》，第 230～231 页。

【5】《临时政府公报》第十七号，中国近代史研究所史料组：《辛亥革命资料》，第 132 页。

【6】李剑农：《戊戌以后三十年中国政治史》，第 141 页。

【7】【8】易国干等：《黎副总统政书》卷七，第 19 页。

【9】据刘化欧回忆，张廷辅是孙武授意所杀，凶手是第十七标三营队官罗大刚，不久被第二镇捕获，几经审讯，"供认孙武授意刺杀不讳"，确否待考。

【10】政协湖北省委员会：《辛亥首义回忆录》第三辑，第 114～116 页。

【11】中国近代史研究所中华民国史研究室等:《孙中山全集》第二卷,第137页。

【12】《时报》,1912年3月2日。

【13】《大公报》,1912年3月10日;辛亥革命武昌起义纪念馆等:《湖北军政府文献资料汇编》,第218~219页。

【14】易国干等:《黎副总统政书》卷八,第4页。

【15】曹亚伯:《武昌革命真史》正编,第742页。

【16】《民立报》,1912年3月8日《社论》二。

【17】以上引文均见易国干等:《黎副总统政书》卷八,第13~14页。

【18】以上引文均见易国干等:《黎副总统政书》卷八,第16~18页;《民立报》,1912年3月25日。

【19】《临时政府公报》第三十七号,中国社科院近代史所史料组:《辛亥革命资料》,第282页。

【20】《民立报》,1912年3月27日,第3页。

【21】《申报》,1912年4月13日。

【22】《民立报》,1912年4月12日,第3页。

【23】黄远庸:《政界内形记》,黄远庸:《远生遗著》卷二,第4页。

【24】《民立报》,1912年6月24日,第6页。

【25】《和俄国外交官的谈话》(1912年6月21日),湖南省社会科学院:《黄兴集》,第236页。

【26】【27】【28】《袁世凯与同盟会代表之谈话》(1912年6月20日),北洋《政府公报》第五十三号,1912年6月22日;《民立报》,1912年6月23日,第3页。

【29】易国干等:《黎副总统政书》卷一一,第14页。

【30】李剑农:《戊戌以后三十年中国政治史》,第164页。

【31】【32】易国干等:《黎副总统政书》卷一二,第6页。

十

首倡“军民分治”

1912年4月1日，孙中山正式解除临时大总统职务，以袁世凯为首的北洋政府在全国的统治正式开始。4月10日，黎元洪向全国发出一通长电，倡议各省实行“军民分治”。通电提出，欲“消隐患于无形，垂宏规于久远，惟有将军务、民政划为二途。民政长综揽政纲，必须臧诸议会，命诸政府。凡现设各司局，除路航、邮电、盐税、海关应划归政府，不立专司；司法独立，直隶中央；其余庶政，概归民政长管辖，以一事权。财政一司，撙节核计，综一省收支之款项，交会议决，而岁纳其赢，庶足以统一政权，培持国力。至每省定一都督，专辖军队，悉归中央委任节制，一除干预政治、擅举军官之弊。此外各项名目，概行取消”。[1]

黎元洪为什么倡议实行“军民分治”，这是针对当时弊政立论的。辛亥革命以后，起义和“独立”各省遵照原先制订的革命方略，相继成立了军政府，推举都督作为最高军政长官。其他未独立省份也相继改头换面，将总督、巡抚等名义取消，换上“都督”头衔。在起义初期，军事倥偬，都督兼理民政，自属形势需要。随着南京临时政府结束，全国形式上实现了统一，军事时期告一段落。新的形势需要有新的统治方式去适应。军民分治主张正是适应这种形势而提出来的。特别是当时军人柄政，流弊丛生，已露出许多弊端，[2]如不加以改革，后患将不堪设想。在这份长电中，黎元洪列举的军人柄权之害，共有十项：

文武兼资，古难其选。……设或随陆无武，绛灌无文，荧惑政纲，瞀乱方略，学识所蔽，左右乘之。巨奸倚为窟巢，悍将凭为傀儡，驯至祸机四伏，众怨沸腾，民力竭而不知，军心懈而罔觉，明德为累，大局偕亡。其害一也。

各司人员，端资素学，才有专擅，业有专攻。……今使与军界同隶一尊，用人则妄事钻营，处事则横加干涉，甚至把持贤路，接挽私人，以国家行政之官，为将士酬庸之具。……一人迫胁，全局动摇，俊彦韬声，士夫蹙额。其害二也。

开牙拥纛，嚣然自雄；号召征募，多多益善。寓客侨民，流氓贱隶，滥名糜饷，竞逐其间，纪律废弛，枪械缺乏，以弹压则不足，以骚扰则有余。夫当此邻交未定，国难方深，在上者不以为心腹之忧，而以为爪牙之利。游民聚众，大祸循环，若陨深渊，罔知所届。其害三也。

军队既多，急谋支应；地方赋税，予取予求；暴敛苛捐，威迫术诱；疲民以逞，竭泽而渔；罗掘既穷，乞灵外债；恣财黩武，遑恤其他。甚至搜刮万家饘粥之资，不足供一军衣冠之费。森森戈戟，劙骨剜心。……债台叠积，大陆沦胥。其害四也。

司法独立，宪国所同。……自恃重兵在握，任意执行。假军法为护符，视民命为儿戏，甚至无辜士庶，遽饮青锋；未谳官员，横罹黑弹。……茫茫惨黩，不辨晦冥。其害五也。

军兴以来，疮痍满目。农工辍业，商贾凋残。……今分遣军队，驻防外县，奉命远来，庞然自大。勾结绅吏，蹂躏闾阎；有司不敢绳，委员不敢愬。堂高廉远，惟强是从。抢掠则白骨埋冤，奸淫则红颜毕命。……犹复粉饰其词，掩人耳目。商民解体，老弱逋逃。邦本既倾，国运以尽。其害六也。

仕途拥挤，糊口无资。……乃复联络军人，结集会社。……隐善阐恶，则四座快心；假公济私，则万夫鼓掌。羽翼既盛，胆魄俱雄。军营一呼，政界俱倒。虽有圣智，亦难维持。其害七也。

军民并辖，积厚培高，权力之雄，罕与伦匹！夫位高则启争，势重则招轧。……一人更动，全局推翻；稍拥重兵；即图反侧。……假部令以观兵，托民岩而伐罪，兵连祸结，更嬗为雄。……其害八也。

兵权既重，省界斯分。……甚或扩张权力，消纳乱兵，以近省为尾闾，藉邻封为瓯脱。郑芟周稻，楚刈吴瓜。蛮触纷嚣，靡有底止。内讧不息，外患相乘。其害九也。

强藩坐绾，阃外自尊；厚集党援，广招朋类。上不承于总统，下不谋诸庶民。叱咤则山岳为崩，挥霍则江湖俱竭；稍有异议，立煽兵灾；……迁延不改，即召瓜分。其害十也。[3]

黎元洪认为，上述十害，“皆由军民不分，范围太广，流弊所趋，虽贤者亦有不免”。此外，黎还指出，当时军界的腐败，也实令人触目惊心：其一是无道德心，

"纵欲败度，任意横行，子女玉帛，视同性命。……甲仆乙兴，此呼彼应。遂至城廓荒坟，市廛焦土"；其二是无法律心，"发令则诋排，更官则鼓噪，甚且勒索重饷，迫胁长官，土芥营规，弁髦约法。……毒风所煽，全国蔓延，瓦解土崩，亡将无日"；其三为无责任心，成天"呼朋啸侣，酣嬉酒肉之场，征逐笙歌之队，军事战术，懵然罔知，国难民艰，夷然无恤。投戈弃甲，共傲天口。几不知身为何人，兵为何事。人心已死，大命将倾，瞻望中原，不知谁主？"最后他强调指出，当此绝续存亡之际，"有一于此，已足亡国灭种而有余，而况险象之俱备乎"！[4]这就是名震一时的所谓"十害""三无"通电。

综观黎元洪的全电，可知他最关注的，也即当时的突出问题，是都督兼管军、民两政，权力太大，势难兼顾。而且都督权势过重，对"中央"可以拥兵自雄，不听号令，甚至发展到军事对抗；对外省，则可倚势逞横，甚至攘夺邻省政权，进攻邻省辖区；对本省，则集军政大权于一身，俨然唯我独尊，几成割据一方的独立王国。同时，流弊所及，军备废弛，纲纪败坏，内不能保乡卫民，外不能抗御强敌，反而给人民带来了无穷的灾难。因此，他主张军政、民政分开治理，以期各有专司，责有攸归。这种防止军阀割据的意图，在黎离开政坛后，亦曾和李根源谈及。他对李说："我惧藩镇之祸，主张军民分治，司法独立，首自裁兵，为天下倡。鄂军十师，裁去七师，民财各政，统归民政长，尊重其行政权，从未私荐一人，阴示一意，严厉禁烟，力戒奢靡。计自军政府成立，上下官员均月支二十元，一年以后始发薪俸，自己并未私用公款一文，且豁免湖北丁粮一年，迄未借外款、募公债。浮收勒索，更无有也。"[5]

军人干政，是民国初年的严重问题。都督既统军权，又辖民政，尤为军人干政提供了便利条件。黎元洪在当时形势下，倡议军民分治，对于防止军人干政，不能说毫无作用，但不能根本解决问题。最主要的是，野心勃勃的袁世凯，已经大权独揽。实行军民分治，在地方虽可互相牵制，而民政长既由中央政府任命，军队也直属中央统辖，势将为袁世凯推行专制独裁开辟道路。至于已经掌握各省实权的都督，多半视权力如性命，绝不会轻易让出手中已掌握的权力。黎指望通过实行军民分治，把他们掌握的民政权让出来，并非那么容易。所以，军民分治提出后，各方面的反应很不一样。大体上是各种政治力量从自身利益出发，作出了各种各样的表态：赞成这一主张的，既有北洋军阀的主要人物，也有革命党人的领袖，还有其他的地方实力派；反对这一主张的，也是革命党人的中坚分子与顽固的反动分子杂处其间。

黎元洪的“军民分治”主张，很快得到了袁世凯的赞成和支持。4月12日，袁世凯即发出复电，称赞黎元洪的电文：“哀痛迫切之忱，天人共鉴，凡为国民分子，不应漠然无动于中。”并在第二天任命黎为参谋总长。16日，又再次复电，肯定“军民分治”如同“疾病日急，今得良剂。天存吾华，必由于此”。并对黎元洪表示：“详绎尊电，极表同情。参议院开，即当首提此案。晋中分治，微试其端；今有我公以身作则，祸机之息，新邦之固，其可决矣！”[6]袁世凯赞成军民分治，主要着眼点在于巩固他的集权政治。袁亲眼看到“军兴半载，民牧之用，并于军吏”。这样，就像“六朝方州，晚唐镇帅，履霜有渐，水深火热，几于莫拯”。他还认为，“波兰诸国，非人亡之，实自亡之；今之纷纭，亦波兰矣！”“时局之危，间不容发。”袁世凯话中有音，他的矛头所指，决不是他所控制的北洋军阀统治地盘，而是南方的革命势力与地方实力派。在他刚刚窃取中央政权之时，南方半壁尚非袁氏所有，他确确实实感到了这些力量对实行中央集权的威胁，正好可以利用黎的“军民分治”主张削弱这些力量。所以，他迫不及待地强调：“军民分权，一日稽缓，弊即无限，……吾国生死，庶其在此。”[7]

通过“军民分治”实现中央集权，袁世凯控制下的国务院，把这种意图表达得更加明白。他们说：“黎副总统所论各省军政、民政划分权限一节，事极重要。袁总统今拟以此策为归宿，嗣后中央之权亦须增重，各省得稍限制之，此实合于现在之时局。”[8]他们甚至提出，要达到中央集权的目的，仅仅军政与民政分开还是不行的，军民分治之后，“兵民杂处，仍非所宜，则非设法裁减，或调遣军队不可”。[9]这里将军民分治的主张与当时十分重要的裁军问题紧紧联系在一起，实在是抓到了削弱革命力量的关键。另一附从于袁世凯的小团体共和建设讨论会公开说：“军民一日不分治，则政治一日不统一。”[10]袁世凯的所谓“统一”，自然就是将全国“统一”在北洋军阀势力之下，将当时的革命力量“统一”在袁世凯的控制之下。

江西都督李烈钧

正因为如此，军民分治主张一经提出，立刻遭到握有一省军政实权的革命党都督的激烈反对。他们指出，国本未固，乱机四伏，欲使军政、民政划然分立，互不统属，一有缓急，依恃何人？如或互相掣肘，互相推诿，国家大政废堕于冥冥之中，小则有水深火热之忧，大则有瓜分豆剖之祸；当前军政尚未划一，军队新旧参差，饷需皆靠本省自筹，如果都督于军政外，号令不行，财政计划势难过问，一有贻误，饷无所出，兵何能戢？京津保定之变，痛犹未已，前车可鉴，后患堪虞；民国初立，乱种尚存，今日宗社乱党分窜各地，票匪余孽屡扰吾民，若有暴动，征调稍迟，糜烂立见。"总之，革命方法，原分三期：军政、约法、宪法是也。今日中央政府由军政时期进而为约法时期，各省现状则尚在军政时期中之时，都督一官，日后固不可久存，惟目前决不能骤变。鄙见以为，约法时期之各省都督似应统揽一省之治权。"[11]这是拿孙中山等早年制订的革命方略与袁黎对抗。李烈钧还认为："际兹天下已定，共和二字已为国人共有之心理，断无坐拥兵权，甘为国民公敌之愚夫。"[12]值得指出的是，李烈钧并不是真的认为共和已经巩固了；相反，他认为袁世凯正在利用军民分治"漫然扩张一己之权利"，[13]"共和尚未确定，未便遽尔卸责"。[14]他的说法是针对袁世凯的所谓"万分危迫"而发的，目的在于消除袁世凯削弱革命力量的借口。同时，他还指出，即使军民分治实施了，"然军政大权既属都督，坐拥大兵，依然重镇，武人专政之弊其能免乎"？[15]针对袁世凯"托分治之名，成牵制之实"的企图，李烈钧针锋相对地提出："当今急务在于统一，而不在于分治。"[16]胡汉民也咨请各省都督，联名反对军民分治。他强调："非国基大定，宗社党无从煽动，不宜行军民分治。"[17]胡还指出：袁黎所谓军民分治之后，使"军防"专门"对外"，实是"大言不惭"。袁世凯的军队从来不是为了对外御侮，而是为了对内镇压，"多效警察之用"。他断言："乱民国者，必此言也。"[18]

革命党要人对"军民分治"的主张，原则上给予支持，但不大相信可以立即实行。孙中山说："军民分治，法美意良。"但又指出："五六年内，军民分治的事情也是办不到的。"此时的孙中山，尽管热心铁路建设，忽视政治斗争，在认识上受到袁世凯的花言巧语的蒙蔽，但还是看到了在袁世凯统治下，不可能实行带有削弱北洋军事力量的"军民分治"主张。他首先考虑到的是，"不主张分治的人，中央未必能去打他"，即割据一方的军阀，是可以不听号令的。又指出，即使分治之后，"军权亦不可尽归都督，须由军长与兵士分掌之，庶免仍蹈专制故智"。这里所要求的是一定程度上的军事民主，与袁、黎主张中央集权是不同的。起初，孙中山曾同意都督由中央任命，后来却不仅主张民政长以民选为宜，而且认为都督“照原理上总是民选为好”。因为“中央派人，不见得尽是好的，而且难得见好”。至于都督民选，如果不好，人民就可以牵制他，甚至想法子推倒他。可见，孙中山同意的军民分治，在内容上与黎元洪的主张是有区别的。同时声明，他是主张在五六年后实行这一主张，“予亟欲从事社会上事业，政治上问题颇拟从缓”。这和他十年内专意从事实业建设是一致的。也就是说，他不相信在袁世凯的统治之下可以实行“军民分治”，而是想在自己以后掌握政权之后利用这一形式治理中国。[19]

孙中山的想法在宋教仁那里表现得更加明显。他就任农林总长时，曾颇有兴趣地提出：“方针一条：实行军民分治，集中军政财政于中央政府。”[20]因为当时他觉得：“二十世纪之中国，非统一国家、集权政府不足以图存于世界。”他企图通过“速行军民分治，集中行政权力，整理军队”的办法，达到消除“俨成封建”的各省都督，以救“目前之危亡”。他的矛头是直接对准北洋军阀及各地方实力派的。但是，他很快就看到了袁世凯政府的“党见纷歧，心意各别”，“确知此政府之不足有为”，乃专意辞职，打算通过“苦战奋斗”之后，由自己掌握政权，然后“伸张所信之政见”。[21]经过他积极策划，终于组成“民国政党，唯我独大”的国民党，并在临时参议院内占有了三分之二的议席。宋教仁感到是实现自己政治抱负的时候了，为了和袁世凯争权，他积极鼓吹实行内阁制，组织政党内阁，“使总统（立于）无责任之地位”。[22]为了削弱北洋军阀和各地方实力派的力量，他又主张建立强有力的中央政府。在《代草国民党之大政见》中，他提出了整理军政之具体方法：“一曰划分军区，于行政区域之外，划分全国为数大军区，独立处理军事，使军民分治易于实行；一曰统一军制，……当使全国军队，按一定之编制，俾军制归于统一。”[23]他将“军政”权力列为中央独占之权，打算在自己执政时认真实行军民分治，消除军阀割据的现象。

黄兴在黎元洪发出“军民分治”电报之后，很快就表示赞同，认为“将军政、民政划界分权，诚为至论”。他主要是从两个方面考虑问题：第一，民政是平时行政的最重要部门，保持社会安宁，增进人民幸福，维系国家生存，首先必须搞好民政。军务则有它的特殊性，战争时期与和平时期就不一样，而且“强则把持，弱则废弛，军无节制之实，民有凋敝之忧”，如把军政与民政“混而为一，实成两败”。第二，民国初立，权限未分，建设方始，“重在民生”，要特别注意“军民安帖”，也需将军政与民政“分道进行”。[24]但他当时对袁世凯的政治野心缺乏认识，没有注意到实行军民分治的直接后果，势将加强袁世凯的中央集权政治，削弱革命力量。

首届国务总理唐绍仪，对军民分治也持肯定态度，认为是东西各国行之有效的统治方法。中国要图强盛，也当以为师法。他说：“军民分治，黎副总统倡议于前，大总统赞成于后，绍仪等按之东西各国，皆持此法以为治行之道，因以进入强盛之域，我中华民国自当引为导师。绍仪等拟本军民分治之意，渐举行政之实，因时因势因地施以合宜之地方制度。”[25]

奉天都督赵尔巽

至于一些地方的实力派，他们从维护自身的权势出发，一般多反对军民分治。不过，他们与袁世凯的矛盾，主要是集权与分权的矛盾，不像革命党人与袁世凯那样具有鲜明的阶级斗争性质。江苏都督程德全，本是一个圆滑的旧官僚，他明知实行军民分治将会削弱他的权力，但他仅仅以担心军饷无出、军事辖区如何划分、如何颁订法典等等作为抵挡的借口，在承认“军民分治是国家永远之规”的前提下，建议“中央政策不妨先行发表，但须声明某某省不能遽予施行”，让赞成与反对的省暂时“各行其是”。[26]并特别声明，他的这一主张与李烈钧等“将原案撤销”的主张有“重要”区别，希望得到袁世凯的谅解。福建的孙道仁，浙江的蒋尊簋，只是提出黎元洪有副总统头衔，在湖北“军民虽称分治，究可执其两端，非各省都督所能比拟也”。[27]他们想用这一类软弱无力的理由，保住自己的权力与地位。

奉天都督赵尔巽、黑龙江都督宋小濂等也反对“军民分治”。他们之所以反对，完全是从自身的利益考虑。赵尔巽本是清朝重臣。清朝灭亡前，他是东三省总督，其权势几乎与袁世凯不相上下。袁在迫使清廷退位之前，使尽手段，撤销了赵的东三省总督，消除了一大敌对力量。袁世凯窃取总统职权后，赵尔巽任奉天都督。袁仍时刻想着进一步削弱赵的权力，因而赵也反对“军民分治”，[28]还曾电请袁世凯将奉天都督改为“大都督”，节制吉林、黑龙江两省都督，以扩大自身权力。[29]袁世凯当然不会同意赵的要求。他们之间的矛盾，是彼此之间争权夺利的斗争。

民国元年（1912年），围绕赞成还是反对“军民分治”这一问题，基于不同的阶级地位和政治目的，展开了一场若明若暗的斗争。斗争的实质，还是一个权的问题。《申报》曾就此发表评论说：“南北各都督虽同一反对军民分治，而隐衷各有不同。南方各都督其用意确有把持兵柄、防御中央之意；北方则因官制施行，即改伊为民政总监，另简都督接收军队，有伤个人权力”，因而南北“不谋而合”。[30]

由于全国许多省份反对军民分治，袁世凯虽然曾在1912年8月公布了实行军民分治的“省官制草案”，最后不得不收回改订，并对各省采取变通办法。即：已经分治的山西、湖北、四川三省继续办理；秩序稳定的省份如直隶、山东、河南、陕西、甘肃等五省，俟省官制正式通过后即须实行；军事尚未完备、地方尚不安靖省份如江苏、安徽、江西、福建、浙江、广东、湖南七省暂行缓办；边疆省份如东三省、云南、贵州、广西、新疆等六省施行特别制度，虚设民政长，以都督兼任。[31]

黎元洪为了贯彻他的“军民分治”主张，曾在他直接统治的湖北省率先实行。还在1912年4月3日，他即致电袁世凯，告知已委任寓居上海的樊增祥为湖北省内务司长。5日，又电告袁世凯，已公举樊增祥为民政长，请袁世凯颁发任命状。同时电告樊增祥即日上任，并准备派人前往劝驾。11日，黎元洪继头一天发表“军民分治”通电之后，再次电请樊增祥赴鄂就任。16日，复授意湖北省议会公开选举，并请袁以大总统名义正式委任。第二天，又一次敦请樊克日来鄂。黎元洪情意缱绻，樊增祥却执意不从。18日，樊在复电中竟表示：“内务司非所堪任，宁死不就。”[32]樊增祥（1846—1931），号云门，又号樊山，湖北恩施人，清末旧官僚，有文名，曾于光绪三年（1877年）中进士，历任道员、按察使、布政使等职，1908年任江苏布政使，护理两江总督。辛亥革命爆发后，他携印逃到上海。黎一向尊重文人学士，对清末有过一官半职的人尤其信任。他对樊尊崇备至，称赞他“有材力，有气量，足以提挈全局，表率百僚”。[33]黎因想借樊增祥的威望稳定湖北统治，所以百计罗致。樊氏再三推辞，也并非无意政事。究其底里，“樊氏非不愿出山，特恐军民分治之初，诸司不乐受其节制，故此迟迟”。[34]

1912年6月中旬，袁世凯为促进军民分治早日在全国推行，派袁乃宽专程抵汉，要求黎元洪首先实行军民分治。当时，黎元洪与湖北革命党人的矛盾正日趋激化，迫切需要袁世凯的支持，借以维持自身统治，自然不敢违抗，乃于7月1日通电全国，湖北从即日起，正式实行军民分治。由于樊增祥坚持不肯受任，改任省议会议长刘心源代理。湖北的同盟会员指责刘心源以议长兼民政长，违背了行政与立法分离的原则。刘只得辞去议长职务。黎元洪在由刘心源会衔的通电中声明："所有内务、财政、教育、实业事项，元洪于昨日交代，心源即于昨日接印视事，其司法、交通、外交事务，暂附民政长管辖，俟官制定后，直请中央。"[35]黎元洪的都督所辖"只军事一端"，其中包括"鄂省陆军军队、学校、局、厂，警视厅暂不归并，归都督府统辖"。[36]形式上，军务、民政已经分别治理；实际上，黎元洪由于是以副总统兼任湖北都督，许多民政事务仍然过问。民政长刘心源"谦抑为怀，遇有用人行政皆就商黎公"。黎元洪对于财政、交通、行政机构的设置、官员的任免，无不插手，然后转咨民政长办理。[37]影响所及，"各司对于民政府之态度冷淡已极，府内奉委人员，……每日来府稍坐即散，刘君（指刘心源）亦因本无多事，不加责备"。[38]人们当时就"比都督为前清之总督，民政长为同省之巡抚"。[39]

军民分治的另一结果，是使黎元洪顺理成章完成了对湖北的军事集权。由此他直接统辖军队，将原来拥有任免军官权力、主持军事行政的军务部改为军务处，与军学处、军法处、参谋处等处于同等地位，"附于都督府"，使之降为黎元洪可以随意指使的办事机构。军务司长蔡济民因"权力全失"，愤而辞职。其他"现当要职各同志皆嫌权小不就"。[40]不久，参谋处也被取消，湖北军队几乎全被黎元洪控制。

袁世凯本想由黎元洪倡首，把军民分治逐步推向全国，以便消灭异己势力（特别是南方的民主共和力量），实现"武力统一"，但受到许多省份的抵制。其中，反对最激烈的是江西都督李烈钧。袁世凯为了对付李烈钧，不断在江西制造事端。1912年12月10日，被袁世凯收买的、原江西第三旅旅长余鹤松策动兵变，矛头直指李烈钧。事件虽然很快平息，但使李烈钧感到：目前实力不足，硬顶不是办法，便改变主意，致电袁世凯对兵变引咎自责，同意在江西省设立民政长，以示拥护军民分治。袁世凯见策划推倒李烈钧的计划失败，而对李烈钧用兵的条件尚不成熟，况且李烈钧在兵变后又转变了态度，已同意在江西设立民政长，乃将计就计,决定派一个自己信任的民政长打入江西,以便牵制李烈钧。

恰好有个清末的候补道员汪瑞闿,早就在向袁世凯谋求差事。汪瑞闿曾在江西武备学堂做过总办,和李烈钧及江西的军官多人有师生之谊。汪瑞闿一方面对袁世凯曲意逢迎,一方面对人吹嘘他和李烈钧的关系,显示自己有办法治理江西。袁世凯求之不得,于12月16日,李烈钧同意军民分治的电信到达后仅四小时,就正式任命汪瑞闿做江西省民政长。[41]

汪瑞闿领了袁世凯的旨意,兴冲冲赶到九江,等候袁氏的正式任命书到达即行上任。李烈钧开始得悉汪瑞闿前来,尚不知道内中奥秘。他重在师生之谊,准备热烈欢迎。待到得知真情,知道汪瑞闿已投入袁氏怀抱,将不利于己,决定进行抵制。汪瑞闿抵达南昌时,无一个人前去欢迎。他知道气氛不对,只得跑到都督府去拜谒李烈钧。李又给他吃了闭门羹,仅派欧阳武出面应付一番,自己借故不见。江西各界反对汪瑞闿任民政长,态度更加激烈。江西广饶协会在通电中指出:“前清服官江西,仇视革命,剥削黔黎,赣人恨入骨髓。”对于汪瑞闿出任民政长,表示“极力反对,誓不承认”。[42]江西省国民党支部声称,如果汪瑞闿出任民政长,“此间人心愤激,誓以死拒”。[43]29日,江西军警两界召开拒汪大会,限汪瑞闿“两日内离省”。[44]李烈钧也通电声明,在正式议会成立之前,“拟即勉为其难,于军民要政,担负完全责任”。[45]袁世凯见状,大为恼怒,强调“任免文武职员,为本大总统约法上特权之一,……所称‘誓不承认’一语,查任官依照约法,并无须得某会承认之条,似此措词,未免弁髦约法”。[46]彼此都不肯让步。

正值双方僵持之际,江西前期向日本订购之七千余支枪械和八百六十二箱子弹,于1913年1月15日运抵九江。袁世凯得悉,饬令陆、参两部密令被袁氏收买的九江镇守使戈克安予以扣留。随后又派遣军舰六艘驶到湖口、九江进行监护。并调遣北洋军第六师李纯部开入湖北,准备对江西用兵。李烈钧得知枪械被扣留和袁世凯调兵遣将情况,一面电告陆、参两部,请将军械放行;一面以冬防为由,向湖口、九江增派数团兵力,分驻要隘。彼此剑拔弩张,形成严重的武装对峙形势。

黎元洪鉴于江西形势紧张,派遣程守箴、邓汉祥前往调解,并于1913年1月24日根据程、邓两人的报告,将江西情形密告陆军部:“赣省刻下群情愤激,对于中央颇起恶感。……李督以中央之防赣省,几如寇敌,人情觉不能忍。”“拟请电商参谋、陆军两部，准其将此次枪支子弹放行。”[47]26日，又发出调解赣事通电，提出“非水陆退师，无以保地方之安宁；非发还军火，无以平赣人之疑虑；非迎回汪民政长，无以重政府之威信”。并且提出迎汪的具体办法：“由李都督、省议会公派代表往迎汪民政长莅职，并应查明，……将怀挟私愤、造谣生事之人量加处分，以除祸本。”[48]黎元洪的调解建议，因对袁世凯有利，得到袁世凯的积极赞成；而李烈钧则婉言作了拒绝。他在复黎元洪电中声称：“湖口设局征兵，水师总监部移驻该处，皆属省内原定计划。反对汪民政长属于舆论，确非少数人意思。汪公当日去赣，并无个人胁迫之行为，即无从根究。”黎元洪的调解未能缓和局势。

王芝祥

随着江西风潮日益扩大，程德全、柏文蔚、朱瑞、谭延闿等人也纷纷出面调解，主张和平解决。在北京的王芝祥，为了避免武装冲突，自愿充当调解人，亲赴江西调解。袁世凯乘机以王芝祥为查办使，并派遣耿毅作为副手前往江西查处。临行前，袁世凯单独召见耿毅两次，并且交给耿毅一张五万元的支票以图收买，被耿毅借故拒绝。袁氏又亲手交给耿毅一封密信，明确指示解决江西的办法是：一、汪瑞闿到省长任；二、枪弹不发；三、蔡锐霆、陈廷训重办；四、李烈钧下野。[49]耿毅本是革命党人，袁世凯想收买为己所用。但是耿毅与李烈钧的关系很好，因此，他到南昌后，便把真情密告给李烈钧，并且共商对袁策略。[50]王芝祥到达南昌后，根据民情，也向袁世凯反映，赣人对汪瑞闿恶感甚深，请改任赵从蕃出任民政长。同时，英国公使朱尔典也致函外交部，为太古洋行索取因枪械被扣而耽延的赔偿费每日二百两。袁世凯当时正忙于策划刺杀宋教仁和向外大借款，既无力南顾赣事，又不敢得罪英国，只得对李烈钧让步。3月11日，袁世凯正式发布命令，改派赵从蕃为江西民政长，陆军、参谋、海军三部也电令发还扣留的军械子弹。后来，由于江西省议会反对，赵从蕃也裹足不前，不敢就任。江西民政长事件，最终以革命党人取胜而告一段落。

军民分治作为一种政治主张，较之“军民合治”自然要进步很多。其主要作用在于：既可防止军人专政，还可以使都督与民政长各有其职，各负各责，对军务与民政实行有效管理。据黎元洪后来自述,他提倡军民分治,主要是为了防止地方割据的“藩镇之祸”重演。这种主观意图是值得肯定的。但他只看到问题的一方面,而没有看到另一方面。他的军民分治主张,实际成了袁世凯推行专制独裁,削弱南方革命力量的一块盾牌,客观上不但没有起到应有的积极作用,而且带来了严重的恶果。

注释

【1】易国干等:《黎副总统政书》卷九,第13页;《民立报》,1912年4月16日;汪钰荪:《黎大总统书牍汇编》卷一,第23~24页。三处记载互有出入,乃择善而从。

【2】除前述袁任总统,清帝退位,定都之争中北洋军人大肆弄权干政外,唐绍仪奉袁命组阁,北上就任总理,至天津,北洋将领又联名通电反对,并且散发宣言,致使唐虽组阁而不得任事,几经周折,始得就职。

【3】易国干等:《黎副总统政书》卷九,第11~12页;汪钰荪:《黎大总统书牍汇编》卷一,第20~22页。

【4】易国干等:《黎副总统政书》卷九,第12~13页;汪钰荪:《黎大总统书牍汇编》卷一,第23页。

【5】李根源:《雪生年录》卷三,第17页。

【6】易国干等:《黎副总统政书》卷九,第14~15页。

【7】本段引文均见易国干等:《黎副总统政书》卷九,第14~15页,第22~23页。

【8】《申报》,1912年5月15日。

【9】《申报》,1912年4月30日。

【10】《申报》,1912年8月14日。

【11】《时报》,《民立报》,1912年4月22日。周元高等:《李烈钧集》上,第18页。

【12】《申报》,1912年5月10日。

【13】《民立报》,1912年12月28日。

【14】《时报》,1912年4月22日。

【15】《申报》,1912年5月10日。

【16】《申报》,1912年5月10日。

【17】广益书局:《中华民国新文牍汇编》卷二,第17页。

【18】《申报》,1912年8月11日;又见同日《神州日报》。

【19】本节引文见中国近代史研究所等编:《孙中山全集》第二卷,第417页,427

页,443 页。

【20】陈旭麓:《宋教仁集》下,第 398 页。

【21】陈旭麓:《宋教仁集》下,第 404～406 页。

【22】邹鲁:《中国国民党史稿》第一册,第 130 页。

【23】陈旭麓:《宋教仁集》下,第 490 页。

【24】本节引文均见湖南省社会科学院:《黄兴集》,第 164 页。

【25】北洋《政府公报》,1912 年 5 月 16 日,朱宗震等:《民初政争与二次革命》上,第 19 页。

【26】《申报》,1912 年 8 月 15 日。

【27】《申报》,1912 年 5 月 11 日。

【28】《阎锡山早年回忆录》,中国近代史研究所史料组:《近代史资料》总 55 号,第 140 页。

【29】《申报》,1912 年 4 月 29 日。

【30】《申报》,1912 年 8 月 7 日。

【31】《申报》,1912 年 8 月 30 日。

【32】【33】易国干等:《黎副总统政书》卷九,第 3～22 页。

【34】《申报》,1912 年 5 月 23 日。

【35】汪钰荪:《黎大总统书牍汇编》卷二,第 9 页。

【36】《申报》,1912 年 7 月 7 日、18 日;汪钰荪:《黎大总统书牍汇编》卷二,第 9 页。

【37】参见易国干等:《黎副总统政书》卷一六,第 14 页;《黎副总统政书》卷一四,第 5～6 页等有关资料。

【38】《申报》,1912 年 7 月 10 日。

【39】《申报》,1912 年 7 月 14 日。

【40】《申报》,1912 年 4 月 29 日,5 月 7 日。

【41】参见朱宗震等:《民初政争与二次革命》上,第 172～181 页。关于汪瑞闿出任江西民政长的经过,耿毅在《癸丑讨袁回忆录》中说:兵变之后,李烈钧拟请汪瑞闿当省长,并且派人去安徽和汪瑞闿商议。汪瑞闿认为,既然李烈钧请他做省长,江西方面当不成问题。但袁与李不和,袁未必同意。于是进京谒见袁世凯,说李荐他做省长固然好,但很愿意请大总统直接任命。他又尽力施展官僚手腕,曲意逢迎,博得袁世凯的青睐。袁氏遂任命汪瑞闿为江西省长。李新等主编的《中华民国史》第

二编第一卷上册第133页亦采用其说。查江西兵变发生于12月10日,袁世凯任命汪瑞闿为江西省民政长在同月16日。在前后相隔六天的时间内,先是李烈钧作出请汪瑞闿做省长的决定,然后派人去安徽,再接着汪瑞闿亲自去北京找袁世凯,最后由袁世凯任命。即使马不停蹄,六天之内也走不完全过程,所说恐不可信。而且据江西广饶协会反对汪瑞闿任民政长电揭露:本年四五月间,汪即“运动中央派为江西民政长,经各公团反对,未得遂念”。足见汪瑞闿运动做民政长,比李烈钧电请派汪瑞闿为民政长要早得多。

【42】《民立报》,1912年12月23日。

【43】《民立报》,1912年12月26日

【44】《民立报》,1912年1月5日。

【45】《民立报》,1912年1月12日。

【46】广益书局:《中华民国新文牍汇编》卷三。

【47】朱宗震等:《民初政争与二次革命》上,第188页。

【48】易国干等:《黎副总统政书》卷一六,第16页。

【49】全国政协文史资料研究委员会:《辛亥革命回忆录》第一集,第544页。

【50】全国政协文史资料研究委员会:《辛亥革命回忆录》第一集,545页。

十一

借刀杀张振武，锄除异己

对于黎元洪来说，武昌首义是他一生政治命运中最重大的转折。他原来不过是一个混成协的统领，革命党人在起义之后把他强拉出来，当上了湖北省军政府都督，摇身一变，成了“首义元勋”。以后，凭借这个政治资本，他当上了中央大都督、大元帅、南京临时政府副总统。清帝退位以后，孙中山遵照协议辞去临时大总统，袁世凯经参议院选举，继任临时大总统，他又再次当选为副总统。1912年3月，同盟会公开后，选举孙中山为总理，他和黄兴同被选为协理。此后不久，又兼任北京政府参谋总长。在不到半年的时间里，黎元洪由一个小小协统，当上了首义都督，两次当选副总统，还兼任同盟会协理、参谋总长。其地位之高，在政府里仅次于袁世凯，在同盟会内仅次于孙中山，而与黄兴并立，可谓极矣！

张振武

黎元洪之所以得到这种殊荣，并不是他本人有多么大的建树，而是靠首义党人对他的拥戴。按情按理，他都应该对革命党人感恩戴德，以不辜负党人对他的期望和信任，与革命党人密切合作，共同推进革命事业。然而，事实上并非如此。革命党人待之以恩，他却报之以怨。在革命党人与袁世凯的斗争中，他常常站到袁世凯一边，迫使革命党人步步退让；在对待起义党人的态度上，开始还比较拘谨，后来羽毛渐丰，就排挤革命党人，重用亲信，最后竟然借袁自重，大肆杀害革命党人，企图在革命党人的血泊中巩固自身统治。1912年8月，他和袁世凯勾结，杀害武昌首义中起过重要作用的、原军务部副部长张振武，便是大杀革命党人中最严重的政治事件。

张振武被害，不是一个偶然的、孤立的事件，而是黎、袁和革命党人之间矛盾不断激化的必然结果。黎元洪和革命党人的关系，在革命起义初期还算不错；自从停战议和以后，随着形势和地位的变化，以及黎元洪政治态度的转变，关系逐渐恶化。“群英会”事变尽管矛头直接对准的是孙武，实际也含有反黎因素。因为此时的孙武，已经和黎元洪紧密勾结，处处排挤和打击革命党人，与同盟会唱反调。广大革命党人因为受到排挤，对孙武与黎元洪勾结十分不满。只因革命党人对黎元洪的真面目缺乏认识，黎元洪平时又隐而不露，伪装公正，听任孙武专横跋扈，甚至借机离间，将一切责任都推到孙武头上，湖北革命党人才把对黎元洪与孙武的不满，逐渐集中到孙武一个人身上，从而演变成“群英会”事变，主要以“倒孙”为目标。

尽管“群英会”事件的矛头没有指向黎元洪，黎元洪却利用这一事件左右开弓，打击排挤革命党人，扩大个人权势：一方面，他借口顺应群英会起事者的要求，除免去孙武的军务部长，而以旧军官曾广大替代外，还把在军队中担负要职、又和孙武亲近的人如邓玉麟等免职，用旧军官接替，使军权进一步集中到自己手中；政府方面，内务、外交、财政和秘书厅等几个要害部门，都相继被黎元洪的亲信取代。另一方面，他又对参与群英会事件的人，采用各种手段进行迫害。他借口财政困难，饷源缺乏，把军队中的首义人员大量裁汰：有的被资遣出国深造，有的撤差闲置，有的受到各种迫害，以致首义党人除了少数依附黎元洪者之外，大都被排挤出湖北军政各界。此外，文学社和共进会本来在起义前就有芥蒂，起义后两个组织的界限并未消除。群英会的参与者虽然包括共进会与文学社人员，但斗争的矛头主要是指向共进会的领导人。因而事变之后，两个组织之间的矛盾进一步深化，结果同室操戈，两败俱伤，黎元洪得以坐收渔人之利。

军政大权日益集中到黎元洪和旧军人手中，促使湖北革命党人和黎元洪的矛盾日趋激化。革命党人眼看浴血奋战得来的政权，一步一步地落入旧军人和政客官僚手中，从而越来越把愤恨集中到黎元洪身上。反黎情绪与日俱增。黎元洪对革命党人的继续迫害，又不啻火上加油，致使湖北的反黎斗争层出不穷。

“群英会事变”被称为湖北的“二次革命”。事变虽然很快得到平息，黎元洪和革命党人的矛盾却在继续扩大。革命党人又在酝酿新的反抗斗争。如张振武就在民国公校开学典礼上当众鼓吹："革命非数次不可，流血非万万人不止。"[1]当时黎元洪正担心自己的统治不稳，听到这些消息，益发忐忑不安。

1912 年 6 月末，黎元洪决定正式实行军民分治，由刘心源出任民政长。湖北军政府中又一批革命党人受到排挤。于是立刻引起同盟会（原文学社已经集体加入同盟会）中军界人士的反对。原文学社成员、警察学校监学祝制六组织改良政治团，主张改革政治，改组都督府。侦探刘贵狗在黎元洪面前搬弄是非，说祝制六等人图谋不轨。恰好这时毕血会因退伍风潮几致暴动。7 月 1 日至 2 日，武昌实行戒严。7 月 17 日，黎元洪派出军警，对嫌疑分子大肆搜捕。原文学社员江光国、滕亚纲相继被捕入狱。随后，祝制六亦在汉口大公宾馆被拿获，而且押送到武昌后未经任何审讯，即在武昌汉阳门码头执行枪决。江光国、滕亚纲同被杀害。事后，黎元洪在《解散乱党》的告示中，指控祝制六是群英会的正长，和江光国、滕亚纲等"私立机关，假改革政治为名，主持极端破坏，……实属民国寇仇，罪大恶极"。声言"民军起义，武汉首当其冲，抛弃无数头颅，漂流无数膏血，破坏国家人民无数财产，以造此共和民国，迄今创巨痛深，疮痍满目，秩序尚未恢复，岂堪再罹破坏"。[2]在这里，黎元洪俨然以民国保卫者自居，岂不知破坏民国者并非别人，正是袁世凯以及黎元洪自己。

祝制六

祝制六等被杀以后，第二天又在汉口法租界拿获革命党人多名。武汉的报刊如《群报》、《大汉报》等，每天都有"群英会余党四处煽动，企图死灰复燃，谣惑人心"的报道。刘贵狗等人的侦探诬陷活动有增无减。蔡汉卿（接替邓玉麟任第四师师长）根据刘贵狗等人的密告到处捕人，几乎每日都有人失踪。[3]而且谣传"不日大肆搜捕，并杀居（正）、蒋（翊武）等人。"[4]当时武汉三镇风传祝制六案系由孙武指示他的走狗唆使李忠义告发，杀害祝制六等"借以张大其事，波及无辜，为一网打尽之计"。[5]这类传闻来自何处已难详考，但当时的革命党人确实已对孙武十分厌恶。孙武也把革命党人视为仇敌，则是事实。孙武上书黎元洪，居然指责同盟会为“乱党”，声言“乱党果不容武以余生，武惟有以死力御乱党。……务恳副总统速将所杀乱党宣布罪状，通告国中，以免主持之同盟会先声诬我湖北，以诬我副总统也”。[6]孙武血口喷人，公开指责同盟会煽乱，同盟会岂能容忍。同盟会湖北支部从《大汉报》上看到此信，立即复函，斥责孙武鬼鬼祟祟，倾陷异己，要求澄清视听，“如三日内不答复，作为默认”。[7]孙武在黎元洪面前离间同盟会，自然会使黎元洪对同盟会更加怨恨。

差不多与此同时，孙武与张振武之间的矛盾也公开爆发。当时武汉广泛流传，众口一词，都说祝制六等的被害，系由孙武挑唆所致。张振武曾把这一传闻告诉了孙发绪（字莼斋），并说如果真有此事，将对孙武“有所不利”。由于孙发绪从中添油加醋，孙武又因感到孤立而有意混淆是非，特别是听到张振武要清理他挪用民社十多万公款的账目，因而对张振武十分不满。乃一方面运动驻汉法领事逼迫张振武迁出租界，另一方面又在一、二、四镇统制黎本唐、杜锡钧、蔡汉卿面前大进谮言，说张振武“欲杀此三人”。事发以后，孙武又致书张振武，否认自己的罪恶勾当，同时竭力剖白自己与祝制六案无关。张振武对此十分憎恨，在复函中严正指出：“天下事欲人不知，须己莫为；既为之后，而欲以一手掩尽天下人之耳目，必无是理也。”并说孙武造谣，确有证据。当孙在都督府散布这些流言时，都督府即有人给张振武报信。“至于提及杀祝，姜〔江〕、滕三人，尤觉多费心思。是三人者，与弟素无交涉。如系兄所主使，事后自有公论，何必向弟解释；如系都督命令捕杀，是其罪有应得，何必望弟原谅。”[8]孙武与张振武的信公诸报刊之后，“党孙者毁振武，党振武者毁孙，黠者互以危词，媒孽浸润，积久益水火”。[9]而且孙武在致张振武的信中，又无端提出蒋翊武等“开会欲兴问罪之师”的问题，蒋翊武也不得不发表致孙武书，指责孙武是“信口栽诬，嫁祸于人”。[10]孙武、张振武、蒋翊武号称“首义三武”，都是对武昌首义作出过重要贡献的人，而今彼此攻击，互不相让，正好为黎元洪等残害革命党人提供了可乘之机。

“三武”之间的冲突，当然不是黎元洪、袁世凯顿起杀机的直接原因；而且有许多迹象表明，这些矛盾很可能是黎的亲信孙发绪蓄意制造的一条毒计。其目的在于因利乘便，借机杀害。至于为什么要杀张振武，根本原因还在于黎、袁与张振武的矛盾和冲突不断加剧。

张振武（1877—1912）原名尧鑫，字春山，祖籍湖北罗田县，后来迁居郧西竹山县，乃武昌首义的重要人物之一。他早年毕业于本县高等学堂，后来肄业武昌支郡师范，甲午、庚子之变以后，痛感国家“覆亡无日”，因变卖田产，东渡日本，入早稻田大学研究法律政治。1905年由刘彦介绍，加入同盟会联络部，不久回湖北活动。1907年，徐锡麟举义安庆，他“阴为之助，几遭缧绁”。1909年加入共进会，和李作栋共同负责理财工作，曾经变卖祖遗田产若干亩，维持革命开支。辛亥革命前，他一边在小学教书，乘机从事革命宣传，一边与各界人士进行联络，策划革命起义。他在共进会中虽然地位不高，但积极肯干。武昌起义后，张振武是最先到达谘议局的革命党人之一。军政府成立之初，组织未定，职掌不明，全靠个人热心任事。张振武组织军务部，以正部长留待孙武，自己以副部长主持一切工作。凡是军队编制、人事配备和军需供应，甚至不属于军务范围的事，也在他的掌握之中。汉口、汉阳保卫战期间，军队调遣或接受战斗任务，总是先在军政府前集中，由张振武训话后出发。当汉阳危急之时，张振武立刻命令主管人员持军务部名册点名编队，亲自率领驰赴前线增援，并在跨越障碍时失足落水，遇救得以不死。[11]曾为保卫武汉立下过汗马功劳。

黎元洪出任都督，张振武开始是支持的。他认为“黎公在鄂有年，治军严明，且有大度，又娴海上战术，于军中求通海陆兵略者，匪黎公莫属，故极力推戴之”。[12]但黎元洪到达谘议局以后，先是愁眉苦脸，一言不发，继而绕道回到家中，安排家属迁往上海，又绕道去原混成协司令部，不肯即回都督府。张振武见黎元洪如此表现，怀疑他将逃跑。于是对吴兆麟说：“此次革命虽将武昌全城占领，而文武大员均已潜逃一空，未杀一个以壮声威。……黎元洪既不赞成革命，又不受同志抬举，放其出去，恐其害人，……不如先将黎元洪斩首示众，以扬革命军神威。”[13]后来为黎元洪所知，黎因此怀恨仇在心。此外，张振武主持军务部工作期间，一方面敢作敢为，做了不少好事，另一方面确实也飞扬跋扈，“桀骜自恣”。他进入军务部以后，就组织了六十名卫队，“都是身强体壮的青年，军服整齐，一色短枪，出则随行，进都督府则从头门到黎的房间外一律站岗。见黎元洪就正颜厉色，一语不顺就拔起刀子厉声曰：‘吾人革命把你抬出来，倒要在我们头上赌起狠来了。’吓得黎元洪发抖。”[14]由于当时大权握在革命党人手中，黎元洪只得忍气吞声，低头不语。而日后杀张振武，即是种因于此。

停战议和以后，张振武携款数十万元赴上海筹购枪械。因为日本商人捣鬼，第一批运汉枪械经过检验，坏枪占三分之一，缺刺刀者三分之二，子弹因为年久，药性失效不能用者三分之一。黎元洪电责张振武"虚麋公款"，要他"将经手各事清理完结，迅速返鄂"。[15]张振武抗命不归。当时南北议和迟迟未决，张振武不经商议，即与谭人凤说合，拨出所购第二批枪械的一半，支援烟台革命军，并打算亲自北上督师。湖北驻沪员杨玉如知道之后，急电告黎元洪："张振武拟借北伐名携械窃逃。"黎元洪得电以后即电告陈其美："祈将枪械悉数截存，并将张振武挽留，即派员接收，以保款械。"[16]张振武气愤不过，返回武汉后直奔都督府，当面对黎元洪说："我们把你拉出来当了都督，现在已经安富尊荣了，你也清起我们的账来了。"说时把桌子拍得咚咚响。[17]黎元洪表面上委婉解释说："此尧卿（指孙武）所为，与我无关。"[18]黎元洪一方面把责任推给孙武，促使孙、张的矛盾进一步恶化；同时，他对张振武的恶感也进一步深化。

"群英会事件"后，张振武和黎元洪的矛盾又有发展。当时，黎元洪利用群英会反孙，将孙武、张振武、蒋翊武的职务一并解除。孙、蒋均不表异议，独张振武对此不满，要求留任。黎元洪没有答应。张振武被改任顾问后，利用自己在武昌起义中的影响，仍然掌握着将校团这样一支军事力量。黎元洪对桀骜自恣的张振武留在武汉，惶恐不安，企图调虎离山。乃于 3 月 19 日向袁世凯推荐张振武出任"东三省边防使"，"率兵一镇，开往驻扎"。[19]袁世凯开始表示同意，不久借口烟台有冲突，电令暂缓出发。后来，黎元洪借口裁军，拟解散将校团。正在北京的张振武闻讯，立刻"函阻将校团不得退伍"。黎元洪欲将兵站总监所辖六个大队千余人遣散，张振武却将其改编为军务司的护卫队。黎元洪"屡遣解散"，张振武皆"抗不遵命"，复"擅抢兵站枪支粮米"。[20]6 月底，黎元洪又排挤武昌警视厅厅长顾庆云。张振武为此写信责问黎元洪："兔死狗烹，鸟尽弓藏。"黎元洪看信之后恼羞成怒，"去张之心遂决"。[21]对此，当时就有人评论说，黎元洪对革命元勋中的"健者"张振武"畏之如虎"，"由愧生畏，由畏生恨，由恨而杀机动矣"。[22]

黎元洪与张振武的矛盾已发展到势不两立的地步。对此，黎元洪有如芒刺在背，恨不得立刻拔除。可是，张振武是首义要人，而且还有相当实力，自然不敢轻易动手。袁世凯决计调首义人员入京，为黎元洪驱赶张振武提供了机会。

袁世凯自从上台以后，一直把南方各地的革命势力视为眼中钉。当时南方军事力量存在两个中心：其一为南京，其二即是武汉。南京的军事力量由于袁世凯不拨给军饷，黄兴无法维持，只得在孙中山赞同下大量裁减。原来集中在南京的大量军队，很快被裁汰殆尽。这样，长江下游已不足虑。至于湖北武汉，不但是首义之区，军队也有八万之多，且系由黎元洪副总统兼参谋总长、并兼湖北都督统领，乃是足以与北洋军抗衡的劲敌。袁世凯要推行集权政治，首先要实现军事集权，因而亟想削减武汉的军事力量。[23]为了实现这个图谋，他用重金收买了黎元洪的亲信、秘书饶汉祥，使他成为“袁布置在黎左右的一个私人”；[24]而参谋次长陈宧，则秉承袁氏旨意，和黎元洪左右的亲信互相勾结，进行阴谋策划。陈宧认为，要取消副总统府，削减武汉兵力，首先要设法将首义人员调离武昌。于是，他偷偷对黎元洪说：“三武不去，则副总统无权，若辈起自卒伍下吏，大总统召其来京，宠以高官厚禄，殊有益于副总统也。”[25]陈宧的建议，正符合黎元洪的心意，自然全力支持。

1912年5月，袁世凯以“延揽起义人才”为由，电招孙武、蒋翊武、张振武等入京。同月下旬，孙武、张振武联袂北上。袁世凯任命他们为总统府顾问。张振武对移民实边很感兴趣，欲得一屯垦使名义，赴边疆屯垦，充实边防。当哈汉章把委任状送给他时，他见是一个有名无实的顾问官，很不高兴，当场即将委任状撕毁，并大骂袁世凯。[26]在会见段祺瑞时，他又愤愤不平地说：“我湖北人只会做顾问官耶？”[27]他还两次递交屯垦条陈，要求领兵赴边疆屯垦。袁世凯为了敷衍他，委任他为蒙古屯垦使（一作调查员）。他又要求拨给巨款，设立专门机构。袁世凯便不予理睬。张振武见自己的意见未被采纳，乃于6月中旬不辞而别，回到武汉设立屯垦事务所，向黎元洪每月索款一千元作为办公费，准备招募精兵一镇，开赴蒙古屯垦和加强边防。张振武在北京的骄横，已引起袁世凯的不满，现在又不辞而别，并且在武汉擅自招兵，更使袁世凯感到非除掉不可。

恰好张振武回武汉不久，湖北即发生前述的杀害祝制六等人的所谓“三次革命”风潮。黎元洪的亲信孙发绪乘机挑起“三武”之间的矛盾。“三武”互相指责，大有不可收拾之势。

袁世凯坐山观虎斗，一直在注视湖北局势的发展。7月7日，他曾派总统府的军事顾问官、湖北人万廷献回武昌进行秘密调查。7月中旬，饶汉祥又借口办理公务，北上从事密谋策划。7月下旬，袁世凯借口张、孙等人“意见纷争，势将影响政界，关碍大局”，[28]为了表示对湖北政局的关切，又派遣湖北籍参议员刘成禺、郑万瞻和邓玉麟等回武汉，调解孙、张矛盾。刘、郑、邓都是民社成员，他们并不知道这是袁、黎所设置的圈套，到达武汉后即热心奔走，向双方进行疏通。8日2日，刘、郑等人在汉口嘉宾楼宴请孙武、张振武及黎本唐、蔡汉卿等五十余人，先由郑万瞻传达袁世凯的意见，声言“起义同志尚犹时起纷争，未免贻笑旁观”。希望“捐除意见，融化党派”。接着，刘成禺对孙、张之间的误会作了解释。“孙、张均各自罪其误，并誓以后永无意见”。[29]8月5日，在谢石钦等十五人签字证明下，孙武和张振武共同发表了原无意见之布告。从而孙、张之间的隔阂消除，恢复了团结。

与此同时，刘、郑根据黎元洪的要求，对黎、张之间的矛盾也进行了调解。黎元洪还虚情假义地表示：“对于张君可抚心自问，并无一些相待不好之心。”[30]刘、郑见当日同志重归于好，黎、张之间也达成谅解，十分快意，圆满地完成了袁世凯的委托。

袁世凯得悉武汉革命党人纷争得到调和，又以商议国事为由，再次邀请张振武等进京。黎元洪乘机向张振武致送旅费四千元，促他们早日起程。张振武不知是黎、袁诡计，带着湖北将校团团长方维等三十多人，于8月10日随同刘成禺、郑万瞻再次到达北京。没有几天，袁世凯又以商议军政为名，电邀黎天才、吴兆麟等湖北将校赴京。他摆出一副“礼贤下士”、尊重首义人员的模样，又谁曾料到，背地里却隐含着森森杀机。

张振武被诱入京，已是身陷绝境。可是他自己还蒙在鼓里，误认为袁世凯真是要借重他商议国家大事，依然兴致勃勃，四方奔走，呼吁停止内争，共谋国利民福。为了消除南北隔阂，他面见袁世凯，建议举办秋操，联络南北感情；为了消除当时同盟会与共和党两大政党之间的彼此倾轧，他诚心诚意地联络两党要人，恳切劝说“消除党见，共维大局”。[31]同时起草了《调和党见敬告书》，主张去除私怨，“彼此以赤心相见，争持以公理折衷。勿以意见而败大公，勿以权力而夺正理”。[32]为了加强边防，他再次条陈筹边方略，认为“欲图长治久安之策，莫若择满蒙适中之处，速派威望素著者简练精兵，常川驻扎，授以军政外交之权，……常则垦荒，变则御侮”，“庶足以控制边陲，屏蔽腹地”。[33]这些表明，张振武被害前正在为国事朝夕操劳，而黎、袁却在加紧策划，待机下毒手。

就在张振武等进京之时，陈宧眼看调虎离山成功，即与饶汉祥以黎元洪的名义起草了一封密电，指责张振武"怙权结党，桀骜自恣。赴沪购枪，吞蚀巨款。当武昌二次蠢动之时，人心惶惶，振武暗煽将校团乘机思逞。……近更蛊惑军士，勾结土匪，破坏共和，倡谋不轨。狼子野心，愈接愈厉。冒政党之名义，以遂其影射之谋；借报馆之揄扬，以掩其凶横之迹。排解之使，困于道途。防御之士，疲于昼夜。风声鹤唳，一夕数惊。……元洪爱既不能，忍又不敢，回肠荡气，仁智俱穷。伏乞将张振武立予正法，其随行方维，系属同恶相济，并乞一律处决，以昭炯戒。"[34]13日，黎元洪"又发一电，并派该秘书、原电主笔之饶华生（即饶汉祥）及军官十余人乘快车到京，即往袁府，告袁以鄂军队俱已布置妥协，万无他虞，请即日行刑"。[35]15日晚，为了调和南北感情，张振武与湖北将校正在六国饭店宴请北方将校。身怀捕杀令的段芝贵坐在首席，姜桂题、陈宧均在座。席间，段芝贵借故提早退出。十时左右，宴会结束，张振武与表弟冯嗣鸿及时功玖分乘三辆马车返回金台旅馆。当"张振武车至前门'振武敷文'牌楼下，军政执法处即围捕，同时在张馆舍中搜捕方维等数十人"。[36]

张振武被捕后，由军警押解到西单牌楼玉皇阁京畿军政执法处。执法处总长陆建章令左右解去捆缚，寒暄数语，张振武即询问犯了何罪。陆建章把黎元洪的电文出示。张带怀疑的口吻说："此电恐是捏造。"陆建章又出示由陆军总长段祺瑞副署的袁世凯捕杀张振武军令。至此，张振武知道已无可挽回，才无限感慨地说："死耳，无复何言！竖子无良，乃一至于此耶！"[37]讯问期间，陈宧由总统府三次电促陆建章，要他"令到即枪决，免生枝节"。[38]16日凌晨一时，张振武在军政执法处被害，身中"二十枪，气犹未绝。复用绳缚其两眼，始得毙命"。[39]临刑时，张振武曾诉说自己系"为陈二庵（陈宧字号）所卖"，[40]并且悲愤地说："不料共和国如此黑暗！"[41]在此期间，方维亦在执法处城外分局被杀。这就是震惊一时的"张、方血案"。

张振武被害，是辛亥革命后袁黎勾结、经过精心策划的第一个大谋杀案。曾经在武昌首义期间大显身手的张振武，未足一年即惨遭杀害。这是一个令人十分痛心的悲剧。

张振武被捕后，同行的时功玖知道事态严重，赶紧与共和党民社派联系。16日凌晨三时，时功玖与刘成禺、郑万瞻、哈汉章、张伯烈、孙武等驰抵军政执法处进行营救，但为时已晚。陆建章告诉他们，张振武已经执行枪决。问以究竟犯有何罪，则说："大总统接副总统密电，谓张振武率党徒方维，在京汉图谋不轨，破坏统一，即行正法。"[42]对其行刑如此快速，大家都感到吃惊。特别是不久前奉命调和孙、张矛盾的刘成禺、郑万瞻、哈汉章等人，既受了愚弄，还背上了卖友的嫌疑，尤感惶恐不安。早晨八时，他们又前去总统府质问。袁世凯告诉他们："他自然有罪名，自然要宣布，此事是我袁某的主张，大家不同意，到国会弹劾我好了。"[43]就在当天，金台旅馆前贴出一张布告，公布了袁世凯根据黎元洪密电所发的军令，算是向各界公开了这一严重政治谋杀事件。

张、方遇害消息一经传出，"全国震骇"，[44]京沪各地报纸，连续发表报道和评论，各界人士函电纷驰，群起责难。当时，孙中山与黄兴应袁世凯之邀请，正拟于8月18日由上海起程赴北京。因为"张、方案件"发生，在各方劝阻下，黄兴停止北上，并且致电袁世凯进行质问。他指出所称"怙权结党，桀骜自恣，飞扬跋扈等，似皆为言行不谨之罪，与破坏共和，图谋不轨，词意不能针锋相对"，要求"明白宣布，以释群疑"。[45]《民权报》则发表何海鸣的《讨伐张振武者》一文，明白揭示："黎假袁以杀人，袁假黎以示威，张振武之死于非法，黎元洪其主谋，袁世凯其正凶也。"[46]把矛头直指袁世凯和黎元洪，公开号召反抗。同日，民社派议员由张伯烈领衔，向参议院提出了《质问政府枪杀武昌起义首领张振武案》，对黎元洪加在张振武头上的罪名一一予以驳斥。指出"惟司法官乃能执法以生杀人，大总统不能出命令以生杀人"，控诉袁、黎"口衔刑法，意为生杀"。[47]

19日，参议院开会，就张、方被害案提出质问。刘成禺义愤填膺，严厉谴责："政府杀人之手续，直等于强盗之行为，以冠冕堂皇之民国，而有此以强盗行为戕杀人民之政府，违背约法，破坏共和，吾人亦何不幸而睹此！且推此义也，则凡民国起义之功首，造成共和之巨子，皆可一一捕杀之，任凭其为帝、为王矣！"张伯烈指出："副总统以非罪要求杀人，大总统以命令擅改法律，均是违背约法。"刘彦主张对副总统黎元洪实行弹劾，"副总统以空空一电，毫无一句确证之语，徒有倡谋不轨、愈接愈厉之空话。以此种空话可杀张振武，将来即可以此种空话杀百姓"。[48]第二、三天，参议院连续开会，共和党与同盟会的议员以从未有过的协调一致谴责政府。王芝祥、蔡元培等发起成立法律维持会。他们在《通告》中指出：大总统与副总统无直接杀人之权，未经裁判，擅自将张振武、方维等枪毙，是"明明故意违背约法，玩弄国民。若不讨论究竟，无以为法律生命之保障，尚何共和政体之可言”！[49]

20日，《民立报》发表宣言，指责袁世凯、黎元洪“妄施权威，破坏约法”，滥杀张振武等人，“是独夫民贼之所为”。[50]

21日，《民权报》发表天仇（戴季陶）的文章，大力鼓吹武力解决。他在《张振武之善后策》一文中认为，袁世凯与黎元洪专横残酷如此，法律已无济于事，电报质问也不起作用，“百万言之文章，终不如一支毛瑟”，“卵不能敌石，空言不足抗实力”，以武力破坏法律者，惟有以武力抗之。公开号召军人联合起来，“以去破坏法律之蟊贼”。[51]

22日，中国同盟会本部开会，谴责“黎元洪暴戾恣睢，擅杀元勋，破坏约法，摇动民国，人神共愤”，经职员、评议两部联合决议：“革去黎元洪本会协理，并除名，嗣后与本会断绝关系。”[52]

“各界愤愤汹汹，烦言四起”。[53]黎元洪面对各方的责难，开始是拼命在张振武的头上“加罪”，企图造谣惑众，掩饰自己的罪责。就在张振武被害的当天，他即向各省都督发出通电，除了重复11日“真”电的内容之外，又无端指责鄂中的几次风潮，张振武等人均为主动。张振武再次到达北京后，诚心诚意为国家的统一奔走，乃是有目共睹。黎元洪在电文中居然颠倒黑白，诬陷张振武“显露逆谋，图翻全局”。[54]19日又发表通电，历数张振武的罪状多达十条。[55]21日第三次通电，张振武的罪状增到十五条。而且大诉苦衷，有“不获已”者三，他自己也假惺惺地承认有三点罪过，表示要替张振武妥筹善后，“赡其母使终年，养其子使成立，……并拟将该员事略，荟蕞成书，请大总统宣示天下”。[56]他的这种手段，真可谓“猫哭耗子，假慈悲”。

但是，不管黎元洪加给张振武多少条罪状，却拿不出“破坏共和，图谋不轨”的真凭实据。而这一条如果不能成立，即便张振武有罪，也罪不至死。在舆论的一致谴责下，黎元洪不得不勉强认罪，承认“九州铸错，虽悔何追”，先是请求治他“失察之罪”，[57]接着又请求弹劾自己，“以谢张、方于天下”。[58]最后不得不“电辞湖北都督，推荐黄兴继任，旋且请裁撤副总统一职，以示引咎”。[59]8月27日，张振武的遗体运到武汉，恭迎灵柩渡江者凡二千多人。28日，黎元洪亲到抱冰堂致祭，挽联写着：

为国家缔造艰难，功首罪魁，后世自有公论；

幸天地监临上下，私情公谊，此心无负故人。

另外送给遗属抚恤金二千元，以示唁慰。

与这同时，袁世凯为了不使事态扩大，正悄悄进行软化工作。他首先邀请共和党中的非民社派，请他们“出为调停，冀得平和了结”。[60]接着又于21日下午5时，邀约时功玖、张伯烈、刘成禺、郑万瞻等湖北籍议员进行面谈。袁世凯先是盛赞张振武在民国“真可谓有才、有功之一伟人”。随后说：“黎副总统来电指陈一切，非常厉害，仿佛不即杀人，必足以发生大乱、妨害治安者，故不得已，用快刀断绳办法。其所行种种事项，多在湖北。诸君均属鄂人，如不治之，乱将如何？”当时全国普遍存在怕乱心理。湖北籍民社派议员听袁世凯以治乱立论，态度就软化下来。第二天参议院开会，时功玖把袁世凯的谈话向大会做了介绍，原来态度最激烈的刘成禺接着说：“大总统昨日说得甚为明白，所说张振武罪状在武昌，而不在北京。若不杀之，恐武昌有乱。不过此间知法律者甚少，杀之之手续亦不完全耳！还希诸君维持大局。”[61]为了“维持大局”，居然放弃原则，参议院的态度很快转变了。加上在黎元洪的指使下，湖北军界先是于23日发出“梗”电，“对参议院质问政府书所列各条逐一驳斥”；[62]24日再发“迥”电，对湖北议员大肆进行攻击，指责刘成禺等“淆乱是非，颠倒黑白，违反人民意思，亵渎副总统威严”。声言所有杀张振武责任“悉在同人”。[63]警告他们：“如必欲弹劾，请将‘梗’电所驳各款，限于电到二十四点钟内逐一答复。……不然贵议员无理取闹，借端寻仇，是欲因个人密切关系，陷我国于危地。同人具有天良，断不能容振武余党腼然为吾鄂代表，无怪同人严重对待也。”[64]陈宧（参谋次长）、蒋作宾（陆军次长）、汤芗铭（海军次长）也宴请湖北籍议员，“劝其勿迷于张振武私情，而与政府为难”。[65]湖北籍民社派议员原先最坚决，经过这样的拉和吓，只好把张振武牺牲。28日，尽管张伯烈等还是对国务总理、陆军总长提出弹劾案，却又故意使共和党中向不发言的蒙古议员不出席，使弹劾案因不足法定人数自然搁置。另外，山东籍议员刘星楠曾咨请政府查办参谋总长黎元洪违法案，指责黎元洪“草菅人命，弁髦约法”，是“背叛民国的元恶大憝”，因看到弹劾案不能成立，自动提出查办案要求缓议。[66]就这样，轰动一时的“张、方血案”，最后竟以不了了之。

“张、方血案”之所以弄成如此结局，与当时的政治局势有密切关系。民国刚刚建立，人们都希望有一个稳定的环境，安安定定从事生产和建设，过安居乐业的生活。当时无论是共和党，还是同盟会（1912 年 8 月改国民党），也无论是南方或北方，从总的趋向来说，都不希望再发生动乱，甚至十分害怕动乱发生。在这种政治气候下，尽管同盟会内有少数人提出武力解决的主张，但在同盟会内部就遭到公开的反对。《民立报》为此发表社论，专驳武力解决之非，认为如用武力解决，“则今日之中国非重起第二次革命不可。于国基未固之时，倡动摇国本之论，使国家安宁、社会秩序重为二次之破坏，陷我国于不可挽救之境。是为误法乱国”。“中国设有二次扰乱，外人犹能如前此之严守中立耶？干涉至而瓜分之祸实现矣。则生民涂炭，天下糜烂，一观其死伤之惨酷，更当何[以]为国！”[67]这种议论在当时有广泛的群众基础。尽管对待袁世凯、黎元洪等当权者，舍武力解决之外别无他法，但因为缺乏群众基础和实力，武力解决说只能流为空论。

武力解决说没有市场，法律解决又何如呢？当时同盟会中的稳健派是竭力主张法律解决的。他们认为，张、方被害，未经法庭审判，犯者无一字之供词，其人其事，皆不应执行军法……“凡此种种，其违法事实不可枚举”。[68]“违背法律者，只可以法律救正之。舍法律而言他，则必先自蹈于不法律之地位”。[69]可是，袁世凯、黎元洪大权在握，且有军队作为后盾，要用法律整治他们，好比要在太岁头上动土，谈何容易！其必然结局，就只能是不了了之。

再从两党的态度来说，共和党本是袁世凯的与党，而且黎元洪是理事长，只因为杀害的是民社派成员，才引发民社派一时的强烈不满。而经过解释，并以治安问题相要挟，所以很快就消气了。至于同盟会，那时让权给袁世凯还不到半年，袁世凯的反革命面目尚未完全暴露，即使是孙中山，还希望袁世凯当总统十年。因此，决不会因为杀害了张振武，即立刻与袁氏决裂。特别是孙中山和黄兴，紧接着相继应邀北上，袁世凯隆重接待，并“十分虚心”听取孙、黄各项建议，一方面转移了人们的视线，冲淡了张、方被害的紧张气氛；另一方面使孙中山对袁世凯深信不疑，认为袁世凯“实陷于可悲之境遇，绝无可疑之余地。张振武一案，实迫于黎之急电，不能不照办。中央处于危疑之境，非将顺无以副黎之望，则南北更难统一，致一时不察，竟以至此”。[70]对于解决张、方一案，孙中山主张“表彰张振武之功以为和解，免得小题大做，致误要政”。[71]既然在野党的领袖尚持和平态度，和平了结就成为事势所必然。

黎元洪假手袁世凯杀害张振武、方维，本心是指望袁世凯替他承担杀害首义元勋的责任。谁知黎元洪发出的是密电，袁世凯却不替他保密。在宣布张、方两人的罪状时，把黎元洪发送的密电全文公布，使黎元洪无法推卸杀害张、方之罪责。袁世凯这一招，真是十分狠毒的一着。一是杀害张、方，原是在袁世凯的授意下由陈宧一手策划的，主要目的在"借以杀乱党之势"，[72]为推行专制独裁铺路。由于黎元洪密电公布，使人们以为张、方被害，黎元洪是主谋，袁世凯不过顺从黎元洪的意见不得已而为之。这样就把袁世凯主谋杀张振武的责任推得一干二净；二是黎元洪和革命党人的关系，此前虽然歧见日益加深，至少在袁世凯与革命党人的斗争中，表面上还是处在调解中立地位。而黎的密电一经公布，黎元洪与革命党人的分裂很快公开化了。同盟会已公开宣告与黎元洪断绝关系，迫使黎元洪决定死心塌地投靠袁世凯，共同与革命党人为敌；三是黎元洪向来以"宽仁厚道"取信于人，赢得人们的尊敬。黎元洪的密电一经公布，假面具立刻被撕破。在人们的印象中，黎元洪再不是过去那副"宽仁厚道"的面孔，而是一个玩弄权术的伪君子。据说张振武、方维被害之后，陈宧深夜去见袁世凯说："此一举可张大总统之声威，隳副总统之名望。人必谓张、方被戮，黎元洪杀之，非大总统杀之也，借此可易湖北都督。武昌方面，革命文武人物，推戴副总统者，群相解体矣。"[73]由此可见，黎元洪电请杀害张振武、方维，实际得利者不是黎元洪，而是袁世凯。

湖北将校团震于张振武、方维被害，自知难于继续维持，乃借口"财政困难，仰体时艰，公请退伍归田"，于8月28日实行解散。[74]将校团是武昌首义的一支骨干力量，经解散之后，武汉地区的革命力量进一步被黎元洪削弱了。

黎元洪杀害张振武与方维，撕下了"忠厚长者"的伪装，进一步激起革命党人对他的愤恨。血的历史深刻教育了人们，革命者开始认识到："袁、黎不死，即不能真正享共和之幸福。"[75]革命党人顾斌和罗子常兄弟等在武昌城内扎珠街设立秘密机关，在汉口、汉阳等地设立秘密据点数十处，积极与军队中的下级军官和士兵联络，准备于10月10日武昌首义纪念日发动起义，"先行推倒都督并军务司，然后再夺取政权"。[76]不幸起义计划于无意中被泄露。9月24日晚上九时，黎元洪派出宪警，包围扎珠街总机关，捕获顾斌、顾开文、罗子常、罗子达等十多人，连夜执行枪决。25日凌晨一时，武昌城外南湖马队的革命者得知机关被破坏,决定提前起义。不幸在起义门外遇到蔡汉卿、唐克明的伏击,马队的起义者奋起还击,激战三个多小时,起义者阵亡二百多人,余众溃散。天亮以后,黎元洪下令在城内大肆搜捕,“遇有二标马队中人,格杀勿论”。他们乘机滥杀无辜,将尸体抛入长江,“死者当在千人以上”。[77]经过这次大砍大杀,湖北地区曾经参加武昌首义的革命党人,特别是文学社社员,或杀或逃,幸存者已寥寥无几。这就是人们常说的南湖“马队事件”。

从“群英会”起事到南湖“马队事件”,前后不过七个月,革命党人的“倒黎”斗争接踵而起,虽然这些斗争一次又一次地遭到残酷镇压,也使黎元洪感到他的统治很不稳固。为了强化统治,黎元洪先是发布命令,规定:“无论何种党社,军人不得参入,已入者务须脱离。至于秘密结社开会,军人尤宜严禁。”[78]接着又召开军事会议,强调加强思想控制,要求在各队开设精神讲话处,教官须按照历史上之伟人如何励志、如何爱国、如何效命疆场,向士兵详加讲解;还要翔实说明现今之大势、国势之危险、军人之价值,务使深明大义。为了防止再生事变,又拟定《防御规条》,通告各军队,认真遵照执行。[79]他们深知事变迭起,皆由于起义士兵未能得到适当安置,生活无着落。为了消除不安定因素,对起义有功人员实行量予安置,使他们能过安定生活。[80]

注释

【1】易国干等:《黎副总统政书》卷一三,第 14 页。

【2】汪钰荪:《黎大总统书牍汇编》卷五,第 20 页。

【3】章裕昆:《辛亥武昌首义之后》,政协湖北文史委员会:《湖北文史资料》第四辑,第 116 页。据章裕昆说,这些失踪的人,经都督府的人士后来透露,是蔡汉卿等把人抓到都督府杀死之后,用麻袋装好,夜深人静时用大车运到江边,抛入江心,让急流冲走,名曰“送炭渣”。

【4】《亚细亚日报》,1912 年 8 月 6 日;朱宗震等:《民初政争与二次革命》上,第 100 页。

【5】《蒋翊武责问孙武书》,朱宗震等:《民初政争与二次革命》上,第 106 页。蒋翊武在信里还揭露李忠义后由孙武“保其无罪,且请都督发款一千元,以使之走”。

【6】《大共和日报》,1912 年 7 月 30 日;朱宗震等:《民初政争与二次革命》上,第 102 页。

【7】《民国新闻》，1912 年 8 月 11 日；朱宗震等：《民初政争与二次革命》上，第 103 页。

【8】《民权报》，1912 年 8 月 2 日。

【9】仇亮：《张振武传》，严昌洪等：《张难先文集》，第 220 页。

【10】《民立报》，1912 年 8 月 11 日。

【11】以上参见《张振武之革命战史》和仇亮：《张振武传》。分别见武汉大学中国近代史教研室：《辛亥革命在湖北史料选辑》，第 570 页；严昌洪等：《张难先文集》，第 217 页。

【12】《张振武之革命战史》，武汉大学中国近代史教研室：《辛亥革命在湖北史料选辑》，第 570 页。

【13】曹亚伯：《武昌革命真史》正编，第 41 页。

【14】政协湖北文史委员会：《湖北文史资料》第四辑，第 117 页。

【15】易国干等：《黎副总统政书》卷六，第 6 页，

【16】易国干等：《黎副总统政书》卷六，第 6～11 页。

【17】政协湖北省委员会：《辛亥首义回忆录》第一辑，第 92 页。

【18】贺觉非：《辛亥武昌首义人物传》上册，第 176 页；政协湖北文史委员会：《湖北文史资料》第四辑，第 194 页。

【19】易国干等：《黎副总统政书》卷八，第 15 页。

【20】易国干等：《黎副总统政书》卷一三，第 14 页。

【21】《民权报》，1912 年 8 月 22 日。

【22】《民权报》，1913 年 4 月 16 日。

【23】张国淦：《袁世凯与黎元洪的斗争》，杜春和等：《北洋军阀史料选辑》上，第 162 页。

【24】全国政协文史资料研究委员会：《辛亥革命回忆录》第二集，第 110 页。

【25】刘成禺：《世载堂杂忆》，第 94 页。

【26】杜春和等：《北洋军阀史料选辑》上，第 163 页。

【27】何海鸣：《鄂中之政海逆潮》，《民权报》，1912 年 8 月 14 日。

【28】《神州日报》，1912 年 8 月 3 日。

【29】《国民新报》，1912 年 8 月 4 日；《神州日报》，1912 年 8 月 8 日。

【30】《参议院第六十三次会议速记录》，北洋《政府公报》，1912 年 9 月 8 日。

【31】《亚细亚日报》,1912年8月15日。

【32】《神州日报》,1912年8月18日。

【33】张振武:《上袁大总统书》,《神州日报》,1912年8月20日。

【34】易国干等:《黎副总统政书》卷一三,第8页。

【35】《民立报》,1912年8月20日;武汉大学中国近代史教研室:《辛亥革命在湖北史料选辑》,第631~632页。

【36】刘成禺:《世载堂杂忆》,第195页。

【37】仇亮:《张振武传》;严昌洪等:《张难先文集》,第220页。

【38】《神州日报》,1912年8月18日;刘成禺:《世载堂杂忆》,第195页。

【39】《神州日报》,1912年8月18日。

【40】刘成禺:《世载堂杂忆》,第195页。

【41】《民立报》,1912年8月21日。

【42】刘成禺:《世载堂杂忆》,第195页。

【43】杜春和等:《北洋军阀史料选辑》上,第164页。

【44】《民立报》,1912年8月20日。

【45】《民立报》,1912年8月19日。

【46】《民权报》,1912年8月18日。

【47】《亚细亚日报》,1912年8月19日;朱宗震等:《民初政争与二次革命》上,第118~122页。

【48】朱宗震等:《民初政争与二次革命》上,第124~129页。

【49】《民立报》,1912年8月19日。

【50】《民立报》,1912年8月20日。

【51】《民权报》,1912年8月21日。

【52】《民立报》,1912年8月22日。

【53】易国干等:《黎副总统政书》卷一三,第18页。

【54】《民立报》,1912年8月21日。

【55】北洋《政府公报》,1912年8月22日;朱宗震等:《民初政争与二次革命》上,第130~131页。

【56】易国干等:《黎副总统政书》卷一三,第14~16页。

【57】【58】易国干等:《黎副总统政书》卷一三,第18页。

【59】据沈云龙:《黎元洪评传》，第45页；陶菊隐:《北洋军阀统治时期史话》第一册，第140页作“电请辞去副总统一职，并推荐黄兴继任湖北都督和参谋总长”。二者略有出入，待考。

【60】《民权报》，1912年8月22日。

【61】以上均见北洋《政府公报》，1912年9月11日；朱宗震等:《民初政争与二次革命》上，第134~136页。

【62】《民立报》，1912年8月25日；武汉大学中国近代史教研室:《辛亥革命在湖北史料选辑》，第647页。

【63】【64】《民立报》，1912年8月26日，武汉大学中国近代史教研室:《辛亥革命在湖北史料选辑》，第648页。

【65】《神州日报》，1912年8月27日。

【66】《民立报》，1912年8月28日。

【67】【69】《民立报》，1912年8月25日。

【68】《民立报》，1912年8月20日。

【70】《民立报》，1912年9月6日；中国近代史研究所中华民国史研究室等:《孙中山全集》第二卷，第450页。

【71】《亚细亚日报》，1912年8月29日。

【72】《神州日报》，1912年8月18日。

【73】刘成禺:《世载堂杂忆》，第196页。

【74】《民立报》，1912年9月5日。

【75】【76】【77】《时报》，1912年9月30日。

【78】《民立报》，1912年8月25日。

【79】《民立报》，1912年10月7日。

【80】《民立报》，1912年10月13日。

十二

宋教仁被刺 黎元洪"极端"拥袁

张振武等未经审判，惨遭杀害，顿时使袁世凯与革命党人的关系极为紧张。但是，由于袁世凯紧接着邀请孙中山和黄兴去北京，共商国家要政。加上袁世凯无论和孙中山商谈，还是与黄兴会晤，都表现得十分谦虚诚恳，接待的规格也是予以国家元首的待遇，因而很快取得了孙中山和黄兴的信任。孙中山表示："极盼其为总统十年"，自己则全力从事铁路建设，修建二十万里铁路。[1]黄兴也告诉人说："大总统实为今日第一人物，深致倾服。"[2]随后又以孙中山、黄兴、袁世凯、黎元洪四人的名义发表八大政纲：

一、立国取统一制度；

二、主持是非善恶之真正公道，以正民俗；

三、暂时收束武备，先储备海陆军人才；

四、开放门户，输入外资，兴办铁路矿山，建置钢铁工厂，以厚民生；

五、提倡资助国民实业，先着手于农林工商；

六、军事、外交、财政、司法、交通，皆取中央集权主义，其余斟酌各省情形，兼采地方分权主义；

七、迅速整理财政；

八、竭力调和党见，维持秩序，为承认之根本。[3]

这次孙、黄北上和袁世凯商谈政事，黎元洪虽然没有参加。但这八大政纲，征得了黎氏的同意。

由于孙、黄北上和《八大政纲》的发表，持续争执两个多月的国务总理和各部总长人选终得临时参议院通过，"阁潮"告一段落。革命党人和袁世凯的矛盾暂时得到缓和。假如袁世凯此后不推行专制主义，以开明的态度善待革命党人，按照民主方式解决彼此之间的歧见，民主制度当能逐渐步入正轨，辛亥革命后的历史进程将会是另外一种局面。遗憾的是，袁世凯本性难移，专制独裁的思想根深柢固，这就必然要与坚持民主共和制的革命党人产生不可调和的矛盾。这种民主与专制独裁的矛盾，终于在国会选举结果揭晓后很快爆发了。

按照1912年3月公布的《临时约法》规定，约法公布后十个月之内，即要由临时大总统召集国会，制定正式约法，选举正式总统。为此，1912年7月，临时参议院制定了《国会组织法大纲》和《国会选举法大纲》，由袁世凯正式公布。1912年年底至1913年3月，全国各地根据选举法进行了初选和复选，选出参议员274名，众议员596名。其中国民党籍参议员123名，约占45%，众议员269人，也是占45%左右。但是，与国民党对立的共和党、统一党、民主党三党合计，参议员共计69人，只占25%，众议员154人，也只占25.8%；其他多是跨党或不属于任何党派的人。国民党在选举中获得大胜。

随着选举的胜利，国民党代理理事长宋教仁满以为国会正式成立后，国民党就可以像欧美民主国家那样，凭着议会的多数，由国民党组织"政党内阁"，限制袁世凯的专制独裁。他甚至设想通过议会选举，选出黎元洪为大总统，以取代袁世凯。1913年2月，他回家探亲后经过长沙到达武汉，以后沿长江东下，沿途发表演说，抨击当时政治不善，鼓吹改良政治，建设"责任内阁"，建立完善政府。1913年1月8日，他在国民党湘支部发表演说，就提出："为今之计，须亟组织完善政府。欲政府完善，须有政党内阁。今国民党即处此地位。选举事若得势力，自然成一国民党政府。"[4]2月10日，他在国民党鄂省交通部欢迎会上演说，对当时的政治进行了猛烈的抨击。他说："方今中国不独人民可悯，即政府一方面更属可悲。自民国成立，迄今二载，纵观国事，几无一善状可述。"[5]内政最重要的莫如财政，"中国财政之状况，其紊乱已达极度，政府对于财政之将来全无丝毫计划，司农仰屋，惟知倚赖大借款，以为补苴弥缝之术。"外交更不堪问，"至今日外蒙将非我有，而政府犹日处歌舞升平之中，不知是何思想？"[6]2月19日，在国民党沪市交通部欢迎会上又说："今革命虽告成功，然亦只可指种族主义而言，而政治革命之目的尚未达到也。推翻专制政体，为政治革命着手之第一步，而尤要在建设共和政体。……今临时政府期限将满，约法效力亦将变更。至于正式政府成立以后，如能得建设完全共和政体，则吾人目的始可云达到一部分也。"[7]他认为民国以来毫无成就，"皆不良政府之所致耳，……而欲建设良好政府，则舍政党内阁莫属”。[8]

宋教仁在长江中下游放言高论，引起坐踞北京的袁世凯高度注意。宋在北京时，袁世凯曾致送五十万元想收买他，遭到宋的拒绝。此后，他对宋氏的言行，便指令亲信密切监视。眼看宋教仁的言行，很不利于他推行独裁统治，掌握国家大权，一个极其阴狠的暗杀计划，已在精心秘密策划之中。可悲的是，宋教仁满以为自己的言行光明正大，对袁世凯的阴谋暗害毫无防备。当有人告诉他袁世凯可能对他加害之时，他仍然不信，毫无戒备。结果，3 月 20 日晚上十时四十分，当他在上海沪宁车站乘车北上，准备去北京参加正式国会成立，打算以国会多数党的领袖组织政党内阁之际，一颗罪恶的子弹向他胸膛射来，夺去了他年轻而有雄心壮志的宝贵生命。

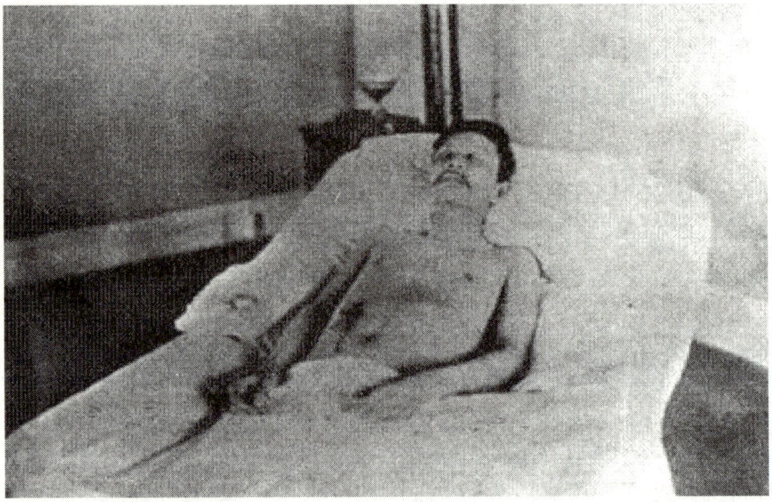

宋教仁被刺

宋教仁被暗杀，是民国成立后第一个政治大案，也是中国推行民主政治的一个重大挫折，立刻引起全国上下的极大震动。经过一番侦察，悬赏缉拿凶犯，案情很快大白：刺杀的凶犯虽然是武士英，而幕后策划者却是国务院总理赵秉钧秉承袁世凯的旨意。

宋教仁在上海被刺杀，远在武汉的黎元洪原不知情，得悉后十分震惊。他于 3 月 23 日致电袁世凯及京外各机关说：

顷闻宋君遯初在沪宁车站遇刺逝世，惊骇无既。宋君奔走革命，寒暑十更，卒能号召人心，推翻帝制。当南北统一之始，挖转猜嗅，缔造艰难，国人视为干城，总统倚为指臂。综其生平事略，昭揭日星。此等元勋，何负于中华民国而惨报若此！元洪向同患难，远接讣音，既深亡国之忧，尤抱失群之痛，五中惨烈，悲愤填膺。尚望各都督民政长严拿正犯，务得主名，雪不平之鸣，弭无穷之患。或者邦人昆弟，犹有宁期。电短泪长，伫候明教。除一面派顾问杨开甲前往治丧外，特此电闻。[9]

从这封电文来看，宋教仁被害，对黎氏的震动确实很大，所以才有“惊骇无既”的感慨。另外，宋教仁是国民党的关键人物，对中国的民主革命作出过杰出的贡献，居然在大庭广众之中被人刺死，他感慨万端，“既深亡国之忧，尤抱失群之痛，五中惨烈，悲愤填膺”。看来他这时并不知道，宋教仁乃是袁世凯指使赵秉钧派人刺死，所以才说：“国人视为干城，总统倚为指臂。”希望各省都督民政长通力合作，“严拿正犯，务得主名，雪不平之鸣，弭无穷之患”。这封电报表明：黎元洪在电求袁世凯杀害张振武等之后，尽管和湖北革命党人中的大部分关系已经恶化，而对全国革命党的领袖人物仍保持较好关系，尚未完全站到袁世凯一边。

可是，就在宋教仁被刺前后，湖北地区发生了“改良湖北军政”的“改进团事件”。据当时出版的《时报》相关报道，改进团“以推翻今政府为主义”，“其宗旨拟推倒袁世凯、黎元洪”。[10]但据当事人回忆，当时参与改进团的季雨霖、蔡济民等与黎元洪的关系不错，不但无倒黎之意，而且有意推举黎元洪通过国会选为正式总统，以取代袁世凯。[11]因为报纸是公开信息，革命党人的意见是内部计划，黎元洪也许并不知情。他得到的只是报纸上的消息，因此对改进团立刻采取了坚决镇压的措施。在此前不久，即农历春节前夕，武汉发生“同志乞丐团事件”。同志乞丐团起因于一些在起义前后对革命有过贡献的人员，因为没有得到适当安置，致使被裁遣后生活无着，谋生无路，待旧历年关到来，于是成群结队，组成所谓“同志乞丐团”，向那些在军政府担任官职的新贵乞讨。其发布的传单说：“吾民穷困已极，又处于暴民政治之下。某等行乞，决不骚扰民间，惟择因革命而致暴富者与前清贪官污吏之家，善求调剂衣食。”[12]从这些传单看，他们并无反黎或反政府行动。黎元洪闻讯，深怕他们到军政府来吵闹，乃至发生更为严重的意外事件。于是派参谋长蔡济民携带银元一万二千元与乞丐团商洽，按名遣散。但是该团负责人借口结社自由，为《约法》所规定，而且不干涉政治，没有解散之必要。还说，乞丐有四五千人，区区一万二千元能起什么作用？因此拒绝接受。

此次乞丐团事件，黎元洪想以散发少量金钱和平了结失败之后，乞丐团到了农历十二月二十八、二十九日，三五成群，向从前同志、现今在位的“暴富儿”告贷年费。“各伟人巨子公馆咸有褴褛无褐辈要求资助，此去彼来，络绎不绝。甚有成群结队，硬索巨款，不予不走，饥则入室寻食，倦则登榻而寐者。各伟人不胜其扰，又不敢骤以强迫对付，惟有隐匿不面，以避其锋。”[13]这次同志乞丐团事件，多半以散财了结。但足以表明，革命党人内部的矛盾已发展到相当尖锐的地步。

事情发展到3月下旬，宋教仁被刺杀案发生后，除了湖北地区内部革命党人之间的矛盾还在继续发展外，全国革命党人和袁世凯的矛盾突出起来，黄兴派遣田桐来汉，带来孙中山和黄兴的亲笔信。信中说：“遁初（宋教仁字）惨遭狙击，经据凶手具吐实情，令人骇怒。大憝未除，必滋后悔。吾党同志，务当振奋精神，从新努力。此间情形，由梓琴兄（田桐字）面达，并盼兄等与之详商种切。”[14]此信寄给季雨霖、詹大悲、蔡济民、熊秉坤、蒋翊武、蔡汉卿诸人。季雨霖乃代田桐邀集黄兴的信中提到诸人，在武昌昙华林第八师留守处会谈。隔了一天，又由季雨霖和田桐联名宴请各部队团长以上、宪兵司令部营长以上及政治方面的高级人士约四五十人聚会。宴后，一部分人作了秘密商议，决定筹组改进团，暂推原第八师师长季雨霖为团长，目的是“改进湖北军政，继续努力进行革命事业”。但是秘密活动刚刚启动，就被黎元洪侦悉。黎元洪利用手中掌握的亲黎军警，残酷镇压了这次事件。由此，黎元洪和湖北坚持继续革命的那部分革命党人的矛盾进一步激化。在全国革命党人和袁世凯之间的矛盾（实质是民主共和与专制独裁的矛盾）中，黎元洪已坚决站到袁世凯一边。黎元洪本是依赖革命党人的拥戴，才当上湖北军政府都督、中央临时政府副总统的，为什么而今反过来投向反革命的袁世凯怀抱，要把枪口对准革命党人，大开杀戒？看来是多种因素酿成的：

首先，黎元洪与革命党人的关系，已由合作走向分裂。武昌起义爆发之际，黎元洪的本心是不愿和革命党人合作共事的。是革命派软硬兼施，努力争取，而且随着革命形势顺利发展，胜利有了希望，同时与革命党人合作有利于保全自身，经过几天的犹豫之后，才答应“帮忙”，甚至表示：“不计成败利钝”，愿与革命党人共生死、同患难。在汉口、汉阳保卫战期间，他总的来说还是支持革命的。到了武汉停战议和期间，袁世凯出山，开始对他进行收买拉拢，此时他的态度开始转变。他作为军队领导人，深知北洋军的军力远在革命派掌握的军力之上，因此对革命军的北伐缺乏信心。南北议和达成协议之后，袁世凯掌握了全国的军政大权。此时的黎元洪，不但继续当上副总统，而且兼任参谋总长、湖北军政府都督。在黎元洪个人的天平上，开始倾向袁世凯。加上袁世凯用二百万收买了黎元洪的亲信饶汉祥，黎元洪更成为袁氏的囊中物。张振武被杀后，尽管张振武是民社成员，由于他在湖北当过军务部副部长，对革命有过重大贡献，革命党人对张振武被杀是强烈不满的。特别是在黎元洪致袁世凯的密电公布之后，人们对黎更加不满。宋教仁被杀，尽管与黎没有关系。然而，宋被杀不过十天，就发生了“改进团事件”，而且牵涉到一大批革命党人，还追踪到总机关设在上海。这样，黎元洪与革命党人之间的矛盾扩大了。到了 4 月 25 日，宋教仁被杀真相公布。第二天，袁世凯与英、法、俄、德、日五国银行团签订了 2500 万英镑善后大借款合同。革命党人与袁世凯集团的矛盾公开激化了。在这种情况下，即使原来袒护袁世凯的章太炎也看清了袁世凯的专制独裁野心，亲自跑到武昌来劝黎元洪支持讨袁。革命党人也派遣章士钊、李经羲、岑春煊等赶到武昌，敦劝黎元洪讨袁。可是，黎元洪却根本听不进去，反而替袁辩解。至此，黎元洪与革命党人基本上公开决裂了。

其次，与袁世凯的拉拢分化有直接关系。黎元洪虽然不是革命者，但武昌首义使他名扬中外。而且，他在当年的政坛上，不是代表他一个人，而是与他的政治倾向大体相同的人的总代表。这类人处于革命党人和北洋派之间，具有举足轻重的作用。革命派为了讨伐袁氏集团想争取他，袁世凯也千方百计要拉拢他，利用他来对付革命派。袁世凯首先拉拢黎的亲信，然后通过黎的这些亲信，引诱黎元洪一切听从他的指挥。其中饶汉祥、陈宧、汤化龙起了关键作用。陈宧（1869—1943），号二庵，湖北安陆人，早年就读于武昌自强学堂，继而入武备学堂，历任武卫前军管带、四川常备军教练官兼帮统、东北第二十镇统制等职，1911 年曾赴德国考察军务。辛亥革命后由北京到南京。1912 年 4 月 3 日，黎元洪被袁世凯任命为北京临时政府参谋长，黎将陈宧推荐给袁为参谋部次长，代表他主持参谋部的工作，从此很快成为袁氏心腹。饶汉祥（1883—1927），字苾僧，二十岁考中举人，1905 年入日本法政大学，1907 年回国后赴福建担任学务所视学。武昌起义后回到武汉，经同学彭汉遗介绍，入都督府做书记，因长于起草文电，后被黎氏提拔为秘书长。黎派他去北京代表他向袁汇报工作，袁给他二百万元嘱咐他做好黎的拉拢工作。刘成禺曾为此事对万鸿喈等说："饶汉祥、陈二庵把黎元洪卖了二百万元。"[15]张振武被杀，就是饶汉祥和陈宧经过精心策划，最后置之于死地。汤化龙(1874—1918)是癸卯年(1903年)进士，武昌首义前担任湖北省谘议局议长。湖北军政府成立，一度任民政部长。因革命党人发现他和清政府暗中往来，他无地自容，随黄兴东下，当了陆军部秘书长，经蒋翊武向黄兴通报了汤化龙通敌情况，不久去职。此后，汤化龙完全倒向袁世凯。他通过陈宧告诉袁世凯，湖北革命党人正在分化。孙武组民社，其目的即在与同盟会对抗，如加以利用，会有莫大好处。他曾向袁世凯建言，要对抗国民党，需要另组织一个大党。袁曾派他去日本迎接梁启超回国，并在经济上大力支持梁启超组织进步党，以与国民党抗衡。陈、饶、汤三人由于受袁世凯收买，均成为黎元洪充当镇压"二次革命"的高参。

第三，国内外形势皆有利于袁世凯而不利于国民党，也是黎元洪投靠袁世凯的一个客观因素。在当时国际上，帝国主义列强皆看好袁世凯，并从各方面给予支持。据统计，1912年3月至1913年6月前，帝国主义列强为支持袁世凯的统治，共计贷款三十二次，差不多平均每月有两次贷款。外交上，他们借口正式政府尚未成立，拒绝承认中华民国，企图借此迫使国民党让权袁氏，实现袁世凯控制下的全国统一。社会上，一般群众特别是工商界，都有一种寻求安定的心理，不愿意国内发生内战，给社会带来破坏。而那些早就与革命党人处在对立地位的改良派，他们标榜为第三势力，实际已成为袁世凯打压革命派的帮手。他们极力主张建立以袁氏为最高领导人的"强有力之政府"。当然，袁世凯的两面派手法在当时也欺骗了很多人。

最后，强烈的"自保"意识，是黎元洪毅然投靠袁世凯的关键一环。黎元洪出身贫苦，甲午战争后又一度丢掉饭碗，好不容易才取得当时的权位。清朝末年，为了保住在新军中的地位，他循规蹈矩，忠于职守。对于部属中的革命党人的活动，经下属发现后向他报告，为了不影响他的地位，他总是采取息事宁人的态度，大事化小，小事化无，决不使事态扩大，以免危及自身。武昌起义后，革命党人推举他为军政府都督。他连声说："莫害我，莫害我！"根源就是怕革命不成功，将罪及自身。后来见到革命有胜利把握，他才答应愿意帮忙。南北议和成功以后，袁世凯当上大总统,他因缘时会,再次当选为副总统,成为一人之下、万人之上的显赫人物,由此保位思想益发严重。他的一言一行,都要首先衡量是否有利于保住自己的权位。他虽然知道是革命党人把他扶上大位,理应对革命党人感恩,但是在革命势力与袁氏反动势力之间反复衡量,认为革命力量远不是袁世凯反动集团的对手,而且他的地位与袁氏息息相关。在黎元洪眼里,袁世凯是当时中国的强人,只有依附于他才能实现自保。同时当时他还没有认识到袁世凯有做皇帝的欲望,不相信一旦时机成熟,袁就会复辟帝制。而且在宋教仁被害后,他十分害怕自己成为“宋教仁第二”。章太炎劝他参加讨袁,他“惧及己,益懔懔”。[16]章太炎和章士钊都以最恳切的态度,“处处劝黎公以国家人民为重,慎勿惑于袁氏之才略能定大局之言,……黎公则抱定非袁则乱的宗旨,竭诚解说,且反劝诸人助袁以固国基”。正是在黎的保位思想和错误认识的指导下,黎元洪拒绝人们的苦劝,表明“极端拥护项城之意见”,“无论如何激劝,始终不为稍动”。[17]

思想决定行动。由于上述诸种因素的影响,黎元洪从1913年4月起,很快变成极端拥袁派,成为协助袁世凯镇压“二次革命”的得力帮凶。

注释

【1】孙中山:《与汤漪的谈话》,中国近代史研究所中华民国史研究室等:《孙中山全集》第二卷,第411页。

【2】《申报》,1912年9月18日。

【3】《民立报》,1912年10月1日。

【4】陈旭麓:《宋教仁集》下,第446页。

【5】【6】《国民党鄂省交通部欢迎会演说词》,陈旭麓:《宋教仁集》下,第457~458页。

【7】《国民党沪交通部欢迎会演说词》,陈旭麓:《宋教仁集》下,第459页。

【8】《国民党沪交通部欢迎会演说词》,陈旭麓:《宋教仁集》下,第463页。

【9】《上大总统并致京外各机关》,易国干等编:《黎副总统政书》卷一八,第8页。

【10】《时报》,1913年3月31日;1913年4月12日。

【11】郭寄生:《改进团的两次失败》,鲁永成:《民国大总统黎元洪》,第206页;贺觉非:《辛亥首义人物传》上,第36页。

【12】《时报》,1913年2月10日。

【13】《时报》,1913年2月12日。

【14】郭寄生:《改进团的两次失败》,鲁永成:《民国大总统黎元洪》,第205~206页。

【15】万鸿喈:《民社成立与黎袁勾结》,鲁永成:《民国大总统黎元洪》,第180页。

【16】章太炎:《自定年谱》;汤志钧:《章太炎年谱长编》上,第425页。

【17】《时报》,1913年5月31日。

十三

充当镇压“二次革命”的帮凶

黎元洪经过成败得失的反复衡量，决定投靠袁世凯以期自保之后，第一个行动就是请求袁世凯派兵进驻湖北，把湖北这块首义基地变成镇压革命的桥头堡。

湖北的军队，武昌起义后成立五协，后来扩充到八协。再后为了准备北伐，又将八协扩编为八镇。1912 年 3 月，奉南京中央临时政府陆军部令，军事编制改为军、师、旅、团、营、连、排、班。镇改称师，变成八个师。中央临时政府北迁后，袁世凯视南方革命党人掌握的军队为眼中钉，借口军饷困难，下令整顿裁减。湖北原有的八师自然在裁减之列。1912 年 7 月，黎元洪即拟将八个师合并为四个师。但是，由于退伍连续引起风潮，裁减工作进展缓慢。直到 1912 年 10 月 26 日，《时报》所载《湖北军队员额调查表》，湖北仍是八个师建制，此外尚有第十七旅、炮兵旅、马队旅、工兵团、辎重团、教导团、宪兵处、近卫警兵处、军乐连、护军、军务司卫队等，共计有官佐 6541 人，夫役 15221 人，兵士 36486 人，官兵总数是 58222 人，每月共需饷银 824480.16 元。[1]袁世凯为了落实裁军计划，实现武力统一，特于 1913 年派遣总统府顾问、湖北蒲圻人覃师范来武汉，与黎元洪磋商裁军问题。经过几次商议，决定召开裁军会议，出席者有第一至第八师师长、军务司长蔡济民、参议王文锦等二十多人。黎元洪在会上提出：拟将八个师缩编为三个师，万一不敷分配，或增加两个旅。

黎元洪的裁军原则是：附己者留，异己者去。亲黎的唐克明（又名黎本唐）、蔡汉卿、王安澜分别担任第一、第二、第三师师长，徐镇坤、吴德震分任第一、第二混成旅旅长。原来的军队裁去一半。唐克明（1880—1933）早年入新军工程第八营，后来陆续升到第二十镇协统。辛亥革命时在上海结纳孙武，投靠黎元洪。蔡汉卿原是共进会会员，后来和孙武一样，与黎元洪同流合污，成为镇压革命党人的干将。王安澜（1876—1924）在第二十一混成协时就是黎元洪的执事官。三名师长都是黎元洪所倚靠的人。至此，湖北的高级将领中已无革命党人。不过，在湖北军队中的中下级军官中，革命党人仍有一定势力。到了 1914 年 2 月，段芝贵接替段祺瑞任湖北都督，湖北的军队只剩第一师，师长由石星川接替唐克明。几乎没有革命党人厕身其间。而黎元洪早在 1913 年 11 月致电扬州第四师参谋副长时说："近日各省裁并军队，一则为军政谋统一，一则纾财政之困难。即如鄂省，原有十一师，现已尽数裁汰。扬军素明大义，婉切开导，必能和平就范也。"[2]

黎元洪以湖北军队不足恃，一面尽量裁减本省军队，另一方面又把自己的命运和北洋军阀捆绑在一起，指望依靠北洋军来巩固他在湖北的统治地位。故从 1913 年 4 月起，就主动请求调集北洋军进入湖北，借以稳定其统治。前已提及，自从宋教仁被刺，南方的革命党人对袁世凯已失去信任。同时又深感自身力量不足，无力与袁世凯集团对抗。因此很想争取黎元洪，共同对抗袁世凯集团。拟通过国会中国民党议员占多数，联合由黎担任理事长的共和党，选举黎元洪为正式大总统，借以取代袁世凯。然而，黎元洪在权衡了双方的力量对比之后，却不理会国民党人的好意，通电坚辞参选大总统，一心一意拥护袁世凯当大总统，借以保存自己。他认为革命党人绝无实力推翻袁世凯的统治，发动倒袁，是愚蠢的举动。西方记者访问他，提示袁世凯"有非常之志"(指做皇帝)，黎表示"决不信"。[3]1913 年 4 月 4 日，黎元洪正式电请袁世凯派兵进驻湖北。电文说："鄂省不靖，请饬李纯派步兵一团到汉，以资镇摄。"[4]4 月 5 日，黎元洪又致电驻守河南信阳的第六师师长李纯说："鄂省不靖，旧军退伍殆尽，请照前电预备混成一团，以便有事来汉镇慑。"[5]黎元洪的请求，正适应了袁世凯消灭南方革命势力、实现武力统一的需要。4 月 9 日，李纯即电告黎元洪："奉大总统令，'第六师听候副总统节制、调遣，以一事权'等因，遵即饬所部第六团准备一切，俟有端倪，即当先行赴鄂面请训示，俾便遵行。"[6]自此以后，北洋军源源不断开入湖北。据《时报》1913 年 5 月 13 日报道，5 月以前，开进湖北的北洋军李纯部已有四千人。到了宋案证据公开，善后大借款成，袁世凯决定对南方大举用兵。5 月 4 日，北洋第二师六团全军由京汉路开来，5 日又有姜桂题的三营及第一师一团开到。总共到汉的北洋兵已有一师多。到了 5 月 21 日，到达湖北的北洋军，除了李纯的第六师全部外，又有第二师、第四师各一个混成团及姜桂题的毅军、拱卫军、豫南巡防队。"武汉三镇的军事要隘，如武昌之青山、金口，汉阳之黄陵矶、沌口，襄河内之仙桃镇，汉口之姑嫂树及硚口、大智门、刘家庙、江岸、谌家矶各车站，迤逦孝感之三汊埠、三道桥、花园、广水，按站皆有北军监守”。[7]

为了保障北洋军的军械供应，陆军部将汉阳兵工厂收归部办，并拨付二百万两作为该厂自制枪胚、增炼钢铁及造机关炮之用。汉阳兵工厂奉陆军部命令，须加开全机，赶造快枪与子弹。所存枪炮与弹药，除湖北应用者外，其余全部运往北方。到5月13日止，已连日运出四批。有人曾劝黎元洪守中立，令北军离境，截运枪弹，皆遭到黎元洪的驳斥。特别是7月12日“二次革命”爆发后，江西成为双方战斗最激烈的战场。北洋军李纯的第六师、王占元的第二师，都是从湖北进入江西，一切运输供应，皆由湖北负责。黎元洪还派遣鄂军第一师及宁军黎天才师驻扎鄂赣边境。名为防守，实是准备随时协助北洋军，镇压江西的革命军。北洋军前线打了胜仗，黎元洪又急派人携款带物，前往犒赏。北洋军不到两个月即打败赣军，进占南昌，处处均离不开黎元洪的支持。

同样，四川第三师师长熊克武在重庆宣布独立，也是由黎元洪操纵指挥，多方联络，汇合北洋军、川军、黔军、滇军、陕军四面围攻，迫使熊克武不得不放弃独立，离军出走。广东龙济光军赶走陈炯明，同样得到黎元洪的大力支持。正是由于黎元洪在“二次革命”中全力支持北洋军，袁世凯才在镇压南方革命军取得基本胜利之际，手书“民国柱石”四字匾额，特派顾问邓品山送给黎元洪，并由军事处发给现银四万元及金银牌若干，交顾问吴兆麟，会同邓品山至各师、旅、团、营传谕慰劳。以示奖励。

另外，对处理“宋案”的态度，由力主“严拿正犯”，很快转变为“维持大局”，“宁可以宋君殉全国，不可以全国殉宋君”。前已述及，黎元洪在宋案发生之初，提出“严拿正犯，务得主名”。其态度基本是正确的。但在真相水落石出之后，知道杀宋凶手虽是武士英，决策指使的却是国务总理赵秉钧和大总统袁世凯。据国务院秘书长张国淦记述，赵秉钧得悉宋教仁被刺时，正在开国务会议，闻电报“大惊失色，当即离座，环绕会议长桌数次，自言自语：‘人若说我打死宋教仁，岂不是我卖友，那能算人！’”后又向张国淦哭诉：“此时只求免职，才可免死。”[8]然而免职后仍不免一死。宋教仁被刺不到一年，赵秉钧即于1914年2月不明不白地中毒死去。4月25日，江苏都督程德全把搜获的文电公布后，大家多意识到“此乃破坏共和之先声”。袁世凯摧残民主共和已进入公开化的新阶段，与国民党人的决裂已经无可避免。黎元洪收到电文后，自然意识到事态极端严重，眼见“外忧内患，迭起环生，若陷旋涡，罔知所底！乃值此存亡一发之际，猝遭惨案，更涉要人，罪案尚未判成，人心已为动摇。举国惶惶，如临大祸”。他睹此危局，却于4月27日通电各省都督民政长：“勿狃于成见，掉以轻心，以镇定息浮言，以公平安大局。至审办宋案，尤应由法律求真状，宣示国民，终必求水落石出，毋激意气以求残害也。”[9]黎元洪的这个通电，有如人心鼎沸之际浇上一桶冷水，以期熄灭熊熊燃烧的反袁大火。他的通电一发表，立刻受到袁世凯的满口称赞。4月30日，袁世凯在复电中说：“以镇定息浮言，以公平安大局。金玉之言，敬佩无似。”[10]

为了缓和群众的愤懑，仅仅过了七天，黎元洪感到大局危亡，迫在眉睫，又于5月4日再次致电袁世凯及各省都督，对宋教仁被刺是否袁、赵指使提出质疑。电文说：“宋案证据，为程都督所宣布者，果否政府主使，抑系应、洪揣测邀功，招摇诈骗，均不可知。”居然将一个铁案如山的宋案降低为一个“均不可知”的疑案。他说：“共和国家，首重司法，岂惟行政官厅不容干预，即立法机关，亦当然不能侵犯。刺宋一案，纯属法律问题，前者宣布证据，不出之于法庭，而出之于政府，学律者犹窃议其非，乃各省团体，当法庭未判之先，动辄任意通电，牵入政治，动摇邦基，加人以犯罪之名，而先自居于违法之实。不知而言之，是谓昧理；知而言之，是谓侵权。”[11]黎元洪的这番议论，从法理上说不无道理。但在当时的中国，因为还不是一个法治国家，实是远离实际。他指责宋案证据由江苏都督公布是违法行为，但如果不由事发地省级政府公布，而送交北京政府司法部，在当时情势下，这些证据怎能大白于世？

事实是：证据公布后，要求北京政府司法部成立特别法庭审理此案，就遭到司法部总长许世英的公开拒绝。迫不得已，上海司法部门才成立特别法庭进行审理。待传讯赵秉钧到案，仍然遭到拒绝。这些事实足以证明，用西方法治国家的办法来行使审判，在当时的中国是万万行不通的。何况主凶是堂堂大总统与国务总理！黎元洪在通电中还说：“逝者已矣，来日方长，同属国民，尤当巩固共和，维持大局，宁可以宋君殉全国，不可以全国殉宋君。必欲激于意气，摇及人心，……设一旦演成惨剧，玉石俱焚。莽莽神州，同罹浩劫。既违诸公复仇之愿，又岂慰宋公革命之心！”这是在说，宋教仁已经死了，人死不能复活，没有必要再去追究责任了，弄得不好，会摇动国本，祸及国家。这是什么话？一个平民百姓冤死，还要为他昭雪；宋教仁为国为民，被袁世凯和赵秉钧指使人暗杀，难道不应该弄得水落石出吗？四十天前，还口口声声要求严拿正犯，而今正犯已经浮出水面，却又呼吁为了“维持大局”，就不必再去追究，这明显是在包庇刺宋主凶，以“危害国家”、“维持大局”为由，替袁、赵开脱罪责。其实，黎氏的所谓“危害国家”，指的就是袁世凯一手把持的国家；所谓“维持大局”，就是维持袁世凯的独裁统治。其实质诚如《民权报》1913年4月16日发表的《呜呼维持大局》一文所指出的：“民贼一日不去，大局一日不宁；民权一日不张，大局一日不固。除民贼以张民权，此维持大局之善策也，舍此惟自尽耳！”

第三，围绕非法大借款，竭力为袁世凯解套。袁世凯为了用武力消灭国民党，急需大量金钱。钱从何来？国内的民脂民膏，已被历代统治者搜刮殆尽。黄兴于1912年5月倡议劝募国民捐，建立国民银行来解决当时的财政困难，又被袁世凯以执行困难所否决。因此，当时唯一的办法就是举借外债。4月26日，即宋案真相公布的次日，袁世凯迫不及待地与英、法等五国银行团签订的“善后大借款”2500万英镑，本来是一年前就着手商借的。由于条件太苛刻，银行团想利用贷款控制中国财政，进而控制中国政治，引起革命党人的强烈抗议。先后经手谈判的唐绍仪、熊希龄，都因外国银行团的条件太苛，引起国人的强烈反对，一直未能达成协议。宋教仁被刺杀，乃袁世凯与国民党人决裂的大举措。袁世凯为了解决镇压革命的财力，实现武力统一，决定以秘密函件方式，承认聘用各国财政顾问等条件。他一方面接受了英、法、德、俄、日五国各派一名财政顾问，另一方面在与俄国秘密谈判中，承认俄国在蒙古的扩张。4月24日，袁政府与五国银行团草签了合同。25日，又秘密向有关国家去函并递交了顾问合同，满足了英、法、德、俄、日五国派遣顾问监督中国财政的要求。国民党得到借款信息，曾派人与外国银行团交涉，企图阻止借款，却遭到拒绝。26日夜间，国民党复派人在汇丰银行大门前守卫，企图阻止袁政府所派代表入内。可是，国务总理赵秉钧、外交总长陆徵祥、财政总长周学熙，却偷偷从北京汇丰银行大楼的后门进入，于27日凌晨与五国银行团签署了款额高达2500万英镑的《中国善后大借款合同》。

善后大借款是英、法等五国和袁世凯之间的一笔政治交易。对于英、法等五国来说,除了获得高额的利息之外,还可通过控制中国财政,左右中国政治。这笔贷款期限为47年,年利高达5厘。因为付款的折扣是84%,实际年利达5.95厘。按照84%折扣付款,五国银行团实际只支付2100万英镑,而47年的利息合计达42893.587英镑,利息等于成本的两倍以上。通过这笔贷款,除英法等五国向中国各派出一个财政顾问外,袁世凯政府还屈从俄国的压力,承认俄国在蒙古的特权。而袁世凯凭借这笔贷款,就可用来充实军饷,购买军械,分化和收买革命党人,实施武力统一政策,实现专制独裁。正由于袁氏得到外国的大力支持,促使国内局势迅速恶化。革命党人与袁世凯集团之间的矛盾才进一步激化。

鉴于这笔贷款的严重祸害,孙中山、黄兴等革命党人坚决反对这笔贷款。签字之前,孙中山就建议上海汇丰银行速电北京汇丰总行阻止签字。同时致电各国政府:"北京政府此时若得银行团之巨款,必充与人民宣战经费无疑。"袁氏"一旦巨款到手,势必促成悲惨之战争"。[12]黄兴得到密报,立刻电告北京国民党总部,竭力设法阻止。4月26日,黄兴为阻止借款签字,又发表致政府及各界人士通电。严正指出:"借款必先由参议院议决,载在《约法》。……今国会正在开会期间,政府乃视同无物,倡言追认,是何用意?财政事项,动与国民生命直接相关,且数至二千五百万镑之多,已溢吾国岁入之半,宁尚不足告语纳税人邀其同意!"[13]善后大借款一经签字,立刻激起国内各界人士的强烈反对。新任参议院正副议长张继、王正廷即日通电各省,声讨袁世凯集团的非法借款罪行。参议院也正式否决这笔非法借款。众议院开特别会议,对于五国银行团这笔借款多数否决。湘、赣、皖、粤四省都督联名发布通电,指出:"借款关系全国人民负担,无论君主共和、民主共和,凡属立宪国均须议会正式通过,方能议借。不意以号称民国、期限既终之政府,乃有悍然不经院议、私借巨款之事。且举借至二千五百万镑之重,其条件内容概未宣布,竟先许外人为审计局总理、借款局总理、盐务顾问、长芦盐务总监各种要职。财权先亡,国本随之,陷民国为埃及之续,以前清专暴所未敢出者,竟见诸民国之政府。……应请大总统立罢前议,副总统、国会、各政党、各省都督、民政长、省议会协力抗争,毋使民国因借款而亡。"[14]

在一片反对善后大借款声浪中,北京国务院传达袁世凯的命令,指责湘赣等四督反抗大借款是:"上无道揆,下无法守,人心一失,大命随之。该都督等亦难辞其责任。……似此张皇宣告，荧惑人心，国事更将何赖！”[15]黎元洪早在5月4日即通告各省，为北京政府非法大借款辩护，声言借款“果如财政部所云，借款大纲已经参议院通过，自不能仅以一偏之见作为废案。即使条约迁就，损失滋多，亦当责参议院丧权，不能罪政府之违法”。而且危言耸听：“不借则我国既无良方，欲借则外人岂能让步！破产之祸，如火燃眉，纵政府止渴饮鸩，铸兹大错，亦惟本和衷之念，筹救济之方，内定人心，外全国体”，不能顿翻全案。希望“统筹全局，协力维持”。[16]5月9日，他又针对当时人们揭露袁氏有帝制野心，为袁世凯辩解，强调“今日舍借款无救急之方，舍五国无现成之款。为今之计，国民惟有监视用途，力求补救”。针对人们提出暗杀宋教仁，是袁世凯为了实行专制独裁，借款是为了对南方革命党人用武的质问，他盛赞“袁世凯为识时之英雄，决不逆潮流而犯名义”。声称：“果有此事，吾鄂以阳夏之惨痛，博此共和，又岂能坐视沉沦，自甘奴隶？”认为宋案与借款如能“和平办理，则国基巩固，国用充盈，威信远行，友邦公认。诸公手创民国，永垂无上荣誉；否则内部崩裂，强敌剖分，民国不存，诸君前此勋名亦将安在”？[17]

黎元洪连发两电为袁世凯辩护后，5月17日，众议院又对善后大借款提出弹劾，指出政府与五国银行团订立二千五百万镑之借款，“未经国会议决，竟于四月二十六日遽行签字，显违临时约法第十九条，国会组织法第十四条。在政府借口此案业经临时参议院表决，当然继续有效。不知契约之结，首重主体。参议院只认六国团借款，现为五国团。主体不同，则前案当然不能继续者一；六国团之借款，既公布谢绝，美国又经脱出六国团，则从前参议院所议政府与六国团借款权业已中断，现又从新与五国团借款，则前案更当然不能继续者二；前周总长报告六国团借款条约，利息五厘五，实收八九；现在利息虽为五厘，实收只得八四，条件变易，则前案不能继续者三。况乎参议院议六国团借款案，元年十二月二十七日前参议院秘密会，周总长报告二十一条件，只五条特别条件有条文，余普通条件十六条仅有大义。……当时六国团借款案尚未正式通过。此次所订借约，何从而得继续有效乎？”“况当国会既开，增进人民负担至二千五百万镑之借款，岂容不待议决，骤擅签字乎？为此依法提出政府违法借款弹劾案，即希公决。”[18]这样一来，众议院如果否决了这笔大借款，袁世凯虽然对南方已作好兵事部署，若没有钱，仍然不敢轻易发动。

正是在这关键时刻，黎元洪又领衔联合十七省都督民政长于5月30日发出坚决反对推翻善后大借款的通电，以国家安危、自身利害，力图阻止众议院推翻袁氏善后大借款。在电文中，他说国家正处于“朝不保夕”的“六危”之中，声言：“公私交困，内外俱穷，舍借债无良方，……舍银团无巨款，……虽明知饮鸩止渴之危，亦勉怀亡羊补牢之念。”电文还把矛头指向国会，提出：“手续未周，应由议院与政府共尸其咎。宽议院失职之过，既似未平；苛政府违法之名，亦恐不受。若必欲执此小疵，遽翻全案，试问当两院否认之后，借款停交，签字作废，一一皆如愿相偿，诸公果有卜式之资乎？抑有刘晏之术乎？……此次已交之款，业经支用者，将何以顷刻筹还？……国产一破，戎祸随之，充其结果，政府不过土崩，国会亦将星散。”希望国会诸公“念时局之艰危，加借款以承认”。至于担心袁氏变心，“当共以铜筋铁血，担保共和，着各省之先鞭，为诸公之后盾。断不使帝制复生，民权中斩。皇天后土，实闻斯言”。[19]

第四，力助袁世凯，全力镇压湖北革命党人的反袁活动。武汉地处南北东西交通枢纽，又是辛亥革命首义之地。东去赣皖，南下湘粤，西上巴蜀，均是扼要之地。革命党人讨袁，自然很希望武汉成为反袁基地。黎元洪要把湖北变成北洋军讨伐革命党人的桥头堡，革命党人无疑竭力反对。如前所述，为了联合倒袁，“宋案”发生前后，革命党人一直想争取黎氏支持。到了5月间，袁世凯磨刀霍霍，积极部署对南方用兵，南方革命党人仍然没有放弃对黎氏的争取。可是，黎元洪成见在胸，毫不为动，矢志拥戴袁世凯当政。5月下旬，某西方报刊记者访问黎元洪，询问是否同意国民党？他斩钉截铁地表示：“余绝不表同意于彼党，因彼党近日举动甚谬，亦甚愚。如谓宋案与政府有关，此其谬也；又彼等绝无势力而欲推翻政府，此其愚也。”此外，他还向西报记者表示：“余此时有军四镇，即第一、第二、第三、第六等镇。将来如不幸以宋案、借款酿成南北战争，余必力助袁总统。”记者又提出，南方诸人皆言袁公有非常之志，问黎信否？黎元洪的回答是：“余信必无此事，惟以近日国会之纷扰，使袁公轻视国会则有之。谓袁公有非常之志，余决不信。”[20]到了8月初，“二次革命”正在进行之中，黎元洪复致电袁世凯，表白自己决志对袁倾心相助。他在电文中说：

元洪率一成之众，倡议东南，悉索敝赋，以当前敌。孤城扼守，屡濒于危，赖大总统斡旋南北，宣布共和，俾藐然一身，既免危机，复偿始愿。是民国之兴，发之者虽由元洪，而成之者实我总统也。元洪爱国民如命，即爱我总统如命，力所能济，生死以之。作乱之徒，挑嫌拨衅，利用反间，破坏长城。周年以来，流言叠起，自维耿耿之忱，不为利淫，不为害慑。明河皎日，久抱此心。纵使以诬诋总统者转谮元洪，犹当拥护中央，不渝初志。况我总统日月之明，非他人所得而蔽惑乎！作伪心劳，徒可笑耳！……尚望互持危局，同竟前功，左提右挈，以图长治。俾元洪锋镝余生，获享共和之福。是有生之年，莫非我总统之所赐也。披胆沥肝，以此为照。[21]

在这封电报里，他把创建共和民国的功劳，完全归功于袁世凯和他自己。而他只有发难之功，完成共和伟业，则全赖袁世凯。正是袁世凯有创建共和民国的大功劳，所以“在下黎元洪”要衷心拥戴。需要指出的是，这里的所谓民国，已不是革命党人主政的民国，而是由袁世凯实行专制独裁的伪民国。是已经变了质的民国，是孙中山一再指出过的，“徒有民国之名，而无民国之实”的民国。黎元洪把民国和袁世凯相提并论，表示要竭诚拥护这个有名无实的民国，如果不是认识糊涂，就是唯利是图，是想通过维护这个假民国，使自己得享“共和之福”。而且把这种“幸福”都视为袁世凯所赐。正是抱着这种是非颠倒的错误认识，他坚决投靠袁世凯，全力助袁镇压了“二次革命”。

湖北的“二次革命”活动，早在宋教仁被刺后即已开始酝酿。但一次又一次地遭到黎元洪的残酷镇压。继4月初“改进团”被镇压之后，到了5月，由于袁世凯加紧部署，积极对南方推行武力统一方针，迫使革命党人不得不孤注一掷，准备武力讨袁。在这种形势下，孙中山和黄兴复派季雨霖、熊秉坤等率领同志多人潜回武汉，在汉口《民国日报》社设立交通部，作为联络处，任命蒋翊武为汉口交通部部长，复派宁调元、熊越山来汉帮同策划。交通部下设立总务、文书、理财、招待、联络五个组。杨王鹏任总务组长，詹大悲任文书组长，温楚珩任财务组长，钟琦任招待组长，钟仲衡任联络组长。他们对湖北各军进行联络。谭延闿对汉口交通部表示关注，曾主动汇款支持，每次都是五万元。《民国日报》归交通部主办。6月9日，李烈钧被袁世凯免职。14日，广东都督胡汉民又被免职。这标志着袁世凯已公开对革命党人下手。湖北革命党人经过一番筹划，于6月23日晚发布动员令，决定6月25日夜以举火为号，各地同时发动。城外革命党人在南湖集中，向武昌城进攻；武昌城内举火响应。季雨霖还命令驻沙洋的旧部刘铁一个团、驻天门岳口的章裕昆一个营同时起义,东下会师武汉。可是,起义未及发动,一个意外的信息引起了黎元洪的注意:23日,上海柳人环案内捕获之嫌疑犯文仲达被从江西押送北京,路过汉口,透露出他们的机关设在上海麦根路32号(B),其派来湖北运动军队并行暗杀之人,机关设在汉口《民国日报》馆。黎元洪侦察到这个消息,即于6月24日早晨先发制人,会同法国汉口租界巡捕搜查汉口《民国日报》馆,搜出起义布告、电文、军人条例等件,捕获编辑曾毅、杨端六、成希禹、周览等四人。[22]25日,黎元洪又探悉机关多处,并讯明于25日夜在省城南湖地方集合,约凌晨一点钟进攻起义门,旗帜、袖章皆用白布为号。被鄂军辎重团查获为首指挥人王泉明、帮同指挥萧大满等三十名,宁军第二团一营四连拿获陈金标、罗汉臣等十八名。另据黎天才呈报,25日夜四更时在造纸厂后靠河边抓获越墙犯钟仲衡等五人。据此,黎元洪认为“乱机四起,情势危急,已获各犯,未便久稽”,经过讯问,“按照军法,分别处决”。[23]26日,黎元洪又命令军警会同德国巡捕在汉口德租界日本人开设之富贵馆拿获宁调元、熊越山两人,复在法租界伊边医院第6号查抄出旗帜多件,并且搜出名册。詹大悲、蒋翊武、季雨霖等事泄后分别逃往上海和湖南。驻守天门岳口的章裕昆所部第三十一团二营接到通知后立刻行动,以讨袁先锋军名义发出布告,于27日宣布独立。28日进攻麻洋潭,随即向仙桃推进,准备沿汉水东下攻取汉阳。黎元洪得知后,即日派驻扎蔡甸的第七旅梅占鳌率领一营赶到仙桃,和驻仙桃的王志祥代团长、宪兵邓贤才营长会同水师谢营长一齐向麻洋潭进击。驻仙桃之汤玉祥团长亦于28日因公由武汉回到仙桃参与攻打。[24]章裕昆敌不过大兵围剿,且战且退,随后把部队带到多宝湾,并致函驻沙洋的刘铁说:“干,你就宣布独立,我就到沙洋来一起干;你如不能干,就派大员来多宝湾接收,免得枪支逃散。”刘铁接到讨袁命令,已知武昌起义失败,所以未能如期发动。待接到章裕昆来信,即告诉他:“省垣各处都失败了。明知其不行了,不能作无谓的牺牲,留以有待。你赶快离开队伍,我派兵来招安。”[25]章裕昆的讨袁起义就这样失败了。

刘铁原是第八师第三十二团团长,驻防安陆沙洋。当章裕昆宣布讨袁时,黎元洪曾经连续三次电令刘铁率部前往会剿。刘铁按兵不动。后见章裕昆败退,又接到章裕昆的来信,才以防堵名义派兵前往,将章裕昆部收编。事情被黎元洪发觉，派遣参议彭兆松赴沙洋，拟将刘部全部解散。当时江西、江苏等地讨袁战争正在进行，安徽、广东、福建、上海等地纷纷宣布独立。刘铁乃于7月21日树起鄂西讨袁军旗号，宣布独立。队伍很快扩大到三千人。沙洋宣布独立后，黎元洪即刻调遣鄂军与北洋军驻湖北部队会剿。刘铁率部反击，首战告捷，击败鄂军第二师新兵，东下武汉，被阻击于天门西边之张港和多宝湾，只得回师沙洋。随后和蒋翊武约商合攻荆州。由于蒋部因故未能践约，被荆州镇守使丁槐率部打败。沙洋也于8月2日被鄂军独立旅徐镇坤攻破。刘铁率领余部拟入河南，与白朗农民起义军汇合，又在光化县境内被堵住无法前进，最后转战于荆州一带，在赴湖南途中全军溃散。袁世凯曾悬赏一万元缉拿刘铁。后来，刘铁本人经湖南到了上海，亡命日本。第二年打算再举讨袁，不幸在上海被袁世凯的爪牙郑汝成引渡死难。[26]

“二次革命”期间，湖北地区发动讨袁的还有保康、房县及鄂西各地，但均被黎元洪一一派兵镇压。整个“二次革命”期间，黎元洪在湖北对革命党人大砍大杀，先后被捕杀的不下二千人。“叹黎元洪之残忍，殆为各都督冠。”[27]

由于黎元洪在“二次革命”期间尽全力镇压湖北革命党人，武昌起义时的湖北革命党人，除了助黎为虐的孙武、蔡汉卿等少数人外，幸存的只有出国留学和逃亡的少数人。昔日革命的首义地，变成黎元洪的屠场。黎元洪因此被斥为“黎屠夫”。

第五，全力助袁，镇压和瓦解各省革命力量。黎元洪在“二次革命”中，拒绝革命派的争取，把赌注押在袁世凯身上。他为了帮助袁世凯铲除南方各省的反袁力量，可以说是使尽了浑身解数。首先是在黎氏的主动请求下，北洋军在“二次革命”前得以顺利大量进入湖北。攻打江西的北洋第六师和第二师，都是事先进入湖北，然后开往江西。按照黎元洪的安排，李纯统领的北洋第六师，早在5月份，就已驻扎鄂赣边境的兴国（今阳新县）田家镇等要害地区。李纯的师部也设在蕲水。李烈钧被免职后，黎元洪兼任江西都督，任命欧阳武为江西护军使，代理都督职权。欧阳武电告黎元洪，要求北洋军不要进入江西。黎氏在6月22日的复电中也应允：“元洪可担保不入赣境一步，即请贵护军使、民政长宣慰地方人民毋生疑虑。”[28]可是，到了7月4日，黎元洪却在未征得欧阳武的同意下，谕令李纯派兵进驻江西九江。7月5日，李纯部第十一混成旅旅长马继增接到命令，即于当夜命令第二十三团并机关枪连由蕲春出发，开往九江。第二十一团及机关枪连陆续开到富池口待命。其余驻扎兴国各地的第二十二团张继尧等部均准备随时出发。[29]

江西讨袁军总司令李烈钧

黎元洪对欧阳武护军使的保证，实际为北洋军入赣起了掩护作用。此外，黎派遣鄂军驻扎鄂赣边境，实含随时援助北洋军的用心。九江镇守使原由革命党人耿毅代理。到了7月11日，黎元洪又致电袁世凯，请求任命北洋军第六师李纯师长为九江镇守使。同日，李纯向陆军部、参谋部报告：第六师除留步兵两营、马炮两营驻守蕲春、田家镇、武穴、兴国等地外，其余已全部进入江西九江沿江一带。此外，他还致电袁世凯及海军部，请调两艘军舰驻扎九江，以备进攻。上述事实表明：7月12日，李烈钧在江西湖口宣布讨袁之前，北洋军在黎元洪的促成下，已有一个师的兵力进入江西。7月14日，黎元洪报告，由北洋第二师派一个混成团前往江西援应。还说等到奉军第二旅一团抵汉，“亦拟随即派赴九江”。[30]结果，王占元第二师混成第七团即于7月15日晨开赴九江。王占元又与黎元洪议妥于7月16日复派步兵两营、管退炮八尊、机关枪一连，由鲍贵卿旅长带往江西。7月16日，袁世凯为了统一江西各军指挥，任命段芝贵为陆军第一军军长，并归黎元洪节制。二十师之混成一旅，三师之混成一团，及第二旅之一团到达湖北后，即开赴江西作战。[31]以上事实又表明：北洋军在短期内能迅速进入江西，与黎元洪引狼入室密不可分。由于北洋军在黎氏的全力支持下，以绝对优势向江西讨袁军发动进攻，江西讨袁军节节败退。8月18日，北洋军进占南昌，大肆淫掠，江西人民遭受了无穷的灾难。江西讨袁就很快失败了。

此外，四川重庆熊克武宣布独立后，也是黎元洪协调各方力量，调动四川、贵州、云南、陕西、湖北以及北洋军前往围剿，才迫使熊克武取消独立，被迫出走。熊克武取消独立后，川军与黔军为了争夺重庆地盘，几乎发生火拼，也是黎元洪出面斡旋，拨给黔军黄毓成部二十三万元，才同意撤出重庆，返回贵州。

第六，联合共和、民主、统一等三党组成进步党，充当袁世凯的御用工具。国会选举结果揭晓后，袁世凯看到国民党在国会里一党独大，亟思组织一个大政党，以与国民党对抗。乃一面示意黎元洪、梁启超积极倡导，另一方面从善后大借款中拨付一百六十万元作为活动经费，由统一党出面，策划三党合并，组成一个大政党。黎元洪原是民社理事长。民社经费由湖北军政府财政司拨款支持。时任财政司长的李作栋，“曾一次拨给民社活动经费五万元”。[32]1912年5月9日，民社联合统一党、国民协进会、民国公会等组成共和党，仍由黎元洪担任理事长，张謇、章炳麟、伍廷芳、那彦图任理事。同盟会改组为国民党之前，共和党基本上操纵了北京参议院的大权。他们竭力反对同盟会提倡的“政党内阁”。1913年国会选举后，国民党在参众两院中均占了优势。为了与国民党对抗，在袁世凯的财政支持下决定实行共和、民主、统一三党合并。1913年5月3日，三党联合发布组成进步党通电。5月25日，正式签订了合同组织进步党的协议书。5月29日，在北京共和党总部举行了正式成立大会，黎元洪再次被推举为理事长，梁启超、张謇、伍廷芳、孙武、那彦图、汤化龙、王揖唐、蒲殿俊、王印川为理事，还有冯国璋、熊希龄、蔡锷等担任名誉理事。三党合并后在致黎元洪的电文中说：

国会既开，百度更始，代表民意，全赖政党。然大党对峙，则政象良；小党分裂，则政象窳。历览欧美，前事可师。我共和、民主、统一三党政见之同，什而八九。党员亦互相出入，……拟融三为一，更党名曰进步。党义三事：一曰采国家主义，建设强善政府；二曰尊人民公意，拥护法律自由；三曰应世界大势，增进平和实利。……敬拟奉戴为理事长，共受指挥，俾有遵循，乞赐承诺。

黎氏在复电中，一方面表示谦让，另一方面表示“愿为一党员，以随诸君子之后，借供驱策”。[33]

三党合并后，因为权位分配问题，内部发生分裂。原共和党民社派张伯烈、郑万瞻、刘成禺、胡祖舜、彭介石等，原统一党黄云鹏、吴宗慈、王湘等四十余人宣布退出进步党。6月16日，为了团结内部，黎氏在致进步党本部电中说：

内讧外患，迭起环生，非有稳健政党，决难救国，决难自存。吾共和、统一、民主三党，内感于政见之相同，外迫于时势之危险，毅然合并，断不容丝毫权利之念羼杂其间。元洪自去年以来，本此目的，惨淡经营，曾屡次派孙君尧卿（孙武）竭诚磋商,幸私愿克偿,大党成立。茫茫前路,或有转机。前有少数议员,因意见未通,辄宣布共和不曾合并。元洪曾再三劝解,……尚希同舟共济,毋事纷争,致为他人所窃笑,本党幸甚。[34]

6月18日,黎元洪又致电共和党本部,谆谆告诫。他说:

共和党本为大党,易名改组,甘自牺牲,使非实逼处此,何至降心相从!既牺牲于前矣,区区条件,何难委屈磋商!乃于宣布合并之后,复行宣布独立,试问能否恢复原状?能否召集多数?能否在议界占优势?能否在政界图自存?既有今日,何必当初!倏合倏离,徒为他党所喜,为外人所笑。来电谓政府不完善,果诸公团体巩固,在共和党可监督,在进步党亦可监督。来电谓暴党横行,征诸国会,合并犹难抵制,若更以稳健党员四分五裂,是惟恐火之不炽,先自减其水力也。元洪与诸君共事年余,岂忍舍旧谋新,顾而之他!惟蒿目危时,痛心暴党,茫茫后路,实难图全。诚不敢轻于主张,至有易发难收之悔。诸公当世群英,谋深虑远,尚乞进而教之。[35]

6月21日,黎元洪又再次致电进步党本部,表示坚决支持三党合并,并愿全心效力。他说:

此次合并之举,适符初志。逆计大局,裨益实多。执鞭相从,实所深愿。元洪对于国家前途之计划,皆将新党是望。自当以爱国家者爱新党,黾勉从事,弗知其他。愿我同人,努力偕行,共肩重任。[36]

由上可知,在三党合并的过程中,即使内部纷争迭起,黎元洪为了贯彻袁氏组织一个大党以对抗国民党的初衷,总是竭力调解内部纷争,力图保住这个袁世凯的御用党。

1913年9月11日,四川讨袁军总司令熊克武由于受到三面"围剿"的威慑,迫不得已,离开重庆出走。全国的"二次革命"宣告失败。从7月12日李烈钧在湖口宣布讨袁,到9月11日熊克武离开重庆,"二次革命"持续仅两个月。在这期间,南方各省先后宣布讨袁的计有江西、江苏、安徽、福建、湖南、四川等六省及上海市。浙江宣布自保。讨袁坚持时间最长的江西、四川,也只一个多月,最短的则只十多天。原来由革命党人控制的省份,经过这次惨败,地盘几乎全部丧失。革命党人在国内无法立足,纷纷逃亡国外。北洋军的势力扩展到江苏、安徽、江西、湖北、湖南等省。这次革命为什么失败得这样快,这么惨?有主客观两方面的因素，而黎“元洪举鄂省之力北附于袁，实为此次‘讨袁’战役迅速失败重要因素之一”。[37]

蒋翊武墓

革命党人对待黎元洪，尽管湖北有部分革命党人如张振武等飞扬跋扈，对他不够尊重，但总的来说，绝大部分革命党人对他还是很看重的，努力想争取他，至少希望他能保持“中立”。可是，黎元洪却以怨报德，在“二次革命”中恨不得将革命党人斩尽杀绝。如宁调元、熊越山二人在德租界日本人所开设之富贵馆被捕后，北京工商总长刘揆一及广东陈炯明等先后致电黎元洪，称赞宁调元等“热心国事，奔走有年”，希望从宽处理。他不听。[38]李烈钧抓获赴江西致送护军使委任状和印信的余大波、汤则沸，致电黎元洪，表示愿以这两个人质作为交换，释放宁调元等二人。黎也不许，最后还是把宁、熊二人杀了。再如蒋翊武，从武汉经湖南，潜逃到广西全州兴安县唐家冲，被当地驻军统领秦步衢的部下抓获，由全州解往桂林。桂军师长陈炳昆报告陆荣廷，分电黎元洪与袁世凯，请示如何处置？黎竟电告袁说：“该犯自称鄂豫招抚使，私刻关防，广发布告，逆迹昭彰。湘鄂一带，党众甚多。不予迅诛，终为巨患。可否饬陆都督从速执行，以昭显戮，出自钧裁。”[39]结果，蒋翊武很快在桂林被害。这样一来，为武昌首义作出巨大贡献的“首义三武”，除了孙武投靠黎元洪得以保命外，蒋翊武和张振武都死于黎的两封电报。还有季雨霖，在1906年的日知会案

孙中山题写“开国元勋蒋翊武先生就义处”

中被捕，后由黎元洪与曾广大保出就医。因此，季很感激黎的救命之恩。季作为改进团的团长，并无意倒黎，只希望改良湖北军政，继续革命事业。可是，1913年6月下旬，季雨霖因策划讨袁被黎破获而被迫出走，黎却不愿就此罢休，仍电请袁世凯下令通缉，“务获归案”。黎元洪对待李烈钧也是一样。江西讨袁失败，谭延闿派军队赴江西迎李烈钧离赣赴湘，在长沙会晤谭延闿和军政司司长程潜后，谭、程安排他登上日轮“武陵丸”，经汉口至大冶，改乘运煤船经沪出海赴日本。而黎元洪得知李烈钧搭乘日轮过汉，却竭力要密拿李烈钧和同行的耿毅。当“武陵丸”过汉时，“黎早派数十人在码头等候。黎的参谋长金永炎曾劝黎说，‘李（烈钧）、耿（毅）援鄂，都有大功于鄂，且和你有不平常之交谊，何必这样认真呢？……’黎说：‘此等乱党不除，中国没有安静之日。湖北起义，各省响应，都是此辈所造，若不歼灭净尽，中国还有安静的日子么？’金永炎听黎说出这样无情的话，只好叹息而已。”[40]从这段讲话不难觉察，黎元洪紧跟袁世凯，残酷杀害革命人士，必欲置之死地，是铁了心的。这与谭延闿，恰好形成鲜明的对比。当1913年6月，湖北策动讨袁、被黎元洪侦破后，詹大悲、蔡济民、季雨霖在日司令官与仓上校的掩护下，登“岳阳丸”直驶上海，黎元洪立刻致电九江镇守使李纯，要求设法缉拿；温楚珩、夏述唐、蒋翊武、杨王鹏、钟畸则登日船沙市轮返湘。温楚珩抵长沙后，偕杨王鹏、钟畸去见谭延闿。谭出示袁黎的通缉电，悬赏五千元缉拿杨、钟、温三人。谭不但没有逮捕他们，而且善意表示：“大势已与革命非常不利。君等年纪尚轻，我拟各给五万元，任便赴日、赴欧留学，以备他日为国效力。”[41]后来在送李烈钧乘船赴日，复送款十万多元。[42]抵日后，李烈钧把这笔款交给黄兴，作为在日本开办浩然庐军事学校和政法学校的经费。两种不同的态度，显示出两种截然不同的品格。

谭延闿

注释

【1】《时报》，1912年10月16日。

【2】黎元洪：《复扬州第四师参谋副长》，易国干等：《黎副总统政书》卷三四，第2页。

【3】《时报》,1913年5月23日;武汉大学历史系中国近代史教研室:《辛亥革命在湖北史料选辑》,第684页。

【4】黎元洪:《上大总统》,易国干等:《黎副总统政书》卷一九,第2页。

【5】黎元洪:《致李纯》,易国干等:《黎副总统政书》卷一九,第3页。

【6】李纯来电,易国干等:《黎副总统政书》卷一九,第3页。

【7】《时报》,1913年5月21日。

【8】张国淦:《孙中山与袁世凯的斗争》,杜春和等:《北洋军阀史料选辑》上,第153~155页。

【9】易国干等:《黎副总统政书》卷一九,第15~18页。

【10】袁世凯:《复黎元洪电》,易国干等:《黎副总统政书》卷一九,第18页。

【11】黎元洪:《上大总统并致京外各机关》,易国干等:《黎副总统政书》卷二〇,第2~3页。

【12】孙中山:《致各国政府和人民电》,中国近代史研究所中华民国史研究室等:《孙中山全集》第三卷,第57页。

【13】黄兴:《致袁世凯及国务院等电》,刘泱泱:《黄兴集》(二),第627~628页。

【14】李烈钧:《与谭延闿等致袁世凯黎元洪孙中山等电》,周元高等:《李烈钧集》上,第146页。

【15】《国务院传大总统令训斥四督电》,朱宗震等:《民初政争与二次革命》上,第268~269页。

【16】黎元洪:《上大总统并致京外各机关》,易国干等:《黎副总统政书》卷二〇,第2~3页。

【17】黎元洪:《致长沙谭都督及赣皖粤三督、上海黄克强》,易国干等:《黎副总统政书》卷二〇,第15页。

【18】《众议员弹劾政府违法大借款案》,朱宗震等:《民初政争与二次革命》上,第353~356页。

【19】黎元洪领衔联合《十七省督反对推翻借款电》,朱宗震等:《民初政争与二次革命》上,第367~370页。

【20】《时报》,1913年5月23日。

【21】黎元洪:《上大总统》,易国干等:《黎副总统政书》卷二五,第8页。

【22】《黎元洪报告搜捕〈民国日报〉馆电》,朱宗震等:《民初政争与二次革命》上,

第451～452页。

【23】《黎元洪为南湖暴动通电》，朱宗震等：《民初政争与二次革命》上，第452～453页。

【24】《黎元洪报告击溃天潜章裕昆起义电》，朱宗震等：《民初政争与二次革命》下，第467～469页。

【25】章裕昆：《辛亥武昌首义之后》，政协湖北文史委员会：《湖北文史资料》第四辑，第121～122页。

【26】《刘铁传》，贺觉非：《辛亥武昌首义人物传》上，第108页。

【27】《民立报》，1913年7月1日。

【28】黎元洪：《致南昌欧阳护军使贺民政长电》，易国干等：《黎副总统政书》卷二十二，第7页。

【29】《黎元洪报告饬李纯派兵赴浔电》，朱宗震等：《民初政争与二次革命》下，第533～535页。

【30】《黎元洪报告赴援九江电》，朱宗震等：《民初政争与二次革命》下，第551页。

【31】《王占元报告增援九江电》，朱宗震等：《民初政争与二次革命》下，第553页。

【32】万鸿喈：《民社成立与黎袁勾结》，全国政协文史资料研究委员会：《辛亥革命回忆录》第二集，第107页。

【33】黎元洪：《复进步党本部》，易国干等：《黎副总统政书》卷二〇，第1页。

【34】黎元洪《致进步党本部》，易国干等：《黎副总统政书》卷二二，第1页。

【35】黎元洪：《致共和党本部》，易国干等：《黎副总统政书》卷二二，第3页。

【36】黎元洪：《致进步党本部》，易国干等：《黎副总统政书》卷二二，第6页。

【37】薛民见：《黎元洪年谱资料》；鲁永成：《民国大总统黎元洪》，第342页。

【38】黎元洪：《致中央及各省电》，易国干等：《黎副总统政书》卷二三，第1～2页。

【39】黎元洪：《上大总统》，易国干等：《黎副总统政书》卷二八，第6页。

【40】耿毅：《癸丑讨袁回忆录》，全国政协文史资料研究委员会：《辛亥革命回忆录》第一集，第557页。

【41】温楚珩：《辛亥革命实践记》，政协湖北省委员会：《辛亥首义回忆录》第一辑，第61页。

【42】张竟渊：《李烈钧年谱》，第16页。

十四

就任正式副总统与瀛台第二囚客

宪法起草委员会委员在天坛合影

1913年4月8日，经过选举产生的国会正式成立，着手制订宪法与选举正式大总统和副总统。究竟是先定宪法，还是先选正式总统，当时引起了争论。按照正常的程序，总统的地位和权力，需由宪法规定，理应先定宪法，后选总统。因此，国会于6月底议决：先制订宪法，再选总统。并且依照《国会组织法》的规定，由参议院和众议院通过互选方式，分别选出三十人组成宪法委员会，着手起草中华民国宪法。7月初，参、众两院的选举结果产生。参议院选出的三十人中，有国民党籍的汤漪等十八人，进步党籍有丁世峄等九人，共和党籍有钱应铭等三人；众议院的三十人中，国民党籍有张耀曾等十五人，进步党籍有刘崇佑等九人，共和党籍有黄元鹏等五人，还有一位夏同和属于超然派。合计国民党籍三十三人，进步党籍十八人，共和党籍八人。国民党占了多数。这样，自然不利于袁世凯推行专制主义。袁为此深感不安。7月中旬，宪法委员会连续开了三次会议，通过了宪法起草委员的规则，选举汤漪为委员长，确定天坛祈年殿为宪法委员会的会所。从第四次会议起即改在天坛召开，所以后来起草的宪法被称为《天坛宪法草案》。

正当宪法起草工作进行之际，"二次革命"爆发了。参议院议长张继等感到，南方国民党人正在与北洋军激烈交火，北京还在坐而论道。只要北京的议会有什么不利于袁世凯的举动，袁就会采取暴力行动。因此，激进的国民党议员纷纷南下参加讨袁，但仍有一部分留在国会察看动静，伺机弹劾袁氏的非法行为。袁世凯则把议员中的国民党激进分子视为捣乱分子，为了配合对南方用兵，下令北京戒严。[1]7月23日，下令逮捕冯自由等国民党籍议员。8月1日，又有国民党籍议员在天津被捕，竟然以“勾结乱党，谋叛民国”的罪名，于8月19日杀害。8月4日，又以“犯内乱罪”通缉居正、胡秉柯、杨时杰、田桐、白逾桓、刘英等国民党籍议员。国民党籍众议员、宪法委员会委员徐秀钧也在北京突然被捕，被押解到江西九江杀害。8月27日，国民党籍的宪法起草委员褚辅成、刘恩格、张我华、赵世钰，以及国会议员朱念祖、常恒芳、丁象谦、高荫藻等同时被捕。由于国民党籍议员连遭逮捕，国民党人惊慌失措，纷纷潜离北京。

进步党首领梁启超，眼见国民党议员连遭逮捕，其议员纷纷出京，担心国会议员人数保不住三分之二，国会将被迫休会。刚成立的国会将立即遭到破坏。为此，他于7月25日、26日连续致函袁世凯，要“设法维持议员，使留京者在总额三分之二以上”，并要“乘此机会，使内阁通过，宪法制定，总统选出，然后国本始固”。为此，他建议袁氏“或用命令，或咨两院议长”，表明“尊重国会”之意，并将议员的公费速行发给。进步党则用种种方法“或吸收使入本党，或别设小团体以容纳之”。并且向国民党籍议员保证：“苟非有附逆实据，政府必不妄逮捕，脱有误捕，本党任为保结，借此以安其心，勿使作鸟兽散。”[2]袁世凯接受了梁启超的建议，公开发布保护国会和议员的命令，实际是以“保护”为名，派议员监视议员行动，防止南下。

为了取得正式大总统职位，袁世凯于1913年5月2日，向国会参议院、众议院建议：“今正式国会完全成立，自此以往，临时之事业将终，正式之时代开始，深望国民代表迅速正式选举大总统，以谋全国人民之福利，而固民国新造之宏祺，无任跂祷。”[3]后来，国会内部就制宪和选总统的先后展开讨论。除了国民党籍议员主张按照法理程序先定宪法、后选总统外，6月15日，进步党内开会讨论时局时，主持会议的梁启超，一方面主张总统仍推袁世凯，另一方面“则主张先定宪法，后选总统”。[4]经过大会表决，以梁氏主张作为该党主张。这样一来，国民党和进步党的主张皆为“先定宪法，后选总统”。对此，袁世凯担心总统职位为他人所夺，又指使他的部属和北洋将领再次向国会提出，要求先选举总统，后定宪法。

在这种情况下，身为临时副总统的黎元洪，其态度至为关键。黎氏得悉孙中山和黄兴已离开上海与南京，深怕袁世凯顿起疑心，不利于己。于是一方面向袁表忠心，于8月4日致电袁世凯，声称："民国之兴，发之者虽由元洪，而成之者实我总统也。元洪爱民国如命，即爱我总统如命，力所能济，生死以之。……尚望互持危局，同竟前功。左提右挈，以图长治。俾元洪锋镝余生，获享共和之福。是有生之年，莫非我总统之所赐也。披胆沥肝，以此为照。"[5]另一方面又于8月5日联合直隶、山东、河南等十四省的都督、民政长致电国会，要求先举总统，后定宪法。这封由黎元洪牵头的《致国会电》中说："民国成立，已越一年，对内无统一之实权，对外无交涉之能力，因循泄沓，上下相偷，开国几时，已成暮气。忧时之士，群归咎于临时政府之长。……为今日计，应请将一切议案概从缓议，同心协力，编制宪法，先将选举总统之一则，即从选举总统入手，或将宪法全部从速制定，即行选举总统，两月之内，一气呵成。国本既定，人心遂安。尤望于各种法律，内审国情，外斟世局，不泥近以昧远，不执私以妨公，不以久远之法典而箝制个人，不弃固有之精神而盲从他国。折衷群议，斟画全归。设从此总统得人，政府成立，既无掣肘之虞，亦免踰闲之患。五族共和，胥遵轨物，内外维系，犹可有成，则是诸公大有造于民国也。"[6]

在此前后，袁世凯还向宪法委员会推出一部由其御用造法机构"宪法研究会"起草的《宪法草案大纲》二十四条，要求按照大纲起草宪法。这是赤裸裸的以行政干涉立法的恶行，遭到大多数宪法起草委员的反对。袁氏见宪法起草委员不愿听命，于是立刻使出恐吓手段，逼使他们就范。先是将宪法起草委员徐秀钧逮捕，8月27日，又逮捕了国民党籍的宪法起草委员张我华等四人，企图借此吓唬其他委员就范。为了推进先选总统，袁世凯还指示总统府秘书长梁士诒，拉拢国会民主党众议院议员李庆芳等组织公民党，在国会里另组"国会议员会"，专门在参众两院内网罗政客，替袁世凯效劳，为选举袁世凯做正式大总统而四处钻营。袁世凯对公民党特别优惠，凡加入该党的议员，每月发给津贴二百元。两院议员中先后加入公民党的二百多人。[7]成为仅次于进步党的第二大党。8月30日，黎元洪又致电梁启超与汤化龙，劝诫他们同意先选总统。电文说："战祸虽纾，乱源未弭。揆察现状，似须先举总统，方足以定人心、固国本。且宪法千条万绪，若概须急就成章，反致有扞格难行之患。俟其就绪，然后再徐议选举，恐内外交讧，中央敷衍，国事益不可为。公意如以为然，即请急力主持，权衡于轻重缓急之序，借救危亡国之福也。”“敢布愚见，即请卓裁。”[8]

在黎元洪等的促迫下，9 月 5 日，众议院终于屈服，议决先选总统，后定宪法。第二天，参议院也做出相应的决定。可是，宪法未定，先选总统，缺乏法律依据。于是在梁士诒的暗示下，公民党的议员又倡议，把总统选举法从宪法中抽出来，由宪法委员会提前起草，交由国会通过公布。9 月 12 日，参众两院召开联合会表决同意，先制定总统选举法，并由两院联合委托宪法委员会起草，“限期五日内起草完成《总统选举法》”。9 月 16 日，《总统选举法》草成，并经宪法委员会通过。到了 9 月 28 日，黎元洪见选举总统的事迟迟未有动静，他又迫不及待地致电参众两院及京外各机关，说什么“元洪独默观世变，终日绕床。觉总统一日未举定，俨若祸在眉睫者，非无病而呻也”。在电报中，他对袁世凯做了肉麻的吹捧：“大总统雄才伟略，卓绝一时，再造共和，易如反掌，岂惟元洪信仰，即环球各国当无异词。使果能宪政措施，以筹远略，对内对外，岂不裕如！”“侧闻宪法起草会已决定先举总统，爰采美洲之先例，察中国之现象。崇论所传，海隅欢舞。乃迟迟数日，阒寂如故；迟之数旬，而阒寂仍如故。在院诸公岂不以天下奠安，无妨稍缓须臾，从容磋商。庸讵知眈眈者之伺其侧，方惟日不足也。俟河之清人寿几何？再或迁延，人岂我待！元洪与诸公宁尚有相见之日乎？伏乞两院速定大计，举行盛典。浃旬之间，期于竣事。亡羊补牢，犹未晚也。”他又生怕议员不选举袁世凯，在电文最后又强调：“内举不避亲，外举不避仇。今以人事国也，何独不然！吾国政府分门别户，然欲达福国利民之目的，必先求戡危济变之才，舍旧谋新，殆难斯选。若以一党之好恶而轻拂舆情，以一己之是非而动摇国本，来日大难，必有噬脐莫及者。举不得人，其害将甚于不举。此尤为两院诸公馨香祷祝者也。”[9]此电发出后，选举步伐大大加快。10 月 4 日，《总统选举法》审议终于完成，当天公布。并且决

莫理循参加中华民国第一正式大总统就任典礼的庆祝券

定10月6日即选举大总统。

1913年10月6日，国会召开总统选举会。在所谓公民团的威逼下，经过一整天的三轮投票，袁世凯终于勉强达到四分之三的选票要求，当选为正式大总统。第二天选举副总统，黎元洪以六百一十票当选。但黎元洪不愿去北京就职。10月10日，为中华民国开国两周年纪念日，袁世凯和黎元洪分别在北京、武昌宣誓，就任正式大总统与副总统。黎元洪在就任正式副总统的宣言中，认为袁世凯当上正式大总统，他当上正式副总统"实中国亘古以来未有之旷典"。并从过去、现在以及将来作了回顾与展望。最后勉励自己和大家："愿元洪勿以今日自矜，愿诸君勿以今日自足，愿大总统益展其安邦靖乱之雄才，以发扬我国权，宣扬我民意，则将来丰功盛业，即以今日卜之也。"[10]这时的黎元洪，满以为大功告成，可以安享天下了！

国会把袁世凯、黎元洪选为正式大总统和副总统后，本打算全力制订宪法，以期把袁氏的权力限制在宪法规定的范围之内，防止他专制独裁。可是，一心一意要专制独裁的袁世凯，岂容国会限制他的权力！因此，刚就任正式大总统，就把矛头指向想限制他的权力的立法机关。黎元洪也随声附和，终于使国会很快瘫痪，最后宣布解散。各省的议会机关，也遭到同样的命运。

袁世凯

1913年10月14日，宪法委员会起草的《中华民国宪法草案》出炉，共计十一章一百一十三条，提交宪法会议审议。袁世凯看了《宪法草案》，认为对总统的权力限制太多。为了抵制这部宪法的制订，先是提出增修约法案以与草案对抗。10月16日，他向众议院提出《增修约法案》。在咨文中，对1912年3月公布的《中华民国临时约法》多方指责。认为临时政府期间产生的种种问题，诸如任用国务员之困难、任用外交公使之困难、制订官制官规之困难、缔结条约之困难等等，"无一非缘《约法》之束缚驰骤而来"。现在正式政府成立，政治刷新，"必自增修《约法》始。盖《约法》上行政首长之职任不完，则事实上总揽政务之统一无望”。袁世凯认为,《临时约法》第四章,关于大总统职权各项规定,“适用于临时大总统已觉有种种困难,若再适用于正式大总统则其困难将益甚。……本大总统一人一身之受束缚于《约法》,直不啻胥吾四万万同胞之身命财产之重,同受束缚于《约法》”。为此他提出增修《约法》案,另缮清单,要求众议院“从速议决见复”。[11]10月18日,袁世凯又向国会提交咨文,指责10月4日由国会公布之《大总统选举法》,侵犯了他的法令公布权。强调:“无论此次议定之《大总统选举法》,或将来议定立宪法案,断无不经大总统公布,而遽可以施行之理。”[12]也就是说,不经他批准公布,他将拒绝承认。

国会收到袁世凯的《增修约法案》时,考虑到正在讨论宪法草案,没有必要再去修改《约法》。至于咨文提出公布权的问题,因为宪法还只提出草案,离定案公布,为时尚早。国会因此暂时搁置,没有即日答复。袁世凯见国会没有答复,而且看到《宪法草案》对他的限制很多,大有碍于他推行专制独裁。为了迫使国会按照他的意向制订宪法,于是当10月24日国会宪法委员会开会时,派遣施愚、顾鳌、饶孟任、黎渊、方枢、程树德、孔昭炎、余启昌等八人为政府委员,突然闯入宪法起草会议会场,声称:“奉总统令,来会陈述意见。”并且宣布袁世凯的咨文,要求今后开会,事先要通知国务院,以便他们随时出席陈述意见。[13]宪法起草委员们认为,制订宪法是国会职权,不容行政干涉。政府派员出席宪法起草会议,“无法律根据”。当即拒绝施愚等人出席。并严正指出:“除两院议员外,其他机关人员不但不能出席,即旁听亦有所不能。”[14]

袁世凯得知所派施愚等人被拒出席,怒不可遏,居然指责“民党议员干犯行政,欲图国会专制”。决心使用暴力手段对付国会,尤其是与他作对的国民党和新建立的民宪党。10月25日,袁世凯即通电各省军民政长官,反对《宪法草案》,认为国会宪法委员会“所拟宪法草案,妨害国家者甚多”,要求“各省军民政长官于电到五日内迅速条陈电复”。企图借行政之力,干预国会的宪法制订。各省都督、民政长跟着袁氏的指挥棒起舞,纷纷发表通电,异口同声,攻击国会宪法委员会提出的《宪法草案》。黎元洪表现特别积极。10月29日接到袁氏电报,11月1日即行复电。在黎氏的电文中,弹的完全是同一个调子。袁氏反对国务员任命中,国会的同意权与不信任投票制。黎元洪就说,国务员同意制“不容存在于宪法”。至于“不信任投票制”,法国曾经采用,但“未尝一次实行”。中国如采用此制,“必至中材以下亦视政界为畏途”。他认为国会对于国务员,“仅宜有弹劾权,不宜取同意制及不信任投票制”。袁氏认为行政诉讼不宜隶属法院,黎元洪立刻拼凑了四点理由,认为把行政诉讼法归属于法院,“恐行政诉讼之效未收,而司法独立之实已失”,建议另设平政院,专管行政诉讼。袁氏在通电中提出,国会闭会期间设立国会委员会,履行国会一些职权,“不特侵夺政府应有之特权”,由于仅由参众两院选出四十人组成国会委员会,将导致“以少数人专制多数人”。黎元洪在复电中则说:“国会闭会期间成立国会委员会,行使国会职权”,不但以少数人专制多数人,不足以代表真正民意,且能使国家命运惟其操纵而无如之何。比如紧急命令,为国家元首宪法上之大权,“今草案竟以同意权予之数十委员,是直剥夺元首宪法上之大权,而使大总统无临时应付之余地”。因此他认为国会委员会“万无存在之必要”。袁氏在电文中提出,以参议院选举之审计员组成审计院,审计政府收支,是在对政府“设置层层束缚,以掣政府之肘”。黎元洪在复电中则主张把审计院交给总统,“由总统选任勋望最高、全国信仰之人”组成,而“不宜以议员组织”。[15]

在黎氏的复电前后,各省都督、民政长对袁氏的电文也纷纷复电响应。袁世凯在通电中除对《宪法草案》横加指责外,还把矛头指向国民党。提出宪法草案中之所以对行政权进行种种限制,是由于国民党议员从中作祟,“国民党人破坏者多,始则托名政党,为虎作伥,危害国家,颠覆政府”。此次宪法委员会,“该党议员居其多数”,意思是这些限制条款多是国民党议员主使。各省军、民政长官和袁氏一鼻孔出气,在复电中,肆意对国民党和宪法委员会进行攻击,提出立即解散国民党,取消国民党籍议员资格。也有的主张解散国会和宪法委员会,由袁世凯另定“万世不易之宪法”。袁世凯得到黎元洪及各省军、民政长官的支持,借口查获李烈钧和江西籍国民党议员徐秀钧之间的往来密电,于11月4日下令解散国民党,取消国民党籍议员资格。并令北京军警立刻追缴国民党议员证书、证章。两天之间,共追缴国民党议员证书四百三十多件。国会从此不足法定人数,无法开会。11月10日,宪法委员会因不足法定人数,自行解散。宪法起草工作随之夭折。11月12日,袁世凯又发布命令,各省议会,凡属国民党籍议员,一律取消资格。黎元洪得电,毫不犹豫地即刻执行。11月12日即下令:“省警察厅长将省城国民党鄂支部勒令解散,所有旗牌、册证、文电、函牍等件,均经封缴到署。”同时通电各县照办。此外，“所有省议会该党议员，一律追缴证书徽章，限令即日出会，以清根本”。在电文中，还恶骂国民党人为“殃民祸国之徒，岂惟法律所不容，抑亦神人所共愤”。[16]

前已提及，由于黎元洪在“二次革命”前后，全力协助袁世凯镇压国民党人。袁世凯为了表彰他的忠诚，赐给他一等文虎章，并且手书“民国柱石”四字匾额，派顾问邓品山捧送至鄂。当选为正式副总统后，袁氏又亲书“中华民国副总统府”，制成匾额，悬挂在湖北都督府大门前，以表示对他信任。但黎元洪尽管对袁忠心耿耿，究竟不是北洋嫡系，不论黎对袁如何效忠，袁还是放不下心。自从正式政府成立，黎当上正式副总统后，袁世凯曾经四次电请黎元洪入京。黎都借故推诿。1913 年 12 月 8 日，陆军总长段祺瑞专程抵达武汉，亲自迎黎进京。随后又派顾问邓玉麟等赶来催促，并已给黎元洪北上准备了专车。黎元洪召集左右秘密协商，知势已不许再作推辞，乃决定都督府政事由参谋长金永炎代拆代行，自己即于 9 日夜启程北上。行前致电袁世凯，表现十分恭谨。电文说：

湖自阳夏媾和，及乎赣宁肇变，荆山欲崩，汉水几沸。幸赖大总统当机斡运，先事绸缪，奠民国于无疆，投元凶于有昊。元洪得依余荫，幸保虚声，未尝不啜茗怀波，茹禾念露。燕云楚树，道阻且长。虽颜色未亲，而神魂久向。……谨于本月九号亲戒行装，面临迪诲。本府一切事宜，应由大总统派员代理。[17]

黎元洪动身之后，复在车上再发一电，告诉袁世凯：“元洪业已起行，本府一切事宜，除先行呈请大总统派员代理外，应暂交参谋长金永炎代拆代行，谨竢候命。”其实，袁世凯对湖北的善后事宜早已作好安排。段祺瑞把黎氏监送上车，陪同走了一程之后就中途返鄂。袁世凯也早有准备，命令段祺瑞代理湖北军政府都督。

12 月 11 日早晨七时，黎元洪乘坐的专车到达北京前门车站。袁世凯以去年接待孙中山和黄兴的规格接待黎元洪：他把自己常坐的金漆朱轮双马车供黎元洪乘坐，派自己的长子袁克定以及接待官黄开文、侍从武官长荫昌前往车站迎接。黎元洪下榻的地方是 1898 年至 1908 年慈禧太后叶赫那拉氏搞戊戌政变后软禁光绪帝的地方——瀛台，其用意可想而知。黎元洪到达北京当天，可能是怀有敬、戒两种心情向各方面发了电报。他给段祺瑞的电报，一方面对段氏“过劳远送”表示谢意；另一方面告诉段氏，早晨到达北京后，“入觐大总统，面谕代理一节，已有令命公暂兼”。[18]并表达祝贺之意，还检讨自己“治鄂两年，深愧无状，得公替我，知免愆尤。闻命之余，敢为全鄂军民额首称庆。特电驰贺，兼致谢忱，即维垂察。元洪现住小蓬莱，并以奉闻”。在《致鄂省各机关人员》电中，除感谢他们对自己在鄂工作的支持外，特意叮嘱他们要听从段祺瑞调遣：“现在鄂都督事，已奉大总统任命段总长兼领。段总长威信素著，忧国为怀，必能造福地方，维持秩序。尚赖诸君子各尽职务，相与有成，本副总统有厚望焉！”[19]在致湖北父老电中，追述了两年以来湖北的情况，认为湖北起义得以成功，“实赖人心归向，众志成城”。而两年以来，兵连祸接，“灾民流离，米食恐慌，金融停滞，纸币浮滥，并一切鄂人之盼望于元洪者，元洪卒无一增幸福于鄂人，遗憾亦何深也！……遥望汉江，不禁泪下”。[20]还有致湘督汤芗铭、赣督李纯、浙督朱瑞的电文，除了告诉他们奉大总统命北上，“进京磋商要政”外，对于未来的行止，则有些琢磨不定，“至元洪以后是否回鄂，尚须俟命，难以预定也。”[21]至于把他调离湖北，袁世凯旨在防止地方割据，黎元洪已经意识到了。他在《上大总统呈请辞去兼领湖北都督文》中说：

夫列侯据地，周室所以陵迟；诸镇拥兵，唐宗于焉弛靡。六朝玉步，蜕于功人；五代干戈，胎自骄将。偶昧保身之哲，遂丛误国之愆。灾黎填于壑而罔闻，敌国入于宫而不恤。远稽往乘，近览横流，国体虽更，乱源则一。

正是有鉴于历史和现实，他请求辞去兼湖北都督，并愿“追随钧座，长听教言。汲湖水以澡心，撷山云而练性。幸得此身健在，皆属解衣推食之恩。倘遇边事偶生，敢忘擐甲执兵之报。伏居待命，无任屏营”。[22]袁世凯收到这份辞督文后，回复了一信，对他“成功不居，上德若谷，事符往籍，益叹渊衷”。特别是对黎在“二次革命”中全力助剿革命党人，大加赞扬。夸奖他：“赣宁之乱，坐镇上游，匕鬯不惊，指挥若定。吕梁既济，重思作楫之勋；虞渊弗沉，追论挥戈之烈。凡所规划，动系安危。伟业丰功，彪炳寰宇。”[23]黎元洪以千百万革命烈士之血，终于换来了袁世凯的无上嘉奖。

注释

【1】《袁世凯之各项命令》，章伯锋等：《北洋军阀》第二卷，第396页。

【2】梁启超：《致袁世凯书》，丁文江等：《梁启超年谱长编》，第674～675页。

【3】徐有明：《袁大总统书牍汇编》卷一，第11～12页。

【4】《申报》,1913年6月19日。

【5】黎元洪:《上大总统》,易国干等:《黎副总统政书》卷二五,第8页。

【6】黎元洪等:《致国会》,易国干等:《黎副总统政书》卷二五,第11~12页。

【7】《宪法新闻》第19期,《宪史》第18页。

【8】黎元洪:《致梁任公、汤济武》,易国干等:《黎副总统政书》卷二七,第16页。

【9】黎元洪:《致两院议员请速行选举盛典》,汪钰荪:《黎副总统书牍汇编》卷四,第35~37页。

【10】黎元洪:《莅任正式副总统宣言》,会文堂新记书局:《黎大总统文牍类编》,第155~156页。

【11】白蕉:《袁世凯与中华民国》,荣孟源等:《近代稗海》第三辑,第58~60页。

【12】北洋《政府公报》1913年10月21日。

【13】【14】白蕉:《袁世凯与中华民国》,荣孟源等:《近代稗海》第三辑,第60~61页。

【15】黎元洪:《会上大总统并致京内外各机关》,易国干等:《黎副总统政书》卷三三,第1~3页。

【16】黎元洪:《上大总统并致京外各机关》,易国干等:《黎副总统政书》卷三三,第18~20页。

【17】黎元洪:《上大总统并致京外各机关》,易国干等:《黎副总统政书》卷三四,第7页。

【18】黎元洪:《致段兼督》,易国干等:《黎副总统政书》卷三四,补录。

【19】黎元洪:《致鄂省各机关人员慰勉》,会文堂新记书局:《黎大总统文牍类编》,第159页。

【20】黎元洪:《致鄂中父老》,易国干等:《黎副总统政书》卷三四,第8~9页。

【21】黎元洪:《致长沙汤都督、南昌李都督、浙江朱都督》,易国干等:《黎副总统政书》卷三四,第7~8页。

【22】黎元洪:《上大总统呈请辞去兼领湖北都督文》,会文堂新记书局:《黎大总统文牍类编》,第199页。

【23】袁世凯复黎元洪文,会文堂新记书局:《黎大总统文牍类编》,第200页。

十五

宁死不屈　拒封“武义亲王”

黎元洪抵达北京后寓居的瀛台，位于南海之中。这里四面环水，只有舟船与外界往来。因为曾是清末慈禧太后叶赫那拉氏软禁光绪皇帝的地方，袁世凯为了避嫌，改名“小蓬莱”。黎氏住宿一个月之际，即 1914 年 1 月 10 日，著名记者黄远庸曾登门访问，撰有《谒黎》一文，对瀛台的情况做了具体的记述。黄远庸说，当时北京城里的南海，已因天寒地冻，结上了一层厚厚的冰。所以，当他前去时，乘坐的是冰船。“海子中的积冰，已层叠深固。故向日之以船行者，今以冰船行矣。船形如轿，最多可容六人。船夫着毛革之鞋行于冰上，从后推转，故极迅速，瞬息已达瀛台矣。”黎元洪入住瀛台的时候，黄远庸正值在南方各地采访。他听人说“黎元洪在湖北时，近卫已尽易北方军官”。此次他登上瀛台，“入门则兵三伍而立，稍进即有与此介绍某君操鄂音道寒暄者，足知不尽确”。黄远庸最先到达副总统办公室，即从前之景星殿。两旁有秘书处和副官处。其对过就是庆云殿，乃黎氏接待客人的接待室。殿左是大餐间，也就是黎元洪宴请宾客的餐厅。这天中午，黎元洪就在这里招待了黄远庸。黎的家属也一同住在瀛台，而随从人员则住在东厂胡同将校俱乐部。黄远庸在《谒黎》一文中还说，瀛台出入管理严格。黎氏左右只有六个人领有徽志（出入证）才可随时出入。其余的人出进，皆必须随时传达或许可。这里离袁世凯的总统办公厅很近，“至多不过二百步”。与黄远庸共进午餐的，包括黎元洪共只五人。里面有一位是刚从湖北来的客人。因此，“座中所谈，以湖北事为多。公询自湖北来之某君以都督府近状，以军队近情，而尤以个人消息为多”。有座客询及章太炎近况，请黎氏设法保全。黎元洪回答：“必可无事。因大总统亦雅意保全之也。”黎氏也谈到章太炎的暴烈作风，说他“前日来府，穿大毛衣，执一羽扇，挂起勋章，见人就丢茶碗打人，如此难怕不闹出事来。送往各处，各处皆不肯收，故暂送拱卫军之教练处招待。刚才我(黎公自谓)与某某某商量,叫他们务必请他夫人来京伴住,令有一种慰藉,或不至生他变。那怕盘费都由我出亦可”。黄远庸通过访谈与共进午餐,始知黎元洪“不吸烟,不饮酒,座客皆饮白水一杯而已”。[1]

瀛　台

黎元洪进住北京,袁世凯为了拉拢他以为已用,对他给予特别关照。规定副总统月俸一万元,办公费二万元,另外还支取参谋总长以及后来参政院院长两个兼职的薪水。据其女黎绍芬估计,每月收入可达五万元。在瀛台居住的一切供应,皆由袁氏负责。[2]据总统府专管特务费的军需处处长唐在礼回忆,黎氏到北京后,袁的左右看不起黎元洪的人很多,但黎元洪当时在全国的名望很高,各方面的人均想拉拢他。这又使袁世凯很不放心。为了确保他的安全,防止别人拉黎,“当时府里警卫严密,出进瀛台的人很有限。黎氏蜷居瀛台,也不免有些情绪”。有鉴于此,特派唐在礼去照顾黎,经常和黎氏联系。并且郑重叮嘱唐在礼:“如果黎有所要求,一般的要让他十足满意,不用请示,马上给他办到。所以,黎那时推荐什么人,安排个挂名参事,每月拿几百块钱,只要黎开口,提示姓名,我如奉到袁的命令一样,总是当天替黎办到。”“送钱去,他总是如数照收。”除此之外,唐在礼还常到瀛台去见黎元洪。唐的妻子沈友琴也是三天两日就去看望黎元洪的妻室,着意安慰他们,把外面的事讲给他们听。同时按照袁世凯的意旨,常常把袁对黎绝无歹意的话说给她听，让黎放心。1915年5月，陈宧调往四川会办军务，唐在礼接任参谋次长之后，两人的来往更加密切。[3]

袁世凯为了增进对黎元洪的信任，黎到北京不久，就主动提出袁、黎两家结亲联姻。据黎重光说：1914年春，袁世凯请黎元洪一家到袁家做客，“袁世凯把他的儿子女儿都叫出来见我父亲。袁说：‘我们两家要交换，你给我一个女儿做媳妇，我也给你一个。’我父亲说：‘我先给你一个吧！’并问他要哪一个？袁世凯表示不计较，只要是黎家的女儿就行。我父遂决把小女黎绍芳许配给袁的九子袁克久（铸厚）。那时绍芳才八岁，袁克久也只十三岁。”黎妻吴敬君询问克久是谁所出？当她得知不是正妻于氏所出，而是姨太太所生，对此婚事非常不满。黎元洪说：“没办法！这是政治婚姻，不然他不会和我合作。”吴敬君一直为此闷闷不乐，一个月也不理睬黎元洪。当时，黎绍芳因为年少，什么也不懂，待长大后，对这件婚事很不满意，精神受到压抑，整天闷闷不乐。她总觉得前途无望，在南开大学预科读了一年，就退学待在家中。黎绍芳长大后曾经提出退婚。黎元洪认为既已订婚，不能反悔，断然不允。黎元洪夫妇于1928年、1930年相继去世，黎重光考虑到妹妹的身体状况，当1934年（按：上海人民出版社的《辛亥革命七十年》一书作1930年）袁克久从美国回来，提起这门婚事。为此，黎重光对袁世凯的长子袁克定说：“现在我妹有了病，这桩亲事算了吧！”袁克定说：“我们有两代交情，父辈做的事反悔也不好，有病婚后可以治疗。”但是结婚后病情有增无减。婚后仅一年多，袁克久就纳妾。黎家把黎绍芳接回疗养一段之后，又送入北京精神病院，直到解放后病死。这场政治婚姻由此可悲地结束。[4]

黎元洪到北京后办的第一件政事，是联合十九个省的军政长官，领衔上书袁世凯，给资遣散国会中留下的“稳健议员”，同时建议由政治会议制订宪法。国民党议员于1913年11月4日被袁世凯明令取缔之后，国会因不足法定人数已停止活动。而余下的其他政党议员仍然滞留北京。对这些议员如何处置？是一个亟待解决的问题。为此，黎元洪以“前兼领湖北都督”（袁世凯已于1913年12月19日批准黎元洪辞去兼湖北军政府都督）身份领衔，联合十九省的都督、民政长，于12月22日上书大总统袁世凯，建议将这批剩下的、黎氏称为“稳健议员”的人，给一笔遣散费，返回各省。在这封上书中，黎元洪等人首先对民国元年（1912年）成立的立法机关参议院进行了否定。说什么参议院“成立年余，制定法案，寥寥无几，惟以党争闻于天下，适为建设之障碍，决无进行之计划”。接着又对1913年4月成立的正式国会大加贬责，声称：“不意开会七阅月，糜帑百万，而于立法一事，寂然无闻。欲仅如前参议院，尚能立东鳞西爪之法而亦不可得。民国前途，岂堪久待！”为此“联名切恳大总统始终以救国为前提，万不可拘文牵义，以各国长治久安之成式，施诸水深火热之中华”。他们还以美国开创初期制订宪法为例，建议效法。用已经召集的政治会议作为代行立法机关，制订宪法。鉴于“现在国民党议员悉数解散，其余稳健议员……已属无从。留此少数之人，既无成立之希望，应请大总统给资回籍，另候召集”。[5]袁世凯看了这份上书，批交政治会议速议办法。随后袁世凯依据政治会议决策，于1914年1月10日发布命令：停止国会议员职务，每人发给旅费四百元，饬令各回原籍。2月28日，又下令将各省议会一律解散。所有一切事宜，由各该省行政长官负完全责任。这样，第一届国会和地方议事机关，仅仅存在几个月，在黎元洪等人一纸上书的建议下，就一起被取消了。

至于制订宪法以取代民国元年（1912年）公布实行之《临时约法》，袁世凯也许是考虑到制定和通过宪法难度太大，改为增修约法。经过政治会议讨论，成立约法会议作为造法机关，由约法会议负责。1914年3月18日，约法会议召开。议员共计六十人，实到四十四人。3月20日，袁世凯担心约法会议不能贯彻他的意向，又向约法会议提交《修改约法大纲》七条：一、外交大权应归诸总统，凡宣战、媾和及缔结条约，无庸经参议院之同意；二、总统制定官制官规，及任用国务员与外交大使、公使，无庸经参议院之同意；三、采用总统制；四、正式宪法应由国会以外之国民会议制定；五、关于人民公权之褫夺回复，总统应自由行之；六、总统应有紧急命令权；七、总统应有财政紧急处分权。[6]约法会议在增修约法时，不折不扣地贯彻了袁氏的旨意。经过一个多月的工夫，《中华民国约法草案》终于4月下旬出炉，5月1日由袁世凯正式公布，定名为《中华民国约法》。依据这个《约法》，原来的内阁制改为总统制。总统的权力被扩大到了极限，凡内政、外交、财政经济、军事等等，大总统皆可以独断专行。这样，凭借黎元洪等人的一份建议，仿照美国建国初期制订宪法的办法制定的《中华民国约法》，与美国的宪法完全是背道而驰，成为袁氏专制独裁的工具。人们称之为袁记《约法》。当时英国驻京记者莫理循说：“这个约法实际上把总统变成终身的独裁者。”[7]

出任参政院院长，为袁世凯推行专制独裁铺路。按照袁记《约法》规定，设立参政院，作为总统的咨询机关。依据大总统提出的咨询事项，审议重要政务。袁世凯于同年5月24日公布了《参政院组织法》。参政院设院长一人，副院长一人，均由大总统特任。参政五十人至七十人，由大总统简任。5月26日，袁世凯特任黎元洪为参政院院长，汪大燮为副院长。并简任当时的名流梁启超、严复、杨度、马良、周学熙、梁士诒、陆徵祥、熊希龄、李经羲等人为参政。黎任参政院长是袁氏早先预定的。未发表前，黎得知后曾找张国淦征求意见。张建议最好推辞不就。但一再力辞，还是推脱不了。发表之后，黎元洪约张国淦担任秘书长，并对张说：“本人已经牺牲，我们一同牺牲。”张答应了。但是发表不久，张国淦母亲去世，居丧不能就职，才改由林长民担任。6月20日，参政院正式成立，袁世凯即下令停止政治会议，“以故参政院隐然为政治会议之继承机关”。[8]

参政院自从1914年6月成立起，到袁世凯1915年秋冬称帝前，在一年多时间里，因为代行立法院职权，议决过不少法律案件，如《行政诉讼法》、《治安警察条例》、《商会法》、《审计法》、《出版法》、《会计法》等。其中对袁氏统治起过重大作用的有《大总统选举法》和《国民代表大会组织法》。1914年8月18日，代行立法院职权的参政院，为了迎合袁氏旨意，建议修改1913年所公布之《大总统选举法》。同年12月28日，《大总统选举法》经袁氏钦定的约法会议修正通过，由袁世凯于12月29日公布实行。按照新《大总统选举法》，大总统的任期改为十年，连任无限制，实际为袁世凯做终身总统提供了法律依据。新选举法又规定：总统的继任人由现任总统推荐于选举会，名额以三人为限。被推荐人的姓名由现任总统事先写在嘉禾金简上面，秘藏于“金匮石室”。临选举时才可从金匮石室取出，交付选举会。这样一来，袁世凯根据新《约法》，在名义上和实际上都成为大权独揽的独裁者。再依据《选举法》，不止成为终身总统，而且可以传之子孙。这个新约法和新选举法，黎元洪不一定亲身参与，甚至不一定完全赞同，但无论如何，是他担任参政院院长期间提议成立的约法会议修正的，自然不能完全没有责任。

最后是袁世凯帝制自为时封他为“武义亲王”，他宁死不受，总算保住了维护共和民主的底线，值得肯定。黎元洪自从张振武等人被杀后一直紧跟袁世凯，充当袁氏镇压革命党人的帮凶，将革命党人浴血奋战得来的成果摧残殆尽。同时在袁氏推行专制独裁中发挥了别人不可替代的作用,其后果无疑是极其严重的。不过,到了袁世凯公开进行帝制运动之际,黎元洪终于醒悟,没有跟随袁世凯走到底。

1915年8月3日,袁世凯的宪法顾问、美国人古德诺在北京《亚细亚日报》发表《共和与君主论》,力言君主政体优于民主政体,中国不适宜行共和制。8月14日,君主立宪派杨度,"禀承极峰之旨",[9]串联孙毓筠、李燮和、胡瑛以及文化名流严复发起"筹安会",打着"筹一国之治安"的旗号,伪造民意,开展复辟活动。8月23日,筹安会宣告成立。24日,筹安会通电全国,鼓吹拨乱求治之法,莫如废民主制而行君主立宪,并请各省将军、巡按使派遣代表来京,讨论国体问题。同一天,段芝贵、袁乃宽、雷震春、江朝宗等军警大员在北京召开秘密会议,讨论帝制进行问题。25日,蒋尊簋、孙武、唐在礼等十多名将领发表通电,主张中国国体宜用君主制;北京军界将校联合会发动军界请愿,改行帝制。26日,杨度又发表《君宪救国论》,鼓吹中国实行帝制。30日,段芝贵、梁士诒等密电各省将军、巡按使,以各省公民的名义,上请愿书,请求改变国体。9月2日,段芝贵、龙济光等十一省将军呈请毅然舍民主而改用君主。帝制复辟逆流很快在全国展开。

9月19日,梁士诒等发起"变更国体全国请愿联合会",要求组织国民代表大会,投票解决国体问题,以沈云霈为会长。20日,参政院代行立法院咨请提前于年内召开国民会议,或者另筹征集民意的妥善办法,为根本之解决。陆军总长王士珍等呈报袁世凯,声称中央及各省一致赞成君主立宪。24日,全国请愿联合会向参政院请愿,反对召开国民会议解决国体,主张由参政院另设征求民意机关。25日,袁世凯咨复参政院,定11月20日召集国民会议,解决国体。28日,参政院议决以国民代表大会解决国体问题,并指定梁士诒、施愚起草办法。10月6日,参政院代行立法院职权,通过《国民大会组织法》草案,并决定不再召开国民会议,而召开国民代表大会解决国体。10月8日,袁世凯予以公布。10月23日,朱启钤、周士齐密电各省长官,国民推戴书中须有"谨以国民公意,恭戴今大总统袁世凯为中华帝国皇帝,并以国家最上完全主权奉之于皇帝,承天建极,传之万世"字样,万勿丝毫更改为要。12月11日,参政院举行国民代表大会,解决国体总开票。秘书长林长民宣布全国各地国民代表大会代表一千九百九十三票,一致赞成君主立宪。参政院遂以国民代表大会总代表名义上推戴书,请袁世凯称帝。袁氏假意拒绝。下午参政院复上第二次推戴书。12日,袁世凯发表接受帝位申令。13日,袁世凯在中南海接受百官朝贺,并严令访查阻挠实行帝制者。旋改总统府为新华宫。

在帝制复辟逆流席卷全国之时，身为副总统的黎元洪采取何种态度？这是对他一次最严峻的考验。前已述及,早在“二次革命”期间,黎元洪曾对西方记者表示,他决不相信袁氏会称帝。如果袁氏改变初志,届时决不助袁。正是基于这种错误估计,他当时才坚决支持袁世凯,镇压革命党人。而今袁世凯果然要复辟帝制,黎元洪终于改变态度,再不支持袁氏的倒行逆施。自从黎元洪北上,被软禁于北京瀛台,“黎知袁氏终不肯安分,不久必有变端,故绝口不谈时事。而于袁氏之所以笼络羁縻者,不谢,亦不拒。每日晨起,讽诵佛经。与人酬酢,颓然若愚。人咸以黎菩萨目之”。[10]不过,黎元洪对袁世凯的帝制野心虽有所觉察,却深畏袁氏心狠手辣,不敢开罪袁氏,以身取祸。自从筹安会事件发生后,袁氏故作姿态,一再否认自身有帝制思想。一天,黎元洪入见,袁世凯又主动谈及此事,试探黎氏态度。并且自我表白:“我本心地明白,岂肯听从彼等胡闹？设公处此,未知意见若何？”黎默然不答。袁氏再三逼黎表态,黎元洪才说:“兹事关系极大,非某所宜与闻。虽然,是否之权悉在元首。若以为不可者,盍以明令解散之。”[11]袁默不作声。

黎元洪寓居瀛台将近两年，由于这里四面环水，寒气逼人。他曾借口夫人体弱多病,畏寒怕冷,几次要求迁出,均未得到同意。帝制运动兴起，新华宫左丞杨士琦对袁说:“中华议改帝国，副总统黎元洪近驻瀛台,观感有碍。”[12]建议把黎迁出。袁世凯于是由其长子袁克定出面，用十万元购买东厂胡同一座私人宅院，赠送给黎元洪。这座宅院是明代大太监魏忠贤的遗园。清朝末年的权臣荣禄也曾在这里居住。民国建立后，曾充作将校俱乐部。1915年9月26日,黎元洪正式携带家眷迁居于此。

黎元洪1915年北京东厂胡同住地

10月1日，黎元洪向参政院提出辞副总统职咨文。副总统办公室通知财政部，自11月起停发副总统薪俸。此后，黎元洪即在东厂胡同“闭户养疴”。遇有宾客来访，“概行谢绝”。[13]

袁世凯接受帝制后发布的第一道谕令，即是12月15日册封黎元洪为“武义亲王”。在此之前，梁士诒曾带着册封令底稿前往黎府，表达袁氏对黎元洪的“德意”。为此，黎氏曾召集左右亲信密谈，征求大家意见。跟随黎氏的人分成两派：一派以副秘书长瞿瀛为首，包括秘书郭泰祺、将军邓玉麟、高尚志，议员张伯烈、张大昕、时功玖、旧秘书黎澍，坚决主张拒绝；另一派以秘书长饶汉祥、平政院院长夏寿康为首，将军孙武、石星川、蔡汉卿、唐克明等均赞成接受。据参与密议的张国淦说，他首先坚决反对，声称：“以副总统立场，万无接受王位之理。”饶汉祥则说：“就名义上想，自不能接受；就安全上着想，又不能不迁就，似不妨容忍一时，再行从长计议。”张国淦进一步提出：

袁固枭雄，但在此时期，决不敢危害副总统，以冒天下之不韪。如果有心危害，即令今日接受，将来亦不能避免。副总统果能保持《约法》上名义，中外观瞻所系，比较上还能达到安全地步。况且事变尚未可知，容有转危为安之一日。即不幸危险发生，副总统为创造民国之人，与民国始终，亦自足以千古。

黎元洪点头称许。饶汉祥说：“如君所言，直是牺牲副总统。我并非赞成王位，但是不愿意副总统牺牲个人耳。”彼此辩论很久，在座者先后发言。唐克明、蔡汉卿甚至拔剑斫地，威逼大家接受，声称“哪个说不接受，就对他不客气”。黎元洪对饶汉祥颇不高兴，曾大声地说：“乾若（张国淦字）见解极是。你们不要多说，我志已定，决不接受。即牺牲个人，亦所不惜。”[14]15日，袁世凯令在北京供职的简任以上文武官员前赴东厂胡同黎府祝贺。这天早晨七时左右，他们就拥到东厂胡同，东到隆福寺，西达皇城根，南过东安市场，北边到达安定门大街，拥挤不堪，道路几被堵塞。到了八时半，人员到齐，即由国务卿陆徵祥率领请见。黎元洪穿着便服出来接待。陆徵祥发表贺词，并宣读了册封令：

光复华夏，肇始武昌。追溯缔造之基，实赖山林之启，所有辛亥首义立功人员，勋业伟大，及今弥彰。凡夙昔酬庸之典，允宜加隆。上将黎元洪建节上游，号召东南，拱卫中央，坚苦卓绝，力保大局，百折不回。癸丑赣、宁之役，督师防剿，厥功尤伟。照《约法》第二十七条，特沛荣施，以昭勋烈。黎元洪着册封武义亲王,带砺山河,与同休戚,槃名茂典,王其敬承。[15]

黎元洪当场答复说:

大总统虽明令发表,但鄙人决不敢领受。盖大总统以鄙人有辛亥武昌首义之勋,故优予褒封。然辛亥革命起义,乃全国人民公意,及无数革命志士流血奋斗,与大总统支持而成。我个人不过滥竽其间,因人成事,决无功绩可言,断不敢冒领崇封,致生无以对国民,死无以对先烈。各位致贺,实愧不敢当。[16]

说完,转身入内。前来致贺的人亦默默离去。下午,袁世凯又派永增军衣庄成衣匠来到黎宅,为黎元洪量制亲王服。黎元洪坚拒不许。并说:“我非亲王,何须制服?”[17]过了一天,政事堂以公文送武义亲王府官制到黎宅。封面大书“武义亲王开拆”字样。收文者仅看政事堂封面,没有注意背面还有“武义亲王”字样,结果被收文者误剪。待呈请黎元洪阅看时,黎元洪震怒说:“我非武义亲王,岂能收交‘武义亲王开拆’之公文?”立令退回。收文者多方设法换封,才把拆封的事掩饰过去。

当时平政院长周树模(湖北天门人),因不满袁世凯帝制自为,辞职离京。他听到瞿瀛说,黎元洪决辞武义亲王,特来告别。黎元洪把周树模延入葡萄亭,二人密谈,并共进午餐。周对黎说,副总统不受武义亲王,“是为鄂人顾全武昌起义一大脸面也。前清变民国,予等皆清室旧臣,民国无君,以人民为君,予等无二姓之嫌,皆可厕身作官。今袁氏称帝,予等事之,弃旧君而事叛臣,何以自解?予在前清,由翰林、御史而巡抚,尚走避之,副总统在前清,不过一混成协协统,入民国则位居二人,若遇事故,即有一人之望,愿副总统为民国计,为鄂人计,为本身计,坚决勿受此王封。”黎元洪做人,一向尊重前辈,听了周树模的一席话后说:“得朴老言,吾计决矣。”[18]黎元洪拒受武义亲王后,袁世凯又召饶汉祥、夏寿康密议。并送给饶汉祥十二根大人参,慰劳饶汉祥的病。饶汉祥和夏寿康建议再次向黎元洪册封,估计黎元洪会接受。12 月 19 日,政事堂奉到申令:“前以武义亲王黎元洪盛怀昭章,策勋封爵,式符名实,众论翕然。乃王犹怀谦抑,恳切辞封,既见冲襟,益思往绩。王当辛亥多事之秋,坐镇鄂疆,功在全局,凡所建议,悉出真诚,谋国之忠,苦心无比。功懋懋赏,岂惟予一人之私,王其只承前命,毋许固辞。此令。”袁氏派遣大礼官拿着诰封申令,由九门提督江朝宗陪护随行,直接进入黎宅大厅。江朝宗长跪不起,手捧诰封,大呼“请王爷受封”。黎元洪在室内见此情景，大怒不止。指着厅内一大柱说："你们如再逼我，就撞死在这里。"[19]即嘱瞿瀛起草辞王位函。内中云："武昌起义，全国风从。志士暴骨，兆民涂脑，尽天下命，缔造共和。元洪一人，受此王位，内无以对先烈，上无以誓神明，愿为编氓，终此余岁。"袁世凯见黎元洪辞意坚决，此后即不再提。自此以后，新华宫送黎元洪的信函，封面皆写"黎先生"。黎元洪在袁世凯称帝的八十三天里，"杜门不出，唐经宋帖，诵写永日。笑语人曰：'项城作皇帝，我倒书法成家，从此可点翰林矣。'"[20]

袁家与黎家，自从结为姻亲之后，每逢过年过节，均要馈送礼品。1915 年岁末，袁家送给黎家的年礼，用红帖书写"赏武义亲王"。命令差官四人，披着红带骑在马上，送到东厂胡同。黎元洪见了，十分生气，拒绝收受。第二天，袁仍旧用"姻愚弟袁世凯"名义送来，黎才接受。

注释

【1】黄远庸：《谒黎》，朱传誉：《黎元洪传记资料》(二)，第 75～76 页。

【2】薛观澜：《袁世凯与黎元洪结合之史实》，朱传誉《黎元洪传记资料》(一)，第 208 页。

【3】唐在礼：《辛亥以后的袁世凯》，杜春和等：《北洋军阀史料选辑》上，第 104～105 页。

【4】本节参考黎重光：《回忆我父黎元洪二三事》，全国政协文史资料研究委员会：《辛亥革命回忆录》第六集，第 304～305 页；黎绍芬：《黎元洪事略》，《天津文史资料》第十一辑，第 133～134 页。

【5】会文堂新记书局编：《黎大总统文牍类编》，第 21～22 页。

【6】李剑农：《中国近百年政治史》，第 374 页。

【7】骆惠敏编：《清末民初政情内幕》下，第 486 页。

【8】谢振民：《中华民国立法史》，章伯锋等：《北洋军阀》，第二卷，第 532 页。

【9】刘晴波：《杨度集》，第 816 页。

【10】许指严：《新华秘记》，荣孟源等：《近代稗海》第三辑，第 361 页。

【11】许指严：《新华秘记》，荣孟源等：《近代稗海》第三辑，第 362 页。

【12】刘成禺，张伯驹：《洪宪纪事诗三种》，第 184 页。

【13】《时报》，1915 年 10 月 16 日。

【14】张国淦：《袁世凯与黎元洪的斗争》，杜春和等：《北洋军阀史料选辑》上，第

173 页；刘成禺，张伯驹：《洪宪纪事诗三种》，第 184 页。

【15】陶菊隐：《北洋军阀统治时期史话》第二册，第 130 页。

【16】张国淦：《袁世凯与黎元洪的斗争》，杜春和等：《北洋军阀史料选辑》上，第 173～174 页。

【17】张国淦：《袁世凯与黎元洪的斗争》，杜春和等：《北洋军阀史料选辑》上，第 174 页。

【18】刘成禺，张伯驹：《洪宪纪事诗三种》，第 185～186 页。

【19】刘成禺，张伯驹：《洪宪纪事诗三种》，第 185 页；黎绍芬：《黎元洪事略》，《天津文史资料选辑》第十一辑，第 134 页。

【20】刘成禺，张伯驹：《洪宪纪事诗三种》，第 185～186 页。

十六

首任正式大总统

袁世凯逆历史潮流而动，自导自演，伪造民意，复辟帝制，激起普天同愤。诚如梁启超在《袁政府伪造民意密电书后》一文中所言："此次皇帝之出产，不外右手挟利刃，左手持金钱，啸聚国中最下贱无耻之少数人，如演傀儡戏者然。""所谓讨论者，皆袁氏自讨自论。所谓赞成者，皆袁氏自赞自成。所谓请愿者，皆袁氏自请自愿。所谓表决者，皆袁氏自表自决。所谓推戴者，皆袁氏自推自戴。举凡国内国外明眼人，其谁不知者。然而，袁氏方以为天下皆易欺，狡不自承，以至今日。"[1]袁世凯欺人自欺，以为如此一番造作，就可欺骗天下人耳目，安然荣登皇帝宝座。其实正是搬起石头砸自己的脚。其结果是：帝制活动一旦正式出场，立刻激起全国人民"无一人不反对"。即使袁氏昔日的亲信，也是众叛亲离。除了副总统黎元洪坚决抵制，拒受"武义亲王"外，以前和袁最亲密的徐世昌、段祺瑞、冯国璋，都相继离开了他。徐世昌（1855—1939），号菊人，是袁氏少年结盟的拜把兄弟，算得他的第一知己。1914 年 5 月 1 日，袁氏公布了由他一手炮制的《中华民国约法》，责任内阁制被篡改为总统负责制。袁下令撤销国务院，在总统府设立政事堂，任命徐世昌为国务卿，监督政事堂事务，成为袁氏一人之下、万人之上的显赫人物。袁氏帝制自为，于 1915 年 10 月 25 日在全国各地区进行国民"代表选举"。27 日，徐世昌因为不赞成帝制，即称病请假，移居天津。段祺瑞（1865—1936），字芝泉，乃袁氏手下的心腹大将，在袁氏 1912 年初窃夺大总统和 1913 年镇压"二次革命"中都发挥了极为关键的作用。而今眼看袁世凯即将称帝，他先是借口疾病引退，养疴西山，接着正式辞去陆军总长。冯国璋（1859—1919），字华甫，袁氏策划帝制，他坐踞南京，密切注视着袁氏的帝制活动。他听说袁氏将复辟帝制，即于 1915 年 6 月偕同梁启超前往北京探听虚实。当时袁氏信誓旦旦，向冯国璋保证："我绝无皇帝思想。袁家没有过六十岁的人。我今年五十八，做皇帝能有几年？况且皇帝传子，我的大儿子克定残废，二儿子克文假名士，三儿子克良土匪，哪一个能继承大业？你尽管放心。”冯国璋听了袁氏这一席谈，信以为真，认为袁氏不会做皇帝。可是，没过两个月，帝制活动就粉墨登场了。冯始知上了大当，从此再不信任袁世凯。[2]

冯国璋

徐世昌

段祺瑞

除了北洋自身之外，一般人民因为深受袁氏统治下的压迫剥削之苦，都反对袁世凯做皇帝。清室遗老遗少，醉心于复辟清室，自然反对袁氏称帝。革命派内部在反袁问题上原来有急进、稳健两派，待袁世凯要做皇帝，两派一致举起了讨袁护国的旗帜。进步党曾经在“二次革命”和选举正式大总统中，打压国民党，充当袁氏的御用工具。待到帝制活动开锣，态度立刻改变，迅速卷入反帝制斗争。1915 年 8 月 15 日，即筹安会发起之次日，蔡锷即赴天津密晤梁启超，商洽讨袁大计。两人当即商定，由梁启超负责舆论造势，公开反对帝制；蔡锷“宜深自韬晦，勿为所忌，乃可以密图匡复”。[3]会后蔡锷回到北京，与袁氏虚与委蛇，表面上带头签名劝进，似乎毫不犹豫地拥护君主政体；背地里则积极筹划反袁。一方面密电云贵两省军界，商议准备讨袁，并电戴戡来京，密商大计；另一方面又写了一封长达十七页的长信寄给远在美国的黄兴，详告国内形势及讨袁计划。黄兴收到蔡锷的信后，经过认真考量，断定倒袁时机已经成熟，一面计划在美筹款，宣传倒袁，作经济和舆论上的支援；一面嘱儿子黄一欧立刻动身去日本，以便与各方面取得联系。他还写了两封信，一封致孙中山，谈到袁世凯必将称帝，“三次革命”发动的时机已经成熟，如有所命，随时听从召唤；一封交正在东京的张孝准，嘱咐他立即与蔡锷取得联系，相机行事，协助蔡锷离京，潜赴云南倒袁。[4]

在讨袁护国运动中，孙中山领导的中华革命党发动最早，但因力量太小，作用和影响不大。在护国讨袁运动中起了决定性作用的，是由原国民党中的稳健派、进步党人以及西南各省实力派联合发动的护国战争。蔡锷领导的护国军第一军，作用尤其显著。护国军原拟定名“共和军”，李烈钧认为这个名称容易与从前的“共和党”混淆，被人误认为是共和党一派人的行动，建议改用其他名字。恰好那天开会的地点在护国寺，而此次兴师又是以护国为目标，乃决定称“护国军”。这次云南讨袁护国的军队共分三军：第一军以蔡锷为总司令，向四川进军；第二军由李烈钧率领，向两广进军；第三军由唐继尧率领，坐镇云南。蔡锷率领的第一军分为三个梯团，共计三千一百三十人。他抱着要“为四万万人争人格”的崇高志向，不顾成败得失，拖着患有重病的身躯，在四川纳溪至泸州之间，与北洋军进行了艰苦卓绝的战斗，给予北洋军以极其沉重的打击。袁军主力死伤大半。蔡锷在《致梁启超电》中说：“泸城方面，系逆军第七师与第三师之第六旅，为袁逆之常胜军，与我搏战月余，死伤大半。现惟伏居战壕，不敢越雷池一步。即其新到之第八师，亦有闻风丧胆之势。”[5]敌军师长张敬尧事后自述：“当日三路攻纳，期在必得。由双河场来攻冠山的系曹（锟）师最精锐的王承斌团和张所部的步兵一旅、炮兵一营编成。不意吃了大败仗，士兵伤亡约计一千七百余人，营长十人，死伤其九，旅、团长均负伤。”[6]

梁启超

蔡　锷

护国战争于1915年末首先由云南发动后，1916年1月27日，贵州宣布独立。3月15日，广西宣布独立。3月17日，直隶巡按使朱家宝将冯国璋、张勋、李纯、靳云鹏、朱瑞等五将军联合密电各省，请速取消帝制的电文转报袁世凯。同日，广东龙济光通电辞去云南查办使，赞成共和。当护国运动一波又一波连续发动之际，蜷居多时的黎元洪，屡次与张国淦商议解决时局办法。张国淦向黎氏提出，为了扭转此时局面，在北京方面，非徐世昌、段祺瑞出面不可。为此，征得黎元洪的赞同，张国淦两度赴天津会晤徐世昌，力促徐世昌出面劝袁世凯退位。徐世昌以为，明白提出要袁退位，他不便开口，乃嘱张国淦替他代拟一信，"劝其取消帝制"。张国淦当即代拟一函，内有"及今尚可转圜，失此将无余地"等语。徐世昌认为措词得体，乃把张国淦的代草信函中刺激的词语删去，亲自缮写，派专人送交袁世凯。恰好此时，正值袁世凯收到朱家宝转来冯国璋等五将军请速取消帝制的密电，而驻日本公使陆宗舆也电告，日本准备派兵进驻中国要地，以免妨碍东亚和平。新华宫中正彷徨无策。袁世凯收到徐世昌的信，当天就派人赴天津，请徐世昌来京。张国淦回北京后，把情况告诉黎元洪，同时向段祺瑞细述经过。段氏亦很赞同。[7]

3月18日，徐世昌抵京，围绕取消帝制以及取消之后的安排，与袁世凯密谈半天。20日，袁世凯召集国务卿、各部总长、参政院院长、平政院院长、肃政厅肃政使开会，讨论取消帝制诸问题。22日，袁世凯下令撤销承认帝位案，仍称大总统；发还各省推戴书，停止所有筹备事宜；焚毁关于帝制之公文八百多件；准陆徵祥辞去国务卿，以徐世昌继任。23日，又准冯国璋辞去参谋总长，以段祺瑞继任。同时命令：所有洪宪年号应即废止，仍以本年为中华民国五年（1916年）。此外，袁氏还派遣阮忠枢专程前往南京，征询冯国璋的意见。在征得黎元洪同意后，以黎元洪、徐世昌、段祺瑞的名义，致电蔡锷、唐继尧、刘显世、陆荣廷等，请取消独立，撤回滇、黔、桂三省军队，并派代表到北京商量善后办法。

帝制取消以后，重点转入袁世凯是否退位以及由谁来继任总统。从3月底到6月初，围绕这个问题，各方又展开了反复而激烈的唇枪舌战。3月23日，袁世凯在下令撤销帝制后曾约张国淦谈话，探听各方反应。他承认时局弄得这样糟，都由于自己昏聩糊涂，与左右无干。他问到副总统有何救济之策？张国淦回答："副总统未有表示。"又询问外边的议论如何？张说："都是退位不退位问题。"

再问到冯国璋的情况，并问冯氏是否左右袒？张国淦的答复是："若果左袒则左胜，右袒则右胜。但是不左不右便难耳。"袁氏微叹无言。袁又问到自己是退位好，还是不退位好，张国淦送给他八个字："急流勇退，实至名归。"而袁世凯本心，则仍想继续做总统。对此，黎元洪感叹说："今日冯尚有电谴责他，旧部都已涣散，他还如此恋栈，真不可解。"[8]

袁世凯宣布取消帝制后，西南护国势力的态度是：坚决要求袁氏退位，由黎元洪依照《临时约法》继任总统。据梁启超在《国体战争躬历谈》中称，他在天津与蔡锷密谋时，"曾议俟云、贵、两广独立，观形势如何，即先组织一临时政府，戴黎公元洪为总统。盖袁氏既已叛国，失去大总统资格，依约法当由黎公继任也"。[9]3月24日，唐继尧得到某国领事报告，知道袁氏已下令取消帝制，并电告广西省。为此，唐继尧致电广西陆荣廷等人，询问是否确切？并且表示应由黎元洪继任大总统。电文说："自上年十二月十三日起，袁氏叛逆之罪已经成立，今即取消帝制，不能取消其犯罪。……关于国家根本问题，应以旧《约法》及《大总统选举法》为根据。袁氏犯罪，当然丧失总统资格，以副总统黎公继任。此正当办法也。"[10]3月28日，黎元洪、徐世昌、段祺瑞再次联名致电西南各省，声称帝制已经取消，公等目的已达，务望先戢干戈，共图善后。针对袁氏集团的停战要求，西南护国军领导人再次坚持：袁世凯必须退位，由黎元洪继任大总统。梁启超在看到黎元洪等人的电报后，致电陆荣廷说："袁氏图帝不成，乃欲更保总统，反复无耻，至于此极。威信坠地，中外共弃，岂复能有统治国家之力？欲以此敷衍止乱，五尺之童，知其不可也。"[11]蔡锷在致黎元洪等人的电文中说："项城身为总统，不能自克。及承认帝位，又不能自坚。一人之身，数月之间，而号令三嬗，将威信之谓何？此后仍为总统，纵使指天誓日，亦无以坚人民之信。""今有识者皆谓项城宜退。遵照约法，由副总统暂摄。再召国会，依法改选。"[12]唐继尧在《为袁逆取消帝制致各省通电》中，提出正当办法三事：

一、袁氏即日退位，听候组织特别法庭裁判。二、援照约法，要请副总统黎公继承大总统。三、从速召集袁氏非法解散之国会议员，重谋建设。以上三事，国命所关，继尧等一致决心，必求达此目的。[13]

以冯国璋为首的未独立各省则另有打算。梁启超与冯国璋早有联系。冯国璋不支持袁世凯称帝。西南各省护国讨袁,他对梁启超表示愿为声援。冯氏本人则想利用袁氏取消帝制,攫取总统宝座。因此不赞成袁氏退位后,依照临时约法,由黎元洪继任大总统,因而提出新选总统的主张。4 月 17 日,冯国璋、张勋、齐耀琳联名通电各省,提出慎选议员、重开议会、明定宪法、总统留任等调停大纲八条,遭到西南护国各省反对。第二天,滇、黔、桂、粤独立四省都督联名发表宣言,主张除去袁世凯大总统资格,由副总统黎元洪接任,并领海陆军大元帅。5 月 1 日,冯国璋又在原八条的基础上,提出解决时局修改办法八条,反对黎元洪继任总统,主张根据清室交付原案,以袁世凯为过渡总统,再召集新国会,选举新总统。他在新八条的第一条中说:

袁大总统以清室付托组织共和政府,统治民国,授受之际,本极分明。既因帝制发生,起一波折。……中国目前实一无政府无法律之国,而援引约法,谓副总统可以代行职权之说,当然不成问题。既欲拥护共和,而谓不能属之袁大总统,则必出于另举。欲举总统必开国会,欲开国会必有发令召集之人。今舍去大总统,而以副总统行使职权,牵入约法条文,殊与事实不合。不如根据清室交付原案,承认袁大总统对于民国应暂负维持责任,以顾大局,并回复副总统名义,强其出而任事,方可补救法律之穷。一面迅筹国会锐进办法,提前召集,仍由袁大总统于事前宣布明令,一俟国会开幕,即行辞职。

袁世凯急想找个台阶,体面下台。冯国璋的电报到达北京,袁认为替自己找到了体面退位的办法,当即表示同意。徐世昌、段祺瑞也很赞同。即拟了一纸复电,拟以黎元洪、徐世昌、段祺瑞的名义回复,由林长民持电稿送往黎府征求意见。黎先看了电稿,虽表赞同,但又怀疑,乃索看冯氏原电。待看了冯国璋等的电文,明白是冯国璋的心思诡计,因此感慨地说:“要做总统罢了,何必这样兜圈子!”因此拒绝署名。第二天,徐树铮遵段祺瑞命两次前来黎府,辞色很不礼貌。黎元洪仍然不肯署名。自此以后,徐、段等人关于此等事,就不再要黎元洪参与了。[14]

黎元洪自从 1915 年 12 月拒绝王封之后,袁、黎之间再无直接来往。到了 1916 年 4 月 23 日,政事堂改为国务院,并由段祺瑞担任总理。段氏为了与黎元洪联系方便,邀请张国淦入阁,出任教育总长。张国淦因此得有机会常和袁、黎见面。袁不时询问黎氏起居及近日言论。并且向张国淦表示:“总统地位,将来总是副总统的。他本人但得机会有较好的面子,即便下台。”有一天,袁氏更明白对张国淦说:“要与副总统共操国事,可借以预先明了全国的军事、政治、经济设施。”嘱咐张国淦对黎元洪说,请黎进府同桌办公。张国淦不明了袁氏的真实用心,当面推脱。请袁命向来与黎元洪联络的杨士琦去传达。张国淦又把这个信息事先通报黎元洪。黎元洪当即对张国淦表示:“我在癸丑革命(即1913年‘二次革命’)时极力拥护他,曾替他作了十二分担保,结果如是,我不能一再受他欺骗。”[15]看来此时黎元洪对1913年的“极端拥袁”态度,已经有所感悟,不想再上袁世凯的当了。

冯国璋的新八条通电虽然得到袁、徐、段等北京要人的赞同,南方护国军却不同意,坚持要袁世凯退位,由黎元洪继任总统。还在4月17日,即冯国璋等通电调停时局办法八条的第二天,唐继尧、刘显世、陆荣廷即通电声明,袁世凯已丧失总统资格,应由副总统黎元洪继任。4月21日,唐继尧又电请各国驻京公使,请设法保护黎元洪,使其重获自由。5月1日,冯国璋发表新八条后,岑春煊、梁启超又于5月3日电告黎元洪及南方独立各省,再次主张袁世凯退位,由黎元洪继任大总统。5月8日,护国军务院在广东肇庆成立,发表宣言称:

查民国二年元月,国会参众两院公布之《大总统选举法》第三条云:大总统任期六年。第五条云:大总统缺位时,由副总统继任,至本任大总统期满之日止,等语。前大总统既已犯罪缺位,所遗未满之任期,当然由副总统继任。本军政府谨依法宣言,恭请现任副总统黎公元洪为中华民国大总统,领海陆军大元帅。其递遗副总统一职,俟将来国会新召集时,再依法选举。[16]

5月9日,黄兴刚从美国到达日本,即发表《促袁世凯退位声明电》,严正指出:“人民既一再以剑血拥护共和,断不肯复戴一背叛共和、主张帝政之元恶为总统。”“望速抉择,无遗后悔。”[17]同日,孙中山也发表《讨袁宣言》,要求“除恶务尽,对于袁氏必无有所姑息。”“袁氏未去,当与国民共任讨贼之事;袁氏既去,当与国民共荷监督之责,决不肯使谋危民国者复生于国内。”[18]

冯国璋见他的调停办法新八条遭到护国各派一致反对,乃于5月6日和倪嗣冲、张勋在徐州联名发起召开南京会议,邀请未独立各省商量解决时局办法。5月18日,南京会议正式开会,与会十五省及三个特别区代表大多赞成袁世凯退位。可是，到了晚上，倪嗣冲带领三营卫队抵达南京，各界十分惊讶。19日，各省代表开第二次会议，倪嗣冲首先发言，说总统不可即行退位。多数代表为倪的发言所胁，主张袁氏退位的变成少数。会议连续开了四次，未能求得统一意见。他们电请西南独立各省参加会议，共商解决办法，又遭到独立各省拒绝。南京会议无果而终。

在此前后，袁世凯十分信任的四川将军陈宧，先是于5月3日电请袁氏退位，12日再次电请退位。5月9日，陕南镇守使陈树藩在蒲城宣布陕西独立，自任陕西护国军总司令。15日，陈树藩率军和平进入西安，自任陕西护国军都督。20日，陈宧宣布四川独立，并宣布四川与袁世凯断绝关系。29日，湖南将军汤芗铭宣布湖南独立，改称都督。国际方面，日本也支持中华革命党在山东的反袁活动，想借此攫取山东利权。

袁世凯外受护国军的沉重打击，内部又面临分崩离析，以及国际上日本态度不明，忧患成病。糖尿病发展为尿毒症，到5月底一病不起。袁氏的秘书夏寿田说：

云南起义，项城并不介意，迨南京电请退位，以及日本态度不明，始感时局严重。迨帝制取消，而和议仍无望，合肥组阁，和战又不一致，乃更棘手。此时项城之运作不灵者，全系内部人各一心，不听调度，且进而倡言反对，故闷损以致于死。在五月底，项城即觉精神不济，六月二日起，未下楼，所有公文由余送至楼上批阅。向来命令，项城均亲自盖大总统印，不假手于人，至四日乃觉两手无力，令余代盖。六日临终早晨，尚是如是。下半日病重，亲近环伺，余即不能入内再见项城矣。[19]

6月6日晨，日、英、法、俄、意、比等六国驻华公使以袁世凯病危，齐集于日本使馆谋划对策，认为袁氏死后宜由黎元洪继任总统。午后一时，六国公使往见段祺瑞表达意向。袁氏最后弥留时刻，侍候在旁的只有徐世昌、段祺瑞、张镇芳、袁克定等人。徐世昌到得最迟。袁氏见徐至，“轻摇其首。其意若曰：‘我已不中用了。’徐氏攒眉勉慰曰：‘总统静养几天，自然会好的，现有何事吩咐？’袁氏待欲提出继任人选，已不能言语，良久即溘然长逝。在场诸人皆张皇失措”。[20]

袁世凯死后，总统由何人继任？按照旧约法，应由黎副总统继任。若按新约法，则金匮石屋之秘密无从得知。黎元洪虽然占有法理上的优势，而段祺瑞却是实力派的首脑，在北洋军人中为众望所属。袁克定就此首先发话："徐老伯身负重望，请主持至计。"徐略加思索曰："依我看，推副总统继任，较为妥当。"徐怕因此得罪段祺瑞，接着又说："这不过是我个人的意见，究竟怎样，要问段总理的高见。"众人的眼光都转向段祺瑞。段祺瑞在沉默十分钟后，始低声说："此时团结北洋最关重要，我推相国继任。"徐世昌坚辞，仍然推荐黎元洪。段祺瑞沉思半天后才发言："那末我没有意见，相国的意见，就算我的意见。"由此可知，段氏推黎出任总统，甚为勉强。在后来的一年中，黎、段不时发生冲突，此时已埋下伏笔。不过据说后来打开金匮石室，继任的人虽写着黎元洪、段祺瑞、徐世昌三人，黎元洪仍排在第一。而且从南方护国力量一再主张由黎元洪继任来看，确定黎元洪继任总统，有利于实现南北和平统一，这是可以肯定的。[21]随后，段祺瑞宣布其所代拟之袁世凯遗令声称："依约法第二十九条'大总统因故去职、或不能视事时，副总统代行其职权'，本大总统遵照《约法》宣告：以副总统黎元洪代行中华民国大总统职权。"[22]对此，孙中山、汤化龙、唐绍仪等均发表通电，赞成黎元洪继任大总统，但反对以新约法作为继任的依据。

确定黎元洪继任总统，黎氏本人并不在场。会议结束，段祺瑞即以电话通知国务院秘书长张国淦，邀他同车去见黎元洪。段氏坐在车上一语不发。张国淦闷在心里，因为不知底细，也不敢吭声。到达黎府后，黎元洪出迎。段祺瑞一进入客厅后，"黎元洪木雕泥塑般坐于主位，段、张分坐两端，主人不开口说话，客人亦不启齿。呆坐若干时，段祺瑞忽起立向黎氏三鞠躬，黎亦茫然答礼，礼毕二人仍还原座。坐定之后，三人仍不开口。此幕哑剧约费半句钟，段氏始起身，向黎元洪半鞠躬告退。黎起身送客如仪。"[23]上述情景是袁世凯的女婿薛观澜记述的。薛观澜是近代名人薛福成的孙子，所言当不是无中生有。看了上述情景，未免滑稽可笑。但仔细玩味，也有其合理性。原因在于：当时段和黎都因袁世凯暴死，心情十分沉重。段祺瑞原本对黎元洪成见很深，不愿把袁氏死耗说出口；黎元洪也缺少应变能力，不愿主动询问；张国淦则是临时被招来陪伴，段在事先又未向他说明来意，也不知从何说起。结果才演出这场长达半个多小时的哑剧。由此更加深了黎段之间的隔膜。

1916年6月7日，黎元洪在就任中华民国大总统

继段祺瑞发布黎元洪代行大总统通电之后，黎元洪也于6月7日发表就任大总统申令：

元洪于本月七日就大总统任。自维德薄，良用兢兢，惟有遵守法律，巩固共和，期造成法治之国。官吏士庶，尚其共体兹意，协力同心，匡所不逮，有厚望焉！[24]

各方人士看到段祺瑞和黎元洪本人就任大总统的通电，反应不错。各省军政长官发贺电的计有：山西阎锡山、金永；江苏冯国璋、齐耀琳；江西李纯、戚扬；山东张怀芝、蔡儒楷；河南赵倜、田文烈；广东龙济光；吉林郭宗熙、孟恩远；徐州张勋；福建李厚基；湖北王占元、范守佑；四川陈宧；归化潘矩楹；安徽倪嗣冲；盛京（辽宁）张作霖、冯德麟、鲍贵卿；黑龙江毕桂芳；热河承德姜桂题；陕西陈树藩；宁夏马福祥；贵阳刘显世；甘肃张广建；云南唐继尧；护国军第二军总司令李烈钧；两广都司令岑春煊；库伦陈籙都护使；粤海道尹杨觐东等。驻津日本司令官石光少将、驻英施肇基公使、驻美顾维钧公使、驻意大利王广圻公使、驻日本代办刘崇杰等也发来贺电。[25]绅商学界名流发来贺电的也很多。

为了各地官吏各安职守，黎元洪又发布申令："现在时局颠危，本大总统骤应重任，凡百政务，端资佐理，所有京外文武官吏，应仍旧供职，共济时艰，勿得稍存诿卸。此令。"[26]

注释

【1】梁启超：《袁政府伪造民意密电书后》，云南省社会科学院历史研究所等：《护国文献》上，第277、272～273页。

【2】张国淦：《北洋述闻》，第76页。

【3】梁启超：《国体战争躬历谈》，云南省社会科学院历史研究所等：《护国文献》上，第300页。

【4】毛注青：《黄兴年谱长编》，第453页。

【5】蔡锷：《致梁启超电》，毛注青等：《蔡锷集》，第435～436页。

【6】全国政协文史资料研究委员会：《护国讨袁亲历记》，第132页。

【7】张国淦：《北洋述闻》，第69页。

【8】张国淦：《北洋述闻》，第70～71页。

【9】云南省社会科学院历史研究所等：《护国文献》上，第301页。

【10】云南省社会科学院历史研究所等：《护国文献》上，第484页。

【11】梁启超：《致陆荣廷电》，李希泌等：《护国运动资料选编》下，第469页。

【12】毛注青等：《蔡锷集》，第439页。

【13】云南省社会科学院历史研究所等：《护国文献》上，第486页。

【14】张国淦：《北洋述闻》，第71～72页。

【15】张国淦：《北洋述闻》，第72页。

【16】云南省社会科学院历史研究所等：《护国文献》下，第972页

【17】黄兴：《促袁世凯退位声明电》，刘泱泱：《黄兴集》(二)，第795页。

【18】孙中山：《讨袁宣言》，中国近代史研究所中华民国史研究室等：《孙中山全集》第三卷，第285页。

【19】张国淦：《南京会议与袁世凯病殁》，章伯锋等：《北洋军阀》第二卷，第1317～1318页。

【20】张国淦：《北洋述闻》，第211页。

【21】朱传誉：《黎元洪传记资料》(一)，第206页。

【22】张国淦:《北洋述闻》,第209页。
【23】朱传誉:《黎元洪传记资料》(一),第206页。
【24】会文堂新记书局:《黎大总统文牍类编》,第160页。
【25】会文堂新记书局:《黎大总统文牍类编》,第160~195页。
【26】会文堂新记书局:《黎大总统文牍类编》,第195页。

十七

黎段矛盾与府院之争

袁世凯死后，掌握北洋军事实权的段祺瑞，目无余子，独断专行，直接控制了北京政府的实权，成为当时掌控北京政局的核心人物。段祺瑞以他的亲信段芝贵、徐树铮、靳云鹏、曲同丰、傅良佐、吴光新等为基础，利用控制北京政府的有利地位，在北洋集团中培植自身力量。比如安徽省长倪嗣冲、山东督军张怀芝、陕西督军陈树藩、福建督军李厚基、甘肃督军张广建、浙江督军杨善德、淞沪护军使卢永祥、湖南督军张敬尧(原任第七师师长)等，还有不少原来依附于袁世凯的政客，袁世凯死后纷纷投靠段祺瑞。安福系的国会议员就是听命于段氏的一批政治奴仆。新交通系曹汝霖、陆宗舆也是段祺瑞的经济支柱。段氏依靠他们和日本帝国主义势力勾结，控制着中国的财政和经济命脉。从 1916 年 6 月到 1920 年 7 月皖系集团在直皖战争中惨败止，这个皖系集团统治中国政局长达四年多。

黎元洪在袁世凯死后，尽管依靠西南护国力量和其他进步力量及国际支持，登上了大总统宝座，也想有所作为。但因为处处受到段祺瑞及其党羽的牵制，作用不大，形同傀儡。黎氏为了履行总统职权，在政治、法制、外交等方面，常常和段氏发生争执，纠纷不断，形成所谓“黎段之争”。由于黎在总统府里聚集着一批军政人员，段祺瑞的国务院里聚集着更多的军政人才，彼此之间为一些政治、军事、外交等事件，甚至是鸡毛蒜皮的小事争论不休，从而发展成“府院之争”。

黎段之争首先围绕恢复《临时约法》与召开国会展开。1916 年 6 月 6 日，段祺瑞假借袁世凯名义，发布袁氏遗令：“不意感疾，浸至弥留，顾念国事至重，寄托必须得人，依《约法》第二十九条，大总统因故去职、或不能视事时，副总统代行其职权。本大总统遵照《约法》，宣告以副总统黎元洪代行中华民国大总统职权。”[1]随后，段祺瑞又以国务院名义通电全国：“袁大总统于本月六日已因病薨逝，业经遗令遵依《约法》第二十九条，宣告以副总统黎元洪代行中华民国大总统之职务。”[2]6 月 7 日再发出通电：“本月七日上午七时，黎副总统遵照《约法》，接任中华民国大总统职权。”而黎元洪宣誓就任大总统的誓词则说：“当依据民国元年颁布之《临时约法》，接任大总统之职权。”[3]袁世凯遗令和段祺瑞通电中提到的《约法》，乃 1914 年 5 月袁世凯为推行专制独裁而颁布的伪《约法》；黎元洪誓词中所说的《临时约法》，则是 1912 年 3 月颁行、为防止袁氏专制独裁的一部具有宪法效力的法律。两者的性质完全不同。

段祺瑞的通电发出后，立即遭到国会议员的驳斥。旅沪议员谷钟秀等即日发布通电指出：“自袁逆叛国，依民国大总统选举法第五条，应由副总统继任。业经起义各都督、国会议员、军务院先后通告在案。今袁逆已伏天诛，当然由副总统继任。并非依袁逆自造之新《约法》第二十九条，由副总统代行大总统之职权。乃据伪国务院通电，竟称奉袁逆遗令、依约法第二十九条由副总统代行大总统之职权云云，一似元首地位可私相授受，置吾全体国民主权于何地？且据袁逆自造约法，置吾国会制定之《大总统选举法》于何地？国宪攸关，万难迁就。”[4]过了两天，国会议员又发表宣言，认为“袁世凯民国三年五月一日颁布之所谓《中华民国约法》，全由袁氏一人私意妄自窜乱而成。一切增修程序既与《临时约法》所载相违背，迹其全文又与《临时约法》根本抵触，不发生国法上之效力，自不待言。……现在黎大总统继任，实根据民国二年十月国会所制定之《大总统选举法》第五条之规定，应承继本任总统袁世凯之任期，民国七年十月十日为止。袁世凯遗命及段祺瑞通告，所称‘依约法第二十九条由副总统代行’之说，系根据袁世凯民国三年私造之约法，万难承认。”议员等以事关国本，用特正告中外，“凡自民国二年十一月四日袁氏以暴力停止国会以来，既无合法之立法机关，所有一切法令苟有与临时约法、国会组织法并国会制定之大总统选举法相抵触者，我国民为尊重国家真正根本法典，当然不能认为有效。如有妄逞异议破坏国宪者，即视为民国公敌，与国人共弃之。”[5]

护国讨袁的各派人物与国会相呼应，也纷纷发表通电，主张恢复 1912 年颁行之《临时约法》，召开国会，早定国基，以安人心。6 月 8 日，梁启超致电黎元洪说：“项城以违法专欲，失天下望，今宜尽反其所为，请以明令规复旧约法效力，尅期召集国会，委任段公组织新阁，延揽各派俊彦署理阁员，共图匡济。”[6]6 月 9 日，孙中山发表规复约法宣言，强调“规复约法，尊重民意机关，则唯一无二之方，无所用其踌躇者。"[7]同时致电黎元洪，指出"去乱图治，愿力反前人所为，有如规复约法，尊重国会，尤不容缓"。[8]同日，黄兴也发布通电，指出"依《大总统选举法》，应由黎副总统继任大总统，以符定宪，早经军务院遵法宣布，实为铁案不移"。有人"蒙混提出袁氏预备称帝时伪造之《约法》二十九条，由副总统代行其职权，是仍以伪法乱国法，适与护国军及民意相背。……应请黎大总统以明令规复旧《约法》，除去袁氏一切伪造之法律（与民国抵触者），从速召集国会，组织内阁，严惩祸首，昭大信于天下，以定民志，而奠邦基。"[9]唐绍仪也在同日自上海致电黎元洪："希遵照民国元年约法，迅速召集国会以决国是。袁氏内阁法律失效，国会未集合前，国务总理一席，芝泉若允暂代，当于时局有裨。国会既集，内阁既成，纲举目张，将臻法治。国利民福，惟公是赖。"[10]

6月10日，云南都督唐继尧以军务院抚军长的名义，向北京政府提出解决时局办法四条：一、恢复民元约法；二、恢复民国二年被非法解散的国会；三、惩办帝制祸首杨度等十三人；四、召集军事善后会议。声明上述办法如被接受，西南各省即可取消独立，军务院即可撤销。[11]冯国璋也通电赞成军务院的主张，电请黎元洪恢复《临时约法》，召开国会，速定宪法。

原国会议员、南方独立各省，以及孙中山、黄兴、唐绍仪、梁启超等，皆拥护黎元洪继任总统，坚决主张恢复《临时约法》，召开国会；北洋皖系军阀势力却竭力进行抵制。就在袁世凯去世的当天晚上，北京城里的高中级军官就聚集在段祺瑞的住处府学胡同，反对黎元洪继任大总统，要求段祺瑞拥护徐世昌出任总统。"经过段向这些军人解释，约到夜里三点钟左右，这些军人才逐渐散去。"[12]6月9日，即袁世凯去世后三天，张勋邀集奉天、吉林、黑龙江、直隶、河南、山西等省代表，安徽军署参谋长，以及京兆、热河、察哈尔等特区代表在徐州开会，策划抵制南方独立各省的正当要求。他们通过十条纲领，竭力维护旧的统治秩序，居然把"优待清室"和"保全袁世凯家属生命财产及身后一切荣誉"列为第一、二条，要求滇、黔、桂、粤、浙、蜀、陕、湘等省取消独立，否则以武力解决。他们还公同制订各省区联合会章程，企图建立军事集团，干预政治。其狼子野心，不说自明。[13]

段祺瑞在全国各界的强烈要求下，同意恢复旧约法及国会，却在恢复的手续上大做文章，故意拖延。他提出："召集各省代表，每省三人，克期到京会议。并由国务院通电各省，此项代表推任各该省旧国会议员，议决后据以发表。"[14]

这表明段的同意并非真心话，只是为了应付，理所当然地为护法各方拒绝。6月16日，黄兴为此致电旅沪国会议员，指出："北京召集各省代表议约法，意在破坏旧《约法》及国会。请沪同人择定安全地方早开国会，并速电请独立各省不派代表。"[15]梁启超也觉得没有必要召开各省代表会议，"政府但当发一简单申令，称某年某月某日公布之约法，未经临时约法某条修改之程序"，宣布废止即可。[16]正在与段祺瑞角逐北京政府领导权的冯国璋，也致电黎元洪与段祺瑞，强调"国家根本大法不可无一，不能有二。……新法无效，现在舍《临时约法》外，则无根本之法，舍恢复《临时约法》外，即别无可以遵法之道，此节似已无待再计"。并认为恢复与修正有别，可以明令宣布。[17]

身为大总统的黎元洪，由于实权握在段祺瑞手中，束手无策。6月14日与17日，两次致电尚在日本的黄兴，希望"左提右挈"，凡是关于民国的根本大计及善后问题，希望"酌派代表到北京面商"。[18]6月20日，黄兴复电黎元洪，认为恢复旧约法与召集国会，"按诸法理及此次起义之民意，实如矢赴的，如水归壑，万无反理。……凡百建设鸿猷，当以此两事为最急切。务望排除莠言，迅速解决。以适法之命令，废去袁氏伪造《约法》，则吾民国之真正旧《约法》当然存在，实无以命令变更法律之嫌，恳立即施行，以救危局。"至于屡次嘱派代表，"已电请李书城君由沪赴京，面承指示"。[19]黄兴深深知道，解决约法之争，关键还在段祺瑞，故又于6月21日致书段祺瑞，郑重提出："根本不决，则新政府之进行无所依据。深冀迅颁明令，借慰薄海望治之诚。公以直声盛德，肩兹巨责，维持目前，收拾将来，足以系南北之观感者，匪异人任。使是早定一日，即人民隐受无穷之赐，而戴公之忱，亦与日以俱深。"[20]

段祺瑞仍然坚持不能以命令变更法律的态度，在6月22日发布的通电中声言："遵行元年《约法》，政府初无成见，则今日之一致辩争者，又惟如何复行之办法而已。"同时竭力替自己辩解，说什么"命令变法律为各派法理学说所不容，贸然行之，后患不可胜言，是以迟回审顾未敢附合也。……又况法律不妨以命令复也，则亦不妨以命令废矣。今日命令复之，明日命令废之，将等法律为何物？"[21]段氏此电一发表，孙中山首起反对，认为目前"规复约法，尊重国会，为共和根本大计"，希望"不为莠言所惑，重陷天下于纠纷"。[22]驻沪国会议员则从法律角度论证，民国三年袁氏自造约法，不是法律。电中说："元年约法与三年约法之争端，在先决二者孰为法律，如以三年约法为法律，当然不能以命令废止。惟查《临时约法》为民国所由成，议会、总统皆由兹产生，其效力至尊无上。在国会既成立之后，宪法未制定以前，如欲有所增修，依《临时约法》五十五条及《国会组织法》十四条之规定，当由大总统或国会议员三分之二以上之提议，并经国会议员五分之四以上之出席，出席〔议〕员四分之三以上之可决而后，其所增修者乃为合法，乃得有效。三年约法会议其组织及程序既与《临时约法》五十五条所载不符，则其所增修者自不得称之为法律，实属违宪之行为。是《临时约法》本来存在，原无所谓恢复。今日以命令废止三年约法，乃使从前违宪之行为归于无效，更无所谓以命令变更法律。"希望段氏"坚持正义，力赞大总统毅然以明令宣告"。[23]唐绍仪、梁启超也联名通电，指明段电"惟一之论点，谓不宜以命令变更法律。仆等所见，则三年约法绝对不能认为法律。此次宣言规复，绝对不能认为变更。按义辨明，则一切可迎刃而解"。并且对段氏电文中所提出之论点逐条作了驳辩。[24]

海军总司令李鼎新等，眼看约法问题久议不决，乃与第一舰队司令林葆怿和练习舰队司令曾兆麟等集合巨舰于吴淞口外，发表独立宣言，宣布加入护国军，"以拥护今大总统、保护共和为目的，非俟恪守元年《约法》，国会开会，正式内阁成立，北京海军部之命令概不承认"。[25]坐踞江苏的冯国璋担心于己不利，电促段祺瑞速求根本解决。第一舰队是中国海军的主力。第一舰队和练习舰队的独立，实际使北京政府失去制海权。段祺瑞得知海军独立，深感局势严重，再也拖不下去了。乃于6月29日，同意以大总统黎元洪的名义，申令遵行民国元年三月公布之《临时约法》，并依"《临时约法》第五十三条，速行召集国会，定于本年八月一日起继续开会"。[26]至此，函电往来，争执达二十多天的约法问题，总算圆满解决。这是护国军和所有维护民主共和力量同心协力取得的一个重大成果。

黎元洪由于冒死抵制袁世凯复辟帝制，在西南护国势力和各种反袁力量的支持下，得以继任大总统。因此，就任总统后，想引进一些护国反袁力量，以利推进一些改革措施。他曾拟聘请梁启超为总统府秘书长，梁启超辞谢不就。他又想聘请孙中山、黄兴为总统府高等顾问，孙、黄认为，北京政府仍然控制在北洋势力之下，仅凭口舌，无济于事，很难有所作为，同样谢绝了他的好意，只分别派遣萧萱、叶夏声、何成浚、李书城担任总统府参议，为黎氏出谋划策。对此，黄兴在致何成浚的信中说："弟细思之，不但无益，且多滞碍（京中人对弟有敬鬼神而远之之象),更于弟对于实业经营上亦有不利(以接近政潮之故,易为被动)。请将弟意转达同人,不必汲汲也。”[27]

黎元洪得以在袁死后继任大总统,固与当时形势密切相关,但徐世昌的提议与坚持,段祺瑞被迫赞同,无疑起了重要作用。黎元洪在就任之初,与段祺瑞的关系尚算正常。掌握北洋实权的段祺瑞,为了稳定全国局面,也需要黎元洪从中进行协调。因此对黎元洪的一些提议或措施,大体还是支持与尊重。6 月 10 日,黎元洪下令裁撤袁世凯统治时期设立的陆海军统率办事处,其职权分别归还陆军部、海军部和参谋本部。19 日,明令裁撤袁氏为杀害异己、罪恶累累的京畿军政执法处。各地军政执法处同时撤销。7 月 8 日,废止袁世凯颁布的《文官秩序令》。7 月 13 日,申令释放政治犯,撤销政治犯通缉各案。7 月 14 日,发布惩办帝制祸首命令,将杨度、孙毓筠、顾鳌、梁士诒、夏寿田、朱启衿、周士齐、薛大可等八人列为祸首。此外,还裁撤了促成帝制的参政院、平政院所属之肃政厅及总统府内所设之内史等等。

政治变革中关系最大的是国务院的重新组建。6 月 29 日,任命段祺瑞为国务院总理,由段祺瑞负责组织内阁。在阁员的人选上,段祺瑞开始提出的名单,几乎是清一色的北洋派及其支持者:外交总长汪大燮、内务总长许世英、财政总长陈锦涛、陆军总长段祺瑞兼、海军总长刘冠雄、司法总长章宗祥、教育总长范源濂、农商总长张国淦、交通总长曹汝霖。为了表示尊重,段祺瑞亲自把内阁名单送请黎元洪审核。黎元洪看后数日未作批复。因为张国淦是湖北人,和段、黎两人关系均很融洽,段乃派张国淦前去黎府催问。张表明来意后,黎即把名单交给张国淦。张问有无意见?黎说:“我别无意见,但有两人须加入:唐绍仪、孙洪伊;有三人不可用:刘冠雄、章宗祥、曹汝霖。”段祺瑞尊重黎的意见,表示“即尊总统意旨,加入唐、孙,更换刘、章、曹。”经过协商后,6 月 30 日公布内阁组成的名单如下:

外交	唐绍仪(未到任前,陈锦涛兼)	内务	许世英
财政	陈锦涛	陆军	段祺瑞
司法	张耀曾(未到任前,张国淦兼)	教育	孙洪伊
农商	张国淦	交通	汪大燮
海军	程璧光[28]		

这份名单，与段氏原来提出的名单比较，增加了唐绍仪、孙洪伊、张耀曾、程璧光等非北洋派人物。其中唐绍仪原来属于北洋派，但自从1912年3月加入同盟会后，特别是同年6月辞去国务院总理后，已经与北洋派分道扬镳。孙洪伊、张耀曾、程璧光皆非北洋派。之所以有这样的结果，黎元洪的提议与坚持，自然发挥了重要作用。

但是，过了不久，黎、段之间的矛盾就发生了。其中主要原因当属政见分歧，但也有个人因素。所谓个人因素，张镇芳的拨弄起了不可忽视作用。张镇芳是袁世凯的亲戚。袁死时确定由谁继任大总统，徐、段发表个人意见时，张是在场见证人。而段祺瑞对张很看不起。张镇芳为挑起黎对段的不满，把袁死后确定总统人选经过透露出来。黎知道后，对徐世昌自然怀有感激之情，对段祺瑞则不免产生疙瘩。结果，到后来，黎、段矛盾竟然发展到不可收拾。

徐树铮

黎、段矛盾首先发生在总统府和国务院两位秘书长身上。段祺瑞在阁员名单确定后，拟以徐树铮为国务院秘书长，托张国淦转报黎元洪。当张把此事报告黎元洪后，黎坚决表示："我不能与徐树铮共事。"张国淦感到为难，走告徐世昌。徐世昌说："总理用人，总统并非不可驳回，惟秘书长不当驳回。此事关系太大，我为大局，可到府向总统解释。"徐世昌即驱车前往黎府。没过多久，黎元洪即电告张国淦到总统府，徐世昌尚在。黎对张说："徐树铮事，相国所言，诚然有理，我可答应他为秘书长，但是先要与你约定，他每日见我时，你同他偕来，我不单独见他。一切一切，须你负责。"[29]之所以如此，乃是段祺瑞常不亲自见黎，而是由秘书长前往。徐树铮见到黎时则很不客气，以致黎害怕见他。黎对要批复或盖印的事提出质询，徐树铮总是说："现在是责任内阁制，有总理负责，总统不必多问。"本来，黎元洪为处理好与段祺瑞关系，特请张国淦担任总统府秘书长。后来，张国淦因亲丧守制离职，改由丁世峄任府秘书长。丁世峄对徐树铮的骄横作风常采取不让步政策，弄得府院关系十分紧张。最后双方议定了一个折中办法：一、国务会议议事日程先期呈阅，事后送呈议事纪录；二、国务会议散会后，推国务员一人入府，报告议决事项；三、每星期五，国务员齐集总统府会商政务，举行聚餐；四、总统对国务会议议决案，如有认为不合者，得命总理及主管阁员说明其理由。如仍认为不合，得交复议一次；五、未交国务会议议决之命令，总统得拒绝盖印。府院职权因此明确划分。[30]

段祺瑞自从1890年从德国留学归来，一直在北洋军界担任要职。如随营学堂参谋处的总办，第三、四、六镇统制，陆军各学堂总办、江北提督等。武昌起义后，出任北洋第二军军长、陆军总长、国务院总理等要职，是首屈一指的北洋实力派。黎元洪在辛亥革命前不过一混成协（相当旅）统领，辛亥革命后虽然因缘际会，当上鄂军都督、副总统，却并无实力足资依靠。黎元洪之能继任总统，全赖首义影响与西南实力派等的支持。段祺瑞压根儿看不起黎元洪。其之所以支持黎元洪做总统，主要是想利用他在南方各省的影响力，收复南方，实现北洋控制下的全国统一，并不希望黎元洪掌握实权。可是，黎元洪继任总统后，却不甘心当傀儡，“对当前重大问题由不问而要问，由要问而多问。他认为小事可以不问，大事必须过问”。这对于一贯专横独断的段祺瑞而言，是难以容忍的。段氏常常对其亲信幕僚表示：“我是要他来盖章签字的，不是请他来压在我的头上。”有一天，国务院秘书长徐树铮拿了三个人事命令到总统府请黎加盖大印。黎问这三个人的出身和历史。徐树铮很不耐烦地说：“总统不必多问，总理早已研究清楚，请快点盖印吧！我的事情还忙的很哩。”黎气愤不过地说：“我本来不要做这样总统的，而他们竟公然目无总统！”[31]

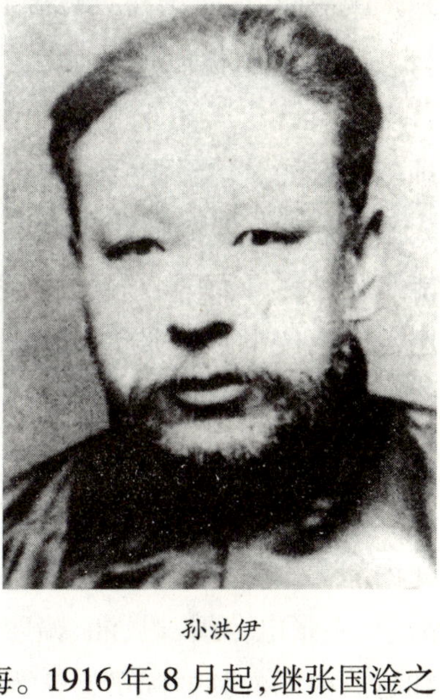
孙洪伊

丁世峄（1878—1931），字佛言，山东黄县人，日本法政大学速成科毕业，辛亥革命前曾任山东谘议局议员，1912年任《亚细亚日报》主笔。1913年加入进步党，任党务部长。不久退出，与张耀曾等人组织民宪党。1915年因反对帝制逃亡上海。1916年8月起，继张国淦之后任总统府秘书长。成为宪政商榷会韬园派的中心人物。丁任秘书长时，韬园派的另一个要人孙洪伊出任国务院内务总长。孙洪伊(1870—1936)，字伯兰，天津人，清末曾任直隶谘议局议员。辛亥革命后与汤化龙等人在上海组织民主党，后来转入进步党，任党务部副部长。1913 年任众议院议员。1914 年反对袁世凯解散国会，脱离进步党，转向国民党阵营，并成为国民党中的一员干将，后来成为宪政商榷会韬园派的头面人物。1916 年 6 月末，段祺瑞组阁，在黎元洪的举荐下被任为教育总长，因不安于位，改任内务总长。孙到任后，与丁世峄等总统府人士结合，准备大刀阔斧地进行改革，矛头直指段祺瑞与国务院秘书长徐树铮。黎、段矛盾由此进一步激化。黎、段矛盾，说来道去，归根到底是围绕一个“权”字展开的。

首先是政治领导权。前述 6 月 30 日公布之内阁名单，孙洪伊是教育总长。可是，孙到北京后，以民党领袖自居，拒绝出任教育总长。恰好汪大燮不愿任交通总长，经许世英调停，许自任交通总长，而以内务总长让给孙洪伊。所遗教育总长由范源濂担任。均于 7 月 6 日发表。这时谷钟秀自上海到达北京。他认为在反帝护国中，其功劳不在孙洪伊之下，应该与孙洪伊同时入阁。并且声称非农商不可。公开警告孙洪伊，“如不得农商，孙之内务，(国会)不得通过。”孙洪伊找到张国淦商议。张国淦见总统府策略已变，估计将起政争，当即答应辞去农商总长。经过协商，任命张国淦为黑龙江省省长(未到任)。8 月 21 日，国会开幕。21 日与 23 日，众议院与参议院相继通过国务院任职名单，任命段祺瑞为国务院总理。所有阁员均经国会通过。唐绍仪出任外交总长，本是黎元洪的提议。各方人士也促他早日赴任。黎元洪也一再催促。可是，唐绍仪坚持要待国会通过才能启程赴任。而国会通过后，唐绍仪由上海刚抵天津，《顺天时报》即发表文章，历数唐绍仪十二大罪状，天津也有人假借“公民”身份集会，排斥唐绍仪。吓得唐绍仪即日返回上海，不敢赴任，预示了北京的政情不会风平浪静。

孙洪伊就任内务部总长后，因为不满徐树铮的专横，彼此之间冲突不断。国务院第一次召开国务委员会，两人之间就发生冲突。按照国务会议规程，秘书长在内阁会议上本无发言权。可是，徐树铮在阁议时，对于广东李烈钧与龙济光之战争，主张电令闽、粤、湘、赣四省派兵会剿李烈钧的护国军；孙洪伊则主张去电和解。内阁的其他阁员皆认为以和解为宜。会后，徐树铮居然不顾会议上的意见，竟将会剿李烈钧的电令擅行发出。后来四省的复电到院，孙洪伊因此当面斥责徐树铮荒唐。徐树铮的态度仍然强硬，拒不认错，并因此恨孙洪伊入骨。[32]

黎元洪继任总统后，副总统一职缺出。10月30日，国会开会补选副总统，到会的国会议员七百二十四人，冯国璋以五百二十票当选。11月8日，冯国璋在南京宣誓就职。

1916年8月下旬，国会中的湖南籍议员郭人漳、周震鳞等四十余人，对投靠皖系的政客胡瑞霖（7月6日任福建省省长）在湖南财政厅长任内的劣迹提交查办提案。徐树铮收到国会转来的提案后，竟然不与主管的内务总长孙洪伊商量，也不经过国务会议讨论，就擅自用国务院名义咨复众议院，竭力为胡瑞霖辩护，把提案退还众议院。孙洪伊得知后，认为此案关系本人责任权限，向段祺瑞据理力争，并提出辞职，以示抗议。同时致信众议院，撤销他的辞退议员书，表示仍愿担任议员，弄得段、徐十分被动，无所适从。[33]后来黎元洪、段祺瑞竭力挽留，孙洪伊才打消辞意。段当即令把徐树铮原先咨复众议院的提案追回。徐树铮表面应允，背地里却继续玩弄手法，诡称这份咨文已由众议院秘书处印送各议员，无法追回。孙洪伊即刻用电话向众议院查询。有关人士答复并无此事，始知徐树铮是故意搪塞不办。弄得徐树铮下不了台。

经过此次事件之后，徐树铮以及段祺瑞对孙洪伊怀恨在心，必欲去之而后快。恰好孙洪伊为了整顿内务部，裁减了一些部员。被裁减的祝书元受徐树铮煽动，向平政院控告孙洪伊违法。9月20日，平政院作出裁决，撤销内务部原令，准被裁减人员仍回内务部供职。[34]孙洪伊拒不接受。于是，徐树铮批了一道执行平政院裁决书的命令，送往总统府盖印。孙洪伊拒绝副署。黎元洪也不肯盖印，批示“交院再议”。黎元洪还接受孙洪伊的建议，将此案批交国会审议。事情拖了很久，段祺瑞急不可耐，即于10月19日提请罢免孙洪伊。黎元洪拒绝盖印。国会议员龚焕辰、王玉树等向段内阁提出质询，认为不符合临时约法有关规定。汤化龙以老友身份劝黎元洪屈从段祺瑞。黎自知斗不过段，劝孙洪伊退让，自请辞职或出国考察，或转任其他特任官。可是，孙洪伊自信没有过错，宁肯被免职，也不自请辞职。原属国民党系的韬园系和丙辰俱乐部，坚决支持孙洪伊与段、徐斗争。有议员反质段祺瑞，身为总理，直接呈请罢免国务员是否合法？还列举徐树铮蒙蔽总理、侮蔑元首、伪造文书、擅发院令等七大罪状，要求查办。

孙洪伊不肯辞职。黎元洪又不批准免孙洪伊的职。段祺瑞便以自请辞职相要挟。黎元洪接受左右的建议,请徐世昌出来组阁。黎元洪把徐世昌从河南辉县请到北京,徐却只愿出任调解。11月16日,徐世昌抵达北京,先向段祺瑞建议,用调职的办法处理。段祺瑞坚持要把孙洪伊逐出内阁。徐世昌只得向黎元洪和段祺瑞建议,把孙洪伊和徐树铮同时去职,由张国淦接任国务院秘书长。段祺瑞不愿长此僵持下去,才勉强同意。11月20日,免去孙洪伊的内务总长,同时免去徐树铮的秘书长,而以张国淦继任。丁世峄不久也被免职,由夏寿康接任总统府秘书长。这场持久冲突才告一段落。[35]

在争夺政治控制权的同时,军事统率权是黎段之间又一争夺焦点。哈汉章、金永炎、蒋作宾等作为黎元洪的军事幕僚,经常向黎建议:"责任内阁制是指政治而言,军事方面总统既然是全国海陆军大元帅,就不能不管军事。大元帅没有军权,总统有什么做的价值?"黎自己也认为,虽然不想独揽大权,可是要制止军人们的跋扈擅专,应该把军权掌握在手。黎元洪和他的军事幕僚的想法,与段祺瑞的专横跋扈是对立的。段祺瑞要以内阁总理身份掌握政权,又要以陆军总长资格控制全国军权,岂容他人染指!他之所以能控制北洋系,就在于他控制了军权。如果把军权让给总统,届时一纸命令,就可以把他撤换。这一点,段氏心里十分清楚,是他绝对不能松手的。当陈宧带了一个师的部队离开四川时,黎元洪的军事幕僚发了一个电报,劝陈宧自动将军队遣散。陈宧不向段请示就奉总统府命把军队遣散。段祺瑞为此对总统府的几个军事幕僚怀恨在心,公开指责哈汉章、金永炎、黎澍、蒋作宾是总统府中"四凶"。黎元洪在自身毫无军事力量足资依靠的条件下,想利用《临时约法》中规定"临时大总统统帅全国海陆军"的条文抓军权,排斥段祺瑞,其结果不但段祺瑞未排掉,反而为段利用北洋军左右开弓,把黎元洪赶下总统宝座。

黎元洪就任大总统不到半年,共和国的缔造者之一黄兴,于当年10月31日因病去世。11月8日,再造共和的民国伟人蔡锷也因病与世长辞。这两位民国伟人之死,是民主共和的莫大损失。黎元洪对黄、蔡两人的去世均寄以无限的哀思。黄兴病重之际,黎元洪即派遣总统府上校咨议何成浚亲赴上海问疾,并送药饵。11月2日,黎元洪即颁发了褒扬令:

勋一位、陆军上将黄兴,缔造共和,首倡义旅,数冒艰难,卒底于成。功在国家，薄海同瞩。乃以积劳遘疾，浸至不起。本大总统患难与共，夙资匡辅，骤闻溘逝，震悼尤深！着派王芝祥前往致祭，特给治丧费两万元。所有丧殡事宜，由江苏省长齐耀琳就近妥为照料，并交国务院从优议恤，以示笃念殊勋之至意。[36]

对于蔡锷去世，黎元洪亦于11月10日发布悼念褒扬命令：

勋一位、上将衔陆军中将蔡锷，才略冠时，志气宏毅，年来奔走军旅，维护共和，厥功尤伟。前在四川督军任内，以积劳致疾，请假赴日本就医。方期调理可痊，长资倚畀，遽闻溘逝，震悼殊深。所有身故一切事宜，即着驻日公使章宗祥遴派专员妥为照料，给银二万元治丧。俟灵柩回国之日，另行派员致祭，并交国务院从优议恤，以示笃念殊勋之至意。"[37]

11月28日，黎元洪又颁发大总统令，追赠蔡锷为上将。12月18日，北京国会通过国葬法，并且决议国葬黄兴与蔡锷。这是民国建立后，最早享受国葬待遇的两位民族伟人。

注释

【1】章伯锋等:《北洋军阀》第三卷，第2～3页。

【2】《中华新报》,1916年6月8日。

【3】章伯锋等:《北洋军阀》第三卷，第3页。

【4】《中华新报》,1916年6月9日。

【5】《中华新报》,1916年6月10日。

【6】云南省社会科学院历史研究所等:《护国文献》上，第228页。

【7】【8】中国近代史所中华民国史研究室等:《孙中山全集》第三卷，第305～306页。

【9】刘泱泱:《黄兴集》(二)，第821页。

【10】唐绍仪:《致黎元洪电》(1916年6月9日)，张黎晖等:《北洋军阀史料·黎元洪卷》第一卷，《各界政见》，第702～703页。

【11】陶菊隐:《北洋军阀统治时期史话》第三册，第3页。

【12】张国淦:《北洋述闻》，第209～210页。

【13】章伯锋等:《北洋军阀》第三卷，第11～12页。

【14】李希泌等:《护国运动资料选编》下，第679页。

【15】刘泱泱:《黄兴集》(二)，第822页。

【16】李希泌等:《护国运动资料选编》下,第 683 页。

【17】李希泌等:《护国运动资料选编》下,第 681~682 页。

【18】刘泱泱:《黄兴集》(二),第 824~825 页。

【19】刘泱泱:《黄兴集》(二),第 823~824 页。

【20】刘泱泱:《黄兴集》(二),第 825~826 页。

【21】李希泌等:《护国运动资料选编》下,第 684~685 页。

【22】中国近代史所中华民国史研究室等:《孙中山全集》第三卷,第 312 页。

【23】李希泌等:《护国运动资料选编》下,第 686 页。

【24】李希泌等:《护国运动资料选编》下,第 686~689 页。

【25】《民国日报》,1916 年 6 月 26 日。

【26】北洋《政府公报》,1916 年 6 月 30 日。

【27】刘泱泱:《黄兴集》(二),第 880 页。

【28】杜春和等:《北洋军阀史料选辑》上,第 200~201 页。

【29】杜春和等:《北洋军阀史料选辑》上,第 201~202 页。

【30】丁燕公:《黎元洪段祺瑞的一段恩怨》,朱传誉:《黎元洪传记资料》(一),第 214 页。

【31】朱传誉:《黎元洪传记资料》(一),第 211 页。

【32】李剑农:《中国近百年政治史》,第 440 页。

【33】李新等:《中华民国史》第二编第二卷,第 49~50 页。

【34】《晨钟报》,1916 年 9 月 20 日;转见李新等:《中华民国史》第二编第二卷,第 49~50 页。

【35】张国淦:《北洋述闻》第 144~146 页;李新等:《中华民国史》第二编第二卷,第 50~51 页。

【36】毛注青:《黄兴年谱长编》,第 507 页。

【37】蔡端:《蔡锷集》,第 65 页。

十八

围绕对德参战　黎段矛盾激化

1917年春夏，黎元洪与段祺瑞的矛盾，围绕是不是“对德参战”而进一步恶化。由于是否对德宣战争执不休，黎元洪被段祺瑞逼得忍无可忍，愤而免去段氏的国务院总理，段祺瑞策划九省督军联合反黎，把黎、段矛盾推进到无法调和的地步。

黎元洪首次出任大总统的1916年6月至1917年7月，正是第一次世界大战（1914—1918）趋于白热化时期。这次大战是两个帝国主义集团，即以德奥为主的同盟国，和以英、法、俄为主的协约国，为了重新瓜分世界、争夺殖民地而进行的一场非正义战争。主战场在欧洲，战火烧及亚洲和非洲，以及大西洋、太平洋、印度洋等海域。被卷入战争的人口在十五亿以上，死伤三千多万人，时间持续四年多，是世界史上空前惨烈的一场血战。战争爆发后，中国当局宣布严守中立，并颁布《局外中立条规》二十四条，照会各国驻华公使，要求各参战国不要在中国领土（含租借地）和附近海域进行敌对的军事活动。当年中国饱尝帝国主义的侵略和压迫，国力薄弱，根本没有可能和力量，也毫无必要参加这样一场帝国主义之间的分赃战争。即使参战，无论胜败，均不可能使中国得到什么好处。所以宣布“中立”，如能真正实行，不失为一种较明智的选择。

可是，中国在1914年8月6日刚刚发表“中立”宣言，日本立刻出来反对。它虎视眈眈，一心要夺占德国在中国的权益。8月13日，日本驻华代表探悉德国试图将胶州湾直接归还中国，他立刻警告中国外交次长曹汝霖，阻止中国接受德国的建议。8月15日，日本即向德国发出最后通牒，要求德国于9月15日前无条件将胶州湾租界地交付日本，并撤走日、中海域的德舰，“以备将来交还中国”。同时通告中国，如果德国不接受日本提出的条件即开战。并要中国“信任”日本政府，如中国发生内战，愿助中国平息。9月2日，日本第十八师团在山东龙口登陆，随即占领平度、高密、即墨、青岛、济南车站，胶州湾和胶济铁路均被日本控制。到了 11 月 7 日,德国在中国的势力范围,全部被日本侵夺。日本声称先将德国在中国山东的权益占领,“以备将来交还中国”,纯属借口。

日本继侵夺德国在中国山东的权益之后,又想进一步控制全中国。它利用袁世凯想做皇帝的野心,经过精心策划,日本驻华公使日置益于 1915 年 1 月 18 日,违背外交惯例,面见袁世凯,向袁氏提出旨在全面控制中国的“二十一条”要求,允诺只要袁氏接受这些条件,今后日本可“遇事相助”。[1]随后经过二十五次双边谈判,日本驻华公使日置益于 5 月 7 日奉日本政府命,向中国发出最后通牒,除删除第五号的五项外,限于 5 月 9 日午后六时前答复。5 月 8 日深夜,袁世凯命外交部照会日本驻华公使日置益,除了第五号中之五项容日后协商外,其余均据 4 月 26 日提出之修正案“即行允诺”。[2]

袁世凯承诺日本提出的各项侵略要求,无异于承认日本独霸中国,中国势必变成第二个朝鲜。日本这份通牒在 5 月 9 日北京出版的二十多种报刊公布后,舆论大哗,立刻激起全国人民的无比愤慨。全国各地很快掀起了反对日本“二十一条”的强大抗议运动。北京总商会通电各省商会,昭示日本最后通牒的严重祸害。上海召开了有五万人参加的国民大会,表示决不承认“二十一条”。并且把 5 月 7 日定为国耻日。全国各地开展了反日、抵制日货运动,给予日本帝国主义的侵略气焰以迎头痛击。

日本大限内阁疯狂推行武力侵华政策,不但激起中国人民的强烈反抗,也引来日本统治集团内部反对派的猛烈攻击,认为手法拙劣,有损日本帝国声誉。在日本内外的一片反抗声中,大限重信不得不于 1916 年 10 月 9 日宣布下台。继任的寺内正毅内阁(1916 年 10 月 9 日—1918 年 9 月 29 日),汲取大限失败的教训,为了摆脱困境,调整国际关系,同时为大战期间迅速聚集起来的雄厚资金寻找出路,于是改变对华策略,推行所谓“王道主义”政策。寺内等人在“援助”的美名下,企图通过贷款方式在中国扶植新走狗,进而达到政治控制的目的。当时在中国政坛上,实权操在国务院总理段祺瑞手中。寺内等人把段祺瑞视为能控制全国的实权人物,决心用金钱与武器全力予以扶植,以便使日本可以不动声色地实现独霸中国的野心。而段祺瑞出任总理以后,大权独揽,也想依靠武力,击败南方革命力量,实现全国统一。要推行“武力统一”,段氏面临的最大困难是财政拮据。当时北京政府的日常军政开支,每月需二千万,而财政部可靠收入,每月只有关余、盐余、烟酒税、印花税、所得税等，合计不足一千二百万元，尚短八百万元。[3]解决这笔短缺款，唯有依靠外债。1916年，曾与美国接洽过四笔借款，皆因日本阻挠破坏，未能成功。至此，惟有寄希望于日本。段祺瑞急需财力支持，而日本正愿以财力支持他，双方一拍即合。由此，段祺瑞很快投入日本帝国主义的怀抱，指望依靠日本的支持，来实现自己“武力统一”的梦想。日本方面，早在大隈内阁倒台前夕，寺内的亲信西原龟三即奉寺内之命来华活动，就日本对华政策广泛听取各方意见，为登台执政做准备。西原鼓吹：“应将我国（指日本）有力之银行及与中国关系密切的纺织公司和实业家组织起来，结成团体，实行对华投资，以确保我们在华之经济基础。”[4]

寺内正毅上台后，表面上声称“尊重和维护中国独立和领土完整”，实际仍在“扩充和增进”日本在华的特权与利益，伺机独占中国。1916年10月，西原龟三和寺内的另一亲信胜田主计等经过密议，向驻日公使章宗祥建议，派一个在中国素有名望的人来日一游，商谈中日联合事宜。段祺瑞接到章宗祥的电报后，因急于取得日本的经济支持，立刻响应，乃以赠给“日皇大勋章”为名，派曹汝霖为专使前往日本。临行前，黎元洪请曹汝霖吃晚饭，并请汪大燮、陆宗舆、哈汉章作陪。饭后，曹对黎说：“此行我有意见向总统说明，中日毗邻，交涉繁多。这件谅解，那件又出问题。长年累月，循环不已，终不能得一彻底之解决。依我看法，中国对日本应该决定根本上政策。日本分为两派，我们避去他的武力派，结合他的外交派。结合的办法，即是联系经济，从外交入手。欧洲已有先例，德奥同盟，外交取决柏林外交部。日本方面，总希望东亚，尤其是（此十二字据汪告我——张国淦注）中国与日本先做外交同盟。如此外交踏上一步，与他平行。关于经济方面，借外交同盟可以少吃亏。外交同盟仿柏林例，即在东京。果然做到，彼方强硬政策不好使用出来……”话未说完，黎元洪即拍桌大骂：“你到日本预备卖国。你们这样卖国，还要我随同卖国。这种毫无心肝的人，我不能让你到日本去。”（此段话哈亲自记录）第二天，黎元洪召国务院秘书长张国淦到总统府。黎对张说：“卖国、卖国，说了气死人！你告

曹汝霖

段总理,决不能让曹某去日本,另外换人。”张国淦把黎说的话转告段祺瑞,并询问曹去日本有何秘密？段祺瑞才告诉张说:“他曾条陈中日亲善不是空言,我们应该将中国关于农工商矿有价值的开列出来,同日本商量,何者中国自办？何者中日合办？何者让日本人办？一方面日本帮助中国，一方面日本亦获得利益,不必枝枝节节,遇事麻烦,以达到中日亲善之目的。他此次要在日本朝野游说,期于实行。”[5]按照曹汝霖的计划,最后结果必将使中国变成日本的附庸国。所以,黎元洪大发雷霆,坚决反对,是基于维护国家的独立与主权,是一种强烈的爱国行为,与曹汝霖不顾廉耻,放手卖国,形成了鲜明的对比。

曹汝霖使日,由于黎元洪的坚决反对,未能成行。寺内正毅乃于1916年12月中旬再派西原龟三作为他的密使,前来中国活动。他绕过日本公使,直接与段祺瑞政府谈判,由日本政府控制下的朝鲜银行、台湾银行和日本兴业银行向段政府贷款,借以换取中国广泛的工业利益和特权。12月22日,西原到达北京,23日即与曹汝霖、陆宗舆进行长时间密谈。据西原本人的日记披露:“此次会谈,接触到日、中两国密切合作的根本问题,双方充分的交换了意见。”[6]随后,西原又会见了段祺瑞。12月28日,西原与曹汝霖、陆宗舆就交通银行五百万日元借款达成协议。经日本政府批准,于1917年1月4日正式签订了合同。此即西原借款中第一笔贷款。此后,段祺瑞又派亲信吴光新连续拜访日驻华公使林权助、天津日本驻屯军司令官石光等人,正式转达段祺瑞“拟认真与日本合作”的迫切愿望,表示段祺瑞“急于向日本政府进行疏通”。[7]由于日方主动拉拢和段祺瑞急于卖身投靠,双方很快实现互相勾结。此后,寺内内阁通过援助段祺瑞皖系军阀的方针。据日本大藏省理财局于1926年为清理“西原借款”问题编的文件统计,寺内内阁任职的两年间,合计对华贷款总额约三亿八千六百万日元(当时一银元折合一日元),与寺内内阁成立时日本对华贷款约一亿两千万日元比较,增加了两倍多。其中西原龟三1916年12月至1918年经手的对华贷款共计八项,款额是一亿四千五百万日元。所有借款皆由西原龟三与曹汝霖、章宗祥等秘密议定,然后由中日双方有关部门签订正式合同。由于西原经手的这批借款大部分是无抵押担保贷款,以后历届北洋政府又无力偿还,致成悬案。其中有一亿日元系由日本兴业、朝鲜、台湾三银行直接承担借付。借款的本利得不到偿还,致使三银行赔累不堪。日本政府被迫于1926年由国库支付解决。[8]

中国对德参战问题,大战初期,日本因为担心中国参战,一旦协约国取得胜利,中国因为参战成为战胜国。这样,日本在山东从德国手中攫取的一切权益,在法律上将处于被动地位,所以反对和阻止中国参战。后来,因为和英、法达成秘密协议,英、法承诺日本在中国山东及赤道以北之特权,与美国也达成谅解,才由反对中国参战转变为劝告中国参战。1917年2月1日,德国为了打破英国在海上的优势,宣布采取潜水艇封锁政策。通告各中立国,于其封锁线内,不许船只往来。德国的锁海范围及于公海,阻碍海上商业,妨害中立国的权利,引起各中立国的抗议。2月3日,美国宣布对德绝交,同时通告各中立国,要求同美国一致行动。2月4日,美国驻华公使芮恩施奉美国政府令,劝告中国仿美国之例,与德国绝交,美国将在财政方面给予援助。英、法公使也劝中国对德绝交。国务院为此连日召开特别外交会议,筹商善后方策。2月9日,决定向德国提出严重抗议,希望德国停止实行封锁政策。若抗议无效,将断绝外交关系。同时复电美国政府,表示愿与美国采取一致行动。2月10日,段祺瑞致电驻日公使章宗祥,通告抗议始末,并嘱转告日本政府,同时声明以后待商之事尚多。日本外务大臣一方面对中国的通报表示感谢,另一方面又微露得信恨晚之意。并说,抗议既出,不如径行加入战团,彼此更可推诚相见。

中国对德抗议后,下一步就是要否对德绝交以至宣战。为此,国务院曾约集一些社会各界名流与外交有经验的人士进行咨询。梁启超、陆徵祥、汪大燮、曹汝霖等均就此发表了各自意见。陆徵祥还代表段祺瑞总理与英、俄、法、日、比、意、葡等各国驻华使节进行晤商。法、比公使曾代表七国表达意见,希望中国与德奥绝交。陆徵祥则向他们提出,若要与德奥绝交,中国应有些特别准备,希望协约国给予协助,比如增加关税及延缓庚子赔款等。各国驻华使节认为,原则上同意,具体办法待以后详细讨论。国务院在征求各方意见后,起草了一个《加入协约国条件节略》,并拟了一个给驻日公使章宗祥的训令电稿,嘱咐章宗祥转告日本政府,请日本赞助。内容包括:一、庚子赔款,德、奥方面永远撤销,协商国方面缓偿十年,不加利息;二、现时增加进口税五成,改正货价表后实抽七五(7.5%),裁厘金后抽十二五(12.5%),其后进口之半税即于正税加至十二五时废止;三、解除《辛丑条约》及附属文书中关于天津周围二十里中国不得驻军,及使馆与沿铁路各国派驻军队之条。中国则承担两事:一、原料之资助;二、劳工之援助。此外并声明,在京与各使开议,以深信日本之诚意,托其应援。[9]

3月3日,段祺瑞与各国务员一同面见黎元洪总统,一方面汇报国际政务评议会各方人士讨论情况,另一方面请黎元洪把《训令驻日公使章宗祥的电稿》签印拍发。黎氏此前签发了对德抗议,并没有表示不同意见。此次看了这份《加入协约国条件节略》,特别是《训令驻日公使章宗祥的电稿》,因联想到年前曹汝霖向他阐述的全面卖国计划,产生了犹疑。他最害怕的是落入日本人设置的圈套,致使中国沦为日本的附庸国。所以,第二天全体国务员再赴总统府商议此事时,黎元洪拿着训令章宗祥的电稿说:"此电不可发。"国务员从利害角度再次作了陈述。黎元洪又说,此事问题重大,"非先得国会同意不可"。此时段祺瑞通过西原龟三,已和日本实现秘密勾结,从日本方面得到贷款。他指望依赖日本帮助,取得金钱和军械,充实北洋的实力,借以制服南方反北洋势力,实现北洋对全国的控制。眼见黎元洪不同意签发,顿时发起火来,大声地说:"宣战媾和,国会议之。今则先与与国政府通意见耳。果宣战者,自当交议。"黎回敬说:"此宣战之先声也。宣战媾和,为大总统之特权。"段氏见黎坚不同意,乃起立对黎说:"约法为责任内阁制,大总统既操特权,不以祺瑞为能负荷者,祺瑞惟有辞职,不敢肩此重任。"说完即离去。黎元洪又反驳了一句:"宣战时只有大元帅令耳,无所谓责任内阁也。"在旁的内务总长范源濂起来为段说话:"此非待国务员礼,源濂亦请辞。"随即离去。其他国务员过不一会儿也相继散去。段祺瑞当天即提请辞职,赴天津。范源濂也请免职。其他国务员皆表示与总理同进退。

为什么为了签发一份发给驻日公使的电稿,居然闹到不可收拾?平情而论,黎元洪的主观愿望是怕因此完全落入日本人的圈套,使中国沦为朝鲜第二,而且事实上确实有这种可能,决不是杞人忧天。所以,黎元洪坚持不签发,无可非议。而段祺瑞为了获得日本的财政和军械支持,不惜出卖国家权益,巩固自身及皖系统治,意气用事,理应受到谴责。特别是在态度上过于霸道。至于段氏以责任内阁制压迫黎元洪签发,从法理上讲,也是站不住脚的。因为《临时约法》有明文规定。过去,人们在评论黎、段之争时,把它视为个人之间的意气之争,未免是非不分。

段祺瑞及国务员全体辞职后,北京出现了两天无政府局面。黎元洪为此曾敦请徐世昌出来组阁。徐氏坚决拒绝。又想请王士珍出来组阁，也遭婉谢。当时副总统冯国璋为外交事正在北京，黎只得挽请冯国璋出面调解，请段回任。冯国璋临行前与黎氏约定：一、内阁确定的外交方针，总统不再加以反对；二、内阁拟定的命令，总统不得拒绝盖印；三、内阁训示各驻外使节、督军、省长，总统不得干预。[10]这等于是黎元洪完全屈服于段祺瑞的压力。3月6日，冯国璋带着这些条件去天津，请段祺瑞回任。段氏见自己的要求已经达到，其左右亲信也劝他就此转圜。段祺瑞遂于当天晚上乘车返京复职，并且电告驻日公使章宗祥。3月8日，国务院草拟的对德绝交咨文，经总统盖印，提交国会讨论。同日，章宗祥电告国务院，日本催促早日宣布与德国绝交，绝交后即可协商提出的条件。3月10日，国务院为国会早日通过对德绝交案，国务员全体出席参众两院，报告外交方针。众议院当天投票，以三百三十一票对八十二票通过。11日，参议院也以一百五十三票对三十七票通过。3月19日，北京政府宣布对德绝交。外交部照会驻京德使，以抗议无效，宣告与德国断绝邦交，并令驻德公使颜惠庆下旗回国。德使旋于3月26日出京，各地德国领事亦分别离境。天津、汉口等地的德租界收回。

3月19日，英、法、日、俄、意、比、葡七国公使致函外交部，敦劝中国加入协约国。美国当时在中国主要是商业利益。为了使中国有一个安定的环境，保证商业贸易顺利发展，由劝中国参战，改为希望“中国把恢复全国统一和维持国内和平，作为中国自身和对世界的首要任务，其他的国际关系问题应放在第二位”。[11]而段祺瑞为了取得日本的财政和军械支持，听从日本，坚主参战。梁启超想学意大利的加富尔加入克里米亚战役，借以增高国际地位，也主张速向德国开战。可是，当时反对参战的，无论朝野都大有人在。首先是总统黎元洪和副总统冯国璋，以及各省督军的大部分都反对参战；其次，在野名流如孙中山、唐绍仪等，以及各地工商团体，都认为参战不会给国家带来好处，皆反对参战。在国会里，各派意见也不一致：研究系听从梁启超的指挥，同意参战；旧国民党（商榷系）的丙辰俱乐部则坚决反对参战；益友会与政学会赞成参战。

段祺瑞为了统一督军的意见，同时想借督军团威压国会，决计召集各省督军来京开会。4月25日，各省督军会议在北京开幕，参加者有晋、豫、鲁、赣、鄂、吉、直七省督军，与苏、浙等十省督军代表，以及安徽省长倪嗣冲、察哈尔右翼都统田中玉、绥远都统蒋雁行等。段祺瑞把参战的用意预先透露给他的同党，解除他们害怕参战后要带兵对德作战的顾虑。26日，督军皆改变态度，一致主张对德宣战。5月1日，国务会议一致决议对德宣战。国会中的多数派、外交商榷系则通电各省，反对参战。5月2日，督军团代表倪嗣冲、张怀芝、李厚基等晋见黎元洪，请求批准对德参战。黎元洪以军人不得干政为由拒绝。5月3日，督军团公宴议员，替段氏疏通参战案。7日，参战案提交国会。8日，众议院开秘密会议，国务员全体出席报告参战案，表决提交全体委员会审查。此时此刻，如果北洋派不采取过激手段威逼，通过各方面做议员工作，参战案当可平安通过。因为国会里只有丙辰俱乐部一派议员坚决反对。研究系听梁启超指挥，肯定赞成。政学会、益友社通过谷钟秀、张耀曾、张继等串通，也会投赞成票。可是，那些军阀要人，习惯于以势压人，他们生怕国会不通过，竟然效法1913年袁世凯用公民团迫选正式大总统的伎俩，使出同样的威逼手段。5月10日，众议院开会审议参战案，忽然有公民请愿团、五族请愿团等形形色色团体齐集国会外，共约数千人，由陆军部人士指挥，包围众议院会场，殴伤议员数人，声称必等参战案通过才能解散。众议员对此种举动普遍不满，决定停止会议。国务员谷钟秀、张耀曾、程璧光、伍廷芳相继提出辞职，以示抗议。

此时，陈锦涛因受交通系陷害，已经去职。许世英也因事免职。范源濂随后也递交辞呈。八名国务员仅剩段祺瑞一人。段氏感到独角戏演不下去，于5月12日拟提出辞职，却遭他左右一伙人的阻拦，决计要与国会对抗到底，再三咨催国会速议参战案。国会议员除了研究系议员外，大多数议员皆因此举对段氏十分反感。到了5月18日，北洋段系与日本勾结的秘密，又被北京《英文京报》揭露。次日，该报主笔陈友仁因为披露此案被段政府逮捕，更加激起国会对段氏的不满。19日，众议院乃议决："现内阁仅余段总理一人，不能行责任内阁之实，本院对于此种重大外交案件，应候内阁改组后再议。"[12]督军团孟恩远、王占元等在研究系的策动下，呈请黎元洪解散国会，改制宪法。20日，黎元洪与各政团领袖汤化龙、谷钟秀、吴景濂、王正廷等商议督军团的呈文。21日，黎元洪招孟恩远、王占元等入府，告诉他们，总统没有解散国会之权，解决时局办法惟有请段祺瑞辞职。段左右的亲信主张阁员尽用段派人员补充，强硬和府方对抗下去。国务院秘书长张国淦则向段氏建议，为了缓和府院矛盾，补充阁员不宜用段派人员，而要尽量用黎氏信得过的人充任，这样才容易通过。段祺瑞接受了张国淦的建议，乃“以夏寿康长内务，饶汉祥长司法，汤芗铭长海军，孙宝琦长财政，庄蕴宽长农商，汪大燮长交通”。名单里无一段派。段把名单交张国淦于5月22日夜间将近十二时送总统府。黎氏看了名单，态度有所缓和。当时总统府秘书长夏寿康也在旁。看了名单之后，因为夏本人在内，未便表态，只表示可以“留下商量”。据夏寿康事后告诉张国淦，当张来到总统府时，黎元洪本拟交给他免去段祺瑞的命令，看了补充阁员名单后才没有交出。但第二天，总统府商议，府中那些坚持倒段的人，仍然主张将段祺瑞免职。5月23日午后二时，黎元洪召张国淦进府，将段祺瑞免职、伍廷芳暂行代理总理、王士珍任北京警备司令等三项命令交给张国淦。张看后觉得问题十分严重，向黎表示：“我不能再管此事。”即离开总统府偕同国务院秘书涂凤书去见段氏说明经过。正在谈话，国务院电告，伍廷芳总长已到国务院，将上述三项命令交科送印铸局发表。张国淦即于当日午后四时乘快车去天津，嘱咐涂凤书到国务院办理结束手续。段祺瑞接到免职令，左右摩拳擦掌，表示要与总统府斗争到底。段氏决定以退为进，离京去津，声明免职令“未经段祺瑞副署，将来地方国家因此发生何等影响，祺瑞概不负责”。[13]

注释

【1】王芸生:《六十年来中国与日本》第六册，第77页。

【2】王芸生:《六十年来中国与日本》第六册，第243页。

【3】曹汝霖:《民初外交回忆录》，转见章伯锋:《西原借款与日皖勾结》，《历史研究》，1977年第6期，第99页。

【4】西原亀三:《梦的七十余年》，转见前引章伯锋文，第97页。

【5】张国淦:《对德、奥参战》，章伯锋等:《北洋军阀》第三卷，第80页。

【6】西原亀三:《梦的七十余年》，转见前引章伯锋文，第98页。

【7】日本外务省档案，转见前引章伯锋文，第98页。

【8】章伯锋:《西原借款与日皖勾结》，《历史研究》，1977年第6期第96页。

【9】佚名:《中德绝交始末及其利害》，章伯锋等:《北洋军阀》第三卷，第59~60页。

【10】《中华新报》1917年3月8日。

【11】《蓝辛致芮恩施》，章伯锋等:《北洋军阀》第三卷，第161页。

【12】李剑农:《中国近百年政治史》，第445~446页。

【13】张国淦:《中华民国内阁篇》，杜春和等:《北洋军阀史料选辑》上，第211页。

十九

张勋复辟　被迫离职

黎元洪把段祺瑞免职后，为了缓和与北洋派的关系，先是拉北洋派元老徐世昌与王士珍出来组阁。可是，老辣的徐世昌，坚决拒绝出山。王士珍对于黎元洪的处境略表同情，但自称与段氏友谊很深，不能取代。经过黎元洪亲自到王宅敦劝，王士珍才答应出任陆军总长。在这种情况下，黎元洪把希望寄托于李经羲。因为李经羲（1859—1925，字仲仙）系李鸿章之弟李鹤章的次子，在清末曾任巡抚、总督等职。1913 年曾任政治会议议长、后任参政院参政。袁世凯称帝时被封为"嵩山四友"之一。由于李经羲资格很老，和段祺瑞同是合肥人，而且一向注意与皖系将领拉关系，和张勋的关系也不错。黎元洪指望李经羲出来，缓和与北洋派特别是皖系将领的紧张关系。1917 年 5 月 25 日，黎氏即将提请李经羲出任国务院总理的咨文送交国会。众议院当天开会，通过李经羲为国务院总理的提案。第二天，参议院也顺利通过。但是，李经羲尚未就职，由徐树铮策动的各省"独立"已拉开帷幕。原来，段祺瑞移居天津之后，在徐树铮的策动下，安徽省省长倪嗣冲即赶赴天津，与段氏策动倒黎。倪氏回到安徽，即于 5 月 29 日在蚌埠宣布"独立"，与中央脱离关系。在此前后，奉天（辽宁）将军张作霖、河南督军赵倜、浙江督军杨善德、山东督军张怀芝、陕西督军陈树藩、直隶（河北）督军曹锟、黑龙江督军毕桂芳等也相继宣布"独立"，形成章太炎所说的"九省督军皆反"的局面。6 月 2 日，独立各省在天津设立"各省督军总参谋处"，推雷震春为总参谋长。并且宣布要另立"临时政府"和"临时议会"。[1]

北京政府出现危机，美国深感不安。6 月 2 日，美国驻华公使芮恩施电告美国国务卿蓝辛说："如果总统被军人推翻，南方无疑会兴兵打仗，结果中国将分裂。"蓝辛于 6 月 4 日复电说："美国政府对中国发生的纷争深表遗憾，诚挚的希望立即恢复平静与政治统一。中国对德宣战，或者继续与其维持现状，是次要的事情。

中国最需要的是恢复和继续其政治的统一，并沿着民族发展的道路前进。”[2]蓝辛同时致电英、法、日等国，提议向中国作出内容相同的表达。但遭到英、日的抵制。美国企图制止各省反抗中央政府的图谋失败了。

当九省宣布“独立”之际，所有南方各省都忠于总统和国会，同时痛斥闹“独立”的督军。全国的商界和平民，没有一个支持北洋系这些督军闹“独立”。冯国璋对北洋一些督军闹“独立”也不赞成。6月1日，冯国璋致电各省说：“今各省有反对中央者，予已去电劝慰。劝慰无效，则予一听中央命令解决。诸君要明军人天职，万勿妄发议论，致干戾咎。”[3]不过，段祺瑞和“独立”诸省，对于冯国璋的劝诫置若罔闻。

张　勋

九省宣布“独立”，李经羲吓得躲在天津不敢露面。黎元洪派人再三敦请，李经羲提出，必须有张勋“保驾”才能赴京就职。黎氏别无他法，只得于6月1日电请张勋进京“调解”。黎在电文中赞誉张勋，“功高望重，至诚爱国，盼即迅速来京，共商国是，必能匡济时艰，挽回大局，跂予望之”。[4]其时谷钟秀曾谒见黎元洪。黎向谷表示：宁肯把总统的位置让给副总统冯国璋，也不愿向闹“独立”的督军低头。为此，谷钟秀曾于6月3日密告总统府秘书长夏寿康，声言黎总统“既有此等决心，其时机不可等待彼此提出条件，更不可俟张绍轩（张勋）晋京之后。因为张勋如果入京复辟，“益不可收拾”。只要请冯国璋继任的明令早日下达，“副座即可在南京执行大总统职务，彼辈之目的一空，或可稍缓缓急。”可惜，谷钟秀的建议未为黎元洪接受，以致事情闹到越来越被动。6月7日，张勋率领辫子军四千三百人从徐州登车北上，8日开进北京附近。张勋本人则先去天津。是日晚上，夏寿康奉黎总统之命到天津迎接张勋。张提出六项条件：一、实行责任内阁；二、解散国会；三、解散省议会；四、改制宪法；五、惩办群小（指哈汉章、金永炎等总统府军事幕僚）；六、特赦政治犯。[5]其中最关键的为解散国会。此前当督军团于5月19日提

辫子军

请解散国会、改制宪法时，黎元洪曾经予以痛斥，声明“不违法，不盖印，不怕死”，似有以死殉法的决心。而今辫子军已进入京城，控制着军政要害部门。黎元洪别无选择，只得应允。他于第二天拟好解散国会令，但伍廷芳拒绝副署，转而敦促李经羲“即日进京就职”，以便副署解散国会令。然而，李氏仍然躲躲闪闪，不肯就道。无可奈何，黎氏乃于6月12日下令免去伍廷芳的代总理，改由统领江朝宗暂行代理，即由江朝宗副署，下达了解散国会令。接着又发表通电，陈述不得已的苦衷。电文说：

安徽张督军北来，力主调停，首以解散国会为请，迭经派员接洽。据该员复述，如不即发明令，即行通电卸责，各省军队自由行动，势难约束等语。际此危疑震撼之时，诚恐藐躬骤然引退，立启兵端，匪独国体政体根本推翻，抑且攘夺相寻，生灵涂炭。都门首善之地，受害尤烈；外人为自卫计，势必至始于干涉，终以保护，亡国之祸，即在目前。元洪筹思再四，法律事实，势难兼顾。实不忍为一己博守法之虚名，而使兆民受亡国之惨痛。为保存共和国体、保全京畿人民、保持南北统一计，迫不获已，始有本日国会改选之令，忍辱负重，取济一时，吞声茹痛，内疚神明。所有各省长官，其曾经发难者，各有悔祸厌乱之决心，此外各省亦皆曲谅苦衷，不生异议。庶几一心一德，同济艰难，一俟秩序回复，大局粗安，定当引咎辞职，以谢国人。天日在上，誓勿食言。[6]

黎元洪在这份通电中，申述了自己的苦衷，表明是在内外时势逼迫之下，违法违心，不得已而为之。之所以明知违法，还是下解散令，是由于顾虑到不如此，"亡国之祸，即在目前"。为了保全国体，才出此下策。但是，无论如何，黎元洪也不能推脱意气用事、误信张勋的责任。

张勋见黎元洪发布了解散国会令，认为复辟的主要障碍已经扫除，乃于6月14日偕同李经羲、刘廷琛、胡嗣瑗等人从天津乘车入京。李经羲组织内阁，国内外都面临很大阻力。首先，从国内来说，段祺瑞的皖系势力只想利用张勋解散国会，推倒黎元洪，然后由段氏组织中华民国军政府，召集临时议院，制订宪法，实现段祺瑞重掌政权的一统天下。从国外来说，全力扶持段祺瑞的日本政府，对于段派的设想表示理解与支持；对李经羲组阁持反对态度。在段祺瑞、徐世昌的指引下，各省督军、省长对李经羲组阁持不合作态度。复辟派万绳栻等人也多次密谋策划，要搞垮李经羲内阁，为复辟开路。张勋则在遗老遗少的鼓噪下，不顾段祺瑞的一再警告，坚持复辟梦想。康有为在沈曾植的鼓动下，也于6月26日带着沈曾植、王乃徵等人从上海启程北上。28日，康有为一行抵达北京。下车之后就被张勋等人迎到他的公馆，与张镇芳、雷震春等研究复辟计划。6月30日傍晚，张勋偕同刘廷琛偷偷溜入皇宫，与帝师陈宝琛举行秘密协商，将复辟行动计划告知清皇室。30日深夜十二时，张勋在南河沿私宅邀集陆军总长王士珍、步军统领江朝宗、警察总监吴炳湘、第十二师师长陈光远说明复辟计划，令打开城门放他的辫子军（定武军）入城。王士珍等不敢反对。计划确定后，梦想复辟的遗老个个换上朝服，于7月1日凌晨三时，由张勋率领康有为、王士珍、江朝宗、吴炳湘、陈光远、沈曾植、劳乃宣、阮忠枢、顾瑗、万绳栻等数十人进入清宫，奏请宣统皇帝溥仪复位，改民国六年（1917年）7月1日为宣统九年五月十三日（阴历）。一切典章皆恢复清朝旧制。7月1日，溥仪在接受复辟帝制后，连下了八道皇帝谕旨，宣布从即日起"临朝听政，收回大权，与民更始"。[7]封黎元洪为一等公，并且在上谕中诡称"黎元洪奏请奉还大政，以惠中国而拯生民"。[8]此外，还授予张勋、王士珍、陈宝琛、梁敦彦为内阁议政大臣；授予徐世昌、康有为为弼德院正副院长。

张勋逆历史潮流而动，倒行逆施，妄图复辟帝制，立刻激起全国上下的强烈反对。民主革命旗手孙中山，当即召集章太炎、唐绍仪、程璧光及海陆军军官在上海寓所开会，商议对策。他在上海讨逆会上指出："此不但共和与帝制之争，实为全体国民反抗武人专制之争。……若中国人民于此竟贴耳驯服，则中国不独当然受各大国之侮辱，亦且当受各小邦如暹罗之欺凌矣。"[9]他在致西南六省的电文中呼吁："时势迫亟，民国不可一日无主。唯西南六省为民国干净土，应请火速协商，建设临时政府，公推临时总统，以图恢复。"[10]7月6日，孙中山即偕同廖仲恺、朱执信、章太炎等乘军舰南下，谋在广州组织力量，讨伐复辟势力。上海以及南方许多城市，相继声讨张勋复辟帝制的罪行，主张"组织义师，扫灭妖氛"。[11]长沙市民万人集会，誓死拥护共和，反对复辟。[12]武汉"民情愤激，有过于袁氏称帝之时。……各团体亦纷纷开会，文电纷飞，表示反对"。[13]海外华人对复辟也表达了极大的义愤。留日学生一千余人在东京召开讨逆大会，号召一致奋起，"尽国民一分子之责任"。[14]

复辟当日，张勋曾派梁鼎芬去见黎元洪，要他在"奏请归还大政"的奏折上签字。黎元洪严正拒绝。当天下午，全北京城都悬挂龙旗，只有总统府仍然悬挂象征五族共和的五色旗。当日，黎元洪曾派夏寿康去天津，向张国淦问计。张建议说："为今之计，唯有通电请南京冯副总统依法代行大总统职权，一面起用段，责其出师讨伐，并电各省督军协力进行。"黎元洪于7月1日发了两份通电：一是否认自己奏请归政。通电说："闻本日清室上谕，有元洪奏请归政等语，不胜骇异。吾国由专制为共和，实出五族人民之公意。元洪受国民付托之重，自当始终民国，不知其他。特此奉闻，借免误会。"[15]这份电文表明，黎元洪为了摆脱困境，召张勋入京，导致复辟，犯了引狼入室的严重错误。但在坚持民主共和、反对复辟上，态度是鲜明坚定的。另一份拒不承认复辟。电文云："本日张巡阅使率兵入城，实行复辟，断绝交通。派梁鼎芬等来府游说。元洪严词拒绝，誓不承认。副总统拥护共和，当必有善后之策。"夏寿康由津返京后，黎元洪听从了张国淦的建议，于7月2日手拟命令，准予免去李经羲的国务院总理，特任段祺瑞为国务院总理，并命段兴师讨伐张勋。派秘书覃寿坤星夜赶赴天津，将委任状送交段祺瑞。张勋逼迫黎元洪二十四小时之内交出总统府，并派兵接替黎元洪的总统府卫队。黎元洪知道再也无法在总统府居住，于是电告南京冯国璋代行大总统职权。电文说："此次政变猝生，致摇国体。……都中情形，日趋险恶。元洪既不能执行职权,民国势将中断。我公同受国民重托,应请依照《约法》第四十二条暨大总统选举法第五条,暂在军府代行大总统职务。……此后一切救国大计,务请我公与芝泉协力进行。”[16]同时发表离开总统府通电:“已于本月冬日,特任段芝泉总理国事,并电请冯副总统依法代行职权。在副总统未经正式代理以前,一切机宜统由段总理便宜处理。所有印信文件,业经送津请段总理暂行摄护,并设法转送副座,呈请接收。再,顷者公府卫队猝被撤换,催交三海,元洪亦即移居医院,此后一切救国大计,务请诸君商承冯副总统、段总理合力进行。”[17]

7月2日上午,驻京英、法、美、俄、日、荷等国公使在荷兰使馆会议,认为对黎元洪的个人安全应予保护,决定由荷兰公使出面,以各国公使联合名义,照会复辟政府的外事部门,希望保护黎元洪总统的人身安全。张勋因此不敢加害,仅撤换卫队,借以加强监视。[18]黎元洪左右见护卫被撤换,决定设法离开总统府。为了避人耳目,乃由总统侍从副官唐仲寅装扮总统,声称访问某某要人,先行出府,然后黎元洪假扮成职员模样(张勋的辫子军皆不认识黎元洪),与秘书刘钟秀等乘坐蒋作宾的汽车绕道至东交民巷,原拟入法国医院,因无医生签字的住院证,医院不予收留,乃将车开到日本公使馆武官斋藤馆舍,由刘钟秀前往交涉。斋藤立刻报告日本驻华公使林权助。林公使表示:“事已至此,未便拒绝,应谋相当之保护。”[19]7月3日,日本公使馆发表通告,叙述黎元洪入馆经过说:“黎大总统带侍卫武官、陆军中将唐仲寅、秘书刘钟秀及从者一名,于七月二日午后九时半不预先通知,突至日本使馆武随员斋藤少将馆舍,恳其保护身命。日本公使馆认为不得已之事情,并顾及国际通义,决定作相当之保护,即以使馆域内之营房暂充黎总统居所。黎总统在日使馆时,日本公使馆绝不允其作政治的活动。”[20]

段祺瑞在天津得到张勋复辟消息,经过与他的亲信商议,决定利用这一时机,重新登台掌权。段氏接到黎元洪的任命,即与梁启超前往马厂,策动驻马厂的第八师师长李长泰、驻扎廊坊的第十六混成旅旅长冯玉祥以及驻保定的曹锟等组织讨逆军,讨伐张勋。日本也对段祺瑞表示支持,派遣青木中将协助策划军事,还垫付军费一百万元,从经济上予以支持。7月3日晨,段祺瑞在第八师司令部举行誓师,段自任讨逆军总司令,并发表讨逆通电:“张勋怀抱野心,假调停时局为名,阻兵京国,至昨夜遂有推翻国体之奇变。……祺瑞罢斥以来,本不敢复与闻国事,惟念辛亥缔造伊始,祺瑞不敏,实从领军诸君子后,共促其成。既已久服劳于民国，不能坐视民国之颠覆分裂而不一援。……诸公皆国之干城，各膺重寄，际兹奇变，义愤当同。为国家计，自必矢有死无二之诚……伏望戮力同心，戡兹大难。祺瑞虽衰朽，亦当执鞭以从其后也。”[21]他在向全国发布的通电中则表示：“誓与共和并命，不共逆贼戴天”，“本军伐罪吊民，除逆贼张勋外，一无所问；凡我旧侣，勿用以胁从自疑。其有志切同仇，宜诣本总司令部商受方略。事定后，酬庸之典，国有成规。若其有意附逆，敢抗义旗，常刑所悬，亦难曲庇。”[22]在讨逆总司令的布告中则规定：“一、保护本国及各国侨人生命财产；二、对于各国教堂及商民人等一律保护，不得扰害之；三、不得奸淫掠夺，及无故骚扰民间；四、不得造谣生事，煽惑军心；五、不得宣漏军事机密。”[23]以上这些政策性的宣传，对于争取大多数，孤立顽固复辟分子无疑有重大作用，为迅速粉碎复辟奠立了政治基础。

马厂誓师之后，讨伐张勋的军事行动立刻开始，东面由第八师和第十六混成旅组成，以段芝贵为司令，沿着京津铁路西进；西面由第三师和第二十师组成，由曹锟任司令，沿着京汉铁路北上。7日，东西两路军占领丰台。12日凌晨，讨逆军向北京城发起总攻。东路向城南经永定门直取天坛；西路军自城西攻占彰仪门；由第十一师、第十二师组成的中路军占领朝阳门。午前十一时，讨逆军炮轰张勋住宅。张勋在外人保护下逃入荷兰使馆。13日，溥仪再次宣布退位。这场张勋复辟丑剧，为时不到两个星期就落幕了。

7月5日，段祺瑞已在天津宣布就任总理。7月6日，冯国璋在南京宣布就任代理大总统，下令免去李经羲的国务总理，正式任命段祺瑞为国务院总理。14日，段祺瑞由天津进入北京，组织新内阁。经冯国璋批准，新内阁由汪大燮长外交，汤化龙长内务，梁启超任财政，陆军仍由段祺瑞兼任，刘冠雄长海军，林长民长司法，范源濂任教育，张国淦长农商，曹汝霖长交通。由于研究系在反复辟中为段祺瑞出谋划策，与冯国璋也早有拉拢，所以阁员中研究系人员占了很大比重。

7月14日，段祺瑞到达北京当天，即赴日本驻京使馆致谢，顺便也看望了黎元洪，虚情假意地请他复任大总统。黎元洪辞谢。午后二时，江朝宗奉命亲到日本驻京使馆迎接黎元洪。黎氏向日使馆致谢后，即在日本青木顾问、船津书记官陪同下，与江朝宗同回东厂胡同私宅。并即通电引咎辞职，列举五事自责，通电说：“顷闻道路流言，颇有于总统复职之说，窃加揣拟者，惊骇何极，元洪引咎辞职,久有成言。皎日悬盟,长河表誓。此次因故去职,付托有人,按法即无复位之文,揆情岂有还辕之理。"[24]可是,黎元洪回到东厂胡同没住两天,黎宅就发生了刺杀重案。7 月 16 日凌晨五时,总统府内的护卫兵王德禄,手持两把刺刀,"由所住兵房内冲出寻人。时该护卫队多身睡未起,猝未及防,致被扎死正目王凤鸣,三等护卫马占成。旋奔至该护卫队官长室内,连长宾世礼见其来势甚凶,持手枪向击,未中。追至室外假山石下,连发两枪未响,该凶手反刀将宾世礼扎死。又连伤伍长李保甲、卫兵张洪品二名,奔出大门外,持刀乱舞。护卫队多名,追至东厂胡同东口小巷内,枪击凶手腿部,即时倒地,被乱枪戳死。"卫兵王德禄为何杀人,据说是该卫队当讨逆军入城时,曾配合攻打张勋住宅。"事定后,该护卫队在张勋宅内捡有物品多件,又未分给王德禄。该王德禄因此激刺,恼羞成怒,发生疯疾,向人寻仇云云。"[25]黎元洪经过此次惊吓,即日"上午八时半,由江朝宗护送",与其眷属赴东交民巷,住进法国医院。

再说冯国璋代理总统之后,是否北上继任?曾经犹豫了半个多月。此事冯派与段派之间有不同意见。冯派内部与段派内部也是意见分歧。冯派李纯、曹锟等人纷纷通电,希望冯国璋北上就职;冯国璋的女婿陈之骥则觉得,冯氏在南京有自己的军队,而且与各方面关系不错。到了北京,将变成无所凭依的光杆总统,将会受到段氏挟制。而在段派内部,徐树铮等人担心冯国璋在南京有实力作为依靠,还可以联络南方革命派及西南地方势力,以与段氏对抗。这样一来,将比黎元洪更难于对付。国务院秘书长张志潭及张国淦等则认为,黎元洪解职,由冯国璋继任,合理合法,易为民党与地方实力派接受。如果由段祺瑞接任总统,则可能立刻引起分裂。段祺瑞赞成张志潭等人的意见,派遣靳云鹏前往南京迎接。而在南方各省,则仍希望黎元洪复职。自从 7 月 14 日黎元洪发表辞职通电后,陆续收到云南唐继尧、两广巡阅使陆荣廷、湖北王占元、江西李纯、湖南谭延闿、新疆杨增新等十八份复电,热切恳请黎元洪复职。而且前海军总长程璧光还派了两艘军舰在秦皇岛海域接他南下就任。有鉴于此种形势,段祺瑞生怕黎去南方就任总统,对抗北洋军。至于黎氏本人,经过此次劫难之后,已无心问政。7 月 23 日,他曾对某要人表示:"余之所以勉不出京者,恐好事之徒借口拥余复职,以为扰乱大局之计。余今已决定,俟大局平定之后,或出洋游历,或归省倡办实业。无论如何,断难重行登台,作此冯妇。"[26]段祺瑞屡次电促冯国璋赴京就职。

冯国璋又见黎元洪坚拒复职，在北上问题上犹豫不决。而7月23日，靳云鹏奉段祺瑞命，带领七十多人的迎冯专车到达浦口。靳氏抵南京后，与冯国璋作了长时间的秘密谈判，力劝冯氏北上。他说："京师状况业已如常，庶务纷纭，极待整理。段总理与各部总长企望启节，几若大旱之望云霓。……总理致意，恳请从速启行。"[27]靳云鹏并告诉冯国璋："黄陂辞职甚坚，并已决计东渡，即强迫复任，恐亦无济于事也。"[28]7月24日，黎元洪又通电决不复职，并促冯国璋"早日入京，以安大局"。[29]在此情况下，冯国璋乃与靳云鹏商妥北上条件：一、疏通西南，化除党见；二、江苏督军由李纯继任，由第十二师师长陈光远升任江西督军。段祺瑞则提出：由段芝贵任京畿警备司令，而以傅良佐督湘，吴光新为长江上游总司令兼四川查办使。双方达成协议后，冯国璋才于7月29日宣布，定于7月30日晚北上。8月1日中午，冯国璋到达北京。黎元洪为了会见冯国璋，特于上午九时从法国医院返回东厂胡同。下午二时，冯氏来到黎宅。因为黎元洪的家属已赴天津，只得在室内亲自煮茶接待。两人在洽谈中，冯氏一再提出请黎复职。黎元洪坚决谢绝，并请冯国璋"正式就职，以利政治之进行可也"。[30]

冯国璋辞别之后，黎元洪仍回法国医院，本拟即日去天津。但段祺瑞怕黎元洪出京后南下，与民党及西南地方实力派结合组织政府，执意不准离京。8月4日，段祺瑞派汤化龙赴法国医院看望黎元洪，陈述南方民党仍欲拥戴黎元洪以抗北京，故请"暂勿出京"。若医院久居不便，可回东厂胡同，或到西山疗养，由政府负责保护。黎元洪又派人向冯国璋表达赴天津意愿。冯国璋没有异议，段祺瑞也不便再言。后来由汤化龙担保：黎元洪不再从事政治活动，不南下，段才肯放黎出京。8月28日，黎元洪移居天津英租界黎公馆。此后，黎氏息影天津，长达五年之久。

注释

【1】《中华新报》，1917年6月7～8日。

【2】《芮恩施致国务卿》及蓝辛复电，章伯锋等：《北洋军阀》第三卷，第160～161页。

【3】公孙訇：《冯国璋年谱》，第87页。

【4】北洋《政府公报》，1917年6月2日。

【5】《晨钟报》，1917年6月9—10日。

【6】《民国日报》, 1917 年 6 月 14 日; 章伯锋等:《北洋军阀》第三卷, 第 125 ~126 页。

【7】【8】章伯锋等:《北洋军阀》第三卷,第 217 页。

【9】《民国日报》,1917 年 7 月 4 日;王耿雄等:《孙中山集外集》,第 87 页。

【10】孙中山:《致西南六省各电》,中国近代史所中华民国史研究室等:《孙中山全集》第四卷,第 111 页。

【11】《中华新报》,1917 年 7 月 3 日。

【12】《长沙大公报》,1917 年 7 月 5 日。

【13】《时报》,1917 年 7 月 9 日。

【14】《时报》,1917 年 7 月 16 日。

【15】《黎元洪通电》,荣孟源等:《近代稗海》第四辑,第 107 页。

【16】《黎元洪通电》,荣孟源等:《近代稗海》第四辑,第 107~108 页。

【17】《黎元洪通电》,荣孟源等:《近代稗海》第四辑,第 108 页。

【18】《申报》,1917 年 7 月 6 日,第 6 页。

【19】【20】《申报》,1917 年 7 月 7 日,第 6 页。

【21】《段前总理反对复辟电文》,荣孟源等:《近代稗海》第四辑,第 110~111 页。

【22】《段祺瑞讨伐张勋通电》,荣孟源等:《近代稗海》第四辑,第 632~633 页。

【23】段祺瑞:《讨逆总司令布告》,荣孟源等:《近代稗海》第四辑,第 113 页。

【24】《黎总统辞职通电》,荣孟源等:《近代稗海》第四辑,第 199 页。

【25】荣孟源等:《近代稗海》第四辑,第 210 页。

【26】《申报》,1917 年 7 月 28 日。

【27】公孙訇:《冯国璋年谱》,第 103 页。

【28】【29】《申报》,1917 年 7 月 25 日。

【30】《申报》,1917 年 8 月 4 日。

二十

寓居天津　投资实业

黎元洪经过这场政治上的屈辱折磨，心力交瘁，对于政治已经深怀厌弃之情。他决心从此不再过问政治，在天津寓所过起自由自在的平民生活。据他的长子黎绍基(字重光)记述：

位于天津租界的黎府

在天津，他有一所带有美丽花园的住宅。现在没有什么事来打扰他了。他唯一的工作就是在花园散步和看着园丁浇花——这对他来说，是一个真正的乐趣。每天他早上起来便锻炼身体，然后洗个澡。八点进早餐。而在早餐之后，他挑选一些报纸随意浏览。当时中国的政治局势一再恶化。当他从报纸上看到一些令人懊丧的消息时，便以练习写毛笔字，来排除他心中的烦恼。

他十二点进午餐，饭后睡个午觉。这对他来说非常有益。他很高兴人们到家里来看望他，不过他不欢迎那些有政治企图的人。因此，他的一些老朋友常来访问他，并经常畅谈到晚饭时分。晚饭后他便把家里人召集到客厅里聊天。除谈一些有兴趣的新闻外，多是家长里短。而且他很喜欢在这时听留声机作为消遣。他还有早睡的习惯，经常在晚上九点时，他便回到寝室入睡了。

他在天津一共住了五年。这也是他最美好的时光。因为他确实享受了生活的乐趣。由于长期的休息和各种锻炼，他恢复了健康。当他感到精神稍差时，便在早晨骑马出游。在花园里，他有一个自建的网球场，并经常在下午打上一个小时的网球。当冬天到来时,他将网球场改为滑冰场,把打网球的时间改为溜冰了。有时晚上他还喜欢去听戏或看电影,因为他愿意有更多的时间同老百姓在一起。[1]

黎元洪的外孙女徐世敏在《黎元洪与天津》一文中也说:“黎元洪自辞去总统职务后,息居津门,闭口不谈政治。尤其当时北方政局紊乱,元洪更是杜门谢客,不问政事。唯在宅内读书习字,或在园内种花剪草,或偕家人外出看电影、散步,有时也骑骑马。”[2]薛观澜说:“黎氏不嗜烟酒,也不好赌博,故生活极有规律。黎好京剧,尤嗜坤伶演出,位居总统之时,常至城南游艺园看戏,力捧坤伶金少梅、碧云霞、琴雪芳之辈。按北京城南游艺园,等于上海大世界,为普罗大众游乐之场,黄陂确有民主作风。”[3]

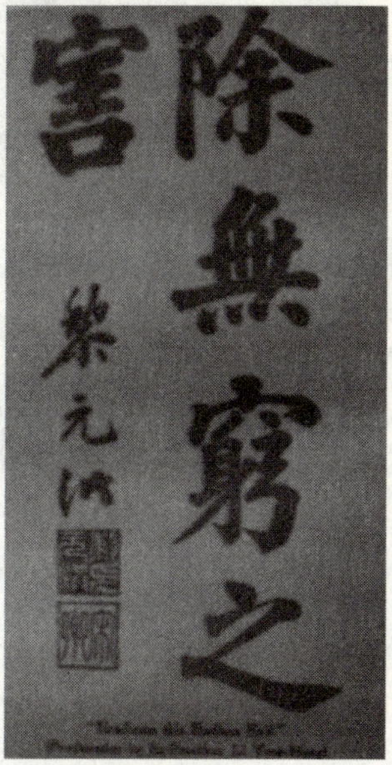

黎元洪墨迹

黎元洪在政治上虽然不得志,投资实业却颇有收获。黎氏在辛亥革命前,薪俸所入,除了供给家庭食用外,余款皆用来购置土地和房屋,未见有投资新式实业的记载。他从事实业投资,实始于 1914 年至 1915 年幽居北京瀛台时期。那时山东枣庄中兴煤矿公司大井突遭水祸。公司总理张莲芬又因病故,经理缺人。这时正是第一次世界大战开始时期,作为动力的煤炭,需要量大增。公司既要扩大投资,同时需人接办。黎氏便联合徐世昌等,并和他早年结拜的把兄弟徐荣廷(1856—1948)在湖北招集股份,商洽投资中兴煤矿公司。黎元洪自认四十万元(实交二十万元),后来扩大到六十万元,加上徐荣廷在湖北招集的商股,共计投资两百万元。这就是他投资实业的开始,也是他在各项实业、金融投资中收益最大、投资最多的一个厂矿。这时因为世界大战,煤电需求量猛增,煤炭供不应求,煤价大涨,利润特别丰厚。比如 1918 年,公司股本为三百八十万元,除了按照股本的百分之二十分给股东股利七十六万元外,另分配花红十四万元;1919 年,又按股本的百分之二十五分给股东股利九十五万元,另提花红二十五万元。[4]另据其长子黎重光告诉笔者:“有一年发股息四分八厘(现金二分,增值二分八厘)。如此厚利,当时少有。”[5]黎元洪通过投资中兴煤矿公司,大大提高了投资实业的积极性,同时增强了投资实业的实力。

黎元洪在天津

黎元洪大量投资实业，是在1917年7月被迫辞去大总统、寓居天津时期。在此期间，由于欧洲各国忙于在欧洲战场厮杀，无暇东顾，暂时减轻了帝国主义对民族资本主义企业的压力，加上国内实业救国思潮的兴起，市场需求不断扩大，为民族企业的大发展创造了极为有利的条件。政治上失意的黎元洪，受到企业盈利的巨大鼓舞，大力进行实业投资。除了将自有的财力全部投资实业外，有时还借款投资。比如投资河南中原煤矿公司，参议院议长王家襄腾让五万元，他还嫌少，又向王家襄商洽凑足十万整数。此外，他还联合蒙古王公和一些失意军人如张勋、孔庚、王芝祥等创办银行，投资各种实业。据张树勇在《黎元洪投资金融实业经济情况》一文，依据天津市历史博物馆等单位收藏的有关黎元洪经济活动资料统计，他投资的银行、厂矿共计有七十多家，投资金额不少于三百万元。其中：

一、投资银行有20多家，主要有中国银行（股票金额32万元）；中华汇业银行（股票1000股，股金美金5万元）；中国实业银行（股票金额5.5万元）；黄陂商业银行（股票10张，股金5万元）；交通银行（股票150股，股金15万元）；劝业银行（股票576股，股金5.76万元）；新华储蓄银行（股票300股，股金3万元）；上海永亨银行（股票500股，股金2.5万元）；金城银行（股票200股，股金2万元）；天津北洋保商银行（股票200股，股金2万元）；华孚商业银行（股票200股，股金

2万元);中南银行(股票100股,股金1万元);农商银行(股票50股,股金5000元);香港广东银行(股票200股,股金1万元);华义银行(股票200股,股金1万元);华孚银行、天津汇理银行、天津麦加利银行、天津华北银行、东方商业银行、震义银行等。

二、投资煤矿8个:中兴煤矿公司(股票66张,5400股,股金54万元);浙江长兴煤矿公司(股票11045股,股金31.09万元);中原煤矿公司(股金11万元);六河沟煤矿公司(股金11万元);磁县怡立矿务公司(股票10张,股金10万元);芦汉银公司(即临城煤矿,股票4张,股金10万元);北票煤矿公司(股票500股,股金1.875万元);翕和萍乡煤矿公司(股票50股,股金5万元)等。

三、矿产类8个:龙烟铁矿公司(股票50股,股金5万元);新乡宏豫铁矿公司(股票10股,股金5000元);济华铁矿公司、中华矿业公司(股票40股,股金4000元);湖北石膏公司(股票9张,股金8.06万元);塘沽久大精盐公司(股票700股,股金7万元);永利制碱公司(股票561股,股金5.61万元);伍佑泰和盐垦公司(股票10股,股金1万元)。

四、纺织类6个:上海华丰纱厂公司(股票100股,股金14705元)、无锡纺织公司、汉口第一纺织公司(股金15000元)、山东鲁丰纱厂公司(股票800股,股金4万元)、石家庄大兴纺织公司(股金1700两)、湖北楚安公司(股金560两)。

五、面粉食品类5个:山东兴华机器制面公司、天津民丰机器制面公司(股金62968.49元)、香港及上海兴华机器制麦面公司(股金港币1万元)、马宝山糖果饼干公司(股金港币1万元)、中华国民制糖公司(股票200股,股金2.5万元)等。

六、森林类3个:铁嫩森林采木公司(股金14.6万元)、天利采木公司(股票100股,股金1万元)、龙门县林照〔场〕。

七、证券类5个:北京证券交易所(股票500股,股金2.6万元)、天津证券花纱粮食皮毛交易所(股票100股、金额不详)、上海证券物品交易所、华盛信托公司、中易信托公司(股金2.5万元)。

八、保险类2个:上海华安合群保寿公司(股票100股,股金银2000两)、金星人寿保险公司等。

九、其他杂股类15个:中华南洋兄弟烟草公司(股票5000股,港币10万元)、北京玉泉山啤酒汽水公司(股票3张,股金3000元)、山东华兴造纸公司(股金6.3万元）、兴林造纸公司（日金1万元）、山西大应广济水利公司、中美实业公司（股金3500元）、上海新新公司（股票50股，美金1000元）、香港中国邮船公司（股票2张，美金2.1万元）、直隶赛马总会（股票4张，股金2000元）、京师华商电灯公司（股票560股，股金2.6万元）、孔雀电影公司（10股，美金1000元）、天津振中新记油漆颜料股份有限公司、中孚制药公司（股金1000元）、北洋贸易公司（股金2500元）、集庆源公司等。

在这些银行厂矿中，黎元洪还担任要职。如在汉口黄陂银行，他是总董；在中兴煤矿公司、中兴实业公司、震义银行是董事长；还在长兴煤矿公司等十公司担任董事；在怡立矿务公司、中华汇业银行担任监事等。他的这些投资，大多是以大德堂、秉经堂、孝义堂、传经堂、楚宝斋等堂号或黎宋卿、黎萱卿及其子女黎绍基、黎绍业、黎绍芬、黎绍芳等名字购买股票进行的。[6]

综观黎元洪的实业投资，体现以下几个特点：

一、投资范围虽广，重点在矿产和银行。如前所述，黎元洪投资的范围包括金融、证券、保险、煤矿、铁矿、石膏矿、盐业、造纸、面粉食品、贸易运输、邮船、市政、文化教育等。据前列有据可查的投资金额统计，共计投资金额为银圆3019540元（含1920年捐助江汉大学的中兴煤矿投资10万元，十年之后转拨武汉大学建设宋卿体育馆）、港币120000元、美金73000元、日币10000元，总计近330万元。其中煤铁矿等矿产投资1715350元，占总投资的51.5%；银行投资832600元，占25.2%。两项合计共占总投资的76.7%。也就是说，他的投资四分之三以上，集中在煤铁等矿产和银行方面。

二、投资地区的分布也广。计有：天津、山东、北京、山西、河南、河北、湖北、江西、江苏、浙江、辽宁、黑龙江、香港等地，而重点则在天津、山东。

三、投资的利润十分可观。中兴煤矿是黎投资最早、最多，也是获利最丰厚的一笔投资。黎氏在中兴煤矿，以大德堂名义认购的股本为12.6万元，1918年获取官息和红利为2.52万元；以孝义堂名义投资13.2万元，同时获官息和红利3.64万元；以传经堂名义投资4.2万元，同年获利6400元。这三项投资共计为30万元，1918年共计获利6.8万元，利率为22.6%。1920年在这三堂之下的股本的获利高达9.07万余元。单这两年收取的利润，即相当于资本的一半还多。其利润之高，不能不让人赞叹不已。他在1923年第二次被人赶下大总统宝座后,曾对人说:"我两次干总统,皆赔累不少,不如做生意较为安闲自在。"[7]这话带有几分自我解嘲,但确实道出了他投资实业获得厚利的几分真意。再如1912年,黎元洪在担任临时副总统兼湖北军政府都督期间,经他批准,由他的拜把兄弟徐荣廷等人组建的楚安公司,承租湖北省的纱布丝麻四局。投资仅七十万两,1914年至1919年的五年间,竟然获利五百八十万两。获利超过投资的八倍。这称得上是一本万利。

黎元洪投资实业属于什么性质?是官僚资本,还是民族资本?过去有人认为是官僚资本,有人认为是民族资本。笔者在《辛亥革命后黎元洪的实业活动》一文中曾经做过分析,认为确定投资实业的性质,主要应该考察他的资本与国家政权的关系,以及所办企业与帝国主义的关系。

所谓官僚资本,是直接和国家政权结合,依靠国家政权发展起来的,构成该政权的经济基础。黎元洪在民国初年,虽然担任副总统和总统长达六年半,而他投资实业,主要是在当总统被逼下台之后,他不是依靠国家政权投资和兴办实业,而是离开国家政权岗位之后才投资实业。他投资的实业,不是依靠国家政权的庇护发展起来的,而是抓住第一次世界大战的时机,依靠市场发展的需求发展起来的。中兴煤矿公司的发展是最好的例证。

其次,黎所投资的企业,大多属于民族资本主义企业。这些企业不是帝国主义的附庸,而是和帝国主义竞争的产物。以黎元洪投资的煤矿来说,中兴煤矿在他投资前,早已变为商办企业。怡立煤矿、长兴煤矿皆是民族资本主义企业。中原煤矿则是为了和英国福公司争利而成立的。北票煤矿只有京奉路局股款二百万元。六河沟煤矿早年曾借德款,后借比款,已于1919年偿清。从资金的来源看,并无外资插手。至于经营方面,则都是和帝国主义在华企业争利的企业。在银行方面,由他担任董事长的黄陂商业银行,据1922年11月出版的《银行月刊》报道,他拟自出资本一百万元,纯属民营商业银行,和帝国主义毫无关系。他所投资的银行,有些虽和帝国主义关系密切,但投资不大,在黎的投资中占的比重很小。

第三,黎投资的实业,和其他的民族资本主义企业一样,走的是一条艰难曲折的道路。民族资本主义企业外受帝国主义压迫,内受专制独裁统治束缚,常常是在狭缝中求生存和发展。当帝国主义的压力减轻时,发展即较顺利;一旦帝国主义势力卷土重来,往往破产倒闭,或者奄奄一息。这样的情形,黎元洪投资的企业同样不能幸免。第一次世界大战结束，帝国主义势力卷土重来，他投资的有些企业同样无力抗衡，度日艰难。特别是军阀连年混战，摊资捐款，层出不穷，更使他投资的一些企业连连遭到厄运。比如河南怡立煤矿公司，1924 年、1925 年产煤三十万吨，销于京汉铁路沿线，营业相当顺利。1926 年后，由于军阀战乱，运输困难，捐借负担繁重，停工维持，产量随之大减。[8]南洋兄弟烟草公司 1916 至 1919 年间，每年的盈利皆在一百万元以上，后来与英美烟草公司竞争，1928 年至 1930 年，竟然亏损五百七十五万元。[9]中兴煤矿公司也因战祸以及军阀的无休止勒索，1926 年至 1928 年，各种损耗共达四百万元。[10]黎氏投资的其他企业，也有类似问题，只是程度不同而已。

第四，黎元洪投资最多的中兴煤矿公司，新中国成立后，不是按官僚资本没收，而是按照民族资本主义企业实行公私合营，每年都拿定息。这也足以证明，他的投资不是官僚资本，而是民族资本。

黎元洪在辛亥革命前，投资的方向是购买土地，置办房产；辛亥革命后，特别是离开政治舞台后，集中投资煤铁等各种实业，沿着资本主义方向发展。不管他自觉还是被动，总是顺应了历史发展的潮流，适应了时代的需要，是一种与时俱进的进步表现。

在投资工商实业的同时，黎元洪对房屋土地的投资，仍然占有一定比例。廖一中据黎家自行整理复制的《黎元洪部分房屋土地契约》统计，他以"黎孝义堂"、"孝义堂"、"大德堂"、"黎大德堂"、"黎传经堂"、"秉德堂"等名义，购买房屋、房基和土地契约共计 115 件，购买时间起自 1902 年，止于 1924 年，综计：北京王府井大街 18 亩，房屋 563 间；在天津英租界占有地基 12.786 亩，旧德租界占地 3.712 亩，洋楼一栋；在武昌拥有庄园十余所，计年收租谷 4,654 石，以及其他一些农副产品。[11]

黎元洪的一生中，一贯关心文化教育事业，在投资获利后，更是慷慨赞助。1914 年，黎元洪到北京后重返天津北塘，为其父亲黎朝相营造墓地，曾捐赠北塘镇两千元中国银行股票和一块芦苇地，供作开办一所半日制小学的资产。镇公所为此办起了一所北塘贫民小学。按照黎元洪的愿望，学校每年仅收学费两元，使许多贫民子弟得以上学。[12]

1916 年末，黎元洪任大总统期间，曾亲自任命著名教育家蔡元培为北京大学校长。蔡元培于次年 1 月到任后，发表《就任北京大学校长之演说》，勉励大家“须抱定宗旨，为求学而来”。[13]蔡元培在学术上提倡“兼容并包，思想自由”，开了一代新风。1917 年 1 月 12 日，黎元洪谕令将北京故宫端门、午门一带地方拨归教育部，设置京师图书馆，是为今日北京国家图书馆的前身。现今国家图书馆收藏了最多的文化典籍，实为全国最大的文化典籍宝库。蔡锷是再造共和的护国英雄，梁启超倡议在上海建松坡图书馆以资永久纪念，黎元洪也曾慷慨解囊赞助。

近代著名教育家张伯苓，1892 年曾考入天津北洋水师学堂，和黎元洪算是前后同学。张伯苓后来弃武从文，热心教育事业，1907 年创办南开中学。1919 年从美国哥伦比亚大学研究教育回国后，创办南开大学。这时正是黎元洪退出政界，寓居天津时期，黎对南开大学的兴办给予充分关注，不仅向南开大学捐赠七长公债一万元，而且 9 月 25 日南开大学举行开学典礼时亲临学校祝贺，并和师生们合影留念。他还把自己的子女送到南开去读书。他的女儿黎绍芬和周恩来总理是当年南开的同班同学。

1919 年南开大学开学合影

后排左一为周恩来，第二排由左至右第十人为黎元洪

黎元洪对故乡的教育事业也比较关心。他认为黄陂人民穷困，与教育不发达有密切关系。1918 年 1 月，他得知黄陂要建私立前川中学（今黄陂一中），即慷慨捐款三万元，供作建设办公大楼之用。1920 年前后，武昌拟创办江汉大学。

他特地从中兴煤矿公司投资的股份中拨出十万元股票，做为建校之用。还派遣自己的儿子黎绍基参与江汉大学筹建。后来这笔捐助转交给武汉大学。现存的、位于珞珈山麓的武汉大学宋卿体育馆，就是用这笔钱修建的。此外，他对中国大学、神户中华学校、燕京大学、上海交通大学等均有捐助。[14]每逢严重天灾，他多慷慨解囊，捐款赈灾。

黎元洪捐建的武汉大学宋卿体育馆

曾经竖立于汉口慈善总会的黎元洪雕像

注释

【1】黎绍基:《黎元洪的一生》,鲁永成:《民国大总统黎元洪》,第21～22页。

【2】徐世敏:《黎元洪与天津》,鲁永成:《民国大总统黎元洪》,第286页。

【3】薛观澜:《黎元洪外史》,鲁永成:《民国大总统黎元洪》,第44页。

【4】《中兴煤矿公司报告书》(原件存天津历史博物馆)。

【5】黎重光(名绍基)给萧致治信(1981年1月17日)。

【6】以上资料均据张树勇:《黎元洪投资金融实业经济情况》;鲁永成:《民国大总统黎元洪》,第301～306页。

【7】张树勇:《黎元洪投资金融实业经济情况》;鲁永成:《民国大总统黎元洪》,第305页。

【8】杨大金:《现代中国实业志》下,第53～54页。

【9】中国科学院上海经济研究所等:《南洋兄弟烟草公司史料》,第37页;《序言》第2页。

【10】枣庄矿史编写组:《枣庄中兴煤矿公司的建立与发展》(1899—1937),《山东大学学报》(历),1959年第3期。

【11】廖一中:《黎元洪部份房屋土地契约》,中国社会科学院近代史研究所近代史料编辑组:《近代史资料》总62号,第177页。

【12】侯杰等:《百年家族:黎元洪　黎绍基　黎昌晋》,第260～261页。

【13】蔡元培:《就任北京大学校长之演说》,《蔡元培选集》,第23页。

【14】张黎晖等:《北洋军阀史料·黎元洪卷》第九卷,第117～118页。

二十一

为曹锟上台铺路　再任总统

曹　锟

黎元洪寓居天津五年(1917年8月至1922年6月),对他个人来说,是他一生中过得十分舒适,而且个人收入十分丰厚的五年;对国家和人民而言,则是政局动荡,军阀混战不休,水旱虫灾连年,人民痛苦流离,受尽各种折磨的五年。前三年以段祺瑞为首的皖系军阀专制独裁,妄图以武力统一全国;后两年以曹锟、吴佩孚为代表的直系军阀取代皖系兴起,打出"和平统一"的旗号,又想以和平方式,实现直系军阀对全国的统治。他们采取的手段虽然不同,而目的则难分伯仲。

段祺瑞自从1917年玩弄政治手腕、依靠武力,重新执掌北京政权以后,对外进一步投靠日本帝国主义,宣布对德参战,不惜大量出卖国家利权,换取日本的经济、军事和外交支持,增强自身实力;对内则继承袁世凯的衣钵,推行武力统一政策,甚至公开宣称:"一不要约法,二不要国会,三不要旧总统。"[1]实行赤裸裸的专制统治。

1917年7月13日,废帝溥仪宣布退位。7月14日,段祺瑞即以"再造共和"的姿态回到北京,复任国务院总理。当天下午即赴日本公使馆致谢。7月20日,日本寺内内阁即通过《关于对华外交政策》决定,宣布:"帝国政府将给段政府以友好的援助,以期中国时局的平定。与此同时,图请解决日中两国的悬案是得策的。"[2]8月,以财政总长梁启超为代表,和日本签订第一批善后借款条约。计自1917年8月至1918年9月,先后以善后借款和银行、铁路、军械等名义,共计借款十六次，总额达三亿日元。其中八次借款由日本寺内正毅的亲信西原龟三和中国交通银行总长曹汝霖经手，合计为一亿四千五百万日元。段祺瑞拿到这些贷款，除了偿付到期的内外债，主要用于战争费用。他以对德参战的名义，利用日本的金钱和武器，共编制了三个师和四个混成旅，做为自己的嫡系部队。这支部队在第一次世界大战结束后，先后改名为"国防军"、"边防军"，由他的心腹干将徐树铮直接掌管。段不当总理后，即以"边防督办"名义，扩充自己实力，左右北方政局。

段祺瑞复任总理后，把国会看作推行专制独裁的绊脚石，极不愿旧国会恢复。于是采用梁启超的献计，借口民国已因张勋复辟中断，旧国会已经解散，在新国会尚未成立之前，可以仿效民国元年成例，召集临时参议院，代行国会立法权。由临时参议院修改国会组织法以及参、众两院议员选举法。根据新法选出新议员，组织新国会。

1917 年，任海陆军大元帅时的孙中山

段祺瑞倒行逆施，推行卖国独裁，否定民国元年颁行的《约法》和 1913 年经过选举建立的国会，立刻激起全国上下的普遍反对。1917 年 7 月，孙中山即南下广州，首先举起"护法"的旗帜。原海军总长程璧光和海军第一舰队司令林葆怿响应孙中山号召，随即率领舰队南下，参加护法斗争。国会议员也纷纷南下，在广州召开非常会议，通过《军政府组织大纲》，决议组织护法军政府，选举孙中山为海陆军大元帅，陆荣廷、唐继尧为元帅，电请黎元洪南下，来广州组织正式政府。段祺瑞得知广州组织护法军政府，并且要邀请黎元洪南下，生怕黎元洪为南方民党利用，即于 1917 年 9 月 13 日派王士珍赴天津，以迎接黎元洪回京为名，探听黎氏动静。黎元洪知道段氏用意，乃向王士珍保证：一不活动，二不见客，三不回京，四不离津。至此，段氏才放了心。

南方建立护法军政府，北京政府如何对待？总统冯国璋与段祺瑞的意见不一。段祺瑞主张推行武力统一政策;冯国璋要与段氏争夺国家领导权,竭力反对使用武力,力主和平解决。直、皖两系由于政见对立,矛盾日趋激化。1917 年 11 月 14 日,段氏派往湖南征讨的第八师师长王汝贤和第二十师师长范国璋,突然主张停战撤军。段祺瑞推行武力统一政策受阻,愤而辞职。冯国璋继任总统以来,也感到处处受到皖系牵制,深感代理大总统不好做,于 1918 年 1 月派人赴天津,迎接黎元洪回京复职。黎元洪当然知道内中文章,拒不接见。冯、段两人的矛盾,最后以 1918 年 10 月总统任期届满了结。

段祺瑞于 1917 年 11 月 30 日辞去国务院总理后,仍然以参战督办名义控制北洋实权。1918 年 3 月 19 日,以曹锟为首的十五省和三个特别区北洋系军阀联合致电冯国璋与段祺瑞,要求段氏复任总理。段祺瑞乃于 3 月 23 日再任总理。与此同时,皖系骨干王揖唐、曾毓隽等在北京西单安福胡同组织“安福俱乐部”,策划国会与总统的选举工作。8 月 12 日,新国会在北京开幕,因为一直由安福俱乐部操纵,史称“安福国会”。国会选举王揖唐、刘恩格为众议院正、副议长;梁士诒、朱启钤为参议院正、副参议长。9 月 14 日,安福国会选举大总统,到会四百三十六人,徐世昌以四百二十五票当选(西南各省没有选举代表,未参加选举和投票)。10 月 10 日,冯国璋以任期届满离职,由徐世昌继任大总统,解除段祺瑞的国务院总理,由钱能训以内务总长兼代,12 月 12 日正式继任,仍兼内务总长。段祺瑞继续以参战督办、边防督办等名义掌握实权。

第一次世界大战于 1918 年 11 月结束后,西方帝国主义很快把视线转向东方。为了反对日本支持皖系独霸中国,美国总统威尔逊劝告徐世昌总统,应当速谋中国统一。接着,英、美、日、法、意等国又共同向中国南北双方提出“和平劝告”。10 月 23 日,熊希龄、张謇、蔡元培等社会名流二十四人通电成立“和平期成会”,希望南北双方和平协商。南方军政府和北京政府也相继发布停战令或和平令,表示愿意通过议和,实现国家统一。

1919 年 2 月 20 日,南北议和会议在上海举行。北方代表为朱启钤、吴鼎昌等九人,南方代表为唐绍仪、章士钊等十人。南方代表要求恢复旧国会,北方代表则要维持安福国会,双方争执不下。在取消中日军事协定等许多问题上也意见不一。会议几经停顿,最后无果而终。

孙中山在南方领导的护法运动,由于内部意见分歧,一再遭到挫折。1917

年9月10日，孙中山就任大元帅，军政府正式成立。但陆荣廷、唐继尧宣布不就任元帅。陆荣廷所派出任广东代理督军的莫荣新，为了迫使孙中山离职，甚至令部下拘杀大元帅府卫队数十人。唐继尧组织“西南各省护法联合会”，提议改组军政府。1918年4月10日，唐继尧通电主张成立护法各省临时统一机关，以黎元洪为大总统，冯国璋为副总统或代理总统。同日，在政学会、桂系的策划下，国会非常会议讨论《军政府组织大纲》修正案，提出以多头的总裁制取代大元帅制。孙中山表示根本反对。5月，国会通过军政府组织修正案，废元帅制为总裁制，选举唐绍仪、唐继尧、孙中山、伍廷芳、林葆怿、陆荣廷、岑春煊等七人为军政府总裁，并以岑春煊为主席总裁。孙中山愤而辞职，并发表通电，指出：“吾国之大患，莫大于武人之争雄。南与北为一丘之貉。”[3]改组后的军政府，完全由陆荣廷、唐继尧及政学会控制，护法有名无实。

当南方护法势力分崩离析之际，北方直、皖两系军阀矛盾也日益加深。总统徐世昌与直系联合，鼓吹“罢战主和”，主张“和平统一”；控制北洋实权的段祺瑞则坚持“武力统一”政策，主张对南方继续用兵。1919年5月27日，桂系的谭浩明和直系的吴佩孚等在湖南南部作战的南北方将领通电要求重开上海和会。5月29日，陆荣廷、陈炳焜、谭浩明、莫荣新等联合致电北京政府，“希望和会重开，双方互相让步”。6月5日，英国驻华公使代表英、法、美、意、日等五国政府，再次劝告北京政府，希望重开和会。同时五国驻广州领事也向广东军政府提出同样劝告。在此情况下，段祺瑞不得不表示同意和谈，却改派安福俱乐部系首领王揖唐为议和总代表，遭到南方和直系军阀的坚决反对。9月19日，王揖唐抵达上海，南方代表拒绝与他接触。至此，南北议和不了了之。

北京政府的总理人选，也因派系之争不断更动。1919年“五四运动”时期，段祺瑞斥责钱能训镇压学生不力，拟由王揖唐组阁，徐世昌则想请老官僚周树模担任，彼此争执不决，只得任命财政总长龚心湛暂代。后来经过反复争执，才决定由靳云鹏继任。因为靳属皖系人物，又是徐世昌的门生，还是张作霖的儿女亲家，同时又是直系曹锟的拜把兄弟，从而得到各个派系的支持。靳云鹏本是段祺瑞的干将，由于在内阁人员的安排上与徐树铮交恶，屡次受到段祺瑞的训斥，几次提出辞职。徐世昌是一个圆滑的老官僚，不愿开罪任何一方，处处敷衍应付。直皖两系由于人事安排，争论不休。彼此恶感日甚一日。

吴佩孚

在地盘控制方面，各个派系的争夺尤其激烈。段祺瑞直接控制新编边防军。徐世昌想调虎离山，于1919年7月20日，以一战结束为由，下令裁撤督办参战事务处，改设督办边防事务处，仍由段氏督办边防事务，任命徐树铮为西北筹边使兼西北边防军总司令，控制西北广大地区。此举引起奉系的激烈反对。奉皖之间矛盾加深。直系借机和奉系加强合作，共同对付皖系。在直系内部，冯国璋于1919年12月死去，曹锟与后起之秀吴佩孚成为直系新首领。吴佩孚（1873—1939）原来是赞成武力统一的主战派，1918年2月，任陆军第三师师长，后任副总司令。1918年3月，吴佩孚部占领长沙，由张敬尧接防。张敬尧随即出任湖南督军兼省长。吴佩孚率军继续南下。4月，吴佩孚部萧耀南旅占领衡阳，段祺瑞赶到汉口，召集军事会议，决定集中力量，解决湖南战事。吴佩孚感到自己的队伍在前线浴血奋战，其成果却给皖系独享，乃于5月20日致电曹锟，请速谋结束南北战争。从此以后，吴佩孚由主战派逐渐转为主和派。6月15日，赵恒惕和吴佩孚的代表在耒阳达成协议，双方停战。8月7日，吴佩孚致电李纯，斥责段祺瑞的武力统一政策是亡国政策。9月20日，吴佩孚复电曹锟，建议由长江三督继续担任南北间的调人，而以徐世昌为调人领袖。

张作霖

1919年6月，徐树铮被任命为西北边防使和西北边防军总司令后，努力经营西北，扩大边防军，引起早就想染指蒙古的奉系张作霖不满。张作霖乃与曹锟结合，并且得到江苏督军李纯、江西督军陈光远和湖北督军王占元的支持，组成七省反皖联盟。段祺瑞想以亲信吴光新取代河南督军赵倜，借以牵制直督曹锟，迫使原来保持中立的赵倜倒向直系，形成八省反皖联盟。直系新秀吴佩孚，为反击段祺瑞的钳制，鼓吹南北议和，要求从湖南撤防北归。南方军政府接济吴佩孚开拔费六十万元（一说一百万元），将湖南防地转交给湘军，以为南军驱逐张敬尧的根本。段祺瑞为了破坏八省联盟，派人携带大量现金分赴联盟各省，分化离间，同时调动皖系军队守护京汉铁路沿线，阻止吴佩孚北上。1920年4月9日，曹锟以追悼在湘阵亡将士为名，在保定召开八省代表会议（直督曹锟、苏督李纯、赣督陈光远、鄂督王占元、豫督赵倜、奉督张作霖、吉督鲍贵卿、黑督孙烈臣），秘密组织八省反段联盟。6月，吴佩孚在王占元的支持下，已将军队从湖南撤至保定。徐树铮也已由库伦返抵北京。7月3日，曹锟、李纯、张作霖通电声讨徐树铮媚外卖国、擅杀陆建章等六大罪状。7月4日，徐世昌下令解除徐树铮西北筹边使及西北边防军总司令职务。

段祺瑞见直奉两系联合倒皖，立刻发动反制。7月5日，段氏命令边防军紧急动员。次日，又把驻京的西北边防军改称定国军。7月8日，段祺瑞由团河返北京，召集军政人员会议，要求大总统对曹锟、曹瑛、吴佩孚褫官夺职。徐世昌被迫罢免吴佩孚本兼各职，交陆军部惩办。曹锟褫职留用。9日，段祺瑞在团河成立定国军司令部，自任总司令，以徐树铮为参谋长，段芝贵为第一路司令兼驻京师戒严总司令，曲同丰为第二路司令兼前敌总司令，魏宗瀚为第三路司令。同一天，曹锟在天津举行誓师大会，任命吴佩孚为讨逆军前敌总司令，设大本营于天津，设司令部于高碑店，西路沿京汉线前进；东路以第四混成旅旅长曹瑛为总指挥，驻杨村，沿京奉线进攻；第一混成旅旅长王成斌驻郑州，为后路总指挥。7月12日，曹锟通电讨贼。13日，张作霖率军入关。段祺瑞也发布讨伐曹锟、吴佩孚等的檄文。战争一触即发。

7月14日夜间八时，分布于涿州、琉璃河一线的皖系军队向直系军发动进攻；东路亦由梁庄、北极庙一带向杨村的直系军队攻击。直皖战争正式爆发。7月15日，双方军队在涿州、固安激战。皖系军队占领涿州及松林店，直军退守高碑店。东路皖军在徐树铮指挥下由张庄、蔡村等地向直军进攻。17日，吴佩孚指挥直军迂回偷袭松林店皖军前敌总部，生擒第一师师长曲同丰，击毙第一旅旅长范尚品，随即进占松林店及涿州，攻打长辛店。西路皖军或降或死，全部瓦解。

东路直军在入关奉军的支援下，占领杨村、落垡、廊坊。徐树铮当晚逃回北京。18日，段祺瑞通电引咎辞职，并取消定国军名义。20日，直军占领长辛店和芦沟桥。皖军除浙江督军卢永祥部外，几乎全部瓦解。

当北方直皖两系展开火并之际，南方军政府内部矛盾也不断激化。桂系军阀与政学会结合，谋求与北方妥协。孙中山自从改为总裁制后，已不参加军政府活动，到1919年8月7日，正式辞去军政府总裁。唐绍仪、伍廷芳相继离去。唐继尧因昆明遥远，一直未参加实际活动。军政府的七总裁中仅剩岑春煊、陆荣廷、林葆怿三人。此外，粤桂之间有地盘之争。滇系驻粤军队有李根源、唐继尧的领导权之争。川、滇、黔为争夺四川地盘也发生了反复激烈的争战。到了1920年末，不但南方军政府瓦解，西南护法各省也分崩离析，连形式上的统一也不存在了。

到了1921年，全国实际上已被大小军阀割据，没有一支力量能够统一全国。从此进入了军阀混战不休时期。一些人看到，无论北方或南方，都没有一支能够统一全国的力量，认为如果采行联邦制，让各省先制订省宪，实行自治，然后在各省自治的基础上，制订联省宪法，实行联省自治，或许可以避免军阀混战，实现全国统一。这样，联省自治运动一经提出，即得到广泛支持，只是各人的目的并不相同。进步党人认为中央集权无望，故极力赞成联治。旧国民党中的大多数人也觉得在当时的力量均势下，实行联治，不失为一种容易实行的联合形式。而西南各省有实权的要人，则认为实行联治，便于割据一方，可以保存自身实力，免受战争之苦。北洋势力中的皖系，因在直皖战争中失败，也想借联治保存剩余的地盘。在联治运动中，湖南是推动自治的急先锋。浙江督军卢永祥，为了借立宪抵制直系的压迫，对制订省宪也十分积极。其他许多省份为了划地自保，皆纷纷赞成联省自治，一时省宪潮流激荡全国。不过实际情况则是雷声大，雨点小。除了湖南以外，并未产生多少实际效果。湖南省实行省宪数年，仍是有名无实，广大人民并未从中得到何种好处。

直皖战争之后，直奉两系军阀之间的角逐立即展开。原来，奉系军阀张作霖支持直系反段反皖，目的在于夺取蒙古地区，实现其囊括满蒙的大东三省主义。可是，皖系军阀失势之后，奉系张作霖并未得到蒙疆，为此耿耿于怀。他想结交两湖巡阅使王占元，用以牵制曹锟、吴佩孚。为了调整彼此关系，1921年4月25

日，曹锟、张作霖、王占元、靳云鹏在天津举行了北方四巨头会议，磋商南北大局。4月27日，他们发表了联合通电，反对广州非常国会另组政府，选举孙中山为大总统。4月29日，曹、张、王又通电支持靳云鹏组建新内阁。5月14日，北京政府根据天津四巨头会议组织内阁，由靳云鹏出任总理。5月30日，徐世昌任命张作霖为东三省巡阅使兼充蒙疆经略使。热河、察哈尔、归绥三都统均归张作霖节制。两湖巡阅使王占元统治湖北已有六年多(1915年12月至1921年8月)，他在吴佩孚率军北撤、皖系吴光新在湖北被捕、张敬尧的军队在湖北解散中，都曾经为直系出过大力。但是，他长期在湖北横征暴敛，胡作非为，也引起湖北人民的广泛怨恨。皖系军阀残余势力对他也怀恨在心。在联治运动中，湖北人民想借湖北自治，赶走王占元，吁请带头自治的湖南赵恒惕援鄂自治。湖北沙市、宜昌、武昌等地相继发生反王占元兵变。湖南赵恒惕在皖系暗中的经济支持下，于1921年7月发动了援鄂战争，将王占元驱逐。只是湖北人民并未因此得到实惠。王占元虽然被赶走，1921年8月北京政府又任命直系吴佩孚为两湖巡阅使，吴部师长萧耀南接任湖北督军。萧耀南虽然是湖北新洲人，而湖北仍然处于直系军阀的强暴统治之下。京汉路沿线仍然是直系军阀的一统天下。

为了对付直系，张作霖在日本的大力支持下，组织“讨直大同盟”。总统徐世昌不满直系的专横，也想引奉系作为奥援。1921年12月1日，靳云鹏内阁因为财政困难辞职。徐世昌应张作霖要求，即于12月24日任命财神梁士诒为内阁总理。这个内阁实质上是个亲日内阁。1922年元旦，梁士诒根据奉系要求，特赦皖系要员段芝贵、曲同丰、陈文运等，对于山东问题则主张由中日直接交涉。吴佩孚反对皖奉勾结，通电痛斥梁士诒媚日卖国。1月19日，吴佩孚联合六省直系督军，电请徐世昌罢免梁士诒。张作霖通电为梁士诒辩护。梁士诒否定借日款。吴佩孚又公开通电警告：“若有袒护梁氏者，即为吾人之公敌，当誓死杀尽，以除国奸。”[4]北京国民外交联合会等四十多个团体通电宣布梁士诒十大罪状，奉直矛盾迅速激化。

张作霖为了对抗直系，派遣李梦庚南下，与广州孙中山非常大总统联系，同时积极联络浙、鲁等省的皖系势力，对抗苏、豫等省的直系军阀，形成奉、皖、粤三角同盟。1922年4月，奉军开始大举入关，驻扎军粮城、马厂、通州一带。吴佩孚针对奉系的反直同盟，以及奉军大举入关，抽调驻扎鄂湘的直系军队集中于河南，同时命已任陕西督军的冯玉祥率军东出潼关，驻守洛阳、郑州。双方调兵遣将，剑拔弩张，战火大有一触即发之势。

直奉矛盾迅速在北方升温之际，以孙中山为非常大总统、1921年5月5日成立于广东的中华民国政府，积极准备北伐。孙中山命令粤、滇、黔、赣各军，讨伐准备与北京政府妥协的桂系陆荣廷。6月26日，孙中山任命陈炯明为援桂军总司令。粤军西进，占领桂军重要据点梧州。7月2日，赵恒惕在长沙主持军事会议，决定讨伐桂系。7月15日，粤军占领南宁，陆荣廷通电下野，粤桂战争结束。两广统一后，孙中山于1921年10月8日向非常国会提出北伐案获得通过。17日，孙中山到达梧州，编北伐军为三军，分别由李烈钧、许崇智、李福林统率。12月，孙中山抵达桂林，设立北伐大本营，准备出师北伐。1922年2月27日，广东北伐军在桂林誓师。3月21日，粤军第一师师长邓铿被陈炯明的部属暗杀。孙中山的北伐计划受挫。4月16日，孙中山在梧州召开扩大军事会议，决定配合奉系张作霖攻打直系军阀，改道江西北伐。陈炯明已与曹锟、吴佩孚早有联络，反对北伐。

1922年4月29日，张作霖抵达军粮城，自任镇威军总司令，下令向直军进攻。直奉战争在静海、固安、长辛店一带全面展开。奉军在西线作战失利，从长辛店、固安、马厂、静海向天津方向退却。5月5日，河南督军赵倜向郑州进兵。冯玉祥率大军解郑州之围，赵倜败走。5月10日，徐世昌下令免去张作霖东三省巡阅使、奉天督军兼省长。同日，徐世昌又免去河南督军赵倜，任命冯玉祥为河南督军。5月20日，奉军全部撤回奉天。第一次直奉战争以直系胜利结束。

经过这次直奉之战，直系军阀成为控制黄河、长江流域各省、独步中原的一股强大军阀势力。早在1918年即想当副总统的直系首领曹锟，当年因徐世昌不赞成，未能如愿。现在觉得时机已到，决心觊觎总统大位。恰好众议院议长吴景濂等因在选举非常大总统问题上与孙中山发生分歧，离开广东北上，与滞留天津的参议院议长王家襄及张绍曾等商议，欲恢复1917年6月被解散的国会，请黎元洪复任大总统。待黎氏任期届满，即选曹锟当总统。吴、王以这个计划向曹、吴建议。曹、吴认为恢复法统，让黎元洪暂任总统作为过渡，既可以使南方的"护法"失去依据，又可使徐世昌因总统的选举"非法"，无法赖在总统大位不走。南北统一即可实现。经过一段时期，黎元洪补满总统任期，曹锟即可依法通过选举，当上正式大总统。5月10日，吴佩孚回到保定召开会议，讨论恢复法统问题。会上经过议论，一致同意采取“恢复法统”的办法，先统一全国，然后利用国会，选举曹锟为“名正言顺”的总统。[5]吴佩孚乃于5月14日密电各省直系督军，征求恢复国会意见。直系长江上游总司令孙传芳秉承吴佩孚的旨意，即于5月15日发表通电，主张恢复法统，并请黎元洪复位。他在通电中说：“巩固民国，先宜统一南北，统一之破裂，既以法律问题为厉阶。统一之归宿，当以恢复法统为捷径。……应请黄陂复位，召集六年旧国会，速制宪典，共选副座。……非常政府，原由护法而兴，法统既复，异帜可消。倘有扰乱之徒，即在共弃之列。”5月16日，旧国会参、众两院议长王家襄、吴景濂，在天津约请部分议员开“谈话会”，当即设立第一届国会议员通讯处，负责联络事务。5月19日，曹锟、吴佩孚又发表联名通电，征求解决时局意见。属于直系的各省督军、省长，纷纷通电，赞成恢复法统。熊希龄、汪大燮、孙宝琦等政客名流也致电曹、吴等人表示赞同。吴景濂、王家襄等又于24日成立“正式国会继续开会筹备处”，通电各方，决定依法自行集会。28日，曹、吴复电旧国会筹备处，表示积极支持。同日孙传芳再次通电，明确提出请求南北两总统退位。他说：自从1917年“法统破裂，政局分离，南则集合旧国会议员，选举孙大总统，组织广东政府，以资号召；北则改选新国会议员，选举徐大总统，依据北京政府以为抵抗。谁为合法，谁为违法，天下后世自有公论。惟从此南北背驰，各走极端。连年内讧，视同敌国。阋墙煮豆，祸乱相寻。民生凋敝，国本动摇。颠覆危亡，迫在眉睫。推原祸始，何莫非解散国会，破坏法律，阶之厉也。传芳‘删’日（15日）通电，主张恢复法统，促进统一，救亡图存，别无长策。近得各方复电，多数赞同。……统一之期，殆将不远。惟念法律神圣，不容假借。事实障碍，应早化除。广东孙大总统原于护法，法统既复，责任已终。功成身退，有何流连！北京徐大总统，新会选出，旧会既集，新会无凭。连带问题，同时失效。所望我两先生体天之德，视民如伤，敝屣虚荣，及时引退，适可而止，知机其神。标逊让之高风，促和平之实现。救人民于水火，奠国家于苞桑。无使天下扰攘，再为两歧。俾得大好山河，全归一统。”[6]同日，曹锟、吴佩孚亦电请黎元洪复职。徐世昌于5月31日通电说，孙传芳“勘”电（28日电）所陈，“忠言快论，实获我心。果能如此进行，跻国家于盘石之安，鄙人虽在草野，得以余年而享太平，胜于今日十倍。一有合法办法，便即奉身而退，决无希恋”。[7]6月1日，参众两院议长王家襄、吴景濂暨两院议员二百零三名发表通告，宣布徐世昌罪状，由国会行使职权，再由合法大总统依法组织政府。电文说：“徐世昌之伪大总统，既系选自非法大总统选举会，显属篡窃行为，应即宣告无效。自今日始，应由国会完全行使职权，再由合法大总统组织政府。护法大业亦以完成。其西南各省因护法而成立之一切特别组织，自应于此终结。至徐世昌窃位数年，祸国殃民，障碍统一，不忠共和，黩货营私，种种罪恶，举国痛心，更无俟同人等一一列举也。六载分崩，扰攘不止，拨乱反正，惟此一途。”[8]湖北督军萧耀南，郑州援直陕军前锋司令、师长胡景翼，山西督军阎锡山，陕西督军刘镇华，河南省议会，江西督军陈光远，江苏督军齐燮元，重庆杨森，北京蒙古王公联合会那彦图等，均纷纷通电响应。[9]徐世昌睹此形势，自知无法硬赖下去，乃于6月2日发表退职通电：“宣告辞职，依法由国务院代行职务。”[10]随即将总统印信交给国务院，即日离职赴天津。计徐氏任总统三年又八个月。国务院代总理兼署教育总长周自齐等一方面接受总统印信，另一方面致电参众两院议长：“东海（徐世昌）顺从民意，宣告辞职，依法交国务院摄行职务。自齐等遭逢世变，权领部曹，谨举此职权奉还国会，用尊法统，暂以国民资格维持一切。”[11]同日，吴景濂、王家襄同往黎宅，请黎元洪复任总统。曹锟的参谋长熊炳奇、吴佩孚的参谋长李倬章和北京国务院的代表高恩洪，都到天津黎宅，迎黎元洪去北京复任总统。五年冷落无人问，而今贵宾频登门。此情此景，不免令黎元洪感慨万千。

议员、政客、军阀代表，纷纷登门敦请，黎元洪如何应对？在他左右的策士，意见并不一致。哈汉章、饶汉祥、金永炎等认为再任总统，是一个难得的机会。机不可失，主张立刻进京复职；陈宧则认为，黎复任总统，虽然得到直系军阀及部分国会议员的热情支持，而残余的皖系、奉系军阀以及以孙中山为代表的民党，则颇多非议。上台之后要实现全国统一，仍然困难重重，不如上台前提出一个迎合人心的大政方针，即便不被接受，也足表白自身的政治态度，博得各方面的同情。基于这种设想，黎元洪于6月6日发表了一个长达数千字的通电，提出废督裁兵、整理财政，作为复职的先决条件。电文中提出督军制的五大祸害、六个不足虑，三事应先决，最后提出：“督军诸公，如果力求统一，即请俯听刍言，立释兵柄，上到巡阅，下至护军，皆刻日解职，待元洪于都门之下，共筹国是。……果能各省一致，迅行结束，通告国人，元洪当不避艰险，不计期间，从督军之后，慨然入都，且请国会诸公绳以从前解散之罪，以为异日违法者戒。非然者，亡国之祸，即在目前。元洪虽求为平民且不可得，总统云乎哉！方将老死于津海之滨，不忍与世人相见。白河明月，实式凭之。”[12]细读这份通电，实为正中时弊的一篇政治宣言。可惜的是，当日的军阀无论大小，都爱权如命，岂肯轻易将兵权交出？他的呼吁，终不免是纸上谈兵。

黎元洪发表通电的当天，北京各界联合会等九单位又发出通电，希望两院恳请黎元洪即日莅京恢复法统。吴佩孚在第二天复电表示："誓以至诚，赞助大计。愿奉命为前驱，作各省之先导。”同一天，曹锟、吴佩孚还有联名电报向黎元洪表示："废督裁兵，锟、孚愿为首倡。”[13]6月10日，江西督军陈光远发表通电，赞扬黎元洪的“鱼”电是“救时至计”。“非废督不足以铲除内乱，非裁兵不足以整理财源，此皆人民心理所欲言，友邦忠告所切望者。……光远请首先解职，敬表服从。”[14]冯玉祥也表示："废督请自隗始。”当曹、吴的代表和高恩洪访黎时，黎元洪还向他们暗示，请吴佩孚担任陆军总长，大力进行裁兵，必须取得“废督裁兵”的保障才肯复职。6月8日，黎元洪派金永炎去保定找吴佩孚。吴佩孚希望黎早日进京复职。他对金永炎说："黄陂如果再装腔作势，我就无能为力了。你回到天津，请他一言而决。”10日，金永炎回到天津后，黎元洪知不能游移，不再等待各省督军先行解职，即于6月10日发表通电，决定于6月11日“先行入都，暂行大总统职权，维持秩序”。[15]

注释

【1】觉民:《天津通讯》,《民国大新闻报》,1917年7月22日。

【2】日本外务省:《日本外交年表并主要文书》上,第437～438页。

【3】陈锡祺:《孙中山年谱长编》上册,第1116页。

【4】张宪文:《中华民国史纲》,第172页。

【5】《孙传芳等删电》,章伯锋等:《北洋军阀》第四卷,第212页。

【6】刘楚湘:《癸亥政变纪略》,第10页。

【7】陶菊隐:《北洋军阀统治时期史话》第六册,第124页。

【8】刘楚湘:《癸亥政变纪略》;荣孟源等:《近代稗海》第七辑,第119页。

【9】刘楚湘:《癸亥政变纪略》,第5～11页;荣孟源等:《近代稗海》第七辑,第

119～124 页。

【10】《徐世昌辞职通电》，章伯锋等：《北洋军阀》第四卷，第 215～216 页。

【11】刘楚湘：《癸亥政变纪略》，第 6 页。

【12】《黎元洪主张先行废督裁兵然后就职鱼电》，刘楚湘：《癸亥政变纪略》，第 12～15 页；荣孟源等：《近代稗海》第七辑，第 131～136 页。

【13】陶菊隐：《北洋军阀统治时期史话》第六册，第 129 页。

【14】刘楚湘：《癸亥政变纪略》，第 16 页；荣孟源等：《近代稗海》第七辑，第 137 页。

【15】刘楚湘：《癸亥政变纪略》，第 18 页；荣孟源等：《近代稗海》第七辑，第 141 页。

二十二

力主“废督裁兵”

如前所述，袁世凯死后，北方军阀分裂为直、皖、奉等派系，南方则有两广、云南、贵州、四川等地方实力派。他们拥兵自重，独霸一方，中国出现了分裂混战的局面。军阀的割据混战，使民族经济遭到极大破坏，人民生活更加困苦。人们认为当时的灾难，皆源于兵多及督军的横征暴敛，因此，要求“废督裁兵”的呼声日益高涨。

早在1916年黎元洪首次接任总统的时候，就曾经发表过主张“废督裁兵”的声明。但结果只把“将军”改称“督军”，丝毫没有触及督军制度的存废。

1922年4月28日奉系大军阀张作霖对直系大军阀曹锟、吴佩孚等发出“宣战”通电，经过七昼夜的激战，曹锟、吴佩孚取得胜利，北方被直系军阀独占。但由于南方革命力量日益壮大，人民对内战反抗越来越激烈，直系曹锟、吴佩孚在维护法统名义下，指使其骨干孙传芳、齐燮元等发出通电，主张“迎黎元洪复位”，同时要求徐世昌及孙中山“下野”。为了给黎元洪复职制造前提，1922年6月1日，参议院议长王家襄、众议院议长吴景濂等发出“东”电（1日电），认为：“两院既经非法解散，旋又组织参议院，循是而有七年之非法国会以及同年之非法大总统选举会。徐世昌之伪大总统，既系选自非法大总统选举会，显属篡窃行为，应即宣告无效。自今日始，应由国会完全行使职权，再由合法大总统依法组织政府，护法大业亦以完成。其西南各省因护法而成立之一切特别组织，自应于此终结。”[1]

在此情势下，1922年6月2日，徐世昌被迫宣布“辞职”，北京政府由周自齐以署理“国务总理”而暂摄“大总统”职权。直系军阀盗取“护法”旗帜，妄图在“法统”掩盖下达到军阀专政的目的，他们再度将黎元洪抬出，让其出任大总统，以充作直系军阀的工具。

黎元洪复任总统，各界反响不一，诸如复职的法律问题、任期问题等均有疑问。他自己的态度也不明朗。虽表面故作高蹈，内心还是很想有所作为的，所以，在与拜谒他的诸人谈话时并未表示坚决拒绝，在天津对记者发表谈话时，甚至表示“愿意牺牲个人再跳火坑”。[2]1922年6月6日，黎元洪发出通电，坦陈心迹，提出了入京复任总统的三大条件：统一，废督裁兵，整理财政。并明确表示“废督裁兵”是自己复职的条件，在这份电文中他指出了督军制度的五大祸害：

练兵定额，基于国防。欧战既终，皆缩军备，亦实见军国主义自促危亡。独我国积贫，甲于世界，兵额之众，竟骇听闻。友邦之劝告不闻，人民之呼吁弗恤。强者拥以益地，弱者倚以负嵎。虽连年以来，或请裁兵，或被缴械，卒之前省后增，此损彼益，一遣一招，糜费更多。遣之则兵散为匪，招之则匪聚为兵，势必至无人不兵，无兵不匪。谁实为之，至于此极。一也。

度支原则，出入相权。自拥兵为雄，日事聚敛，始挪省税，终截国赋。中央以外债为来源，而典质皆绝；官吏以横征为上选，而罗掘俱穷。弁髦定章，蹂躏预算。预征既及于数载，重纳又限于崇朝。以言节流，则校署空虚。以言开源，则市廛萧索。卖儿鬻女，祸延数世。怨气所积，天怒人恫。二也。

军位既尊，争端遂起。下犯其上，时有其闻。婚媾凶终，师友义绝，翻云覆雨，人道荡然。或乃暗煽他人，先行内乱，此希后利，彼背前盟，始基不端，部属离贰。各为雄长，瓜剖豆分。失势之人，又图报复，阴结仇敌，济其欲心。祸乱循环，党仇百变。秦镜不能烛其险，禹鼎不能铸其奸，覆亡相寻，憯不怨悔。宰制一省，复冀兼圻。地过八州，权逾二伯，扼据要塞，侵夺邻封，猜忌既生，杀机愈烈。始则强与弱争，继则强与强争，终则合众弱与一强争。苟可泄其私仇，宁以国为孤注。下民何辜，供其荼毒。三也。

共和精神，首重民治。吾国地大物博，交通阻滞，虽有中枢，鞭长莫及。匪厉行民治，教育实业，皆难图功。自督军制兴，滥用威权，干涉政治，囊括赋税，变更官吏。有利于私者，弊政必留；有害于私者，善政必阻。省长皆其姻娅，议员皆其重儓，官治已难，遑问民治。忧时之士，创为省宪，冀制狂澜。西南各省迎合潮流，首易为总司令，复拟易为军务院，隶属省长。北方明哲，亦有拟改为军长，直属中央者。顾按其实际，已成积重难返之势。今之总司令，固犹昔日之督军也。异日之省长、军长，亦犹今之总司令也。易汤沿药，根本不除，虽有省宪，将焉用之。假联省自治之名，行藩镇剽分之实，鱼肉吾民而重欺之。孑遗几何，抑胡太忍。四也。

立宪必有政党，政党必有政争。果由轨道，则政争愈烈，真义愈明，亦复何害。顾大权所集，既在督军。政客争权，遂思凭借。二年之役，则政党挟督军为后盾；六年之役，则政党倚督军为中心。自是厥后，南与南争，北与北争。一省之内，分数区焉；一人之下，分数系焉。政客借实力以自雄，军人假名流以为重，纵横捭阖，各戴一尊。使全国人民，涂肝醢脑于三端之下，恶若蛇蝎，畏若虎狼。而反键飞钳，方鸣得计。卒至树倒猢散，城崩狐迁，军人身殉，政客他适。受其害者，又别有人。斩艾无遗，终于自杀。怒潮推演，可为寒心。五也。[3]

在电文中，针对人们存在的顾虑，黎元洪还仔细剖析了六大问题皆不足虑，还从内阁、地方、督军三个方面提出应该先决的条件。他明确指出：“今日国家危亡，已迫眉睫，非即行废督，无以图存。若犹观望徘徊，国民以生死所关，亦必起而自救，恐督军身受之祸，将不忍言。为大局求解决，为个人策安全，莫甚于此。”他呼吁“督军诸公如果力求统一，即请俯听刍言，立释兵柄，……共筹国是”。[4]

曹锟、吴佩孚接到“鱼”电（6日电）后非常气愤，曹锟说：“做现成的总统还要向别人提条件！我们捧他上台，他却叫我们下台！”吴佩孚也很恼怒。不过考虑到黎元洪为直系所用的长远利益，他还是率先发电假意“赞成”。在其授意下，河南督军冯玉祥、江西督军陈光远、山东督军田中玉、陕西督军刘镇华、湖北督军萧耀南、江苏督军齐燮元等人，也纷纷来电表示愿意听命。

冯玉祥

总体来看，“鱼”电发出后，不管是真情还是假意，赞同“废督裁兵”主张的声音不少，北京各界联合会在当日发出电文，恳请黄陂即日莅京，回复法统，并指出：“自非能负责任，实行废督裁兵，确可接洽南北，为民意所依归者，不足充任。”表明了支持黎元洪，赞成“废督裁兵”的鲜明立场和态度。[5]上海林葆怿6月9日电也表达了赞同恢复法统并望实行废督裁兵的意愿。

黎元洪在6月10日通电中说："'鱼'电计达。顷接曹、吴两巡阅使，齐督军、冯督军、阎督军、萧督军等先后来电，均表赞同。曹、吴两使且于'阳'日通电，首愿施行，为各省首倡。"眼见自己的主张得到接受，黎元洪进而复发电声称：要全国督军解去权柄，才肯进京就任总统。对于黎元洪得寸进尺的举动，曹锟、吴佩孚十分不满；黎元洪身边的幕僚也感觉到黎元洪的主张不太切合实际，弄不好会激怒曹锟、吴佩孚等人，令复职无望。黎元洪自己也觉得军阀们还比较给面子，于是在6月10发出复职通电："谨于六月十一日早八时入都，暂行大总统职权。俟国会开会，听候解决。"

6月11日上午八时，黎元洪由天津专车入京，在周自齐、高恩洪及曹锟、吴佩孚的代表等的陪同下，于上午十一时五分抵达，稍事休息即至"公府"怀仁堂举行就任"暂行大总统职权"典礼，并发表简短演说。黎元洪上台后多次申令，力主"废督裁兵"，并计划被裁之兵"或修公路、或兴水利，断不虑其失业"，"裁兵既为切要之图，废督亦当更不容缓"。[6]黎元洪一直努力想将其主张付诸实践，但受到军阀的强烈抵制，成为根本无法实行的妄想，如他下令要阎锡山辞去督军，专任省长，阎不作答复；黎元洪在六、七月间先后任命了近十位省长，希望把省权从督军手中移过来，如直隶的高凌霨、王承斌，奉天的王永江，山东的王瑚，江苏的韩国钧，江西的谢远涵，湖北的汤芗铭，陕西的张绍曾和广西的张其锽。这些省长，或本人不能到任，或本人拒不受命，或为当地所拒绝，而能到任者又与当地军阀势力相勾结，根本不可能实现废督"理想"。

对待废督裁兵，各地督军还是我行我素。一部分地方军阀，如卢永祥、何丰林等口头上虽表示赞成，但实际上是采取各种方式直接或间接地反对。有的地方团体在军阀授意下直接表示反对，如东三省工商联合会就认为东三省的军事只有张作霖能统率，而"绝非废督裁兵四字宣言所能解决"。有的军阀表面上响应废督裁兵，实际却是换汤不换药。如唯一自行宣告废督的是只承认黎元洪为事实上之大总统、而非法律上之大总统的浙江督军卢永祥，6月15日，卢永祥宣布废督，改称浙江"军务善后督办"，并说合法政府未成立前各机关均仍旧，等到合法政府成立，全国裁兵计划确定后再行裁兵。这显然是不承认黎元洪为合法总统，否定"废督裁兵"的表现。吴佩孚同日也在保定召开会议，讨论"废督裁兵"

问题，决定废除督军、巡阅使，改设若干军区和军区长，军队直属中央，这实际只是改换名称，并未实质上废督。唯一由中央废督的是江西督军陈光远，这还是因为陈惮于北伐军入赣而弃职自逃，使黎元洪能够冠冕堂皇地行使一下大总统的权力，但不久北伐军回师去平定陈炯明之乱，江西重归北洋掌握后，黎元洪原先任命“节制江西全省军队”的蔡成勋，又被曹锟保举为江西督军，后几经折冲，才改任他“督理江西军务善后事宜”，此后督军去职，继任者均改称“督理军务善后”（简称督理）。喧嚣一时的废督问题就此结束。

至于裁兵，又与拥兵自重的军阀利益相冲突，所以阻力更大。吴佩孚曾提出了大省二师，中省一师一旅，小省一师的方案。但此方案因为没有人督促执行，也只是空谈而已。还有些地方社团以废督裁兵为名设立组织，开展活动。如在7月间，北京各省自治联合会发出通电，主张各省区召开国民废督裁兵大会，请北京政府下令永远废除督军制及军区制，组织裁兵委员会；上海工商研究会、国货维持会等八个团体发起裁兵联席会议；广州绅商组织地方自治会通电，赞成废督裁兵；其他如安徽、四川等地也都出现了请愿团、协会等等废督裁兵团体。但是这些活动仅仅只是空谈，没有什么实际作用。对于裁兵，军阀们有的直接反对。如阎锡山6月14日曾致电对“裁兵”表示质疑：“矫枉而过正，徒惊虚名，反滋流弊，甚非所以策万全也。……现有之兵备自招募，生计艰难，迫而为此，一旦被裁，势必要求恩饷，当此财政奇绌之时，安有巨款遂其要求，稍不如意，哗变随之。……充兵既久，坐食性成，被裁以后，穷无所归，辗转勾结，流而成匪，狡焉者收集而划用之，为患更深。”“矧兵以卫国，强弱攸关，我则全属招募，万一需以御外，裁后额兵必不敷用。临期募集，既属需时；仓卒成军，亦难应用。此则尤为可虑者也。”[7]裁兵计划当然也就无法推行。

11月20日，黎元洪在回复吴佩孚的电报中称：“言废督而督军日侈，言裁兵而兵额日增，言停战而战祸日滋，言止债而债务日起。孤寄白宫，如聋如聩，俯观赤县，益热益深。宏愿委诸吹泡，虚荣等诸嚼蜡，外惭清议，内疚神明。……既属不成事体，正宜别立贤能，朝选替人，夕还初服，但使无弃国如遗之责，亦可抱洁身先去之心，此固可歃血为盟，出肝相示者也。”[8]

废督裁兵应该说是切中时弊，且符合大众的心理需要的。多年来的军阀混战，使得民不聊生，怨声载道，大家都希望有一个和平安宁的环境。废督裁兵正好迎合了大众的心理。但由于黎元洪没有实权，只能仰人鼻息，听从后台老板的旨意，所以主张虽好，却难以实行，最终变成督不能废，兵不能裁，废督裁兵成为空头支票。虽然黎元洪提出的废督裁兵没有得到积极响应，但在客观上还是起到了一定的推动历史前进的效果。

"废督裁兵"主张之所以不能取得成功的原因在于：其一，军阀不支持。"兵"是军阀赖以存在的命根子。中国当时处在军阀混战时期，兵的多少，是他们权力大小的基础和关键，所以，他们不可能交出兵权，削弱自己的力量。曹锟、吴佩孚当初表示愿意首先废督裁兵，也只是权宜之计，想促黎早日复职，好借黎元洪缓和日益紧张的南北对峙，借此发展自己的势力，最后达到武力统一中国的美梦，并非真正支持废督裁兵；其二，黎元洪手无兵权，他自武昌起义以来，未养一兵；其三，众人态度不够坚定，无破釜沉舟的决心。一般人士希望以会议式与请愿式的"办法来达到目的，而未肯作大牺牲，下大决心，以谋根本解决"。[9]所以黎元洪废督裁兵的最终结果是督不能废，兵也不能裁，最终无法实行。

注释

【1】刘楚湘:《癸亥政变纪略》;荣孟源等:《近代稗海》第七辑，第 119 页。

【2】薛民见:《黎元洪年谱资料》，第 67 页。

【3】张梓生:《黎元洪复职记》;荣孟源等:《近代稗海》第五辑，第 163～164 页；刘楚湘:《癸亥政变纪略》;荣孟源等:《近代稗海》第七辑，第 131～133 页。

【4】张梓生:《黎元洪复职记》;荣孟源等:《近代稗海》第五辑，第 164～167 页。

【5】刘楚湘:《癸亥政变纪略》;荣孟源等:《近代稗海》第七辑，第 136 页，

【6】《黎元洪又高谈废督裁兵》,《晨报》,1923 年 2 月 24 日。

【7】南京:中国第二历史档案馆藏:《北洋军阀陆军部档案》。

【8】张国淦:《中华民国内阁篇》，杜春和等:《北洋军阀史料选辑》上，第 246～247 页。

【9】《上海总商会月报》,1923 年第 1 期。

二十三

"阁潮"与再次下台

黎元洪再任总统时期的阁潮不断，是政局纷争的重要反映。1922年6月11日，黎元洪在中南海怀仁堂举行了"暂行大总统职权"的就职典礼，当天即下令取消民国六年六月十二日在张勋威胁下所发布的"解散国会令"。当晚，他斟酌再三，开出了北洋政府第十九任内阁名单，拟任命伍廷芳为国务总理，以恢复他下台前的原状——旧的国会，但有人反对，于是改任颜惠庆署理总理兼长外交，吴佩孚为陆军总长，意图借吴之力实现废督裁兵的主张。这份七拼八凑的阁员名单如下：

外交：颜惠庆（兼）	内务：谭延闿	财政：董　康
陆军：吴佩孚	海军：李鼎新	司法：王宠惠
教育：黄炎培	农商：张国淦	交通：高恩洪[1]

颜惠庆

王宠惠

张绍曾

但是，这些阁员中谭延闿、黄炎培不肯就职，甚至连吴佩孚这个极力拥护黎大总统的军阀，也以军人不参与政治为由再三恳辞，不愿就任陆军总长，弄得黎元洪十分难堪，只得允准，改任张绍曾。颜内阁残缺不全，当时不为各方所重视，仅维持了一个多月就下台了。

7月31日，因颜惠庆求去，黎元洪改派王宠惠代理阁揆。8月5日，黎元洪正式任命唐绍仪组阁，唐绍仪未到任前，由王宠惠兼代，其阁员名单是：

外交：顾维钧　　内务：田文烈　　财政：高凌霨

陆军：张绍曾　　海军：李鼎新　　司法：张耀曾

教育：王宠惠　　农商：卢　信　　交通：高恩洪[2]

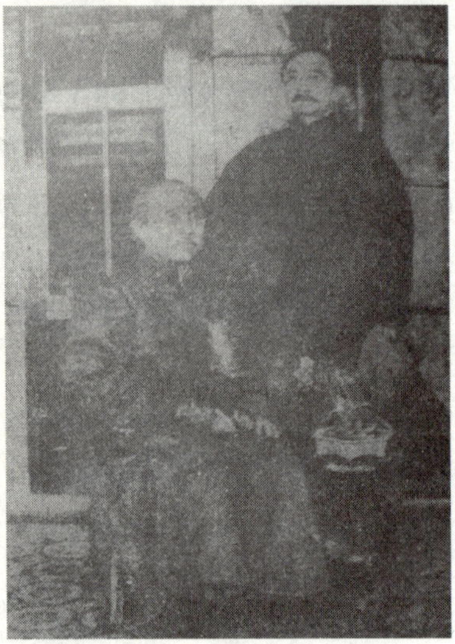

伍廷芳、唐绍仪合影

但是唐绍仪、张耀曾和卢信都不为吴佩孚所容。吴认为唐绍仪是北洋派的死对头，捧他做国务总理，必对北洋派不利，所以唐内阁遭到吴佩孚的坚决反对，吴正式向黎提出由王宠惠组阁的主张。无兵权的黎元洪，只能屈服于有兵权的吴佩孚。经过反复周折，终于解除唐绍仪内阁，而于9月19日改任王宠惠组阁。当时吴佩孚驻军洛阳，而王内阁又为吴佩孚所支持和操纵，所以又称它为"洛派政府"。黎元洪满足了洛派的要求，却惹来了保定方面（曹锟驻军保定）的不满。曹锟破口大骂自己的心腹"爱将"吴佩孚有个人野心，并与奉系张作霖通电，表示要与张弃嫌修好。吴佩孚得到了操纵内阁权，却在本派系中孤立了自己。直系明显地分裂为洛阳派和保定派。

黎元洪深感处境艰难。他的策士曾献计主张联络奉系、皖系和西南六省，共同对付直系，并利用直系内部保定派和洛阳派的分裂，用"联保制洛"的手段来孤立吴佩孚。但黎元洪又不敢贸然这样做，他为了保住总统地位，不得不完全屈服于吴佩孚而组成王宠惠内阁，它的阵容是：

外交：顾维钧　内务：孙丹林　财政：罗文干

陆军：张绍曾　海军：李鼎新　司法：徐　谦

教育：汤尔和　农商：高凌霨　交通：高恩洪[3]

在这个名单中，除了高凌霨属于保派外，吴佩孚的嫡系亲信高恩洪、孙丹林等都身居要职，所以被人称为“洛派内阁”。又以王宠惠、顾维钧、罗文干、汤尔和等人是“好政府”的提倡者，当时人们又将之称为“好人政府”。但是，在11月18日，王内阁发生了轩然大波。众议院正、副议长吴景濂、张伯烈指控财长罗文干办理奥国借款展期合同有纳贿证据，迫黎下手谕将之拘捕，送交地方检察厅。20日，洛阳吴佩孚致电黎元洪，陈述捕罗不合法理，且表示拥护王内阁；23日曹锟通电攻击罗文干，请组织特别法庭，彻底根究。保定曹锟则发动王承斌、齐燮元、蔡成勋、马联甲、田中玉、何丰林、杜锡珪等联名反吴。此案名为打罗，实则倒吴，保、洛纷争日益表面化。吴佩孚见附和曹氏的人多，很快软化，25日发电声明：“拥护黎总统，服从曹使，对罗案不再置喙。”同日，王内阁全体通电辞职。11月29日，黎元洪任命政界元老汪大燮为国务总理，但汪的条件是：“摄职十日为期。”汪于30日上午九时半就职，各部总长为：

高凌霨

外交：王正廷	内务：高林霨	财政：汪大燮（兼）
陆军：张绍曾	海军：李鼎新	司法：许世英
教育：彭允彝	农商：李根源	交通：高恩洪[4]

王正廷

汪大燮

到了晚上九时，汪大燮又忽然通电辞职。原因是汪不愿兼财政总长，而推荐黄郛担任，但黎不同意，汪遂愤而辞职。黎急忙赔不是后，汪大燮始通电复职。

不过仍声明代理期不超过十天。12 月 10 日汪大燮通电代阁期满离职。11 日，黎又任命王正廷代国务总理兼财政总长。王亦不肯，黎好言拜托，王勉强答应，于 13 日通电兼代，愿作十天的过渡内阁，次日就职。王正廷的过渡内阁很快垮台，1923 年 1 月 4 日，黎元洪正式任命以保定派为中心的张绍曾组阁，陆军张绍曾自己兼任，外交初任施肇基，由于国会不同意，改任黄郛，内务高凌霨、交通吴毓麟、财政刘恩源（5 月张英华署）、海军李鼎新、司法程克、农商李根源、教育彭允彝。[5]3 月 8 日，张绍曾等通电反对曹、吴强迫政府任命孙传芳督闽、沈鸿英督粤。当日张绍曾内阁全体辞职。19 日，张绍曾内阁与曹、吴妥协，宣布复职。4 月 11 日北京参议院通过对张绍曾内阁不信任案。5 月 16 日，众议院亦通过该案。由于张内阁与吴景濂领导的国会之间的矛盾和曹、吴驱黎下台形势日紧，张绍曾于 6 月 6 日离职，黎元洪派人赴津"极力挽留"无效，最后以"辞意坚决，无法挽回"为由，将张绍曾解职。[6]

李根源

6 月 13 日黎元洪总统被迫离京前，任命李根源代理国务总理。在王承斌劫车夺印，强迫黎元洪签发辞职通电中，承认由摄政内阁行使职权。14 日，北京内阁由已免职的内务总长高凌霨国务员摄行大总统职权。而黎元洪到达天津后，又发出否认摄政内阁的电报，撤回辞职咨文，再次任命唐绍仪为国务总理，在唐未到任前，以农商总长李根源兼署。黎元洪想通过唐联络孙中山，并获得皖、奉两系军阀的支持，将国会和政府迁至上海，高凌霨以 6 月 13 日黎元洪已离职为由，否认电报的合法性，不予理睬，积极筹备"选举"新总统。

总体来说，黎元洪时期的"北洋中央，实即直系各派的大舞台、主战场"，内阁的组成，取决于直系各派力量的增减，所以始终处于飘摇不定、山雨欲来的危境，阁员常常出缺，如张绍曾内阁时有"三无主义"内阁之谑称，就是针对其没有外交、教育和司法总长而言。内阁像走马灯似的，换了一个又一个，短短的半年之中，内阁换了五届，第一届颜惠庆署理总理，以后的唐绍仪组阁虚悬首揆一个半月，最后胎死腹中，后由王宠惠代理，王内阁维持了不过两个多月，而汪大燮内阁仅干了十天，旋由王正廷代理总理。直到张绍曾内阁才算勉强维持了近半年。阁僚们自保不暇，更别提有所作为。

黎元洪的下台，更是闹剧连连。黎元洪复职之始，就曾宣言，任期的“法律问题，应由国会解释”。但旧国会续会后，并未就此事展开过讨论，等于是默认了张绍曾的解释。张耀曾认为：“黎元洪六年七月之离职，乃事实上之离职，非法律上之离职。冯国璋之代理，乃事实上之代理，非法律上之代理。今次复位，其任期尚有一年三月余。”不想到了 1923 年 5 月初，议员范樵等人在曹锟的怂恿下，迫不及待地向国会提出了黎元洪任期解释案，再次纠缠于原已澄清的问题，认为黎元洪此次复职任期，只有以洪宪改元到袁世凯败亡，共一百六十天的“民国中断期间”，而黎此次复职从 1922 年 6 月算起，已有三百三十余日，早已超过法定期限，应自动退位，依法由国务院摄行总统职务。“总统任满而不退位，是总统违法也；内阁不依法摄行总统职务，是内阁违法也；国会不依法改选，是国会违法也，并导政府于非法，陷总统于不义也。”[7]但这一说法并没有在国会中得到什么反响，大多数议员还是认定 10 月 10 日为黎元洪的最后解职之日，并开始筹划制宪及总统换届选举事宜。还有的认为黎的任期应从 1914 年 5 月袁世凯召集的“约法会议”时补起，1916 年 6 月黎继任大总统，再加上冯国璋代理的一年零两个月，合计为三年零三个月，故黎的任期应到 1925 年 9 月。

曹锟对于大总统这个职位垂涎已久，志在必得，早已等不及了，眼看在国会中行不通，便在内阁上动脑筋。当时的张绍曾内阁，多半属曹锟同党，仅农商总长李根源、教育总长彭允彝倾向于黎元洪。先是黎元洪应众参两院院长之请，经商诸有关阁僚和负责人同意后，就决定从海关建筑经费项下借拨六十八万元以充制宪经费、五十二万元拨归驻外使馆。由于此项拨款未经国务会议，给保定派提供了向黎元洪和张绍曾下手的机会和理由。由交通总长吴毓麟在国务会议上首先发难，指责黎此举未经国务会议议决，有悖责任内阁精神；后来内务总长高凌霨在星期六公府会餐上，再次指责黎元洪。黎被逼无奈，于 6 月 6 日发出通电，说明促成制宪的原由：“苟可促进，惟力是视，……如其不成，宁复有国。”自己则是“忧患余生，急于求去，……制宪以外，绝无所求”。[8]但曹锟早已将他视作绊脚石，必欲去之而后快。就在黎发出这则通电的当天，高凌霨在特别国务会议上老调重弹，借口黎擅自拨借海关经费，和薛笃弼为崇文门税关监督任命案未获批准二事，抨击黎元洪独断专行，侵越内阁职权，提出总统既不信任我辈阁员，我辈惟有退避贤路，以免贻误国事。吴毓麟、程克、张英华附和其说。张绍曾和其他阁员尚未表态。高凌霨进一步逼迫说，如总理不愿辞职，我辈当单独提出辞呈。至此，张绍曾才说：我辈应取同一步骤，要辞大家辞。高凌霨随即将拟好的辞呈电稿取出，让大家依次签名，电文再次就黎元洪擅自拨借海关经费，和任命薛笃弼为崇文门税关监督、张拱宸为军警督察长等案，对其大加指责，并云："今既责任不明，以后危险情形，岂可言喻。绍曾等备员阁席，既然不欲使一己蒙失职之咎，复不欲陷元首于侵权之嫌。惟有声请罢斥，解除责任。"[9]此事办妥后，吴毓麟、程克劝张绍曾即日赴津，张绍曾偕张廷谔即于当晚离京赴津。黎元洪接到辞呈后，一方面派人至津再三挽留，一方面于7日发一通电，对相关指责进行澄清，并表达挽留之意。张以"此次政潮酝酿很久，原因复杂，个人力难销弭"为辞，坚持不允。张并委派同行的秘书长张廷谔回京料理善后，并将副署继任总理的二道空白命令办好送府。谁知张廷谔早已被曹锟收买，这道命令留中未发，使黎无法合法组织继任内阁。黎元洪一面通电解释，一面商请顾维钧、颜惠庆出来维持。两人均视为畏途，未就。黎元洪备感举步维艰。

王怀庆

此后，曹锟步步紧逼，驱赶黎元洪的攻势越来越猛。7日，负责京畿一带治安的军警五百余名聚集于总统府居仁堂前，要求拨发积欠军饷，闹到黎元洪允诺十天内筹发后始退出。8日，天安门前有百余名公民请愿团演讲集会，号称"国民大会"，要求黎元洪退位让贤。9日晨，北京全城警察一律罢岗，声言索饷不得，不能枵腹从公，一直到晚上才复岗就位。黎因此不敢到府办公，宅中电话也被切断。这还不算，10日晨，军警三四百人又闯入黎元洪东厂胡同私邸索饷，赖着不走，侍卫武官长荫昌接见众人，告知总统正在从事组阁，内阁未产生前，军警之饷无从发放。经再三劝慰，军警才答应暂时退回。黎宅电话被军警派人监视，不许接传，自来水管也被堵塞；同日，中华门前又聚集了千人左右的

“北京市民请愿团”、“驱黎请愿团”、“国民大会代表”等等，他们手持“财政无办法”、“总统不管商人”、“改造时局”、“总统速即退位”、“市民饿，总统肥”等各种标语，浩浩荡荡向东厂胡同进发，一路上散发传单，恶意诽谤，到了黎邸后与军警会合，鼓噪呐喊。黎元洪要求派警宪前来弹压，也毫无反响。一直闹到晚上，这批杂牌军才自行散去。第二天又麇集如昨。12日，京畿卫戍总司令王怀庆、陆军检阅使冯玉祥联名向黎总统提出辞呈，其文云：“危机日迫，消弭无方，恳请立予罢斥。”[10]这让黎元洪更是雪上加霜，黎派参谋总长张怀芝劝慰，并退还辞呈，王、冯拒不收受。

直到此时，黎元洪总算是彻底明白了这一出出闹剧的真正目的，但他今非昔比，早已不会再逆来顺受了。曹党围困总统府以后，黎元洪本无离京之意，所以先后邀约颜惠庆、孙宝琦、顾维钧等人到总统府，请他们组阁，但他们都不愿意。6月11日，黎叫饶汉祥和金永炎请李根源组阁，李同意了。12日上午在总统府召开一个小型会议，大家一致认为总统在北京已不能行使职权，应暂时离京。离开前，黎元洪先是致电给当初拥戴他出山的曹锟、吴佩孚，指责其“坐视不语，恐百喙无以自解”。13日出京前，又将12日由李根源副署，总统盖印、缮就的裁撤巡阅使及讨伐曹锟等七道命令，由总统府秘书覃寿堃（张国淦说是刘远驹）送交印铸局发布，头二道是准免张绍曾国务总理职务，任命农商总长李根源兼署国务总理，由农商总长李根源副署发表；其余五道则冠冕堂皇由署国务总理李根源副署发布，其中一道是“巡阅使、巡阅副使、陆军检阅使、督军、督理，着即一律裁撤，所属军队归陆军部直接管辖”。[11]第七道命令是改善税法和优惠商会的，因为在总统府被围时，北京商人关怀总统的安危，所以饶汉祥提出一并签署盖印。不料印铸局已被曹锟掌握，拒不公布。后来，这些命令由与外国驻北京的记者有来往的众议院议员杨秉权、熊小豪，分别转送外国驻京记者，才向上海、汉口、香港等地发出。黎元洪又分函参众两院及外交团：“本大总统认为在京不能自由行使职权，定于本日移津。特闻。”[12]此外，黎还把总统大小印信交与他的宠妾黎本危，带到东交民巷法国医院躲藏起来。待安排妥当后，他便于13日晨，以新任陆军总长金永炎的名义，向路局租用一辆专车去天津。和黎元洪同行的有金永炎、唐仲寅、韩玉辰等十余人。到天津车站后，黎一行被直隶省长王承斌扣留，勒令交出印信。初时黎不肯交出，推诿说：“不知印信在什么地方”，又说：“我还未辞职，只是到津料理私事，事毕仍然要返京供职”，[13]费了四五个小时，王承斌横竖不让他下车。最后，黎元洪料定不交出印信难以脱身，不得已才告诉王承斌，所有印信都在东交民巷法国医院如夫人黎本危手里。北京方面，曹锟派京师警察总监薛之珩到东交民巷法国医院向黎本危索要，黎本危开初不肯交出。后来黎派人打电话给黎本危，要她将印信交给参议院王议长（即王家襄）。王议长不敢来，让黎本危把印信送到他家里，这时已是夜间十二点，黎本危不敢出医院的大门，最后商定：由薛之珩打个收条，再交大印给他。14日，印信交给了薛之珩，王承斌在目的达到后，又与陆长佑代拟三电，分别拍发参议院、国务院、京外通电，内容是宣布辞职，总统职权由国务院暂摄。黎照办后始获放行。黎离京当日，王怀庆、冯玉祥等即通电复职，负责维持北京治安。至此，逼宫闹剧告一段落。

整个逼宫闹剧所以上演，主要是曹锟做总统心切。此外，黎复出后所行之事，不符合直系军阀利益，也是原因之一。

注释

【1】来新夏：《北洋军阀史稿》，第280～281页。

【2】【3】沈云龙：《黎元洪评传》，第146～147页。

【4】【5】鲁永成：《民国大总统黎元洪》，第206，209页。

【6】张国淦：《中华民国内阁篇》，《近代史资料》，1979年，第3期（总40号）第226页。

【7】【8】【9】【10】刘楚湘：《癸亥政变纪略》；荣孟源等：《近代稗海》第七辑，第148～153页，第162，164，166页。

【11】张国淦：《癸亥政变篇》，鲁永成：《民国大总统黎元洪》，第276页。

【12】刘楚湘：《癸亥政变纪略》；荣孟源等：《近代稗海》第七辑，第174页。

【13】张绍程述，胡君素记，“黎元洪二次任大总统下台的经过”，鲁永成：《民国大总统黎元洪》，第261页。

二十四

晚年生活与国葬

黎元洪离北京抵达天津后，卢永祥在浙江举起反直的旗帜。部分南下国会议员聚集上海，策划在南方组织政府，续奉黎元洪为总统，展开反直斗争。在他们的电邀下，黎元洪偕同李根源、饶汉祥等十三人，于1923年9月11日离津至上海，寓居杜美路（今东湖路）。孙中山闻黎元洪到沪，曾派汪精卫持函往谒，欢迎他去广东。因各方意见不一，组织政府难产。此时他已患上严重的糖尿病，乃决定由上海东渡日本疗养。

据薛民见所编《黎元洪年谱资料》记载：1923年11月8日，黎元洪偕夫人吴敬君及秘书刘钟秀等，乘“上海丸”由上海启程，东渡日本。抵日后，寓居别府。别府的温泉很有名，而且气候适宜，又无任何干扰，病情因而很快好转，几乎接近痊愈。他在别府幽居半年，除了与华侨有些往来外，很少和外界交往。王正廷偕其夫人东游日本，两人异国相晤，虽然欢叙竟月，但不涉及时政。1924年1月15日，日本再度发生地震。黎元洪曾派其秘书刘钟秀代表他参加在日华侨为赈济日本地震灾害而举行的集会，并且捐款助赈。3月，黎元洪曾致函章太炎，告诉他病已痊愈，待看了樱花之后，拟乘便游览日本一些名胜古迹，即行归国，不再复闻政治。

4月15日，黎元洪偕同夫人及随员等，在日本片仓制棉社社长片仓和耕介两人的陪同下，乘“紫丸轮”到大阪。在这里会晤了北京政府派往各国考察实业的专使张孝若，听取了张氏考察各国实业的情况。在大阪居留两天，然后乘火车去京都。在京都曾出席当地人士举行的欢迎宴会，游览了这里的名胜古迹，观看了演出。21日又返回大阪，进行了为期五日的参观游览。25日游奈良，26日到达神户，参观了这里的造船业及高等工业学校，还观赏了大瀑布。30日离开神户前往九州，在此共计停留九天。然后于5月10日登轮返国。11日回到天津。

黎元洪与家人合影

在日本参观游览并疗养半年后，黎元洪最终决定退出政坛的角逐，从此缄口不言政治。段祺瑞执政时期，曾试图拉他再出来作傀儡，遭到他的断然拒绝。此后他只关心自己投资经营的厂矿企业，一心一意投身实业活动。他任中兴煤矿公司董事长，每次董事会议，必亲自出席。他在天津又住了四年多。除了投资实业外，黎元洪在天津也很注意修身养性。他爱好广泛，遛马、打网球、溜冰、散步是他经常的运动。此外，他还极好京剧，每逢节日，他常常在黎公馆举办招待会、舞会、曲艺晚会、京剧专场等，他也是天津第一电影院的常客。黎元洪热爱书法，多临张迁、华山等汉代碑帖，以颜体见长，有人请他题词或书写楹联，他也是有求必应，因此全国许多地方都有他的墨宝。1926 年 8 月，黎元洪应无锡亲友之邀，本欲赴无锡畅游，因身体突发疾病，未能成行。但他应无锡梅园主人之请，书写了一副对联赠予他，其联曰：

梅放满园春，欣看四周山色，万顷湖光，胜景逾辋川别业；

诗吟小香雪，媲美三径黄花，千林红叶，闲情似邓尉高风。[1]

黎元洪还非常好客，喜欢交朋友。来访的客人总要留他们用餐。他常在寓所大摆宴席。因为在天津寓所的客厅饭厅不够大，他常有计划地分期分批宴请客人。黎元洪在寓所中接待过许多中外知名人士。如孙中山、天津教育界知名人士严范孙、卢木斋。他还很愿意与美国人交朋友，例如美国木材大亨罗伯特·大莱。大莱每次到中国来，总要去看望黎元洪。另外美国钢笔大王派克也曾专程拜访过黎元洪，并特制一支朱砂色金笔送给他，还请黎用这支笔为其签名留念。英国报业巨子北岩公爵也曾到天津拜访过黎元洪。总之，黎元洪在天津的晚年生活还是非常丰富多彩的。

1926年10月，黎元洪突患脑溢血，经名医会诊治疗，至年底病情大为好转。次年清明已基本恢复，并能独自外出散步，甚至偶作郊游。

1928年，国民军打到天津时，蒋介石曾派阮齐胁迫黎元洪捐军饷百万元，买公债八十万元，黎元洪为此思想忧虑、沉闷。5月25日，黎前往赛马场观看赛马，突然旧病复发，晕倒在地，即延请总统府医官及名医会诊，确诊为脑病复发，但几经医治无效，终至卧床不起。6月1日，黎自知不治，即由其口述拟就遗电。6月3日，延至晚上十时半，逝于天津英租界寓所，终年六十五岁。黎元洪在临终前告诫家人：“丧葬要从简，戒诸子今后从事生产实业，毋问政治。”[2]

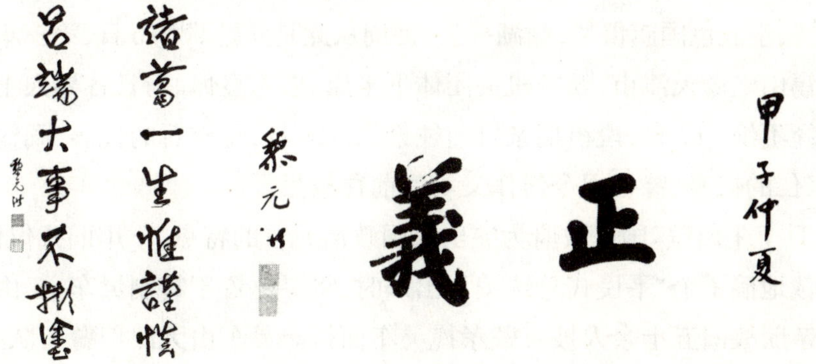

黎元洪墨宝

黎元洪临终前留下的致国人遗电近千言，谆谆告诫国人以精神、道德、礼教为重，并对中国政治提出十条忠告：

（一）国民于济案，应以沉毅态度求外交正义之解决，不得有轨外行动；（二）从速召集国民大会，解决时局纠纷；（三）实行垦殖政策，化兵为农工，勿使袍泽失所；（四）调剂劳资，应适合全民心理与世界经济趋潮，统筹兼顾，豫定详实法规，行之以渐，毋率尔破坏社会组织及家庭制度，俾免各趋极端；(五)振兴实业，以法律保障人民权利；(六)正德利用厚生，不可偏废，毋忘数千年立国之根本精神，道德礼教，当视物质文明尤为重要；(七)革命为迫不得已之事，但愿一劳永逸，俾国民得以早日休养生息，恢复元气；(八)参酌近今中外情势，似应采用国家社会主义，毋遽思破除国界，为外强所利用；(九)早定政治方针与教育宗旨，以法治范围全国，应折中至当；(十)民元以来，凡无抵触国体之创制，应仍旧保存，请勿轻议纷更。[3]

黎元洪病逝后，国民政府两次发令举行国葬。国葬为当时最高丧葬礼仪，其丧葬过程经历天津殡殓、北京追悼、武昌安葬三个阶段，历时八年多，盛况空前。

天津殡殓：黎元洪逝世正逢初夏，遗体不宜久放，由黎宅治丧处决定，于次日(6月4日)下午二时在黎宅入殓。入殓时，黎元洪仍着生前大总统衣冠、身佩指挥刀、胸前佩总统金牌、背垫金币七枚、两手各执银元宝，棺内还置炭屑、灯草、雄黄、福尔马林等防腐之物。6月5日下午，行“送三”礼后，确定7月16日至18日开吊三天。开吊前一天，黎宅设灵堂，两侧摆满了挽联、花圈等。在众多挽联中以章太炎撰写的最为“空前绝后”，联曰：“继大明太祖而兴，玉步未更，绥寇岂能干正统；于五色国旗俱尽，鼎湖一去，谯周从此是元勋。”[4]16日，第三集团军总司令阎锡山电令天津市，嘱各机关团体下半旗，以志哀悼。当日各界人士前往吊唁者络绎不绝。17日，段祺瑞亲自前往祭吊。18日，蒋介石的代表、阎锡山的代表、李宗仁的代表、警备司令傅作义等都前往祭吊。

19日上午出殡。国民政府为突出民国政治元首的特点，不用旧式仪仗执事，别出心裁地搞了个“平民式总统殡”。出殡时，将灵柩置于特制灵车上，由黎元洪子女及亲朋故旧五十余人披麻戴孝挽灵车而行。灵车由天津埠警备队三个连，保安队，骑巡队，手枪队各一连护送，并经过租界。这种带有武装卫队的殡列，从英、法、日租界通过，是“破天荒”之事。出殡这天，参与执事、鼓乐、僧众、送殡执绋者约一万余人。殡殓之时，新编历史话剧《黎元洪》也在天津上演。出殡这天，中外记者三十余人摄影、采访，具体情形在次日均见诸报端。

北京追悼：天津殡殓期间，蒋介石、李宗仁、阎锡山就在北京召开追悼会作过磋商，事后由蒋介石、阎锡山、冯玉祥、李宗仁、白崇禧、李济深、王士珍、商震等联名通电公告于众，决定于10月26日至28日，在北海公园天王殿举行隆重的追悼会。追悼会上由黎氏子女还礼，朱绶光代表阎锡山主祭，周震麟代表国民政府公祭。各方人士前往吊唁。

参加国葬的黎元洪两个儿子

1935 年武昌国葬图

武昌安葬：黎元洪由于世代居住黄陂，辛亥首义又发迹于武昌，因此，他死后按其遗愿仍归葬于武昌。1933 年 4 月，其子从津门扶柩归鄂，当即将棺柩迎入洪山宝通寺法界宫的藏经石库内暂厝，后经多方选择，择定武昌卓刀泉土宫山为墓地。当时国民政府认为黎元洪“首举义旗、创造民国”，再次下令举行国葬，饬令湖北省政府，组成国葬典礼办事处，筹办丧葬事务。葬礼于 1935 年 11 月 24 日举行。国民政府于三日前周知全国，届时全国下半旗，停止喜庆娱乐一天。上午十时半，先在宝通寺举行移灵公祭，由国民政府代表主祭。在国葬的气氛布置方面，武汉三镇要道上，汉口市政府、汉口商会、黄陂同乡会、特三区等单位扎素色牌楼十余座，沿途设祭台几十处。十一时整，鸣礼炮十九响，行公祭礼，礼毕即启灵下山。送葬仪仗分八列，出殡队伍经过处，烛火如星，香烟若雾，哀乐、锣鼓、鞭炮声连成一片，震耳欲聋，途中还有专人抛撒纸钱，并对路祭者散发铜币、银元以示“优隆”。当时有许多乞丐也蜂拥街头，以求得几个铜币、一二块大洋。参加这一盛典的有各方代表和民众达五万余人，蔚为大观。墓地前用席棚搭有宽敞的礼堂，堂前屏门上悬着国民政府林森赠的大匾，匾上题有“民国元勋”四字，四壁高挂孔祥熙、李宗仁、何成濬等各界人士的祭幛、挽联和花圈千余件。居正的挽联是：“奠定河山、出为霖雨；炳灵江汉、上应星辰。”下午二时，开始安葬典礼，由湖北省政府委员李书城代表国民政府主席林森主祭，中央各部、院、会、各省代表和外宾陪祭，各部及各省市代表二十三人宣读了祭文。祭毕，扶灵柩入墓穴安葬。那天，天公不作美，风雨交加，送葬人员衣履均为雨所浸，但秩序井然不乱。下午二时半，在哀乐声中，鸣礼炮一百零一响，灵柩入坟，至此国葬典礼告成。[5]

大总统黎公碑

黎元洪墓

国葬当天，典礼处专制干点万余份，在沿途散发给参加葬礼的各方来宾，礼成后，又分别在汉口、武昌、汉阳的餐馆酒楼设丰盛“丧饭”招待，对土宫山墓地附近民众，除国葬当天家家户户派人入席就餐外，每家发给粮食几十斤，以示“关怀”。

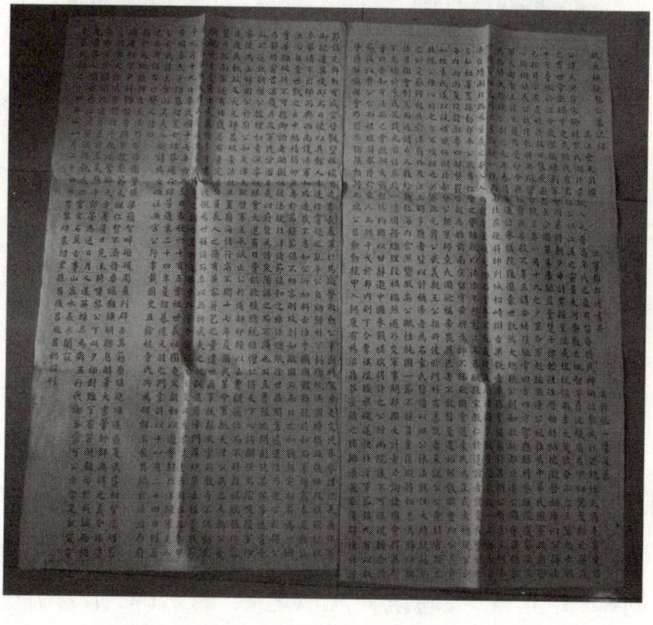

故大总统黎公墓志铭

黎元洪葬后不久，即修建坟基，刻立墓碑，碑文为章太炎撰，李根源手书，墓前还建有石砌栏杆的祭祀坪台，整个墓园占地约百亩。墓园工程一直延续到1938年武汉沦陷时还未竣工。据其子回忆，仅墓园工程即耗资三万多元。[6]作为民国的开国元勋，黎元洪似乎到死后才享受到总统应有的待遇。

黎元洪墓出土上衣

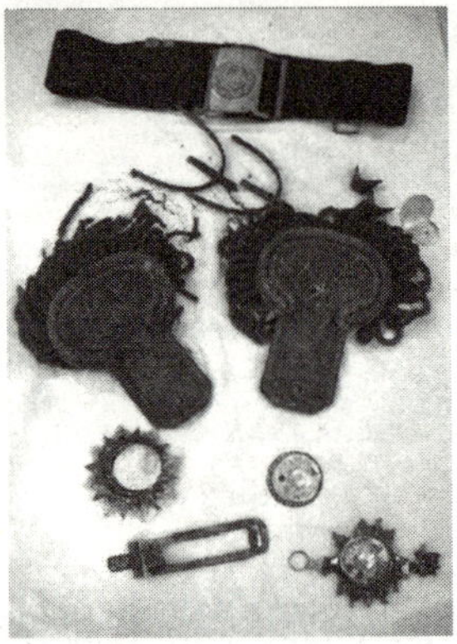
黎元洪墓出土肩章帽花等

黎元洪墓出土佩剑

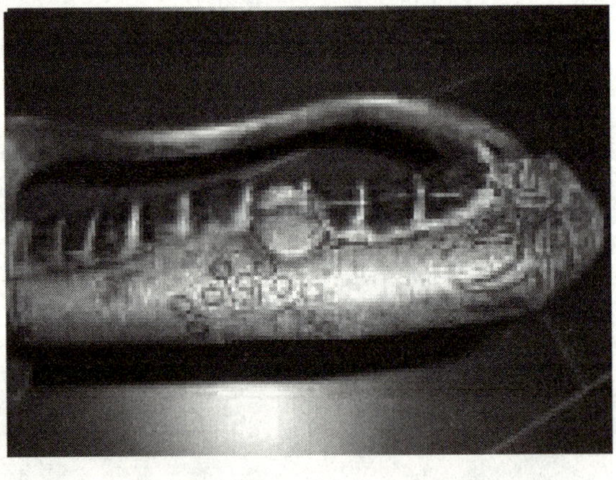
黎元洪墓出土佩剑手柄

"文革"时，黎墓被红卫兵所毁，黎氏夫妇遗骸也被火化，骨灰不知所终。黎的部分随葬物，如寿衣制服、元勋章等十余件实物现保存在湖北省博物馆。原墓址于1979年前建起四层楼房，今天已成为一栋学生公寓。1981年在纪念辛亥革命七十周年时，武汉市政府根据全国政协的意见，投资两万元，在原墓侧高处十余米重建了新墓，并立有"大总统黎元洪之墓"的墓碑，作为历史的见证。2011

年纪念辛亥革命一百周年之际，墓园再次进行了修葺。

注释

【1】【2】徐世敏:《黎元洪与天津》，鲁永成:《民国大总统黎元洪》，第 290 页。

【3】贺鸿海:《黎元洪的晚年及安葬》，鲁永成:《民国大总统黎元洪》，第 308～309 页。

【4】贺鸿海:《黎元洪的晚年及安葬》，鲁永成:《民国大总统黎元洪》，第 310 页。

【5】《黎前大总统国葬典礼》，鲁永成:《民国大总统黎元洪》，第 317 页。

【6】贺鸿海:《黎元洪的晚年及安葬》，鲁永成:《民国大总统黎元洪》，第 314 页。

附　录

黎元洪生平大事年表

1864 年(同治三年　甲子)10 月 19 日(九月十九日)辰时生

黎元洪,字宋卿,家本湖北黄陂,生于汉阳报国庵,祖籍江西豫章(今南昌),世居黄陂北乡黎家河(现属大悟县新城镇)。

1870 年(同治九年　庚午),七岁

7 月 25 日(六月二十七日),妻吴敬君生于汉阳。

1871 年(同治十年　辛未),八岁

回黄陂老家,帮田家河的姑父田秀庭放牛一年。

1872 年(同治十一年　壬申),九岁

开始在汉阳城私塾读书识字。

1874 年(同治十三年　甲戌),十一岁

继续在汉阳城里读私塾。父亲黎朝相随唐仁廉的仁字营驻扎天津宁河县北塘。

1875 年(光绪元年　乙亥),十二岁

继续在汉阳读书。

1876 年(光绪二年　丙子),十三岁

继续在汉阳读书。父黎朝相当了把总。

1877 年(光绪三年　丁丑),十四岁

夏秋之交,黎元洪患了疟疾,咳嗽不止。黎朝相得信,回汉阳看望,病情好转后,与同住汉阳的吴敬君订婚,并一同由汉阳迁往天津北塘居住。抵北塘后从李雨霖读书。

1878 年(光绪四年　戊寅),十五岁

黎朝相升千总。7 月 23 日(六月十三日),胞弟元泽出生。12 月 3 日(十一月初十日),元洪母亲陈氏因产后失于调养,兼受暑热,于是日子时逝世。

1879 年(光绪五年　己卯),十六岁

继续在李雨霖私塾读书。

1880 年(光绪六年　庚辰),十七岁

继续在李雨霖私塾读书。黎朝相续娶崔氏为妻。黎朝相升都司。

1881 年(光绪七年　辛巳),十八岁

继续在李雨霖私塾读书。

1882 年(光绪八年　壬午),十九岁

继续在李雨霖私塾读书。黎朝相升游击。

1883 年(光绪九年　癸未),二十岁

2 月,报考天津北洋水师学堂,得以录取,编入管轮班学习。先后学习英语、地舆、算学、代数、几何、三角、重学、水学、格物化学、绘图测量、操演枪炮、鱼雷机器等技。每月可领津贴银四两。

1884 年(光绪十年　甲申),二十一岁

2 月 6 日(正月三十日),父黎朝相突然病故,葬于北塘芦苇滩地。

1885—1887 年(光绪十一至十三年 乙酉至丁亥),二十二至二十四岁

继续在天津北洋水师学堂读书,并在教练舰上实习。

1888 年(光绪十四年　戊子),二十五岁

从天津北洋水师学堂毕业,成绩优等,赏给六品顶戴。毕业后派往北洋舰队来远快船见习,以把总尽先补用。是年吴敬君满十八岁,乃与吴正式结婚。

1889 年(光绪十五年　己丑),二十六岁

继续在来远快船上实习。

1890 年(光绪十六年　庚寅),二十七岁

3 月起任广东新置的广甲舰上的三管轮。

1891 年(光绪十七年　辛卯),二十八岁

在广甲舰见习,拨补把总以千总尽先补用。参加北洋海军第一次校阅,并受嘉奖。

1892 年(光绪十八年　壬辰),二十九岁

任广甲舰二管轮,赏换五品顶戴。负责管理机器之拆洗、开关、保全,兼管储料、生火等事。本年随舰巡视琼崖、虎门、汕头。

1893 年(光绪十九年　癸巳),三十岁

是年孙文在广州一面行医,一面鼓吹革命。据薛民见编《黎元洪年谱资料》记载:"8 月,元洪所驶之广甲舰远航南方,停泊广州时,有同事名仇思者得病,邀孙文到舰诊治。及毕,孙文参观舰上各个部门,并与舰员互谈,即涉及种族革命意义,是为元洪首次会见孙文,并聆听种族革命宗旨之始。"录以备考。

1894 年(光绪二十年　甲午),三十一岁

5 月,随广甲舰北上,参加清海军第二次检阅。9 月 17 日,中日海军大战于黄海大东沟。黎元洪所在广甲舰随北洋舰队参战。下午四时后,广甲跟随济远舰逃离战区,至大连口外的三山岛附近触礁搁浅。管带吴敬荣因怕日舰追上被俘,炸毁船舱,乘小艇逃跑。黎元洪和船上十多名船员愤而投水。他依靠自购的救生衣在海中与海浪搏斗了十多个小时,终于被大浪推到海滩遇救。同行十二人,只有四人生还。上岸后历尽艰苦,长途跋涉,才回到天津。被监禁数月后释放。

1895 年(光绪二十一年　乙未),三十二岁

2 月,南下金陵(南京)投军,署两江总督张之洞委派他监修幕府山炮台,兼任自强军翻译。后任狮子山、幕府山、钟山等处炮台总教习、专台官。

1896 年(光绪二十二年　丙申),三十三岁

3 月,张之洞回湖广总督本任。黎元洪随张回到湖北,任湖北炮厂监工,与张彪等人编练新军,任马队管带,护军后营帮带。

1897 年(光绪二十三年　丁酉),三十四岁

续任湖北炮厂监工。

1898 年(光绪二十四年　戊戌),三十五岁

2 月,奉派赴日本游历,考察日本各种军事学校教育,5 月回国后任护军后营帮带,管理马队事务。10 月,炮厂告成,张之洞奏请免补千总,以守备归标尽先补用。

1899 年(光绪二十五年　己亥),三十六岁

3 月,兵部议复,黎元洪改为候补千总,以守备尽先补用。10 月,张之洞再派黎元洪赴日本考察,重点考察马队、步队的教育与军纪,以及各队兵法。原计划一年,后因义和团运动及八国联军入侵,提前于 1900 年 6 月回国。

1900 年（光绪二十六年　庚子），三十七岁

6 月由日本回国后，任护军马队第一营管带。8 月，任护军马队管带。

1901 年（光绪二十七年　辛丑），三十八岁

5 月，免补千总守备，以都司尽先补用，报捐三品顶戴。

6 月 16 日，长女绍芬生。

10 月，日本在仙台举行陆军大操，张之洞派黎元洪及其长孙张厚琨前往日本观看陆军大操。黎元洪被派为陪览官，获双光旭日勋章。12 月返汉。

1902 年（光绪二十八年　壬寅）三十九岁

11 月，协助张之洞将湖北新军左右两旗，扩编成左右两翼，共计官兵 7032 名。协助张之洞制订《湖北练兵要义》十条。12 月，调入督标中营差遣，充当学务处武会计官。

1903 年（光绪二十九年　癸卯），四十岁

春，奉命统带增募的前锋四营，一律按照新法训练。

7 月 7 日（五月十三日），长子绍基生。

秋，升任清军协统，并任湖北枪炮厂总办。

1904 年（光绪三十年　甲辰），四十一岁

张之洞将湖北军队改编为常备军两镇，每镇先练一协，暂缺一协。8 月，元洪升任第二镇统制，兼护统领。9 月，清政府正式划定军制，拟在全国编练新军三十六镇。

1905 年（光绪三十一年　乙未），四十二岁

张之洞以饷项万分艰难，将领官弁人才不敷，拟将第一镇于 1906 年全数编练，官兵共计 12071 员名。第二镇变通制略，设步兵一协两标，马炮各一营，工程辎重一营，共计官弁 5188 员名，委任黎元洪为第二镇第三协统领兼护该镇统制官。另外兼辖六楚舰队（舰名楚材、楚同、楚豫、楚有、楚观、楚谦）及四湖雷艇（艇名湖鹏、湖鹊、湖鹰、湖隼）。本年秋，先接收楚材、楚同两舰。1 月，娶如夫人危红宝，改名黎本危。

1906 年（光绪三十二年　丙午），四十三岁

4 月，经清政府练兵处核准，湖北原陆军第一镇暂编为全国陆军第八镇，第二镇暂编为第二十一混成协，仍以黎元洪为第二十一混成协统领，兼管马、炮、工、辎各队事务。兼充陆军小学堂会办。本年秋,黎元洪在河南彰德秋操中,指挥南军与北军进行军事演习,获"在东南各省中实堪首屈一指"的好评。

12 月 29 日,次女绍芳生。

1907 年(光绪三十三年　丁未),四十四岁

秋,赵尔巽继张之洞任湖广总督。赵欲以黎元洪代张彪任第八镇统制。黎元洪以张之洞对自己有知遇之恩,不愿取张之洞宠信之张彪自代,固辞不就。

1908 年(光绪三十四年　戊申),四十五岁

春,赵尔巽以黎元洪为中军副将,仍兼第二十一混成协统领。湖北发生水灾,黎元洪独出三千元赈灾。秋,张彪、黎元洪率军参加安徽太湖秋操。北军由江苏徐绍桢任总统官,南军由张彪任总统官,实际由黎元洪策划指挥。演习结果,北军三战三败,时人讥为"三战三北"。

1909 年(清宣统元年　己酉),四十六岁

仍任第二十一混成协统领,兼任陆军特别学堂会办。

1910 年(宣统二年　庚戌),四十七岁

4 月中,长沙发生"抢米"风潮。黎元洪奉命率领六楚四湖舰队会同清军统领沈寿堃前往弹压。5 月,湖北省沔阳饥民抢夺富户。黎元洪奉命率军前往驻防,以便镇压。

1911 年(宣统三年　辛亥),四十八岁

仍任第二十一混成协统领。湖北成立铁路协会,黎元洪被推为职员。

7 月 31 日,次子绍业生。

10 月 10 日(八月十九日),武昌起义于是夜七时左右在工程八营和城外辎重营同时发动。

10 月 11 日午后二时,起义者和湖北社会名流在湖北省谘议局(今阅马场红楼)开会,黎元洪被推举为中华民国军政府鄂军都督。11 日、12 日,汉口、汉阳光复。

10 月 13 日午后,黎元洪表示赞成革命,剪去头上辫发。

10 月 20 日,黎元洪致函其师萨镇冰,叙述起义及思想转变经过,并劝其起义反正。

10 月 28 日,黄兴、宋教仁等抵汉,黎元洪请黄兴主持汉口抗清战事。

11月3日，革命民军将领及黎元洪举黄兴为中华民军战时总司令，并在阅马场由黎元洪主持拜将典礼。

12月1日，清军炮轰武昌，湖北军政府西侧中弹。黎元洪仓皇出走武昌王家店。

12月16日，各省代表在南京开会，推举黎元洪为大元帅，黄兴为副元帅，代行大元帅职权。

1912年（中华民国元年　壬子），四十九岁

1月1日，孙中山在南京就任中央临时政府大总统。3日，各省代表会议选举黎元洪为副总统，仍兼领湖北军政府都督。

1月16日，孙武等人组织的民社在上海成立，推举黎元洪为社长。

2月13日，孙中山向参议院辞去临时大总统。15日，参议院选举袁世凯为临时大总统。

2月20日，参议院选举黎元洪为临时副总统。

3月3日，中国同盟会本部在南京开会，举孙中山为总理，黄兴、黎元洪为协理。

3月11日，孙中山公布《中华民国临时约法》，总统制改为责任内阁制。

4月10日，发表通电，痛斥军人柄权之害，主张"军民分治"。

4月13日，兼任参谋总长，仍兼湖北省军政府都督。

5月9日，统一党、民社、国民协进会、民国公会、国民党合并，组建共和党，黎元洪被推为理事长。

6月末，湖北开始实行军民分治，由刘心源任民政长。

7月，镇压湖北的"二次革命"。

8月16日晨，假袁世凯之手，杀害原湖北军务部副部长张振武及方维。同盟会随后撤销黎元洪的协理职务。

9月7日，黎元洪与黄兴、段祺瑞被授予上将衔。

9月25日，与袁世凯、孙中山、黄兴联名公布协定之《八大政纲》。镇压南湖马队暴动。

10月10日，黎元洪与孙中山被授予大勋位。

1913年（中华民国二年　癸丑），五十岁

4月初，镇压湖北改进团。14日，袁世凯应黎元洪电请，通缉季雨霖、熊秉坤、曾尚武、容景芳等。

5月29日，共和、统一、民主三党合并为进步党，黎元洪任理事长。

5月30日，黎元洪领衔十七省都督、民政长反对推翻善后大借款。

6月9日，袁世凯免去江西都督李烈钧职务，以黎元洪兼领。

6月25日，黎元洪派军警搜查汉口《民国日报》馆，拘捕曾毅等人。

7月12日，李烈钧在江西湖口宣布独立，"二次革命"爆发，在黎元洪全力协助袁世凯镇压"二次革命"的情势下，未及两月，"二次革命"失败。

8月5日，黎元洪领衔通电全国，请国会先制定总统选举法，先选总统，后定宪法。

9月5日，众议院议决先选总统，后定宪法。

9月29日，袁世凯准黎元洪辞去兼江西都督职，命李纯署江西都督兼民政长。

10月7日，黎元洪被选为正式副总统。10日在武昌宣誓就职。

11月4日，袁世凯下令解散国民党，撤销国民党籍国会议员资格，并令军警搜缴议员证书、徽章。

12月9日，黎元洪在袁世凯的强令下乘车离汉去北京。段祺瑞代理湖北都督。其家属亦由段祺瑞备专车送京，寓居中南海瀛台。警卫均由袁派。

12月19日，袁世凯准黎元洪辞湖北都督职。

12月22日，黎元洪领衔邀集各省都督、民政长，主张资遣议员，解散国会，以政治会议代替。

1914年（中华民国四年　甲寅），五十一岁

1月30日，袁世凯请汤化龙等做媒，聘黎元洪幼女绍芳为其九子克久妻。

2月1日，段祺瑞回北京供职，段芝贵署理湖北都督。

3月18日，约法会议在北京开幕，选举袁世凯圈定的孙毓筠、施愚为正、副议长。

3月20日，袁世凯向约法会议提交约法大纲七条，主旨是扩大总统权限，否认国务院代表政府，限制立法机关权限，宪法由造法机关制订。

4月24日，袁世凯任命王占元帮办湖北军务。

5月1日，袁世凯公布约法会议制定之《中华民国约法》，废止《中华民国临时约法》。新《约法》共十章六十八条。规定政体改总统负责制，设国务卿赞襄之；参政院为咨询机关，在立法院成立前代行立法院职权。

5月26日，参政院成立，特任黎元洪为参政院院长，汪大燮为副院长，张国淦为参政院秘书长。任命陆徵祥等七十人为参政，代行立法院职权。

6月20日，参政院举行开院典礼，出席参政四十四人，国务卿徐世昌代表袁世凯致颂词，黎元洪致答词。主要颂扬袁氏功德，表示参政院将“殚其悃诚，力图报称”。

7月28日，第一次世界大战爆发。8月6日，中国政府宣布对欧战严守中立。

8月18日，袁世凯授意参政院提出修改大总统选举法。

12月29日，袁世凯公布《修正大总统选举法》，规定总统任期十年，可连选连任。

1915年（中华民国四年　乙卯），五十二岁

1月18日，日本驻华公使日置益谒见袁世凯，提出对华“二十一条”（共五号）。

5月9日，外交部照会日置益，除第五号中五项内容日后协商外，其第一、二、三、四号之各项及第五号中关于福建问题即行允诺。

8月14日，杨度、孙毓筠等六人发起筹安会，发表宣言，声明组成此会，“为筹一国之治安”。宣言发表后，杨度等见黎元洪进行游说，并谓此乃袁意。黎佛然说：“我身为民国副总统，对此违背民国事，非所愿闻。”杨等扫兴离去。

8月15日，蔡锷到天津与梁启超密议大计，商定俟云、贵独立后，组织一临时政府，拥戴黎元洪为总统。

8月30日，黎元洪正式提出辞参政院院长。9月6日以后不再出席参政院会议。

9月26日，由瀛台迁往东厂胡同居住。

10月1日，黎元洪向参政院提出辞副总统职咨文。副总统办公室通知财政部，自11月份起停发副总统薪俸。

12月12日，袁世凯正式表示接受推戴。次日，接受百官朝贺，大加封赏。

12月15日，袁世凯封黎元洪为武义亲王。黎元洪拒绝接受。

1916年（中华民国五年　丙辰），五十三岁

1月1日，袁世凯下令改中华民国五年为洪宪元年。

3 月 23 日，袁世凯下令取消洪宪年号，仍以本年为中华民国五年。以黎元洪、徐世昌、段祺瑞名义致电蔡锷、唐继尧、刘显世等，要求停火议和。

3 月 25 日，黎元洪要求袁世凯下令取消他的王封。声言如不取消，就没有面目做南北间的调人。

3 月 31 日，十九省公民联合会主张迫令袁世凯退位，拥护黎元洪代行民国大总统职权。

4 月 1 日，蔡锷致电黎元洪等：项城宜退，遵照约法，由副总统暂摄，再召国会，依法改选。

5 月 3 日，岑春煊、梁启超电黎元洪及南方独立各省，主张袁世凯退位，黎元洪依法继任大总统。

5 月 8 日，护国军务院在广东肇庆成立，发表宣言并电黎元洪，拥黎为大总统。

5 月 31 日，护国军务院通电各国使节，依法拥护黎元洪继任总统。

6 月 6 日晨，日、英、法、俄、意、比等国驻华公使，以袁世凯病危，于日本使馆谋划对策，认为袁死后宜由黎元洪继任大总统。午后一时，六国公使往见段祺瑞，表达各国意向。当日袁世凯死后，段祺瑞宣布其代拟之袁世凯遗令，称依照新约法第二十九条，以副总统黎元洪代行中华民国大总统职权。

6 月 7 日，黎元洪就任大总统。孙中山、汤化龙、唐绍仪等通电，赞成黎元洪继任总统，但反对以新约法作为依据。

6 月 9 日，孙中山发表宣言，主张规复《临时约法》。黄兴亦电黎元洪，主张明令规复约法。

6 月 10 日，唐继尧以军务院抚军长的名义向北京政府提出恢复《临时约法》、恢复被解散之国会、惩办帝制祸首等三大要求。

6 月 16 日，黎元洪下令停战，所有派出军队克期撤退。

6 月 22 日，段祺瑞通电全国，托词政府不宜以命令变更法律，拒绝恢复《临时约法》。

6 月 25 日，驻沪海军总司令李鼎新、第一舰队司令林葆怿等宣布独立，要求恢复《临时约法》和国会。

6 月 29 日，黎元洪宣布恢复《临时约法》，并定于 8 月 1 日续行召集国会，任命段祺瑞为国务院总理，组织新内阁。

7月6日，黎元洪下令各省将军一律改称督军，巡按使改称省长。重新任命各省督军、省长。

7月12日，黎元洪下令：所有本年7月12日以前，因政治犯罪被拘禁者，应即一律释放，其通缉各案亦一律撤销。

8月1日，国会重新开幕，黎元洪补行大总统就任宣誓。

8月下旬，新任总统府秘书长丁世峄，为提高总统地位，限制国务院秘书长徐树铮职权，提出府院办事手续案。

10月30日，参众两院补选冯国璋为副总统。

10月31日，黄兴在上海病故。11月2日，黎元洪颁令褒扬，特给治丧费二万元。

11月8日，蔡锷在日本病故。11月10日，黎元洪颁令褒扬，特给丧葬费二万元。

11月20日，黎元洪接受徐世昌调解，免去孙洪伊的内务总长。22日，徐树铮辞国务院秘书长职。府院之争暂告平息。

12月26日，黎元洪任命蔡元培为北京大学校长。

1917年（中华民国六年　丁巳），五十四岁

2月8日，总统府会议，因段祺瑞、梁启超、汤化龙、谷钟秀等主张，决定对德国的海上新潜艇政策抗议。9日，外交部就德国的新潜艇政策，向驻华德使提出严重抗议。

2月25日，冯国璋、段祺瑞、徐世昌、王士珍在北京举行会议，一致同意对德绝交并加入协约国。

2月28日，黎元洪听取阁员说明对德外交方针，认为绝交宣战，尚非其时。国会议员马君武等三百多人致电各省，反对对德绝交宣战。

3月3日，国务院会议通过对德绝交案，并拟就致日本政府之参战条件电稿。4日，黎元洪拒绝在致日电稿上盖印。段祺瑞愤而辞去国务院总理，赴天津。府院在参战问题上冲突再起。

3月5日，黎元洪邀请冯国璋、徐世昌、王士珍协商内阁事。冯国璋等三人均主张段复职。黎被迫屈从段的条件，请冯国璋赴津，劝段回京。6日，段随冯返京复职。

5月1日，国务院会议通过对德宣战案。黎元洪表示，俟国会通过，“即将命令盖章”。

5月10日，众议院开全院委员会，审查对德宣战案。“公民请愿团”等团体数千人包围众议院，凶殴反对派议员，逼迫当天通过参战案。众议院改开全院大会，请段祺瑞等出席，并由巡警将公民团驱散。

5月18日，国务院咨请众议院从速议决对德宣战案。次日，众议院议决：现内阁多数辞职，对德宣战暂行缓议，俟内阁改组后再行讨论。督军团呈请解散国会，改制宪法。

5月21日，黎元洪、王正廷等协商后，告诉孟恩远、王占元，总统无解散国会之权，解决时局办法惟有请段祺瑞辞职。

5月22日，段祺瑞向黎元洪提出改组内阁计划，阁员大多为黎氏亲近之人。

5月23日，黎元洪在总统府一些人的挑拨下，未能接纳段氏改组内阁计划，免去段祺瑞的国务院总理兼陆军总长。段祺瑞发表通电：免职令未经总理副署，不能发生效力，并出京赴津。应张勋电邀，倪嗣冲、张怀芝、王占元、李厚基等督军及代表在徐州开会，议决北方各省与中央脱离关系，并决定由津浦、京汉、京津三路进兵北京。

5月28日，黎元洪任命李经羲为国务院总理，因督军团宣布独立，李不敢就任。

5月30日，王士珍、李纯、曹锟等在北京开军事会议，决议劝倪嗣冲等和平解决时局。冯国璋在南京开军事会议，决定对时局持旁观态度。

6月1日，黎元洪召张勋入京，“共商国是”，并派专车赴徐州迎接。

6月2日，直、鲁、豫、皖、浙、奉、陕等独立各省在天津成立“各省军务总参谋处”，以徐世昌为大元帅，雷震春为总参谋长，宣布另立临时政府、临时议会。张勋电告黎元洪，以解散国会为调停先决条件。

6月3日，日本首相寺内派西原龟三第四次来华。8日秘密抵天津。此行目的在于促使段祺瑞重新控制北京政权。

6月7日，美驻华公使芮恩施照会北京政府，劝告中国“立即恢复平静与政治统一”，对德参战是次要事情，希望立即消除派系斗争。张勋率定武军五千人自徐州北上，次日抵天津。6月12日，黎元洪被迫下令解散国会。

6月15日，张勋晤黎元洪，商定解决时局办法五条。

6月19日，抵沪国会议员电告西南各省，声明解散国会令无效。

6月22日，李经羲通电就任国务总理。

6月28日，康有为秘密入京。

7月1日，张勋在北京拥废帝溥仪复辟，改7月1日为宣统九年五月十三日。

7月2日，黎元洪电请冯国璋就任大总统，任命段祺瑞为国务院总理。

7月3日，冯国璋致电各省，要求兴师讨逆。段祺瑞在马厂誓师，宣布讨逆。并设讨逆军司令部，自任总司令，段芝贵、曹锟分任东西路司令。

7月12日，讨逆军分三路进攻北京，张勋在德国人掩护下逃入荷兰使馆，张勋军全部投降。

7月14日，段祺瑞入京就任国务院总理。黎元洪通电去职。

7月16日，清晨黎元洪宅发生枪击案，枪杀二人，伤二人，凶手王德禄被卫兵击毙。刚回黎府的黎元洪决定去法国医院暂避。

7月17日，孙中山抵达广州，目标是保持广东作为革命基地，组织国会，建立政府，然后邀黎元洪来广州，执行总统职务。

8月28日，黎元洪离京去天津，结束了将近四年的北京政治生涯。

9月1日，广州非常国会推举孙中山为中华民国军政府大元帅，陆荣廷、唐继尧为元帅。

9月3日，孙中山与非常国会分电黎元洪来广州复职。

1918年(中华民国七年　戊午)，五十五岁

1月7日，冯国璋声称引退，派人至天津迎黎元洪进京"复职"。黎元洪托病拒不接见。10日，汪大燮、林长民借口来天津吊丧，携冯国璋手书往谒黎元洪，叩询时局意见。元洪仍托病拒不接见。

1月，捐助三万元给黄陂前川中学作办公楼建筑费。

春，捐款协助梁启超在上海余村园筹建"松坡图书馆"(1923年在北京三海建蔡将军专祠，松坡图书馆亦迁到专祠)。

9月4日，安福国会选举徐世昌为大总统。10月10日，徐世昌在北京宣誓就职。

11月11日，协约国与德国签订《停战协定》，第一次世界大战结束。

11 月 30 日，广东军政府岑春煊等七总裁致电徐世昌，主张在上海租界举行南北和平会议。

1919 **年（中华民国八年　己未），五十六岁**

2 月 20 日，南北议和会议于上海开幕。

5 月 13 日，南北议和会议破裂。

6 月 28 日，巴黎和会中国代表拒绝在对德和约上签字。

10 月 10 日，中华革命党正式更名为中国国民党。

12 月 28 日，冯国璋在北京逝世。黎元洪闻讯颇伤感，亲撰诔词，派代表赴北京悼唁。

1920 **年（中华民国九年　庚申），五十七岁**

春，命其长子绍基赴日本留学。

12 月 27 日，黎元洪电湖北旅京同乡会，反对王占元加发湖北官票一千万串，另增常年军费四百余万元。

1921 **年（中华民国十年　辛酉），五十八岁**

4 月 2 日，广东非常国会议决取消军政府，成立中华民国政府，改总裁制为总统制。

4 月 7 日，广东非常国会议决中华民国政府组织大纲，选举孙中山为非常大总统。

6 月 4 日，卢永祥发表“豪”电，主张各省自定宪法，实行地方自治。湖南、贵州、广东、四川、云南等纷纷通电响应。联省自治运动再次兴起。

8 月 13 日，黎绍基与唐浩镇第三女唐闵律结婚。婚后育有三子一女。

11 月 12 日，奉系军阀张作霖与皖系残余势力勾结，造成对直系不利局面。曹锟、吴佩孚在保定举行军事会议，谋窃取护法旗帜，逐走徐世昌，迎黎元洪复任大总统，从而“改造”北方之不利局势。鉴于时机尚不成熟，未果。

1922 **年（中华民国十一年　壬戌），五十九岁**

4 月 28 日，奉系军阀张作霖对直系军阀曹锟、吴佩孚发出“宣战”通电。29 日，张作霖下令总攻击。第一次直奉战争在静海、固安、长辛店一带全面展开。

5 月 5 日，奉军西线作战失利，从长辛店、固安、马厂、静海向天津方面退却。

5 月 10 日，徐世昌下令免去张作霖东三省巡阅使、奉天督军兼省长各职。

5月14日，吴佩孚致电直系各省督军，征求对恢复旧国会的意见。次日，孙传芳通电主张：恢复法统，并提出请黎元洪复职。

5月28日，孙传芳电请南北两总统同时退位。曹锟、吴佩孚亦电请黎元洪复职。嗣后，直系诸省督军、省长纷纷响应。

6月1日，王家襄、吴景濂等二百多名民六议员在天津开会，并发布宣言，否认民国六年解散国会令，指明徐世昌是非法总统。国会从本日起完全行使职权。

6月2日，徐世昌辞大总统职。曹锟、吴佩孚、齐燮元、田中玉等电请黎元洪复职。

6月3日，孙中山通电反对黎元洪复任总统，表示应由护法政府承继法统。卢永祥也通电反对黎元洪复职。

6月6日，黎元洪发表"鱼"电，以废督裁兵、整理财政作为复职条件。

6月7日，孙中山在广州发表兵工计划宣言，要求直系的军队半数改为工兵，作为南北停战条件。

6月11日，黎元洪入京就职，并以颜惠庆署理国务院总理。第二天任命内阁成员：教育黄炎培，外交由颜惠庆兼任，内务谭延闿，财政董康，陆军吴佩孚，海军李鼎新，司法王宠惠，农商张国淦，交通高恩洪（吴佩孚、黄炎培、谭延闿未到职）。当天即下令取消民国六年六月十二日发布之解散国会令，又电请孙中山等入京面商国是。

6月15日，曹锟、吴佩孚在保定召开会议，决定以拥黎、组织正式政府、正式选举总统为第一至第三期大政方针。

6月17日，直奉两系代表在秦皇岛海面英国"克尔留号"军舰上签订和约八条、副约两条，第一次直奉战争结束。

6月23日，驻华各国公使陆续谒见黎元洪，照会承认北京政府。

7月1日，黎元洪迁入总统府办公，并发布表示尊重地方自治的命令。

8月1日，民国六年被迫解散之国会在北京复会。参众两院分别由王家襄、吴景濂担任主席。同一天，民国八年成立之国会也在北京开会，成立法统学会，称民八国会为正统。

8月5日，北京政府改组，国务院总理唐绍仪未到任前，由教育总长王宠惠兼代。

8 月 23 日，唐绍仪内阁因吴佩孚反对产生危机。黎元洪劝王宠惠仍代国务院总理。王未允。

9 月 2 日，黎元洪任命蔡成勋督理江西军务善后事宜。此后督军去职，继任者均改称“督理军务善后”。

9 月 19 日，黎元洪屈从吴佩孚的要求，改组唐绍仪内阁，任命王宠惠署理国务院总理。

10 月 2 日，张作霖宴请汪精卫、程潜及段祺瑞的代表吴光新，商讨三角反直同盟。

10 月 10 日，北京七十七个团体两万多人在天安门广场举行国民裁兵大会，蔡元培任大会主席，黎元洪到会发表演说。

10 月 24 日，黎元洪在吴佩孚的一再催促下，下令讨伐徐树铮，任命李厚基、萨镇冰为福建军总司令与副司令，高全中为总指挥。

11 月 1 日，徐树铮在福州发表通电，主张迎段祺瑞到上海与孙中山商议，并召开联省会议解决组织政府与出兵讨直问题，但无人响应。

11 月 18 日，北京发生罗文干案，导致直系内部矛盾激化，黎元洪左右为难，罗文干旋捕旋放。

11 月 25 日，王宠惠内阁通电辞职。

11 月 29 日，黎元洪任命汪大燮署理内阁总理。次日，汪大燮通电就任国务院总理。因财政总长人选与黎元洪产生隔阂，当日辞职出京。

12 月 9 日，曹锟在保定“做寿”，曹锐等人正式提出选举曹锟当总统的建议。

12 月 11 日，汪大燮内阁十日期满，黎元洪任命王正廷兼代国务院总理。

12 月 18 日，众议院通过张绍曾组阁案。29 日，参议院通过。

1923 年（中华民国十二年　癸亥），六十岁

1 月 1 日，黎元洪发表“哀告”文电，痛斥各地兵匪之祸及督军制度之流弊，亟谋争取西南各省及奉皖两系军阀的支持，抑制直系军阀的专横。

1 月 4 日，北京政府内阁改组，黎元洪免去代国务院总理王正廷及各部总长，任命张绍曾为内阁总理并组织内阁。

2 月 22 日，黎元洪发表尊重《约法》命令，意欲阻止孙中山在广州组织政府，以及阻止曹锟以武力夺取总统地位。孙中山在广州发表谈话，明确表示：“余与张(作霖)段(祺瑞)之三角联盟,现进行顺利,当以之制吴(佩孚)。”

3月8日,张绍曾等通电反对曹锟、吴佩孚强迫政府任命孙传芳督闽、沈鸿英督粤。当日,张绍曾内阁全体辞职。

3月19日,张绍曾内阁与曹、吴妥协,宣布复职。

4月26日,冯玉祥、王怀庆等百余名军官前往国务院索薪,借以迫使黎元洪改组内阁。

5月6日,临城劫车案发生。

6月6日,张绍曾内阁以黎元洪破坏内阁权限为由,提出总辞职。当夜,张绍曾离京赴津。

6月13日,黎元洪为直系津保派逼迫,携带总统印信避走天津。临行前下令准张绍曾辞职,任命农商总长李根源署理国务院总理。同日,王承斌在天津火车站逼迫黎元洪交出总统印信。

6月16日,黎元洪在天津任命唐绍仪为国务院总理,企图通过唐绍仪联络孙中山,并争得孙奉两系的支持,将国会和政府迁至上海。

9月11日,黎元洪离京后,浙江卢永祥首先举起“反直”旗帜,部分议员亦出京南下至沪,屡次电请黎元洪至沪。是日,黎元洪偕李根源、饶汉祥等十三人离津至沪,寓于杜美路。江浙人民鉴于黎元洪此次乃为个人权利及私忿而来,尤恐引起军阀混战,故对于黎氏未表“欢迎”。

10月5日,北京开会选举总统,到会议员590人,曹锟用贿赂手段得480票,当选总统。

10月24日,旅沪参众议员公布在京参加贿选总统全部议员名单,共556人,距法定人数尚差25人,声明此次选举根本不能成立。参加投票议员,除172人外,皆受贿买,故有“猪仔”议员之称。

11月8日,黎元洪由上海乘“上海丸”东渡日本疗养。其夫人吴敬君及秘书刘钟秀陪同。

是年,长女黎绍芬赴美留学,先后就读于威斯列神学院、哥伦比亚大学,并受到美国总统哈定接见。

1924年(中华民国十三年　甲子),六十一岁

1月15日,日本发生地震。黎元洪在别府养病。

4月15日起，黎元洪偕同夫人及随员游览大阪、京都、奈良、神户、九州等地，至5月10日登轮返国，11日抵达天津，为期恰好半年，一切费用均属自理。

黎元洪于1919年曾以私人名义向华比银行借款投资煤矿等实业，至本年春节结算，共欠本息达三十万元。元洪托江庸设法，将北京东厂胡同房屋，以三十万元售与“中日合办东方文化事业委员会”作为会址，遂偿清华比银行借款。

1925年（中华民国十四年　乙丑），六十二岁

1月4日，段祺瑞邀黎元洪入京，复电辞却。12日，段祺瑞派专人到津迎请，仍辞却。

3月12日，孙中山逝世于北京。黎元洪于私宅设立灵堂吊祭。孙中山因病寓居天津期间，黎元洪数次偕同李根源前往孙寓视疾。

5月30日，五卅惨案发生，当时黎元洪长子黎绍基正在天津南开大学读二年级。事发后，发起募捐运动，黎绍基被推为募捐组组长。回家告诉黎元洪。黎元洪除自捐外，还亲笔写信，介绍其子往见顾维钧、杨以德、鲍贵卿等。共募集一万一千多元，超额完成目标，悉数汇交总会。

1926年（中华民国十五年　丙寅），六十三岁

黎元洪自上年5月由日本归国后，缄口不谈政治，惟关心其投资经营之厂矿企业。任中兴煤矿董事长，每次董事会议，必亲自出席。黎元洪好书法，近更天天临池，力求平正有劲。握笔遵包安吴法，有时则临张迁华山乙瑛西狭石门校官仓颉范式安阳四种，盖遵用李根源之指教也。自正月以来，为各方友好写好二十余联，现可资存考者，计有为廉南湖、冷遹、侯鸿铿、黄蔚如、薛华阁、杨楚生等所写之联。而各方求书者甚多，莫不应之。其为梅园主人写一联，其词曰：“梅放满园春，欣看四周山色，万顷湖光，胜景逾辋川别业；诗吟小香雪，媲美三经黄花，千秋红叶，闲情似邓尉高风。”

4月9日，北京发生政变，鹿钟麟派兵包围执政府，段祺瑞逃至东交民巷。次日，鹿通电宣布段祺瑞之金佛郎案、“三·一八”惨案等罪状，称安福系分子朋比为奸，表示请吴佩孚入都，主持一切。北方政局一时陷入无政府状态。4月30日，护法参众两院议员428人联名通电，提出恢复黎元洪大总统职权，改选新国会，三个月内举行大选等主张。张作霖、吴佩孚协议：欲复拥黎元洪出任“总统”，以补足所谓“任期”。黎氏记取两次被逐之惨痛教训，坚决置之不理。

10月，黎元洪患脑充血中风症，经群医会诊，入冬渐痊。

1927年（中华民国十六年　丁卯），六十四岁

清明节后，黎元洪病情好转，能出外走动，不时作郊游。

4月10日，李根源母亲去世。5月5日，黎元洪亲题铭旌以赠。

6月17日，饶汉祥母殁，黎元洪于家设祭哭之。

暑天，黎绍基毕业于天津南开大学文科。长女绍芬亦自美国哥伦比亚大学归国。

9月，黎元洪为无锡薛端性题墓志铭。薛字华阁，曾为江苏光复出力。

1928年（中华民国十七年　戊辰），六十五岁

2月，黎元洪致函李根源问疾，并赠医药费四百元。

5月25日，黎元洪与夫人去英租界赛马场看赛马，忽然旧疾复发，仍延请屈桂庭、关镕庭、梁宝鉴等名医会诊，但始终未见好转。

6月3日（农历四月十六日）黎元洪以脑溢血症，不治去世。遗嘱丧葬从简，戒子女从事生产实业，毋预政治。

6月4日，黎元洪的遗体入殓。

7月16日至18日，在天津祭奠。

10月26日至28日，在北京举行黎元洪的悼祭活动。

1935年（中华民国二十四年　乙亥）

11月24日，为黎元洪在武昌举行国葬，与夫人吴敬君合葬于卓刀泉南土宫山。

（本年表在编写过程中，曾参考薛民见编《黎元洪年谱资料》、章伯锋主编《北洋军阀》第六卷《北洋军阀大事要录》、沈渭滨主编《中国历史大事年表·近代》、侯杰等著《百年家族：黎元洪　黎绍基　黎昌晋》等书，吸取他们的成果，未便一一注明，特此说明。）

主要参考资料

(以本书首次引用先后为序)

黄陂《黎氏族谱》,民国三年(1914年)秋创修,零陵何嵩山刊刷

侯祖畲等编:《夏口县志》,民国四年(1915年)铅印本

中国史学会主编:《洋务运动》资料丛刊(1~8册),上海:上海人民出版社,1961年

李新等主编:《民国人物传》第二卷,北京:中华书局,1980年

赵尔巽等撰:《清史稿》(1~48册,全书529卷),北京:中华书局,1976~1977年

张国淦编著:《辛亥革命史料》,上海:龙门联合书局,1958年

薛民见编:《黎元洪年谱资料》,1961年油印本

李根源著:《雪生年录》,曲石精庐1929年石印本

易国干等编:《黎副总统政书》(1~34卷),武昌官印刷局,民国三年(1914年)刊印

黄彭年等纂:《畿辅通志》(1~300卷),光绪十年(1884年)刊印

张侠等编:《清末海军史料》(上、下册),北京:海洋出版社,1982年

朱传誉主编:《黎元洪传记资料》(一)、(二),台北:天一出版社,1979年

国学整理社编:《四书五经》(全三册),上海:世界书局,民国二十四年(1935年)

张涛:《津门杂记》(上、中、下),天津:光绪十年(1884年)刊本

《益闻录》编辑部编,《益闻录》,中国天主教教会主办,1879年创刊,第二、三、十一、十九集

陈树屏:《呈造三品顶戴尽先补用都司黎元洪履历清单》,《故宫档案·兵部武选》0020(七)

沈桐生编:《光绪政要》(1~30册),上海:崇文堂,宣统元年(1909年)刊

《神州日报》

吴汝纶编:《李文忠公全集》(1~165卷),光绪三十一年(1905年)金陵刻本

栾兆鹏等编:《李鸿章全集》(1~12册,横排本),长春:时代文艺出版社,1998年

王芸生编:《六十年来中国与日本》(1~7册),天津:大公报社,1932年

王芸生编:《六十年来中国与日本》(1~8册),北京:生活·读书·新知三联书店,1982年

汤志钧编:《章太炎政论选集》(上、下册),北京:中华书局,1977年

中国史学会主编:《中日战争》资料丛刊(1~7册),上海:新知识出版社,1956年

王璟芳等主编:《湖北学生界》,留日湖北同乡会主办,1903年1月在日本东京创刊

中国近代史研究所中华民国史组编:《清末新军编练沿革》,北京:中华书局,1978年

王树楠编:《张文襄公全集》(1~229卷),北平:文华斋,1928年刊本

苑书义等编:《张之洞全集》(1~12册),石家庄:河北人民出版社,1998年

政协湖北省委员会等编:《武昌起义档案资料选编》(上、中、下卷),武汉:湖北人民出版社,1983年

杨承禧等纂:《湖北通志》(1~172卷),上海:商务印书馆,1921年

许同莘编:《张文襄公年谱》,上海:商务印书馆,1943年

陈菁之著:《中国教育史》,北京:商务印书馆,1963年

贡少芹著:《黎黄陂轶事》,上海:国华书局,民国六年(1917年)增订本

拉·尔·鲍威尔著:《1895—1912年中国军事力量的兴起》,北京:中华书局,1978年

朱寿鹏编:《光绪朝东华录》(1~5册),北京:中华书局,1958年。

刘锦藻编:《清朝续文献通考》(1~4册),上海:商务印书馆,1955年

梁嵩生总办:《湖北官报》(光绪三十一年至宣统三年),武昌:湖广总督署,1905—1911年

廖一中等整理:《袁世凯奏议》(上、中、下),天津:天津古籍出版社,1987 年。

政协湖北省委员会编:《辛亥首义回忆录》(1~4 辑),武汉:湖北人民出版社,1979 年

《辛亥革命史丛刊》编辑组编:《辛亥革命史丛刊》(1~9 辑),北京:中华书局,1980~1997 年

武汉大学历史系中国近代史教研室编:《辛亥革命在湖北史料选辑》,武汉:湖北人民出版社,1981 年

胡祖舜著:《武昌开国实录》(上、下),武昌:文华印书馆,1948 年

李廉方编著:《辛亥武昌首义纪》(上、下),武汉:湖北通志馆,1947 年

张难先编著:《湖北革命知之录》,上海:商务印书馆,1946 年

严昌洪等编:《张难先文集》,华中师范大学出版社,2005 年

章裕昆著:《文学社武昌首义纪实》,北京:生活·读书·新知三联书店,1952 年

《京津时报》

《时报》

《申报》

《民立报》

《民权报》

《大公报》

《中华新报》

《亚细亚日报》

《国民新报》

《晨钟报》

《正宗爱国报》

夏瑞芳主办:《东方杂志》,上海:商务印书馆,1904—1948 年

全国政协文史资料研究委员会编:《辛亥革命回忆录》(第一、二集),北京:中华书局,1961—1962 年

中国近代史研究所史料组编:《辛亥革命资料》(《近代史资料》总 25 号),北京:中华书局,1961 年

中国史学会主编:《辛亥革命》资料丛刊(1~8册),上海:上海人民出版社,1961年。

政协上海文史资料工作委员会编:《辛亥革命七十年》(文史资料纪念专集),上海:上海人民出版社,1981年

贺觉非编著:《辛亥武昌首义人物传》(上、下),北京:中华书局,1982年

曹亚伯著:《武昌革命真史》(上、中、下),上海:上海书店,1982年,据中华书局1930年版影印

蔡寄鸥著:《鄂州血史》,上海:龙门联合书局,1958年

(英)埃德温·丁·丁格里著:《1911—1912年中国革命记》,上海:商务印书馆,1912年

湖北省图书馆辑:《辛亥革命武昌首义史料辑录》,北京:书目文献出版社,1981年

金城撰:《湘汉百事》,上海:新中国图书局,1913年排印本

沈云龙著:《黎元洪评传》,台北:"中央研究院近代史研究所"专刊,精华印书馆承印,1963年

胡滨编译:《英国蓝皮书有关辛亥革命资料选译》(上、下),北京:中华书局,1984年

邹念之编译:《日本外交文书选译》(关于辛亥革命),北京:中国社会科学出版社,1980年

H·克罗莱著:《司戴德传》,纽约,1924年

全国政协文史资料研究委员会编:《辛亥革命回忆录》(1~8集),北京:文史资料出版社,1982年

毛注青编:《黄兴年谱》,长沙:湖南人民出版社,1980年

章开沅等主编:《辛亥革命史》(上、中、下),北京:人民出版社,1980—1981年

湖北省历史学会编:《辛亥革命论文集》,武汉:湖北人民出版社,1981年

中南地区辛亥革命史研究会等编:《纪念辛亥革命七十周年学术讨论会论文集》(上、中、下),北京:中华书局,1983年

丘权政等选编:《辛亥革命史料选辑》(上、下),长沙:湖南人民出版社,1981年

李剑农著:《戊戌以后三十年中国政治史》,北京:中华书局,1965 年

中国近代史研究所中华民国史研究室等编:《孙中山全集》(1~11 卷),北京:中华书局,1981—1986 年

黄远庸著:《远生遗著》(1~4 册)上海:商务印书馆,1920 年

湖南省社会科学院编:《黄兴集》,北京:中华书局,1981 年

陈旭麓主编:《宋教仁集》(上、下册),北京:中华书局,1981 年

广益书局编:《中华民国新文牍汇编》(线装四函十二卷),上海,广益书局,1913 年

邹鲁编著:《中国国民党史稿》(1~4 册),上海:商务印书馆,1947 年

朱宗震等编:《民初政争与二次革命》(上、下),上海:上海人民出版社,1983 年

汪钰荪编:《黎副总统书牍》(1~5 卷),上海:广益书局,1914 年(上海广益书局 1923 年再版时增加《补遗》,改名《黎大总统书牍汇编》)

杜春和等编:《北洋军阀史料选辑》(上、下),北京:中国社会科学出版社,1981 年

刘成禺著:《世载堂杂忆》,北京:中华书局,1960 年

陶菊隐:《北洋军阀统治时期史话》(1~8 册),北京:生活·读书·新知三联书店,1978 年

鲁永成主编:《民国大总统黎元洪》,北京:中国文史出版社,1991 年

汤志钧编:《章太炎年谱长编》(上、下册),北京:中华书局,1979 年

周元高等编:《李烈钧集》(上、下册),北京:中华书局,1996 年

张竞渊编:《李烈钧年谱》,江西武宁:武宁文史编委会,1997 年

章伯锋等编:《北洋军阀》(1~6 卷),武汉:武汉出版社,1990 年

丁文江等编:《梁启超年谱长编》,上海:上海人民出版社,1983 年

徐有明编:《袁大总统书牍汇编》,上海:广益书局,1931 年

会文堂新记书局编:《黎大总统文牍类编》,上海:会文堂新记书局,1934 年

荣孟源等编:《近代稗海》第三、四、五辑,成都:四川人民出版社,1985 年

李剑农著:《中国近百年政治史》,长沙:湖南教育出版社,2008 年

骆惠敏编:《清末民初政情内幕》(上、下册)上海:上海知识出版社,1986 年

刘晴波编:《杨度集》,长沙:湖南人民出版社,1986 年

刘成禺、张伯驹著:《洪宪纪事诗三种》,上海:上海古籍出版社,1983 年

云南省社会科学院历史研究所等编:《护国文献》(上、下),贵阳:贵州人民出版社,1985 年

张国淦著:《北洋述闻》,上海:上海书店,1998 年

毛注青编著:《黄兴年谱长编》,北京:中华书局,1991 年

毛注青等编:《蔡锷集》,长沙:湖南人民出版社,1983 年

全国政协文史资料研究委员会编:《护国讨袁亲历记》,北京,文史资料出版社,1985 年

李希泌等编:《护国运动资料选编》(上、下册),北京:中华书局,1984 年

刘泱泱编:《黄兴集》(一)(二),长沙:湖南人民出版社,2008 年

张黎晖等编:《北洋军阀史料·黎元洪卷》(1~14 卷),天津:天津古籍出版社,1996 年

《民国日报》

北洋《政府公报》,北洋政府机关报,1912 年 5 月 1 日创刊,1928 年 6 月终刊,北京:印铸局发行,日出一册,共出 5663 期

李新等主编:《中华民国史》第二编,北京:中华书局,1982 年

蔡端编:《蔡锷集》,北京:文史资料出版社,1989 年

公孙訇编:《冯国璋年谱》,石家庄:河北人民出版社,1989 年

王耿雄等编:《孙中山集外集》,上海:上海人民出版社,1990 年

刘振岚等著:《傀儡总统黎元洪》,郑州,河南人民出版社,1990 年

荣孟源等编:《近代稗海》第七辑,成都:四川人民出版社,1987 年

中国科学院上海经济研究所等编:《南洋兄弟烟草公司史料》,上海:上海人民出版社,1958 年

杨大金编:《现代中国实业志》下,长沙:商务印书馆,1940 年再版

侯杰等著:《百年家族:黎元洪　黎绍基　黎昌晋》,石家庄:河北教育出版社,2006 年

蔡元培:《蔡元培选集》,北京:中华书局,1959 年

《民国大新闻报》

日本外务省编:《日本外交年表并主要文件》(上、下),东京:原书房,1965—1966年
陈锡祺主编:《孙中山年谱长编》(上、下册)北京:中华书局1991年
张宪文主编:《中华民国史纲》,郑州:河南人民出版社,1985年
刘楚湘:《癸亥政变纪略》,上海:泰东图书局,1924年
《晨报》
南京:中国第二历史档案馆藏:《北洋政府陆军部档案》[一〇一一]156
《上海总商会月报》,1923年第一期
来新夏主编:《北洋军阀史稿》,武汉:湖北人民出版社,1983年
汤化龙治丧处编:《蕲水汤先生遗念录》,1919年刊印
《近代史研究》